태평경 역주【四】

太平經譯註

태평경 역주【四】 太平經譯註

An Annotated Translation of the Scripture on Great Peace "Taipingjing"

正統道藏 14권 | 책임역주 윤 찬 원

세창출판사

태평경 역주【四】 太平經譯註

1판 1쇄 인쇄 2012년 11월 15일
1판 1쇄 발행 2012년 11월 26일

역주자 | 윤찬원 김갑수 김예호 유병래 서대원 김형석

발행인 | 이방원
발행처 | 세창출판사
신고번호 | 제300-1990-63호
주소 | 서울 서대문구 냉천동 182 냉천빌딩 4층
전화 | (02) 723-8660 팩스 | (02) 720-4579
http://www.sechangpub.co.kr
e-mail: sc1992@empal.com

ISBN 978-89-8411-394-7 94240
978-89-8411-390-9 (세트)

이 책은 한국연구재단의 지원으로 세창출판사가 출판, 유통합니다.

이 도서의 국립중앙도서관 출판시도서목록(CIP)은
e-CIP홈페이지(http://www.nl.go.kr/ecip)와 국가자료공동목록시스템
(http://www.nl.go.kr/kolisnet)에서 이용하실 수 있습니다.
(CIP제어번호: CIP2012005267)

머리말

역자가 처음 『태평경(太平經)』에 대한 소개를 받은 것은 1989년이었던 것 같다. 역자는 당시 인천대학교에 재직하고 있었고, 결혼한 지도 얼마 되지 않은 때였다. 박사학위 과정도 끝난 지 제법 오래 되었고, 석사과정에서 1980년에 『노자도덕경(老子道德經)』의 사상으로 학위를 받았던 역자는 앞으로 박사학위 논문을 무엇을 쓸까 고심하고 있었고, 한편으로는 중국 도교사상을 선택하여 무엇을 쓸까 생각하고 있을 때였다. 선배인 이화여자대학교 정재서 교수를 만난 자리에서 이런 고민을 털어 놓으니, 『태평경』에 관하여 연구해 보라고 하였다. 그래서 그게 무어냐고 물었더니, 최초의 도교 경전이라고 한다. 한편으로는 호기심과, 다른 한편으로는 내가 그것을 연구할 수 있을까라는 두려움이 앞서기도 하였다. 당시 우리나라에는 전혀 소개되지 않은 것이었다. 정재서 교수는 복사한 원전이 있다고 하며 나중에 복사본을 주셨다. 이렇게 하여 처음 이 도교 경전을 접하게 되었고, 그 뒤 『태평경』이라는 책을 가지고 도교 사상을 탐구한다는 것은 그야말로 첩첩산중처럼 느껴졌다.

어찌하였든 1989년부터 1991년까지 난해한 경전을 읽으면서 논문을 구상하였다. 그때 논문을 준비하기 위하여 처음으로 컴퓨터를 구입하여, 어떤 때는 원문을 초창기 「한글」 워드 프로세서로 만들어 한자로 바꾸어 가기도 하면서, 도교라는 사상이 갖는 성격이 무엇인지도 파악하고 이해해가면서 상당히 많은 시간을 투입하여 논문 작성에 몰두하였다. 어떤 때는 2세기경 한문으로 된 이 경전을, 그리고 원 전적의 3분의 1밖에 남아 있지 않아 더욱 난삽

하다는 전적을 천착해 나아갔다. 그래서 1991년 2학기 논문 같지도 않은 글을 엮어 놓고는 '후유' 하기도 하였다. 1991년 1학기에는 학위 논문으로 심사를 신청하였다. 당시 우리 인천 대학교는 혼란의 와중에 있었다. 문자 그대로 선인학원 정상화(또는 시립화)가 시작되는 시점이었기 때문이다. 1991학년 제출한 논문을 1992년 1학기에 한 학기 동안 심사를 받았다. 한편으로는 학교 구성원들의 정상화투쟁이 지속되고 있기도 하였다. 여러 우여곡절을 겪으며, 1992년 8월 "『太平經』에 나타난 道敎思想 硏究"란 논문으로 박사학위를 받았다. 이 논문은 중국의 도교 특히 『태평경』의 철학사상으로 한국에서 거의 처음이었다. 그러고 보니 2012년인 오늘로부터 정확하게 20년 전이다.

그 뒤 1995년 여름 세계적인 도교학회가 북경에서 열렸고, 전 세계에서 300~400여 명의 학자들을 초청하였는데, 역자도 초청을 받았다. 여기에서 몇몇 세계적인 원로 도교학자들과 교류를 가지기도 했었다. 그 뒤 본격적으로 중국에 건너가 연구해 볼 기회를 가지게 되었는데, 한국학술진흥재단의 후원을 받아 1998년 1년간 베이징대학(北京大學)에 가서 연구생활을 하게 되었는데, 중국 도교의 실상을 몸소 접해 보고자 한 것이 역자의 희망이었다. 넓은 중국 대륙의 이곳저곳을 답사하면서 나름의 성과도 얻은 바 있었다. 아울러 당시 관심의 초점으로 떠오른 것은 세계적 차원의 환경문제였고, 중국은 전체적으로 환경문제가 심각한 상황이어서 중국 전역을 돌면서 실상을 확인하고 싶기도 하였다. 당시 우리 한국은 IMF라는 전국가적인 위기를 겪고 있을 때였다. 역자는 북경대학에 거주하면서 당시 북경대 남쪽에 있는 서점에서 2권으로 된 왕명(王明)이 주편한 『태평경합교』를 구하였고, 아울러 경희태(卿希泰) 교수의 『중국도교사(中國道敎史)』 4권을 구하였다. 이 무렵부터 『태평경』 원전과 『중국도교사』를 번역해 보고 싶다는 생각을 어렴풋하게나마 갖게 되었다.

본격적으로 번역을 해 보기로 생각하기도 하였으나, 2009년 6월 서울 소재 대학의 몇몇 박사학위 소지자들이 제물포에 있던 역자에게 찾아와 『태평경』을 번역해 보겠다고 하고 나를 책임자로 선택하였다. 여러 가지 여건상 역자는 마음이 흔쾌하지는 않았으나, 한번 해 보자고 하고 한국연구재단 「명저번역사업」에 신청하게 되었다. 당시 아무런 기대감도 갖지 못하고 있었는데, 의외로 커다란 예산과 시간의 촉박함에도 불구하고, 현명하신 심사자들께서 이 책 번역의 필요성을 절감하여 이 경전의 번역을 선정하신 것으로 안다. 시간이 너무 짧음에도 불구하고 2009년 한국연구재단 명저번역 사업에 2년차 사업으로 선정되었다.

선정이 되었음에도 역자에게는 갑작스러운 두려움이 엄습해 오기도 하였다. 번역이 엉망이 되는 건 아닌지 하는 이런 감정은 뒤에 상당부분 일치하는 바도 있었다. 어쨌든 번역은 시작되었다. 2년이라는 짧은 기간 동안 사전작업의 미비, 사전 합의의 미비나 간혹 한문번역에 대한 준비가 되어 있는가라는 공포가 엄습하기도 하였다. 나중에 번역 과정에서 번역의 책임을 맡은 역자가 한국연구재단에 올리기 전 한 달, 두 달 또는 그 이상의 시간이 걸려서라도 수정하여 번역답게 하고자 하는 노력도 상당히 했다고 생각된다.

이런 과정을 거쳐 최종 번역물을 2011년 9월에 제출하였고, 마지막 심사를 통과하여 책으로 출간될 수 있게 되었다. 번역된 책이 곧 출간될 지금의 기분은 참으로 묘하면서도, 이전의 여러 차례 번역작업 때와 같이 마치 자식이 태어나는 기쁨을 느낀다. 한편으로는 이 번역이 얼마만큼 오역 없이 제대로 이루어졌을지 의심이 들기도 한다. 그 이유는 이 책의 원본이 거의 2세기경의 중국 한문으로 이루어져 있기 때문이다. 엄청난 오역도 있을 수 있고, 오자, 탈자 등 많은 실수도 있을 것임은 부정하기 어려울 것이다. 그러나 모든 잘잘못은 우리 번역단, 특히 책임번역자인 본인의 책임일 것이다.

더구나 마지막 순간인 올해 2월 초 원고를 출판사에 넘기기 직전 역자가 새벽에 오토바이에 의한 교통사고를 당하여 한 달 정도의 의식불명의 시기와 몇 달간의 재활의 시간이 있었다. 자칫하면 끝마무리에 와서 아차하면 직접 출간하지도 못하고 타인이 출간하지 않으면 안 될 상황이 될 수도 있었을 끔찍한 상상에 섬뜩하기도 하였었다. 어쨌건 바야흐로 전질 5권으로 이루어진 결코 작지 않은 이 번역서가 해를 보게 되었음에 뿌듯한 심정을 금할 수 없다.

이 시점에서 『태평경』에서 '태평(太平)'의 말의 의미가 주는 뜻은 매우 깊다고 할 수밖에 없다. '태평'의 의미는 먼저 중국에서 이상적인 자연, 사회, 국가를 포괄하고 총괄하는 뜻을 지니고 있다. '태평천국(太平天國)'이란 말에서 알 수 있는 것과 같다. 다른 한편으로는 현대에 만연하는 이기주의나 반자연적인 태도의 불식을 지칭하는 것으로, 인간의 이기주의나 반자연적인 태도에 기인하는 현대인의 골수병폐인 환경파괴에 대항한다는 뜻을 가지고 있다. 태평이라는 말이 가지는 뜻은 곧 현대적인 환경파괴가 없는 순수한 '저절로 그러한' 자연(自然) 그 자체를 가리킨다. 바꾸어 말하면 현대에서의 철두철미한 환경 보존의 의미를 갖는다.

어느덧 21세기도 10여 년이 지난 이때 현대의 병을 공해병 또는 환경병이라 압축하여 말할 수밖에 없다. 여기에서 인간의 욕망, 즉 이기심을 충족하기 위해 아무렇게나 하는 개발, 난개발 아니면 무분별한, 개발이란 미명 아래 저질러지는 환경파괴는 이 세상에서 가장 사악한 범죄행위라고 볼 수밖에 없을 것이다. 『태평경』은 이것을 크게 경계하였다. 이를테면 〈기토출서결(起土出書

訣)〉과 같은 편을 읽으면 마치 『장자(莊子)』의 글을 다시 읽는 듯하다. 사실 그렇다. 무분별한 개발이나 인간 자신만을 이롭게 하기 위한 미명 아래 자행되는 모든 개발은 인간중심적이고, 인간 이기주의적인 것일 뿐이다. 이러한 현상은 전세계라는 지역적 차이나, 전근대와 근대, 그리고 현대라는 시간적 차이도 없다. 이와 같은 『태평경』에 대한 번역시도는 만시지탄의 감이 너무 크지만, 지금이라도 현 정권 아래에서 만신창이가 되어 버린 '아름다운 우리 자연'의 회복이나 보전에 도움이 되기를 바라는 마음 금할 수 없다.

이 자리를 빌려 그동안 번역에 도움을 주신 많은 분들께 깊은 감사를 드리지 않을 수 없다. 이 경전의 번역을 한국연구재단에 신청하였을 때 심사를 맡아 흔쾌하게 통과시켜 주신 심사위원들께 감사드린다. 그리고 올해 초 역자가 심각하게 와병중일 때부터 옆에서 조용하게 도와주고, 뒤에서는 자질구레한 번역과 출간과 관련하여 성심성의껏 도와준 조교 임형재 선생에게도 깊은 감사를 보낸다. 특히 너무나 방대한 이 책의 출간을 선뜻 맡아주신 세창출판사 관계자 여러분들, 이방원 사장님을 비롯하여 한문경전의 출간에서 난해함을 시원시원하게 정리해주시는 편집실의 김명희 실장님과 최성수 부장님, 그리고 음으로 양으로 관계하신 여러분들께 마음 깊은 곳에서 우러나오는 감사의 마음을 금할 수 없다.

2012년(壬辰年) 11월 15일
국립대학을 향하여 한 해가 저물어 가는
인천대학교 송도캠퍼스에서
책임역주 윤찬원(尹燦遠)

차례

太平經譯註【四】

太平經譯註【一】

太平經譯註【二】

太平經譯註【三】

太平經譯註【五】

제96권

기부(己部)의 11

『태평경초』

제151 육극육경효순충결(六極六竟孝順忠訣) : 육극(六極)·육경(六竟)과 효(孝)·순(順)·충(忠)에 관한 비결

해제 제목에서 말하는 '여섯 가지'는 '수일(守一)', '입도(入道)', '입신(入神)', '입정문정사(入正文正辭)', '선거서직득기인(選擧署職得其人)', '통상삼도행서(通上三道行書)'를 말한다. 이 여섯 가지를 모든 사람이 알아 봉행하는 것이 '육극'이고, 그 결과 모든 재앙이 사라지고 좋은 일만 있는 것이 '육경'이다.

그러나 본문에서는 이에 대한 언급은 없다. 단지 제목 뒤에 있는 효(孝), 순(順), 충(忠)에 대하여 말한다. 부모에는 효, 스승에게는 순, 군주에게는 충이다. 이와 같은 행위를 선행이라 하고 이에 위배되는 것을 '최악하행(最惡下行)'이라 한다. 이와 같은 행위를 하면 하늘의 심문인 '견대(見對)'를 당한다고 한다. 이 '견대'의 방법에 대한 비교적 자세한 설명이 되어 있다.

"진인들은 앞으로 나오라. 그대들이 협심하여 나의 글을 기록하면서 천도문(天道文)을 전수받은 지가 상당히 오래되었으니 아마도 큰 부분과 세부 내용들을 모두 파악하였겠지? 나의 도는 몇 개의 부분으로 되어 있고, 무엇으로 궁극을 삼고 무엇을 큰 토대로 삼는가?"

"글에서는 육극육경(六極六竟)에 대해 언급하고 있습니다. 어리석은 소생들은 지금 이렇게 말은 하지만, 무엇이 육극육경인지 모르겠습니다."

"끌끌! 그대들의 어리석음은 아직도 바뀌지 않았구나. 학문도 실상 옛날 그대로구나. 아직 별로 세밀하게 생각하지 못하여 도가 이르는 끝을 알지 못하는 것이다."

"천사께 허물이 되었습니다. 이 책임은 없앨 수 없겠지요? 죄를 지었습니다."

"진인들은 어찌 그리 심하게 자책하는가?"

"어리석은 소생들은 다음과 같이 들었습니다. 자식이 효성스럽지 않다면 그 부모를 봉양함에 힘을 다할 수 없을 것이고, 제자가 순종하지 않으면 그 스승의 도를 닦는 데 힘을 다할 수 없을 것이며, 신하가 충성스럽지 않으면 힘께 그 군주를 섬기는 데 힘을 다할 수 없을 것입니다. 이 세 가지 행위가 선하지 않다면 죄를 없앨 수 없습니다. 천지가 증오하고, 귀신이 해치고 사람들이 싫어합니다. 죽는다 하여 죄책이 지하에 남게 될 것입니다. 이름하여 '세 가지 행실이 따르지 못하고 선하지 않은 자'라고 합니다. 항상 월말에서 월초로 넘어갈 때 하늘에서 음양의 다스림을 담당하여 존비를 바로잡는 신의 아전에게 대질심문을 받게 되니, 혼백이 이로써 근심하게 되어 모든 것이 다 없어져야 끝납니다. 그러므로 스스로 세밀하게 살피지 못하여 스승님께 잘못을 범한 것이 없어지지 않습니다."

"좋도다. 좋도다! 그대들은 어디에서 그런 말을 들었느냐?"

"예전 스승님에게 들었습니다. 또 어리석은 소생들은 천사의 가르침을 생각해보고 천사의 법을 배우며 하늘의 상을 바라보니, 천지는 바로 네 계절과 오행의 부모입니다. 네 계절과 오행이 천지의 낳고자 하는 바를 공양함에 힘을 다하지 않는다면 불효자가 됩니다. 그 해에는 좋은 곡식의 소출이 줄어들어 흉년이 됩니다. 사람도 또한 천지의 자식입니다. 자식이 천지가 만든 것을 조심스럽게 최선을 다하여 봉양하지 않는다면 불효자라 이름합니다. 이런 이유 때문에 형벌 사용하기를 좋아하는 사람은 그 나라가 항상 어지럽고 위태하다가 훼멸됩니다.

사물은 네 계절과 오행에 따라 생장소멸하고 생장하며 자기를 보양하니, 이것들은 제자가 되는 것입니다. 최선을 다하여 계절의 기후에 따라 생장하고 결실하고 노쇠해지는 않는다면 끝내 순종하지 않는 제자가 되는 것입니다. 그 해에는 만물이 손상을 당하게 되는데, 모두 도리어 그 시기의 기후가 불순한 것에 죄를 돌려서 기후가 무거운 죄를 뒤집어쓰게 됩니다.

백성은 성인과 현자들의 제자입니다. 지금 어리석은 제자들이 제멋대로 가져다가 억지로 주장하고는 도리어 성인과 현인들에게 허물이 있게 합니다. '함께 천도를 어지럽히는 자'라 합니다. 그 죄는 지극히 무거워서 용서받거나 없어지지 않습니다. 그러므로 어리석은 저의 잘못은 없어지지 않는 것입니다.

비바람은 땅의 신입니다. 천명을 받고 함께 공기와 습기를 움직이는 것인데, 고르게 하지 않아 천하를 불공평하게 만들기도 합니다. 마치 사람이 명을 받들어 제왕의 신하가 되고서는 위를 배신하고 아래로 향하여 고의로 조화롭지 못하게 만들어 여러 신하들이 함께 충신(忠信)스럽지 못한 짓을 하면서 함께 위를 속이는 것이니, 천하는 소란스러워지고 정변과 싸움이 발생하게 되고 나라의 다스림은 혼란스럽게 되는 것과 같습니다.

이 세 가지는 자식이 효성스럽지 못한 것, 제자가 순종하지 않는 것, 신하가 충성스럽지 못한 것이니, 이 죄들은 모두 용서할 수 없는 것들입니다. 하늘이 매우 미워하고 땅이 매우 싫어하여 큰 일이라고 여기고 큰 잘못이라 여기게 만듭니다. 귀신들도 매우 잘못된 일이라 여깁니다. 그러므로 '최고 하류의 악행'이 되는 것입니다."

"어허! 진인들은 전부터 지혜를 품고 있으면서도 도리어 어리석은 체한 것인가. 내게 제멋대로 떠들게 해 놓고 하늘에 잘못을 저지르게 하였다. 내가 하는 말은 그대들이 오늘 하는 말만큼 깊지가 않구나."

"어리석은 소생들이 마침 조금 알게 된 것입니다. 지금 더는 드릴 말씀이 없습니다."

"너무 겸손하구나. 그러나 잘못된 것은 아니다. 아랫사람이 되어서 겸손하지 않다면 그 죄는 매우 무거운 것이니라."

"예, 예. 감당할 수 없습니다. 감당할 수 없습니다. 그러므로 저희들이 제자로서 스승의 도 큰 부분과 세부 내용들을 제대로 분별하여 설명하지 못하는 것이 무거운 죄가 된다는 것을 스스로 알고 있습니다. 그래서 하늘의 모습을 말하여, 자책한 것입니다."

"좋도다. 그대들의 말은. 나는 더할 말이 없다. 지금 그대들의 말로 보면, 그대들은 이미 알고 있다."

"책에 있는 큰 부분과 세부 내용에 대해서는 실은 모르겠습니다."

"그렇다. 그대들이 참으로 모른다면, 조목조목 차례대로 부분부분 말하여 만세토록 다시는 잊지 못하게 해 주겠노라.

지금 진인들이 사람의 순종하지 않고 선을 닦지 않는 세 가지 행실에 대해 말하고 그 혼백이 심문을 당하는 것에 대해 말하였다. 지극히 정확한 말이다. 어디에서 이 심문받는다는 말을 들었는가?"

"아마도 천사께서 앞선 스승님을 받들어 모실 때 스스로 상고훈계라고 하신 것 같습니다. 어리석은 소생들은 이 말을 근거로 한 것입니다. 또 천사님의 책과 글 안에 있는 말을 보았습니다. 그래서 □□하여 거듭 알게 된 것입니다. 어리석은 소생들은 의문이 일었습니다. 상고 진인의 때에도 몸을 굽히고 꺾고 하는 심문이 있었는지 모르겠습니다. 의심스럽습니다."

"그렇다. 상고시대 진인의 말씀은 정확한 것이다. 나는 다시 보탤 게 없다."

"지금 천사께 그 뜻을 여쭙고 싶습니다."

"그렇다, 잘 들으라. 그렇다. 월말, 연말에 심문을 당하는 것은 살았을 때 불효하고 순종하지 않고 충성하지 않은 크게 거스르는 사악한 자의 혼신만 그런 것이 아니라, 천지의 신도 모두 그러하다. 하늘에서는 15일이 작은 마디이므로, 매월 15일이 되면 반대 방향으로 조금씩 변화가 일어난다. 한 달이 중간 부분[中部]이 되고, 한 해가 큰 부분[大部]이 된다. 천지 사이에 모든 신과 정들은 응당 하늘을 도와 만 이천의 사물을 함께 낳아 기르고 자라나게 한다. 그러므로 모든 신과 정은 모두 봉록을 받을 수 있는 것이다. 마치 여러 현명한 신하들이 제왕을 도와 모든 사람과 만물들을 기르고 자라나게 하여 봉록을 받은 것과 마찬가지다.

그러므로 하늘의 법이 되는 것은 항상 매달 15일에 작은 규모로 하늘에 보고를 하고, 한 달에 한 번 중간 규모를 하늘에 보고를 하고, 일 년에 한 번 대규모로 보고를 한다. 그러므로 큰 공로가 있는 자에게는 은택을 내려 불러올리고, 공이 없는 자는 물러가게 하거나 심한 경우 물리치기도 한다. 이 다스림을 어지럽히는 자는 모두 사악한 신들이다. 사악한 신들이 활동을 하기 마련이다. 그래서 살아 있을 때 선량하지 않은 사람은 혼백이 함께 심문을 당하는 것이다. 선량한 사람의 혼백은 부림을 당하지 않는다. 그래서 대역하여 불효하고 순종하지 않고 불충한 사람이 그들의 부림을 당하여 함께 하늘의 움직임을 어지럽히고 하늘의 다스림을 더럽힌다. 그러므로 악한 신이 잡혀 들어와 치죄를 당하게 됨에 참으로 함께 잡혀 들어와서 그 객이 되어 치죄를 당하게 된다.

이것은 마치 반역죄를 지은 신하는 말할 수 없는 죄악이 되기 때문에 그 죄가 객에게까지 미치는 것과 같다고 하는 것은 이를 두고 하는 말이다."

"훌륭하십니다. 훌륭하십니다. 어리석은 소생은 이미 깨달았습니다. 그러므로 사람이 살아 있을 때 자식이 되어서는 효도를 해야 하고, 신하가 되어서는 충성을 해야 하고, 제자가 되어서는 순종을 해야 합니다. 효와 충성과 순종이 자기 몸을 떠나지 않아야만 뒤에 죽어서 혼백과 정과 신이 심문을 당하지 않는 것입니다."

"그대들은 알겠는가?"

"예, 예. 놀랄 만합니다. 놀랄 만합니다. 지금 바라옵건대, 천사께서 불쌍하게 여기셔서 하늘의 법상을 다소나마 보여 주셨습니다. 원컨대 도중에 버리지 마시옵소서. 책에 보이는 부분이 이르는 궁극처를 알려 주시기를 바라옵니다."

"그렇다. 그대들이 대원칙을 물으니, 내가 마땅히 이야기를 해야 되겠구나. 만약 말을 하지 않으면 참된 도로 복업을 쌓는 학문을 질시하는 죄명에 걸리게 될 것이니, 도리어 하늘이 꾸지람을 받을 것이다. 그렇다. 여섯 진인들은 편히 앉거라. 그대들에게 그 부서를 분별하여 설명해 주겠다. 모두 여섯 부서가 모여서 하나의 커다란 집합이 된다.

대저 수일(守一)에 다른, 고금의 수일법에 관한 문헌은 그 글이 전적으로 같다. 대현(大賢)이 나의 글을 보고 게으름피우지 않고 그대로 수행하고 사색한다면 대의를 알 수 있다. 마치 어려서는 효자가 될 수 있고, 중년에는 충신이 될 수 있고, 나이가 들어서서는 도중에 그만두지 않고 꾸준히 한다면 세상을 넘어서는 신선이 될 수 있는 것과 마찬가지다. 이상의 방법도 있긴 하나 꾸준히 수행한다면 육방팔극에 통달할 수도 있게 된다. 모든 일을 갖추게 된 것이니 무엇이 없겠는가! 위로는 덕이 있는 제왕을 도와 함께 천지를 편안하게 할 수 있으니 그 은혜가 내려와 초목에까지 미칠 수 있을 것이며, 요란한 사물들은 모두 다스려지게 될 것이다. 천지가 환희하고 제왕은 길게 쉬게 되어 단지 금슬과 같은 음악소리만 울리며 근심걱정이 없게 될 것이다. 그대들은 알겠는가?"

"예, 예."

"중현(中賢)이 실천하고 노력하여 아침저녁으로 그 뜻을 숙고한다면, 또한 어려서는 효자가 되고 커서는 훌륭한 신하가 되고, 나라를 도와 태평을 이루게 하고, 천하가 모두 복종하게 할 수 있으니 모두가 '훌륭합니다'라고 말할 것이다. 밖으로는 근신하고 안으로는 진실되어 또한 각기 스스로 반성하고 스스로 올바르게 되어 감히 천지의 바람을 저버리지 않아 그 윗사람을 속이지 않을 것이다. 여러 현인들이 함께 살펴 힘써 실천한다면 군주의 다스림이 바로 하늘과 비슷하게 되어 하늘이 하는 것처럼 은택과 사랑이 아래로 초목이나 모기, 등에 등에까지 미치게 되어 각기 자기 자리에 있게 될 것이다. 그대들은 알겠는가?"

"예, 예."

"무릇 사람이 이를 읽어서 지켜 함께 부지런히 행하며, 또한 쉬운 것을 골라 서로 좋아하여 못하게 금지하지 않는다면, 사람들로 하여금 부모는 자애스럽고 자식은 효성스럽고 부인은 순종하고 형은 착하고 아우는 공손하고 이웃들은 선행을 좋아하게 되어, 몰래 나쁜 짓을 하여 상대방에게 해을 끼치는 일이 다시는 없게 될 것이다. 사람들은 모두 충성과 순종과 효성을 하고자 하여 위로 중현(中賢)과 대현(大賢)에 이르고자 할 것이다. 그러므로 사람들은 다시 흉악한 일을 할 줄을 알지 못하게 될 것이다. 집집마다 사람마다 모두 자발적으로 조심하고 단속하게 될 것이다. 그러므로 형벌이 없어도 다스려지게 된다. 상인(上人) 중인(中人) 하인(下人)이 함께 실천한다면 하늘이 즉시 평화롭게 될 것이다 그대들은 알겠는가?"

"예, 예."

眞人前, 子共記吾辭, 受天道文比久,[1)] 豈得其大部界分盡邪. 吾道有幾部, 以何爲極, 以何爲大究竟[2)]哉. 文中有道, 六極六竟, 愚生今說, 不知以何爲六極六竟. 咄, 子其愚不開, 又學實自若, 未大精也, 故不知道之所到至也. 有過負於天師, 其責必不可復除, 不嫌也. 眞人自責, 何一重也. 愚生聞 : 〈起〉子不孝, 則不能盡力養其親. 弟子不順, 則不能盡力修明其師道. 臣不忠, 則不能盡力共敬事其君. 爲此三行而不善, 罪名不可除也. 天地憎之, 鬼神害之, 人共惡之, 死尙有餘責於地下, 名爲三行不順善之子也. 常以月盡朔旦見對[3]於天主正理陰陽是尊卑之神吏[4] 魂魄爲之愁, 全滅乃已. 〈止〉故自知不精, 有過於師不除也. 善哉善哉. 子於何受此辭語乎. 受之於先師也. 又愚生嘗睹天師說, 受天師之法, 見天象, 天地乃是四時五行之父母也, 四時五行不盡力供養天地所欲生, 爲不孝之子, 其歲少善物, 爲凶年. 人亦天地之子也, 子不愼力養天地所爲, 名爲不孝之子也. 故好用刑罰者, 其國常亂危而毁也. 萬物者, 隨四時五行而衰興, 而生長自養, 是其弟子也. 不能盡力隨其時氣[5]而生長實老, 終爲不順之弟子. 其年物傷人, 反共罪過其時氣不和, 爲時氣得重過. 民者, 聖人賢者之弟子也. 今下愚弟子妄盜彊說, 反使聖人賢者有過, 名爲共亂逆天道, 其罪至重, 不可赦除, 故愚生過不除也. 風雨者, 乃是天地之忠臣也. 受天命而共行氣與澤, 不調均, 使天下不平. 比若人之受命爲帝王之臣, 背上向下, 用心意不調均, 衆臣共爲不忠信, 而共欺其上, 使天下悔悔多變諍, 國治爲之危亂. 比三事[6]者, 子不孝, 弟子不順, 臣不忠, 罪皆不與於赦, 令天甚疾之, 地甚惡之, 以爲大事, 以爲大咎也. 鬼神甚非之, 故爲最惡下行也.

噫. 眞人久懷智而反詐愚, 使吾妄說, 說得過於天地也. 吾之所說, 不若子今且所言深遠也. 愚生意適達於是, 今不能復有所言也. 大謙, 然亦不失之也, 下而不謙, 其過亦重. 唯唯, 不敢不敢也. 是故愚生爲弟子, 不能明理師道之部界, 自知過重, 故說天象以是自責也. 善哉. 子之言也, 吾亦無以復加之也. 今以子說況之, 子已自知也. 書之部界矣, 實不及之也. 然子眞不及之, 爲子具分別解之, 使相次各有部界, 萬世不可復忘也. 今眞人言, 人三行不順修善, 言魂魄見對極巧也, 於何受是□□[7]說哉. 比若天師會事先師, 自言爲上古眞人戒. 愚生以此言, 又見天師書文中言, 故□□[8]重知之也. 愚生問, 上古眞人時, 不知屈折[9]有所疑. 然, 上古眞人言是也, 吾無以加之也. 今願及天師問其是意. 行, 明聽. 然, 所以月盡歲盡見對, 非獨生時不孝不順不忠大逆惡人魂神也, 天地神皆然. 〈起〉天以十五日爲一小界, 故月到十五日而折小還[10]也. 以一月爲中部, 以一歲爲大部. 天地之間諸神精, 當共助天共生養長是萬二千物, 故諸神精悉皆得祿食也. 比若群臣賢者, 共助帝王養長凡民萬物, 皆得祿食也. 故隨天爲法, 常以月十五日而小上對, 一月而中上對, 一歲而大對. 故有大功者賜遷擧之, 其無功者退去之, 或擊治. 此亂治者, 專邪惡之神也, 〈止〉邪惡之神行與. 是故生時不善之人, 魂魄俱行對, 善人魂魄不肯爲其使也. 是故逆不孝不順不忠之人爲其使, 共亂天儀, 汙天治, 故其惡神見收治, 故幷收治其客. 比若反逆惡臣爲無狀,[11] 乃罪及其客也, 此之謂之也. 善哉善哉. 愚生已解矣. 故〈起〉人生之時, 爲子當孝, 爲臣當忠, 爲弟子當順. 孝忠順不離其身, 然後死魂魄神精不見對也. 〈止〉子知之耶.

唯唯. 可駭哉. 可駭哉. 今唯天師幸哀開示其天法象多少, 願無中棄, 唯見示敕書文部界所到至也. 然子問之大致數, 吾猶當言也. 如吾不言, 名爲妒道業學而止, 而反得天適 諾. 六眞人安坐, 爲子分別其部署. 凡有六屬一大集.[12] 夫守一者, 以類相從, 古今守一, 其文大同. 大賢見吾文, 守行之不解, 策之得其要意, 如學可爲孝子, 中學可爲忠臣, 終老學之, 不中止不懈, 皆可得度世. 尙有餘策也, 行之不止, 尙或乃洞於六方八極也, 萬事已畢, 何不有也. 上乃可助有德帝君, 共安天地, 其恩乃下, 可及草木也. 萬物擾擾之屬, 莫不盡理也. 天地爲之懽喜, 帝王爲之長游, 但響琴瑟唱樂, 而無復憂. 子知之耶. 唯唯. 中賢守行之力之, 旦夕惟思其意, 亦可少爲孝子, 長爲良臣, 助國致太平, 天下悉伏, 莫不言善哉. 外謹內信, 還各自責自正, 不敢負於天地, 不敢欺其上也. 衆賢共案力行之, 令使君治, 乃與天相似, 象天爲行, 恩愛下及草木蚑蚋之屬, 皆得其所. 子知之耶. 唯唯. 凡民守讀之, 共彊行之, 且相易共好嬉之, 不能自禁. 令人父慈母愛子孝妻順兄良弟恭, 鄰里悉思樂爲善, 無復陰賊好竊相災害. 有人盡思樂忠順孝, 欲思上及中賢大賢, 故民不知復爲凶惡, 家家人人, 自敕自治, 故可無刑罰而治也.[13] 上人中人下人共行之, 天下立平不移時. 子知之耶. 唯唯.

역주

1) 比久(비구) : 상당한 시간.

2) 大究竟(대구경) : 가장 밑에 있는 기초.

3) 見對(견대) : 심문을 받다. 뒤의 내용으로 보아 고문도 포함되는 듯하다.

4) 天主正理陰陽是尊卑之神吏(천주정리음양시존비지신리) : '주정(天主)'은 '…을 담당하는'이라는 의미이고, '시(是)'는 '조정하여 바로잡는'이라는 의미이다. 즉 '음양을 다스리고 지위를 조정하는 하늘의 관리'라는 의미이다.

5) 時氣(시기) : 위에서는 '계절의 기후'라고 번역하였지만, 엄격하게 말하면 앞의 구절의 '사시오행(四時五行)' 혹은 '사시오행지기(四時五行之氣)'를 의미한다. 중국 고대에서는 목기가 많으면 봄이 되고, 화기가 많으면 여름이 되고, 금기가 많으면 가을이 되고, 수기가 많으면 겨울이 되며, 토기는 네 계절의 전부 혹은 그 각각의 일부에 존재한다고 믿었었다. 즉 '시기'는 '네 계절에 존재하는 오행의 기'를

지칭한다.

6) 比三事(비삼사) : 『정독』에서는 ‘비(比)’를 ‘차(此)’로 보아야 한다고 주장한다.

7) □□(□□) : 『정독』에서는 ‘견대(見對)’가 빠진 것으로 보고 있다.

8) □□(□□) : 『정독』에서는 ‘이차(以此)’가 빠진 것으로 보고 있으나, 별로 자연스럽지 않다. 역자가 보기에 ‘여차(如此)’가 빠진 것으로 보는 것이 좋을 듯하다. 그렇다면 “우견천사서문중언고여차중지지야(又見天師書文中言故如此重知之也)”는 “우견천사서, 문중언고여차, 중지지야(又見天師書, 文中言故如此, 重知之也)”가 될 것이고 ‘고(故)’는 ‘고(固)’의 의미가 될 것이다. 의미는 다음과 같다. “또 천사가 주신 책을 보니 그 글안에 있는 말이 정말로 이와 같았습니다. (그래서 이 말이 옳다는 것을) 거듭 알게 되었습니다.” 번역문은 『정독』을 참조하였다.

9) 屈折(굴절) : 신체를 굽히고 꺾는 고문을 말한다. 즉 앞의 ‘견대(見對)’와 같은 뜻이다. 진인들은 상고시대에는 모든 사람이 효성스럽고 순종적이고 충성스러워 죄를 범한 사람이 없을 것이기 때문에 심문 등 형벌도 없을 것이라는 의도에서 질문을 하는 것이다.

10) 折小還(절소환) : 달은 15일을 주기로 형태가 반대 방향으로 변화한다. ‘절소(折小)’는 ‘꺾여서 작아지는 것’, ‘환(還)’은 보름달로 돌아오는 것을 말한다.

11) 無狀(무상) : 막대한 죄를 말한다.

12) 六屬一大集(육속일대집) : 정확한 의미는 미상이다. 『금주금역(하)』에 의하면, ‘육속(六屬)’은 ‘육극육경(六極六竟)’을 의미하며, ‘일대집(一大集)’은 이런 것들의 총회(總匯)를 의미하니, 결국 『태평경』과 같은 도경을 의미한다고 한다.

13) 有人盡思樂忠順孝, 欲思上及中賢大賢, 故民不知復爲凶惡, 家家人人, 自敕自治, 故可無刑罰而治也(유인진사악충순효, 욕사상급중현대현, 고민부지부위흉악, 가가인인, 자칙자치, 고가무형벌이치야) : 일반인[凡民] 중에도 선행을 열심히 하여 중현이나 대현이 되

려고 노력하는 사람이 나올 지경이 되어 모든 사람이 최소한 악행을 하지 않아 나라에 형벌이 필요 없어진다는 의미이다.

제152 수일입실지신계(守一入室知神戒) : 수일함에 입실하여 신을 아는 계

해제 수일(守一)이란 도교수련의 목표인데, 수일을 수렴할 때에는 조용한 방에 들어가(入室) 신을 알게 되는(知神) 도교 수련의 방식을 보여준다. 여기에서는 삼부계(三部界)로 나누어 설명하고 있다. 수련을 통해 득도를 하면 신선이 될 수도 있고 제왕을 도와 세상의 사악함을 없애고 태평성세를 이룰 수도 있다. 여기에서는 전자보다는 후자에 대해 상세하게 설명하고 있다. 그러나 수도를 위해서는 수도의 근거가 중요하다. 즉 그것이 올바른 것인지 아니면 잘못된 것인지를 구별하여야 한다. 여기에서는 고금의 도서를 모아 대조하여 올바른 것을 집대성하였다는 것을 강조한다. 결론적으로 『태평경』은 정확하고 올바른 것이어서 신뢰해야 한다는 것이다. 그리고 이 글은 반드시 널리 전파되고 제왕에게 알려져야 하고 후세에 영원히 전해져야 한다고 강조하고 있다.

"그러므로 수일(守一)의 도에 대해서 고금의 수일에 관한 것을 모아 다시 종류별로 분류하였다. 상현(上賢)이 힘써 실천하면 세속을 넘어서 신선이 될 수 있다. 중현(中賢)이 힘써 실천하면 제왕의 훌륭한 보좌나 뛰어난 관리가 될 수 있다. 소인이 힘써 실천하면 기쁨과 슬픔을 잊어버려 천하에 원망하거나 탓하는 사람이 없게 된다. 이것이 내 책에서의 첫째 부분의 큰 영역[一部大界]이다.

속인들이 거듭된 어리석음을 가지고 있고 미혹된 지도 오래되어 나의 글을 믿지 않는 것이다. 그러므로 이 내용을 보여 주어 고금의 수일에 관한 글과 대조할 수 있도록 부류별로 모았으니, 서로 증험해 볼 수 있게 한 것이다."

"훌륭하십니다. 훌륭하십니다. 어리석은 소생들도 벌써 뜻을 깨달았습니다."

"대저 수일이란 대인도 지켜 남음이 있고, 중인도 지켜 남음이 있고, 소인도 지켜 남음이 있을 수 있다. 세 부류의 사람이 함께 수련한다면 뛰어난 효과가 육방의 먼 곳까지 완전히 미칠 수 있어, 그 은혜와 사랑이 천지와 같게 될 수 있다. 가장 하급의 어리석은 사람들은 행하기를 좋아하지 않으니, '천하에 가장 흉악한 사람'이라 이름한다. 천지는 매우 증오하고, 귀신은 다시 돕지 않고, 사람들도 모두 싫어하여 이롭다고 여기지 않는다. 이것이 바로 하늘이 내려준 책(天書)에서 사람의 선과 악을 구별하는 방법이다. 좋아하여 읽으려고 하는 사람에 대해서는 하늘이 그 사람이 착한 사람임을 알고, 보여주어도 보려 하지 않는 사람에 대해서는 하늘은 그 사람이 흉악한 사람임을 안다. 이것으로 보면 만 번에 한 번의 실수도 없다.

내가 높은 덕을 갖춘 군주를 위해 만든 글이니, 위로는 하늘을 거스르지 않고, 아래로는 땅을 거스르지 않고, 가운데로는 덕이 있는 군주를 거스르지 않으며, 진인을 속이지 않는다. 이것을 지켜 그 의미를 터득한 사람은 도를 이미 완성한 것이고 궁극까지 아는 것이다. 여섯 진인들은 깊이 그 뜻을 헤아려 보라. 나는 좋은 점을 일일이 다 기록할 수가 없다. 대저 하나(一)란 지극한 도의 가장 긴요한 곳이다. 상급의 선비는 즐겨 얻고자 하는 것이고, 중급의 선비는 알고자 하는 것이고, 하급의 선비는 증오하는 것이다. 그대들은 알겠는가?"

"예, 예."

"상급의 선비는 이것을 얻으면 너무 좋아서 절로 그만둘 수가 없게 되고, 중급의 선비는 이것을 얻으면 절로 그치지를 못하여 항성 즐거워서 말하고자 한다. 하급의 선비가 이것을 보면, 큰 회피거리가 된다. 나의 글을 근거로 이 세 종류의 사람을 관찰한다면 천하의 선한 사람과 악한 사람을 분명하게 구별할 수 있을 것이다. 그대들은 알겠는가?"

"예, 예."

"이 글은 바로 하늘이 증서로 삼아 모든 사람의 마음을 바로잡고, 하고 시대 승부(承負)로 인하여 앞선 사람에게서 나온 재앙을 제거하고 하늘의 병을 풀고, 상덕의 군주가 승부에 의해 초래된 책벌을 제거할 수 있는 방법이다. 그대들은 알겠는가?"

"예, 예."

"훌륭하십니다. 훌륭하십니다."

"그렇다. 그대들은 이미 깨달았다. 두 번째 부류의 큰 영역은 나의 도서문(道書文)을 읽고 고금의 것들을 부류별로 서로 합하여 따르게 하여 대체로 그 중요한 뜻을 터득한다. 상급의 현명한 사람은 매우 기뻐하여 선행하기를 스스로 멈출 수가 없게 되고, 수련장소인 초가집에 들어가 맹렬하게 계속 수련을 하여 반드시 신선이 되어 떠나가기에 이른다. 의지와 신이 합하여 다시 통하게 되어 세속일에 휘둘리지 않게 되고, 선행은 천지 끝까지 미치게 되고, 그 신은 천지를 돕고, 다시 제왕을 도와 악한 사람을 교화시켜서 은혜가 아래로 초목과 미물에까지 미치게 되어, 그 덕화를 입지 않는 자가 없게 된다.

그러므로 옛날 현명하고 덕 있는 스승은 제왕을 도와 태평을 이르게 할 수 있었던 것이니, 모두 이런 사람을 얻었던 것이다. 그러므로 그가 말하는 일은 모두 따르고 선하여 진실되니, 바로 도를 배운 곳의 스승이 훌륭해서이다. 진인들은 알겠는가?"

"예, 예."

"그 중 중급의 현인은 나의 글을 힘써 함께 읽고, 고금의 도문서(道文書)들과 대조하고 종류별로 고찰하면서 쉬지 않고 노력하며 함께 읽는다. 그 현명한 재주를 가진 사람은 위로 제왕의 훌륭한 보필이나 뛰어난 관리가 되어 유덕한 군주를 도와 악한 사람을 교화하여 은혜가 아래로 작은 미물이나 초목에까지 이르게 되니 음양이 화합하게 되어 다시 싸우는 자가 없게 된다. 제왕은 오래도록 노닐고 근심스러운 일이 없으며, 여러 신하들은 함께 가르침을 돌려보며 실천하도록 노력하니, 모든 것이 따르고 선하게 되고 진실되니 형벌이 없어도 다스려 선함을 이루 다 기록할 수 없다. 진인들은 알겠는가?"

"예, 예."

"백성들이 함께 나의 책의 도에 관한 글을 읽고 위 아래로 모두 헤아림을 같이하여 같은 대책으로 하나가 된다면, 다시는 흉악한 일을 하지 않게 될 것이다. 고금의 도의 글을 모아 고찰하여 부류별로 분류하여 살펴보아 그것을 근거로 세상에 널리 전하는 학문을 삼아 아버지와 아들이 서로 전하여 끝이 없게 될 것이다.

만약 대현, 중현, 하현과 같은 세 등급의 사람과 백성들이 함께 도의 글의 가르침대로 한다면 천하의 악한 기는 모두 제거될 것이며, 승부(承負)에 의해 생겨나는 액운은 없어질 것이다. 음양이 잘 조화를 이루게 될 것이고, 천지의 화기와 상서로운 호응이 모두 발생하여 제왕의 수도를 돌아다니게 될 것이다. 이것이 바로 황천(皇天)과 후토(后土)가 만족하여 즐거워한다는 증기이다. 그러므로 나의 글을 읽는 사람은 마땅히 세밀하고 세세하게 생각해야 한다. 위부터 아래에 이르기까지 그 중요한 의미를 생각하고 그 구결을 얻어 신명과 다름이 없어야 한다. 진인들은 알겠는가?"

"예, 예."

"세 번째 부분의 큰 영역은 사람으로서 도를 얻은 자는 대부분 신을 볼 수 있고 그들을 부릴 수 있다. 상급의 현자는 열 번을 다스리면 열 번 다 적중하니, 제왕이 되어 사악함을 쫓고 악을 제거하는 신하를 부릴 수 있게 된다. 그렇지 않으면 오래도록 띠집[茆室]에 들어가 세속을 넘어서서 세속의 명예 등에 휘둘리지 않게 된다. 그러므로 수일을 해야만 선악의 허물이 되는 곳을 상세히 알 수 있다. 그런 뒤 도를 지킬 수 있다. 띠집에 들어가 세밀하게 수련해야만 신을 지킬 수 있다. 그러므로 세 번째가 되는 것이다. 현자들은 고금의 신서(神書)를 모아 검토하여 서로 증험한다. 진인들은 알겠는가?"

"예, 예."

"중급의 현자는 수일하고 도에 들어가면 또한 절로 신을 볼 수 있게 되는데 열을 다스리면 아홉은 효과가 있으니, 왕후의 대신이 되어 함께 사악한 것들을 물리친다. 그렇지 않으면 오래도록 띠집에 들어가려고만 생각한다. 지인은 알겠는가?"

"예, 예."

"낮은 현자는 수일하고 도에 들어가서 책을 읽는다면 또한 신을 볼 수도 있으니 열 번을 다스리면 여덟 번쯤은 효과가 있다. 백성들을 위해 함께 사악한 것을 물리쳐 줄 수 있다. 또한 마땅히 고금의 도서를 모아 고찰하여 서로 증명할 수 있으니 어리석은 사람이라도 한번 열리면 모두 참된 도를 알 수 있다. 만약 한 권의 글을 읽게 한다면, 반드시 믿지 않게 될 뿐 아니라 도리어 그것이 잘못되었다고 말하면서 자기를 변호하게 될 것이다. 사악한 것들이 날로 흥성해져서 사람을 해치게 될 것이다.

만일 대현, 중현, 아래 백성들이 신도(神道)를 함께 지키고 행한다면 천지와 네 계절의 신이 모두 흥해져서 사악함이 절로 소멸될 것이다. 진인들은 알겠는가?"

"예, 예."

"그리하여 하늘 아래와 땅 위에 있는 사방의 육속육친(六屬六親)의 신들이 모두 즐거워하여 크게 일어나서 사람을 도와 길한 일들을 만들어 사악한 해로움을 풀어줄 것이다. 위로는 제왕의 재앙과 근심을 없애주고 중간으로는 현자의 질병을 제거해 주고 아래로는 백성들의 나쁜 기를 쫓아내어 간교한 귀신들이 활동하지 못하도록 할 것이다."

"훌륭하십니다. 훌륭하십니다."

"긴요한 도의 큰 비결을 들어야 한다. 신을 보고 일을 예언하는 사람 중에 열 가지를 점쳐 열 번 다 맞추는 사람은 법과 천신(天神)이 상응한다. 열 가지를 점쳐 아홉 가지를 맞추는 사람은 지신(地神)과 상응한다. 열 가지를 말하여 여덟 가지를 맞추는 사람은 인신(人神)과 상응한다. 이보다 못한 점은 쓸모가 없다.

처음 신을 보고서 열 가지를 점쳐 열 가지가 다 적중하지만 시간이 갈수록 날마다 적중률이 떨어지는 것은 신도(神道)에 시험을 당하여서 적중하지 못하게 되는 것이다. 이 사람이 스스로 새롭게 되어 스스로 바르게 되고자 하고 잘못을 뉘우치고자 하여 다시 깨끗하고 선량한 사람이 되어 악의가 없다는 것이 밝혀지게 되면, 또 다시 날로 높아지게 된다. 어떤 경우는 신의 뜻에 맞으면 열을 쏘면 열을 맞히게 하고, 때로 열 이상을 맞히게 하고, 때로 열을 쏘아서 열 중 한 개를 맞히게 하기도 한다. 나날이 적중률이 상향하는 사람이 있도록 하는데, 이것은 그 사람이 날마다 선행을 하려고 하여 도의 뜻을 얻은 사람이기 때문이다. 그러므로 날마다 나아가는 것이다. 이것으로 스스로 살펴보면 만에 하나라도 실수가 없다.

또 어떤 경우는 처음 신을 보고는 점치는 것이 적중하지 않다가 시간이 지난 뒤에 도리어 날마다 적중률이 향상되는데, 이 사람이 정밀하게 도의 신의 뜻을 터득하여 날로 나아가는 사람이기 때문이다. 또 어떤 경우는 날로 그냥저냥 별 변화가 없어 높아지지도 낮아지지도 않는데, 이 사람이 정과 신을 쓰는 것이 옛날과 별반 차이가 없기 때문이다. 날로 쇠퇴하는 사람은 나날이 게으른 사람이다. 이런 상태로 점을 친다면 도의 뜻을 얻을 수 없다. 시험을 당하는데 깨닫지를 못하고 예전처럼 악행을 계속한다면 모든 신들이 함께 속여서 사람을 끌어 사악함에로 빠트릴 것이니, 길흉이 일정하지 않게 되고, 헛소리를 하게도 하고, 때로 병들어 죽게도 만들기도 한다.

그러므로 대현과 중현과 백성들의 남녀가 도를 행하여 모두 이것으로 스스로를 점쳐서 잃지 않도록 하라. 비단 천도만이 사람을 시험하는 것은 아니다. 천하의 모든 일은 이 시험에 걸려 실패할 수 있다. 천지는 사람을 시험한다. 그러므로 사람도 천지를 본받아 서로 시험을 하는 것이다. 진인들은 알겠는가?"

"예, 예."

"그대들이 거듭 큰 효험을 알고자 한다면, 천도와 신과 사람들은 서로 뜻이 맞으면 서로 마음을 합하여 지극히 정성스럽고 진실되게 된다. 서로 마음이 맞지 않으면 서로 속이게 된다. 그러므로 상고시대의 사람들은 정성되이 믿음으로 서로 마음이 맞았다. 그리하여 아래위가 서로 속이지 않았다. 중고 시대 사람은 반 정도만 서로 마음이 맞았다. 그래서 반 정도만 서로 속였다. 하고시대 사람은 완전히 서로 믿지 않았기 때문에 아래위가 속이는 것을 일삼았다. 그러므로 상고시대에는 모든 일이 다 들어맞았고, 중고시대에는 반만 들어맞았고, 하고 시대에는 완전히 적중하지 않는다. 그러므로 위태하였으며 망하게 되는 것이다. 이런 이유로 옛날 성현들은 항상 이것으로 스스로를 살펴서 될 수 있는지 될 수 없는지를 점쳐서 어긋남이 없었다.

이것으로 진인들을 경계한다. 내가 보기에, 그대들은 항상 힘들게 노력하고 있다. 그러므로 깊게 경계하는 것이다. 그대들은 천지의 높은 관리가 되어 천지의 재앙을 풀어 버리고, 제왕의 해로움을 없애 줄 것이니 그 공이 매우 커서 비할 사람이 거의 없을 것이다. 단지 우려되는 것은 자내가 중도에 게을러지는 것이다. 그래서 이 신의 일로써 그대들에게 경계하는 것이다.

그대들이 천지의 심부름꾼이 되어 날마다 길하다면 이것은 천지의 마음과 뜻을 얻었기 때문이다. 날로 흉악하고 쇠퇴한다면 이것은 천지의 심의를 잃었기 때문이지. 도의 신과 사귀어서 날로 길하고 좋은 것은 도의 마음과 뜻을 얻었기 때문이고, 날로 흉하고 쇠퇴하는 것은 도의 마음과 뜻을 잃었기 때문이다.

다른 사람과 사귐에 날로 더욱 좋아지고 후덕해지는 것은 서로 마음과 뜻이 맞기 때문이고, 도리어 날로 흉악하고 각박해지는 것은 서로 마음과 뜻을 잃었기 때문이다. 이를테면, 농사를 지어서 얻은 곡식이 좋은 결실을 많이 얻은 사람은 마음을 치밀하게 쓰고 힘을 많이 들인 사람이다. 얻은 곡식 중에 좋은 결실이 적은 사람은 마음 씀이 좀 게으르거나 힘을 덜 쓴 사람이다. 이것은 단지 초목인데도 사람의 마음 씀과 노력의 다소 및 힘든 정도에 따라 좋고 나쁨이 나뉘어지는 것인데, 하물며 천지신령과 사람의 관계는 말해 무엇하겠는가! 경계하지 않아도 될 것인가! 사소한 일이라 말할 필요가 없는 듯하지만 깊이 생각해 보면 도리어 크게 무거운 것이다. 이것이 바로 이른바 안위와 길흉이 드나드는 문이 되기 때문이다. 그대들은 알겠는가?"

"예, 예. 어리석은 소생들도 이미 깨달았습니다. 명을 받았습니다. 명을 받았습니다."

是故〈起〉夫守一之道, 得古今守一者, 復以類聚之. 上賢明力爲之, 可得度世. 中賢力爲之, 可爲帝王良輔善吏. 小人力爲之, 不知喜怒, 天下無怨〈止〉咎也. 此者, 是吾書上首一部大界也. 恐俗人積愚, 迷惑日久, 不信吾文, 故敎示使與古今守一之文合之, 以類相從, 乃以相證明也. 善哉善哉. 愚生謹以[1]覺矣. 夫〈起〉守一者, 大人守之亦有餘,[2] 中人守之亦有餘, 小人守之亦有餘, 三人俱守行之, 其善乃洞洽於六方八遠, 其恩愛與天地同計〈止〉也. 如最下愚, 有不樂守行者, 名爲天下最惡凶人也, 天地疾惡之, 鬼神不復祐之也, 凡人久久共不好利之也, 此卽天書所以簡人善惡之法也. 其好欲讀視者, 天知爲善人. 示之不欲視者, 天知之爲凶惡人也. 以此占人, 萬不失一也. 吾爲上德君作文, 上不負天, 下不負地, 中不負德君, 不欺眞人也. 守此得其意者, 道已畢矣竟矣. 六眞人自深思其意, 吾不能悉記此之善. 夫一, 乃至道之喉襟也. 上士所樂德, 中士所響知, 下士之所疾惡也. 子知之耶. 唯唯. 是故上士得之大喜, 不而自禁爲也. 中士得之, 不而自止, 常悅欲言也. 下士見之, 是其大忌也. 以吾文觀此三人, 而天下善惡分別明矣. 子知之乎. 唯唯. 是文乃天所以劵正凡人之心, 以除下古承負先人之餘流災, 以解天病, 以除上德之君承負之謫也. 子知之邪. 唯唯.

善哉善哉. 行, 子已覺矣. 〈起〉其二部界者, 其讀吾書道文, 合於古今, 以類相從, 都得其要意, 上賢明翕然喜之, 不能自禁止爲善也. 乃上到於敢入茆室,[3] 堅守之不失, 必得度世而去也. 志與神靈大合洞, 不得復譽於俗事[4]也. 其善乃洞究洽於天地, 其神乃助天地, 復還助帝王化惡, 恩下及草木小微, 莫不被蒙其德化者. 是故古者賢明德師, 乃能助帝王致太平者, 皆得此人也. 〈止〉故其言事悉順善而忠信也, 乃其所受道師善也. 眞人知之耶. 唯唯. 其中〈起〉中賢力共讀吾文書, 合於古今道文書, 以類相從, 力共讀而不止. 其賢才者, 乃可上爲帝王良輔善吏, 助德君化惡, 恩下及小微草木. 陰陽和合, 無復有戰鬪者. 帝王長遊而無憂事, 群臣下俱相示敎力爲之, 莫不順善而忠信, 無刑罰而治, 其善不可勝書. 眞人知之耶. 唯唯. 其百姓俱共讀吾書道文, 上下通都合計, 同策爲一, 無復知爲凶惡者也. 拘校[5]古今道文, 以類相從相明, 因以爲世學, 父子相傳無窮已也. 如三人大賢中賢下賢及百姓俱爲之占, 天地之惡氣畢去矣, 無復承負之厄會也. 善乃合陰陽, 天地和氣瑞應畢出, 遊於帝王之都, 是皇天后土洽悅喜之證也. 故讀吾文者, 宜精詳之. 〈止〉以上到下, 思惟其要意, 得其訣, 與神明無異也. 眞人知之耶. 唯唯.

〈起〉其三部界者, 夫人得道者必多見神能使之. 其上賢明者, 治十中十, 可以爲帝王, 使辟邪去惡之臣也.[6] 或久久乃復能入茆室而度去, 不復譽於俗事也. 故守一然後且具知善惡過失處, 然後能守道, 入茆室精修, 然後能守神, 故第三也. 賢者得拘校古今神書以相證明也. 眞人知之耶. 唯唯. 中賢守一入道, 亦且白睹神, 治十中九, 可爲王侯大臣, 共辟除邪惡, 或久久亦冀及入茆室矣. 眞人知之邪. 唯唯. 其小賢守一, 入道讀書, 亦或睹神, 可治十中八, 可爲百姓共辟邪除惡也. 亦皆當拘校古今道文, 以自相證明, 乃愚者一明, 悉解信道也. 〈止〉如使讀一卷書, 必且不信之也. 反且言其非而自解, 則邪惡日興, 得害人也. 如〈起〉大賢中賢下及百姓, 俱守神道而爲之, 則天地四時之神悉興, 邪自消亡矣. 眞人知之耶. 唯唯. 如此則天下地上, 四方六屬[7]六親之神, 悉悅喜大興助人爲吉, 〈止〉以解邪害. 上爲帝王除災病, 中爲賢者除疾, 下爲百姓除惡氣, 令奸鬼物不得行也.

善哉善哉. 須有大訣戒, 見神以占事. 言十中十者, 法與天神相應. 言十中九, 與地神相應也. 言十中八者, 與人神相應也. 過此而下者, 言不可用也. 或有初睹神, 反十十相應, 久久反日不中者, 見試於神道, 故使不中也. 見是能復更自新, 力自正思過, 更爲精善, 無惡意者. 且復日上行, 或中神意, 乃射十中十, 或出十, 或射十, 乃中一十, 日以大中而上行者, 是其日思爲善, 得道意之人也. 故曰[8]進. 以是自占, 萬不失一也. 或有初見神, 占事不中, 已反日已上行大中, 是者精得道神意日上進之人也. 或有平平如故, 不進不退, 是其用精不過故之人也. 日衰者, 曰懈之人也, 以是占之, 不得道意矣. 見試而不覺悟, 固固自若爲惡者, 諸神且共欺之. 牽人入邪中, 則致吉凶無常, 或入祇言, 或坐病止. 故大賢中賢小賢百姓男女爲道, 悉以是自占, 不失之也, 非猶神道試人也. 凡天下之事, 皆以試敗. 天地有試人, 故人亦象天地, 有相試也. 眞人知之耶. 唯唯.

子欲重知其大信效, 天道神靈及人民相得意, 相合與心, 而至誠信. 不相得意則相欺. 是故上古之人誠信相得意, 故上下不相欺. 中古人半不相得意, 故半相欺. 下古之人純不相信, 故上下純以相欺爲事. 故上古擧事悉中, 中古半中, 下古純不中, 故危亡. 是故古者賢聖, 常以是自占, 可爲得與不得, 則無失也. 以此戒眞人, 吾見子常苦勞, 故深戒子, 子乃爲天地長使也. 解天地流災, 爲王者除害, 其功甚大少雙. 恐子爲道中懈, 故以是神事以戒子, 子乃爲天地使, 而日吉者, 是其得天地心意也. 日凶衰惡, 是其失天地心意也. 與道神交, 日吉善者, 是其得道心意也. 而日凶衰者, 是其失道心意也. 與人交, 日益厚善者, 是其相得心意也. 而反日凶惡薄者, 是其相失心意也. 比若耕田, 得穀獨成實多善者, 是用心密, 用力多也. 而耕得穀少不成善實者, 是其用心小懈, 用力少也. 此但草木, 尙乃隨人心意, 用力多少功苦爲善惡, 何況天地神靈與人哉. 可不戒耶. 眞人也此之爲戒, 若薄少不足言, 而深思念之, 反大重, 此正所爲謂安危吉凶門戶也. 子知之耶. 唯唯. 愚生已覺矣, 受命受命.

역주

1) 以(이) : '이미[已]'라는 의미이다.
2) 有餘(유여) : 『금주금역(하)』에서는 '더 올라갈 수 있는 여지'로 보고, 『전역(중)』에서는 '자기를 기를 뿐 아니라 다른 사람에게 혜택도 줄 수 있다'라는 의미로 보고 있다. 둘 다 별로 자연스럽지 않다. 역자는 '수일'이라는 법술이 대인부터 소인에 이르기까지 수행하기에 부족함이 없는 충분한 방법이라는 의미로 번역하였다.
3) 茆室(묘실) : '모실(茅室)' 초가집 혹은 띠집이란 의미로서 산속에 있는 수련처를 말한다.
4) 譽於俗事(예어속사) : 세속의 칭찬과 비난에 일희일비하는 것을 말

한다.

5) 拘校(구교) : 모아서 고찰함을 말한다.

6) 可以爲帝王, 使辟邪去惡之臣也(가이위제왕, 사벽사거악지신야) : 두 가지 구두 방법이 있다. 위의 구두 이외에 "가이위제왕사, 벽사거악지신야(可以爲帝王使, 辟邪去惡之臣也)"라고도 볼 수 있다. 즉 "제왕에게 쓰여지니, 사악을 제거하는 신하이다"라는 의미이다. 그리고 여기에서 자주 등장하는 '벽사거악(辟邪去惡)'은 주로 악귀를 쫓아내는 등의 일을 말하는 듯하다.

7) 六屬(육속) : 천지춘하추동을 관장하는 신을 말한다.

8) 曰(왈) : '일(日)'로 보아야 한다.

"대저 현명한 사람이 상덕의 군주를 위해 상고시대와 중고시대와 하고시대의 문서의 부류를 모아 검토하여 서로 같음을 증명하여 도가 하루 아침에 올바르게 되어 일월(日月)과 다름이 없게 되고, 다시 대현 · 중현 · 하현 및 남녀 백성들에게 구전으로 전해지는 도결들을 크게 모아 종류별로 검토하여 서로 같음을 증명하면 그 글들이 크게 부합하여 마치 그림쇠와 직각자가 일치하는 것처럼 아무 차이가 없을 것이다.

하늘과 사람과 땅의 방책이 모두 합쳐져서 마치 하나처럼 될 것이다. 이와 같이 되면 하늘과 사람과 땅의 실정이 모두 여기에 모이게 되어 만 이천이나 되는 만물들도 모두 그렇게 될 것이다. 그러므로 유덕한 군주는 마땅히 노력하여 그것을 쓴다면 재해가 하루 아침에 사라지고 천하가 절로 다스려져서 다른 사악한 글과 말이 없게 될 것이다. 통철하게 다 드러나면 다른 사악한 기운이 없게 될 것이다. 사악한 글과 사악한 말은 재앙의 뿌리와 연결되어 있다.

그대들이 분명하고 확실한 효험에 대해 거듭 알고자 한다. 비유컨대, 어떤 사람이 사악한 글로 군주에게 보고를 하고, 또 어떤 사람이 사악한 말로 서로 증오한다면 원망과 잘못이 날로 일어나서 아주 많은 사람들이 또한 서로 원망하고 탓하고 저주를 하게 되며, 군주도 그것을 따르게 되어 도리어 올바름을 잃게 되고, 총명함이 이르지 못하여, 천지가 다스려지지 않아서 위험한 말들이 생겨 불길하게 될 것이다.

또 아랫사람들은 도리어 사악한 글과 사악한 말로 그 위를 현혹시키는데 오래되면 윗사람이 알게 되어 또한 군신간에 서로 허물하게 된다. 그러므로 사악한 글과 사악한 말들이 날로 이르는 것은 흉악함이 들어오는 문이다. 그러므로 힘써 살펴보아 제거해야 한다. 진인들은 알겠는가?"

"예, 예."

"그러므로 유덕한 군주는 올바른 말에 따라 하니, 천지가 개벽한 이래 승부의 재앙이 모두 없어져서 다른 재해가 없게 될 것이다. 진인들이 거듭 그 큰 징험을 알고자 한다면 말해 주겠다. 올바른 글과 올바른 말이란 바로 하늘과 사람과 땅과 만물의 올바른 뿌리가 된다. 그러므로 상고시대의 대성인들은 올바른 말과 올바른 글을 살펴서 행한 사람들이다. 천지가 올바르게 되고, 삼광(三光)이 올바르게 되고, 네 계절과 오행이 올바르게 되고, 사람들과 만물이 올바르게 된다면, 이것이 바로 올바른 글과 올바른 말이니 바로 하늘과 사람과 땅민과 만물의 올바른 뿌리에 의해 생기는 올바른 효과이다.

그대들이 또 효험을 알고자 하는구나. 어떤 사람이 올바른 글과 올바른 말로 군주 앞에서 칭찬한다면 군주가 크게 총명한 사람이라고 여겨 크게 출세할 것이다. 모든 일이 제대로 되어 올바름을 잃지 않을 것이다. 아래에서 위까지 천지의 마음과 뜻을 얻어 삼광이 그 움직이는 분수를 지키게 될 것이고, 네 계절과 오행이 잘못됨이 없을 것이며, 사람들이 즐거워하지 않는 이가 없게 되어, 너도나도 '좋구나!'라고 말할 것이며, 만물이 모두 제자리에 있을 것이다.

은혜가 신과 땅의 신인 기(祇)에 가득하면 이름이 먼 곳에까지 들려서 여러 신들의 상서롭게 응하고 기이한 것들이 즐거워하며 나타나게 될 것이다. 천하의 현명한 유학자들은 모두 와서 그 군주를 보필하게 되어서 더 이상 은둔하지 않을 것이다. 선인과 신령들은 늙지 않는 비방을 짊어지고 와서 줄 것이다. 요상한 조짐은 없어지고 사람들은 행동이 올바르게 될 것이다. 올바른 글과 올바른 말로써 다시 서로 증오하는 사람이 없게 된다면 원망과 탓함이 끊어지고 천하의 모든 선함이 모두 나올 것이며 모든 사악함은 숨게 될 것이다. 유덕한 군주는 단지 팔을 늘어뜨리고 있으면 세상은 저절로 다스려질 것이니, 무슨 위태로움과 멸망할 근심이 있겠는가? 이것이 바로 나의 올바른 글과 올바른 말이 선함의 뿌리가 되는 분명한 증거이다. 올바른 것에 힘쓰지 않을 수 있겠는가? 진인들은 끝내 알게 되었는가 알지 못하였는가?"

"예, 예. 알게 되었습니다. 놀랍습니다. 천사의 말씀을 듣,고 이미 크게 깨우쳤습니다. 어리석은 소생들은 천하가 이미 태평스럽다는 것을 알았습니다. 유덕한 군주가 듣고서 사용하니, 이미 수명을 늘렸습니다."

"좋도다! 그대들은 일을 아는 사람이라 할 만하다. 이미 분명하게 알았도다."

"즐겁습니다. 즐겁습니다. 하늘의 근심은 이미 풀렸고, 땅의 병은 이미 제거되었습니다."

"진인들은 어떻게 아는가?"

"그렇습니다. 이 사악함은 마땅히 제거되어야 합니다. 천지와 인민과 만물의 커다란 병폐는 이미 제거되었습니다. 지금 이미 올바른 글과 올바른 말을 모아 교정하였습니다. 그러므로 천지의 큰 병폐가 이미 제거되었음을 알 수 있습니다."

"좋도다. 좋도다. 그대들은 이미 □□하게 알았도다. 제왕이 나의 글을 힘껏 실천한다면 천지와 사이가 도타워져서 재앙이 모이지 않을 것이다."

"훌륭하십니다. 훌륭하십니다."

"진인들에게 하나의 긴요한 말을 하겠다. 상덕의 군주가 내 글에 있는 하늘의 법을 얻어 그것을 근거로 신하를 임용하면, 위로 신인에 이르고 아래로 조그만 미물에 이르기까지 모두 아홉 등급의 사람, 곧 신인(神人), 진인(眞人), 선인(仙人), 도인(道人), 성인(聖人), 현인(賢人), 범민(凡民), 노비(奴婢) 등이 진실되고 충성스러우며 착하게 되어 선한 참된 도로 즐겨 덕 있는 군주를 보좌하게 된다. 그들의 능력을 물어보아 벼슬을 주되, 그들이 맡을 수 없는 부서에 임명하여서는 안 된다. 처음부터 배제해서도 안 된다. 사람들이 '힘써 노력하려는 마음을 거스르는 사람'이라 이름하니, 하늘이 옳다고 여기지 않는다. 단지 능력에 따라 맡기되 각기 잘하는 바를 물어서 하면 다스려지지 않는 것이 없다.

유덕한 군주라면 시험해 보아야 한다. 매일 좋은 효과가 있는 사람은 등용해야 한다. 삼가 놓치면 안 된다. 효과가 없는 사람은 빨리 물리쳐야 한다. 이런 자는 '하늘의 관직을 더럽히는 자'라 이름한다. 올바른 기를 불러 오지 못하기 때문이다. 잘못의 원인은 사악한 사람에게 있는 것이다.

대저 올바르고 착한 사람이라 마음속에 항상 모든 일을 몰래 돕고자 하는 마음을 가지고 그렇게 하지 못할까 근심을 한다. 그러므로 매일 올바르고 착한 사람을 불러오게 된다. 사악한 사람은 사악한 마음을 가지고 있어 모든 일을 몰래 돕고자 하지 않으니, 사악함을 초래한다. 이것이 바로 황천(皇天)의 저절로 그러한 바른 법이다. 그러므로 바로 물러가게 해야 한다. 물러가지 않는다면 하늘을 노하게 만들어 땅의 살기를 올라오도록 한다. 그래서 빨리 제거해야 한다. 이것은 큰 일이다. 진인들은 알겠는가?"

"예, 예. 어리석은 소생들은 매우 두렵습니다."

"그대들이 두렵다고 생각하니, 세상 물정을 아는 사람이라고 할 만하다. 하늘이 장차 그대들을 도와줄 것이다."

"감당할 수 없습니다. 감당할 수 없습니다."

"사양할 일이 아니다. 내가 그대들로 하여금 하늘의 도움을 받도록 하는 것이 아니야. 그대들이 선행을 하기 때문에 저절로 그러하게 행하여 얻는 것이다. 그러므로 옛날 성인들이 행위함은 감히 척도를 잃지 않았고, 바로 하늘의 경계를 살펴본 것이다. 그 선악을 분명하게 알기 때문에 각기기 자기 몸을 위해서 그런 것이다. 그러므로 항상 현자와 함께 다스리려고 노력을 하였으니, 하늘을 노하게 할까 두려웠던 것이다. 하늘에게 죄를 얻으면 빌 곳이 없다.

그러므로 옛날 제왕들은 그 마음은 밝게 통달하여 감히 어리석은 사람과 같이 일하지 않았다. 그래서 오래도록 길할 수 있었다. 진인들은 알겠는가?"

"예, 예."

"중고시대 이후로는 사람들의 반은 어리석어서 인재를 등용해 쓰는 일을 작은 일이라고 생각하였다. 세세하게 살피지 않았으니 반은 그 자리에 있을 사람이 아니었고, 반은 하늘의 관직을 어지럽혔다. 다스림은 반이 흉하였다. 하고 시대에는 다시 중고 시대의 경박한 일을 승부하여 다시 쉽게 생각하게 되어 세세히 살피지 않았다. 올라온 인재가 대부분 적합한 사람이 아니어서 하늘의 관직을 어지럽히게 되었다. 삼광이 제멋대로 되어 여러 증상들이 위 하늘에 나타내게 되었다. 하늘이 좋아하지 않게 되어, 끊임없이 흉년이 들고, 흉년이 잠시 멈추었다가도 또 다시 흉년이 들었다.

하늘이 매우 증오한다는 것을 알지 못하고 사람들은 깊이 스스로 책망하지 않고, 도리어 '하늘의 시운이 좋지 않다'고 말한다. 예전에 이런 일이 있었던 것은 하늘이 사람들의 잘못된 조치를 옳지 않다고 여겼기 때문인데 도리어 위로 책임을 전가하여 제왕의 잘못이라고 한다. 하늘은 이런 사람을 '크게 반역하는 자'라고 이름한다. 잘못은 아래에서 저질러 놓고, 위를 끊임없이 속이며, 악을 선이라 하고 선을 악이라 하며, 재앙을 당하고서도 오히려 위 하늘에 전가한다. 하늘에 전가하는 자는 다시 군주를 탓하게 되니, 천하에 철두철미하게 흉학한 백성과 신하가 되고 헤아릴 수 없는 커다란 죄를 지은 사람이 된다. 지금 천지의 신령이 모두 지극히 혐오하여 하늘께서 직접 나를 불러 아래로 내려보내 유덕한 군주를 위해 다시 법을 만들도록 한 것이다. 인재를 등용하여 제 자리에 쓰는 것은 자세하게 살피지 않을 수 없는 것이다.

진인들이 악한 신하들의 실상을 알고자 하니 말하겠다. 이를테면 집안의 부모가 함께 여러 아이를 낳아 길렀는데 자식들이 함께 부모를 속이고 악행을 하나, 부모는 묵묵히 집 안에 앉아 있는데 어떻게 알 수 있겠는가? 이미 악행과 강도, 겁탈 등으로 사람들이 도리어 부모에게 죄가 있다고 여겨, '부모가 악독하기 때문에 악독한 자식을 낳은 것이다'라고 말한다. 현(縣)의 관리가 알아 악한 자식을 줄일 뿐만이 아니라, 도리어 그 부모에게도 죄를 준다. 부모가 자식을 낳을 때에는 모두 그 자식이 현명하고 선량하기를 바란다. 언제 너의 행실이 악하기를 바랐겠는가? 도리어 부모에게 죄를 입게 하니 이는 대역불효자(大逆不孝子)이다.

군주가 신하를 일컬어 모두 선하기를 바란 것이지, 그에게 악독한 일을 하라고 하였던 것인가? 그런데도 백성과 신하들이 스스로 아래에서 함께 흉악한 일을 하여 처지의 재앙을 초래하고는 도리어 그 죄와 책임을 군주에게 전가한다. 백성들은 근심스러워하고 고통스러워 하니 이에 교활한 관리들 또한 함께 하늘에 책임을 전가한다. 각기 신하와 백성들이 함께 반역을 도모하는 것이니 죄가 없어지지 않는다. 함께 군주에게 극렬하게 책임을 전가하는 것은 그에 응하는 것 또한 극렬하다. 그런데도 도리어 또 위로 하늘에 죄와 책임을 돌리고 아래로 땅에 죄를 돌리니 사람의 반역함이 이와 같다. 그 생명을 단축시켜 빠르게 죽여 버리지 않겠는가? 그러므로 하고시대에는 모두 60을 못 채우고 죽으니 나고 죽는 것이 주어진 때가 없다. 마치 백성들이 가축을 죽이려고 할 경우 갑자기 잡고 싶으면 죽이는 것과 같다. 좋은 가축은 죽음을 애석하게 여기지만 나쁜 가축은 병들어 죽는 것도 고소하게 여긴다. 진인들은 알겠는가?"

"예, 예. 어리석은 소생들은 하늘의 위엄이 너무 두렵습니다."

"이리 오라. 그대들은 이미 깨달았다. 이 글을 가지고 유덕한 군주로 하여금 여러 현명한 유자들에게 보여주도록 하라. 삼가 감추어 두지 말라. 하늘은 이 책이 세상에 나오는 것을 좋아한다. 급하고 급하다."

"예, 예."

夫賢明爲上德君拘校上古中古下古文書之屬, 以類相從, 更相證明, 道一旦而正, 與日月無異. 復大集聚大賢中賢下賢乃及人民男女口辭訣事, 以類相從, 還以相證明, 書文且大合, 比若與重規合矩, 無殊異也. 天地人策俱并合, 比若一也. 如此則天地人情悉在, 萬二千物亦然, 故德君當努力用之. 則災害一旦而去, 天下自治, 無有餘邪文邪辭, 洞白悉正, 則無餘邪氣. 夫邪文邪辭, 繫災之根也. 子欲重知其明審信效, 比若人以邪文相記於君, 比若人以邪言相惡, 則怨咎日興, 衆多人亦自相怨咎相惡, 君亦聽之. 反失正, 聰明不達, 爲天地所非治, 危辭不吉. 又下反以邪文邪言共欺熒惑其上, 久久上知之, 亦復君臣相咎, 故是邪文邪言日至, 凶惡之門戶也, 故當力拘校去之也. 眞人知之耶. 唯唯. 故德君盡以正辭, 而天地開闢以來, 承負之災厄悉除, 無復災害. 眞人欲重知其大信也. 夫正文正辭, 乃爲天地人萬物之正本根也. 是故上古大聖賢案正文正辭而行者, 天地爲其正, 三光爲其正, 四時五行乃爲其正, 人民凡物爲其正. 是則正文正辭, 乃爲天地人民萬物之正根大效也. 子欲重明知其信, 比若人以正文正辭相譽於君前, 君得以爲大聰明大達也, 擧事悉得, 無失正者. 下上乃得天地之心意, 三光爲其不失行度, 四時五行爲其不錯, 人民莫不歡喜, 皆言善哉, 萬物各得其所矣. 恩洽神祇, 則名聞遠方, 群神瑞應奇物爲喜而出, 天下賢儒盡悉樂往輔其君, 爲不閉藏, 仙人神靈乃負不老之方與之, 祅祥爲其滅絶, 人民爲其行政,[1] 言正文正辭乃無復相憎惡者, 則怨咎爲其絶. 天下凡善悉出, 凡邪惡悉藏, 德君但當垂拱而自治, 何有危亡之憂, 此卽吾正文正辭爲善根之明證效也, 可不力正哉. 眞人寧解不. 唯唯. 可駭哉. 見天師言, 謹已大覺矣, 愚生知天下已太平矣. 德君聽用之, 已延命矣.

善哉. 子可謂爲曉事之生也, 已洞知之矣. 樂乎樂乎. 天憂已解矣, 地病已除矣, 眞人以何知之. 然, 此邪惡盡應當見去, 天地人民萬物之大病已除也. 今已拘校正文正辭, 故知天地之大病已除也. 善哉善哉. 子已□□[2]知之矣. 帝王力行吾文, 與天地厚, 無復厄會也. 善哉善哉. 語眞人一大要言也. 上德之君得吾文天法, 象以仕臣, 上至神人, 下至小微賤, 凡此九人. 神眞仙道聖賢凡民奴婢,[3] 此九人有眞信忠誠, 有善眞道樂, 來爲德君輔者, 悉問其能而仕之, 愼無署非其職也, 亦無逆去之也. 名爲逆人勉勉眷眷之心. 天非人, 但因據而任之, 而各問其所能長, 則無所不治矣. 君宜試之, 日有善效者進之, 愼無失也, 無效者疾退之. 此名爲汙亂天官, 使正氣不得來, 咎在此邪人也. 夫正善人, 心常欲陰祐凡事爲憂, 故曰致正善人也. 邪人有邪心, 不欲陰祐利凡事, 則致邪, 此乃皇天自然之格法也. 故當卽退之, 不退之且忿天, 使地殺氣出, 故當疾去之, 是大事也. 眞人知之耶. 唯唯. 愚生甚畏之. 子知畏之, 可謂曉事生矣, 天且祐子. 不敢不敢. 此無可讓也, 非吾而使子見祐於天也,[4] 子爲善, 自然行得之也. 故古者聖人之爲行也, 不敢失繩墨者, 乃睹天戒, 明知其善惡, 各爲其身也. 故常求與賢者爲治, 乃恐忿天也. 得罪於天, 無所禱也. 是故古者帝王, 其心明達, 不敢妄與愚者共事也, 故獨得長吉也. 眞人知之耶. 唯唯.

夫中古以來, 人半愚, 以爲選擧爲小事也, 不詳察之, 半得非其人, 半亂天官, 政半凶也. 下古復承負中古輕事, 復令自易, 不詳察之, 選擧多不俱得其人. 汙亂天官, 三光爲其不正, 證上見於天, 天不喜之也. 故多凶年不絶, 絶者復起, 不知天甚怨惡之. 人不深自責, 反言天時運也. 古者爲有如此者. 天道非人, 反以其太過上歸天, 下愚不自思過失, 反復上共責歸過於帝王. 天乃名此爲大反逆之民, 過在下傳欺其上, 以惡爲善, 以善爲惡, 共致此災, 反以上歸天. 以歸天者, 復上責其君, 天下絶洞凶民臣無狀之人[5]也. 今天地神靈共疾惡之, 故天乃親自謌, 遣吾下爲德君, 更制作法也. 選擧署人官職, 不可不審且詳也. 眞人欲知是惡民臣之審也, 比若家人父母, 共生數子, 子共欺其父母, 行爲惡. 父母默坐家一室中, 安而知之,[6] 已行爲凶惡盜劫, 人反還共罪其父母. 父母惡, 故生我惡也. 縣官吏得之, 不直殺其惡子, 反復還罪其父母. 夫父母生子, 皆樂其賢且善, 何時樂汝行爲惡哉. 反還罪其父母, 是爲大逆不孝子也. 夫君之謂臣, 皆樂其爲善, 何時敎其爲惡, 而民臣自下共爲凶惡之行, 得天地災者, 反以還罪責其君, 百姓愁苦. 於是猾吏亦復共上責於天, 名是爲民臣共作反逆, 罪不除也. 共責其君極, 已應大劇矣. 尙復乃上罪責天, 下罪責地, 人之反逆乃如此, 可不短其命而疾殺之哉. 故下古皆應霸命,[7] 死生無時也. 比若民家欲殺畜生, 忽欲殺之, 便殺之也. 善畜尙惜其死, 惡畜樂其病死. 眞人知之耶. 唯唯. 愚生甚畏天威. 行, 子已覺矣. 出此文, 令德君以示諸賢儒, 愼無匿, 天樂出之急急. 唯唯.

역주

1) 行政(행정) : '행정(行正)'으로 보아야 한다. 즉 행실이 방정하다.

2) □□(□□) : 『정독』에 의하면 '통효(洞曉)'가 빠져 있다.

3) 凡此九人. 神眞仙道聖賢凡民奴婢(범차구인. 신진선도성현범민노비) : 이 아홉 등급은 신인·진인·선인·도인·성인·현인·범민·노비를 말한다. 그런데 이것은 여덟 가지이니 아홉 가지가 아니다. 본래 여기에 '무형위기신인(無形委氣神人)'이 부가되어 아홉

가지가 된다. 여기에서는 생략된 것이다.

4) 非吾而使子見祐於天也(비오이사자견우어천야) : 아마도 '비오능사자견우어천야(非吾能使子見祐於天也)'의 의미일 것이다.

5) 絶洞凶民臣無狀之人(절동흉민신무상지인) : 철두철미 완전히 흉악한 신민(臣民)이고 대죄를 지은 사람이다.

6) 安而知之(안이지지) : '안능지지(安能知之)?'의 의미이다.

7) 霸命(패명) : 60 이하에 죽을 운명을 말한다.

"진인들에게 긴요한 한 가지를 말하겠다. 큰 덕을 가진 훌륭한 군주가 이미 신하들을 임용하여 각 자리마다 제대로 된 사람을 얻어 하늘의 마음에 합한다며, 마땅히 백성을 통치하고 해로움을 제거하는 방법을 알아야 한다. 대저 멀리 떨어진 사방에 숨어 있는 무리들은 실로 알기가 어렵다. 대저 매우 어리석은 사람이 각기 자기의 이익을 취하여 도리어 뭉쳐서 그 윗사람을 속인다. 유덕한 군주는 마땅히 현명한 사람과 함께 이들을 바로잡아야 한다. 모든 사람이 바르게 되는 것이 바로 천지의 마음과 뜻이다. 크게 기뻐하여 제왕으로 하여금 오래도록 길하게 만들어준다.

하늘은 하고 시대의 사람이 어리석어 다스려서 바로잡기가 어려움을 분명하게 알았다. 그리하여 시종일관 문건을 내려보낸 것이니 이것을 천서(天書)라고 이름한다. 책의 법으로 분명하게 나타내는 것이다. 천하가 함께 그 글을 기록하여 마땅히 함께 실행해야 한다. 천하 사람들의 글을 기록할 수 있다. 그러므로 문서란 천하 사람들이 함께 읽어야 하는 것이지, 어떤 한 사람만을 위하여 쓴 것이 아니다. 그러므로 천하 사람들이 함께 모든 일을 기록한 것이다. 성인이 함께 천지의 문리를 기록하고 현자들이 성인의 글과 말을 기록한 것이다.

대저 사람들이 마땅히 배우고 함께 읽어야 그 뜻을 알 수 있다. 책의 종류로는 마땅히 함께 궁구하고 함께 검토하고 함께 기록하고 함께 독송해야 간사함이 없다. 그러므로 예로부터 성현의 글은 여러 번 정리되고, 여러 번 전수되고, 여러 번 조사되고, 여러 번 함께 그 뜻을 연구하였던 것인가? 도리어 자고이래로 넘쳐나는 사악한 글들과 잘못된 말들이 행실을 순수하게 행해질 수 없도록 하였다. 그러므로 큰 현인이나 모든 도사들이 천하를 두로 돌아다니며 말을 고찰하고 익히며, 같고 다름을 조사하여 어리석은 사람을 깨우칠 수 있도록 하였다. 그럼에도 항상 다른 사람의 아이들을 그릇되게 할 수 있으니, 학문을 제멋대로 말하게 할 수 없다. 제멋대로 벼슬을 주면 제왕의 신하가 될 수 없다. 그러므로 하나의 본문도 장구가 여러 가지이기 때문에 다른 말이 된다. 천지의 도를 크게 어지럽게 하여 조리가 없게 한다. 그러므로 승부의 재앙이 생기는 것이다. 진인들은 알겠는가?"

"예, 예."

"그렇다. 그대들은 이미 깨달았도다. 그대들은 분명하게 다시 들어보라. 큰 경계를 말하겠다. 하고의 사람들은 오랫동안 하늘의 마음을 잃어버렸다. 천지로 하여금 항상 슬프게 하는 이유는 군주가 검증되지 않은 부분의 주장을 받아들이고 일을 검증하는 것이 실질적이지 않기 때문이니, 크게 그 뜻을 잃은 것이 분명하다.

진인들이 단지 이것으로 올린다면 천하 여러 현인들이 글과 말을 검토하고도 알지 못하여 모두 잘못된 학문이라 여길 것이다. 그러므로 재앙이 끊임없이 발생할 것이고, 하늘이 미워하여 혼란해질 것이고 불만들이 팽배할 것이고, 음양이 쉼 없이 다툴 것이다. 그러므로 하늘에서 나를 내려오게 하여 모아 검토하여 바르게 하도록 한 것이다. 그러므로 상고, 중고, 하고 이래 부분적인 말만 믿고 증험이 있는 글은 공경하지 않으며 함께 법망에 빠지도록 해 놓고는 결국 일부 사람들의 말만을 쓰고 그 글을 이용하여 일을 해결하고자 하였다. 그러므로 하늘과 원망하게 된다.

천관(天官)의 글과 책은 사람들로 하여금 함께 그 옳고 그름을 논하게 해야 함에도 도리어 한 사람이 몰래 말을 만든다. 대저 성인도 혼자서는 천지의 일을 모두 알 수 없는 법이다. 그래서 성현들이 앞뒤로 태어나 각각 다른 일을 하는 것이다. 천상에서 그 각기가 한 가지에 장기를 가지고 있어 모든 재앙을 다 없애 버릴 수 없다고 말한다. 그러므로 나로 하여금 모든 것을 다 모아서 검토하게 한 것이다. 도리어 한 사람의 말을 신뢰하니 정녕 쓸 수 있겠는가? 그러므로 삼도행서(三道行書)를 만들 적에 큰 현인과 작은 현인, 그리고 백성과 남녀로 하여금 참여하게 하고 함께 시비를 논의하도록 하여, 거짓 조사를 할 수 없도록 한 뒤에 위로 올려야 한다.

그들 중 한 사람이 속이고자 한다면 반드시 기록하여야 한다. 이와 같이 한다면 천지의 불만이 제거되고 제왕에게는 승부의 재앙이 없어질 것이다. 천지가 불만이 없어져서 즐겁고, 제왕이 편안해져서 즐겁고, 현자는 스스로 통달하여 즐겁고, 백성은 스스로 얻을 수 있어 원한 맺힘이 없고, 이집 저집 부유해져서 즐겁고, 노비들은 자기 주인을 만나 학대를 받지 않아 즐겁고, 네 계절과 오행은 순조롭게 움직이고, 백성들은 삼가 위를 범하지 않아서 즐겁고, 만 이천 가지 사물은 각기 자기 처소를 얻어 해를 당하지 않아 즐겁고, 귀신은 유덕한 군주가 적선하는 것을 보고 또한 기뻐하고, 나쁜 기가 다시는 올라가 해와 달과 삼광을 가리는 일이 없어서 즐겁고, 최고의 태평기가 도래하게 되어 다스려지니, 제왕은 일이 잘 풀려서 즐겁고, 나쁜 기가 모두 숨고 숨지 않는 것은 주별

당하게 되니 즐겁고, 오랑캐들은 자기 고장에서 편안하게 살아서 다시는 자주 몰려와 하늘을 대신하여 전쟁을 하지 않으니 즐겁고, 군인과 무기들은 모두 쉬어서 사용하지 않으며 병사들은 전사하지 않으니 즐겁다. 천지의 사이에 이처럼 즐거운 일이 매우 많아 이루 다 기록할 수가 없다.

이리 오라. 진인들을 위해 그 대강을 들어 그 처음을 보여 주겠다. 그대들은 그 뜻을 나름대로 생각해 보라. 모든 일은 부류별로 추론하면 모두 알 수가 있다. 유덕한 군주가 그것을 따라 실행하면 천하가 모두 복종하게 된다. 그러므로 하늘은 이 삼도행서(三道行書)를 더욱 시급하게 여기는 것이니, 삼가 폐지하지 말라. 참으로 재앙이 떠나질 않을 것이다. 이 하늘의 글을 단절시키고자 한다면 도로 귀먹고 눈먼 다스림을 하게 될 것이다. 귀먹고 눈먼 다스림은 혼란이 발생하는 근본이고, 자기를 멸망에 이르게 하는 재앙이다. 삼가지 않을 수 있겠는가?

대저 글이란 천하의 사람들이 함께 살펴서 행할 수 있어야 하는 것이니, 사람의 말을 믿어서는 안 된다. 그러므로 천지가 개벽한 이래로 문서와 사람들의 말은 서로 전해지며 서로 교정되어 밝혀지는 것이다. 교정되어 밝혀지지 않으면 홀로 행할 수 없다. 오로지 한 사람의 말만 믿고 행한다면 위태롭고 멸망하게 될 것이다. 이것은 천하의 큰 잘못이고 큰 고통이다. 그러므로 나의 책은 감히 일부사람들의 언사만을 담아 놓은 것이 아니다. 그러므로 진인들로 하여금 상고, 중고, 하고의 글을 모두 모아 점검하여 서로 밝히라고 하는 것이며, 천하 모든 사람의 말을 모아 검토하여 서로 증명하라고 하는 것이다. 그런 뒤에 천지의 사이가 올바르게 될 것이고 음양의 사이가 잘못이 없을 것이다. 나의 책을 가지고 고금의 하늘의 글과 땅의 신(地神) 그리고 사람들의 말을 고찰하여 본다면 반드시 서로 메아리처럼 상응하여 신과 다르지 않을 것이다. 그래야 나의 도는 믿을 만하다. 그러므로 나의 도는 말로써 시험할 필요가 없다. 실행함으로써 시험해야 하는 것이니, 실행해보지 않는다면 어찌 나의 도가 하늘과 상응하여 믿을 만하다는 것을 알 수 있겠는가? 오늘 이야기한 것은 마치 하늘의 말을 준 것과 같으니 열이면 열, 다섯이면 다섯, 한 개도 착오가 없다. 도는 이처럼 신묘한 것이다. 참으로 너무 즐겁다고 말할 만하다. 진인들은 알겠는가?"

"예, 예."

"가보라. 일의 본질을 아는 사람이 되었다. 진인들에게 한 가지 비결을 말하겠다. 이 근본적인 수일(守一)을 오로지 잘한다면 그 뜻을 얻을 것이다. 그러므로 도에 들어갈 수 있다. 그러므로 도의 글이 그 다음에 오는 것이다. 도를 행하면 입실(入室)과 입도(入道)에 이르게 되고, 입실하게 되면 반드시 신을 알게 된다. 그러므로 신의 계율이 다음에 따르게 된다. 수일(守一)을 하고 득도(得道)하고 득신(得神)하게 되면, 반드시 위로 제왕과 유덕관 군주의 훌륭한 신하가 된다.

신하란 반드시 제왕과 유덕한 군주를 도와서 함께 천지의 사방팔방을 편안하게 만들어야 한다. 그 뜻을 얻는다면 나라가 오래도록 평안할 수 있다. 평안하게 하고자 한다면 반드시 올바른 글, 올바른 언사와 올바른 말로 해야 한다. 그러므로 글과 말을 모아 고찰하여 크게 바를 수 있는 것이니, 반드시 많은 현자와 상급의 선비들이 나와 함께 제왕을 도와 함께 귀가 되고 눈이 되고 손과 발이 될 것이다. 그러므로 받드는 자 아홉 사람이 뒤를 따르게 된다.

아홉 사람이 각기 자기 역할을 받아 마땅히 함께 천지를 평안하게 하여, 천하가 힘과 마음을 합하여 하나가 되게 할 것이다. 반드시 항상 서로 연락하여 선과 악에 대해 서로 보고하게 될 것이다. 그러므로 삼도행서(三道行書)가 다음에 오게 된다. 사람들이 이미 수일할 줄을 알고, 이미 도에 들어가고, 이미 입신(入神)하였고, 이미 바른 글로 들어가서 벼슬한 선비를 높고 낮게 등급을 매겨 각기 자기 자리에 있게 만든다.

이미 문서를 행하고 여섯 가지 일에 힘 쏟아서 철저하게 완수하면 천하는 한마음이 되어서 감히 서로 증오하는 사람이 없을 것이다. 모두 서로 사랑하게 잘되게 해주려고 하기를 마치 같은 부모에게서 태어난 사람처럼 할 것이다. 그러므로 유덕한 군주는 하늘의 마음을 깊이 얻어서 아무 일 없는 것을 즐기게 될 것이다.

도에 빠진 것이 있어 천지의 문서가 다 구비된 것이 아닌지 염려되기에 모든 자료를 모아 검토하는 매우 의심스러운 일이 그 뒤를 따라 행해진다. 아래에 있는 사람은 모든 것을 적어서 그 책을 유덕한 군주에게 바치면, 천하는 하루 아침에 생각을 바꾸어 선으로 향하여 절로 그러하게 다스려진다. 이렇게 되는 것이 얼마나 쉽냐 하면 마치 불이 마른 더미를 타고 타오르는 것 같고 물이 아래로 흐르는 것과 같이 될 것이다. 그렇게 하라고 가르치지 않아도 저절로 그러한 방향으로 나아가게 되어 금지할 수가 없다. 그러므로 태황의 천도를 행하여 교화한다면 즉각 기대할 수가 있다. 유덕한 군주가 행한다면 이것을 '하늘의 신의 아들'이라 이름하고 상황(上皇)이라 호를 붙인다. 천지의 원기와 비슷하여 천하의 신들을 모두 부릴 수가 있다.

천지가 개벽한 이래 진인들로 하여금 전하여서 참된 도의 기록으로 삼기 위해 하늘의 책과 신령스러운 글이 출현했던 적이 없다. [이 책을] 덕 있는 군주에게 바쳐야 한다. 이름은 '도의 어머니[道母]'라 한라. 태양의 기는 화행(火行)에 따르는 것이다. 그것을 얻어 행할 수 있다면 믿음을 얻을 수 있다. 그것을 행할 줄 모른다면 참된 것이 아니다. 진인들은 알겠는가?"

"예, 예."

참으로 방종하지 않은 사람들에게 전해주어 유덕한 군주에게 가도록 하여라. 오래도록 가지고 있지 말라. 가 보거라. 그대들은 이미 알았다. 하늘의 책은 오래도록 가지고 있는 것이 아니다. 하늘의 신이 사람을 시험하여 불길하도록 만들 것이다. 그대들은 근신하도록 하라. 가 보거라."

"예, 예."

여섯 가지 온 세상이 완벽한 것과 일곱 가지 궁극적 부류에 따라 문서를 분류하여 서로 검증할 수 있게 한다면 재앙이 모두 소멸하고 철저한 길상(吉祥)이 오게 된다는 글이다.

告眞人一大要, 大德上君已仕臣各得其人, 合於天心, 則當知治民除害之術. 夫四遠伏匿, 甚難知也. 夫下愚之人, 各取自利, 反共欺其上, 德君當與賢明共正之, 悉正乃天地之心意, 且大悅喜, 使帝王長吉也. 天明知下古人且愚難治正, 故故爲其出劵文名爲天書也. 書之爲法, 著也, 明也. 天下共以記事, 當共所行也, 可以記天下人之文章也. 故文書者, 天下人所當共讀也, 不爲一人單孤生也. 故天下共以記凡事也, 聖人共以記天地文理, 賢者用記聖人之文辭. 凡人所當學而共讀之, 乃後得其意也. 書之爲類, 乃當共原共策共記共誦讀之, 乃以無奸也. 故自古到今, 賢聖之文也, 幾何校, 幾何傳, 幾何實核, 幾何共安之, 尙故故有餘邪文誤辭, 不可純行. 故大賢諸道士, 乃周流遍天下, 考辭習語, 視異同, 以歸喩愚蒙, 尙故故誤人赤子,使妄說其學則不可，妄仕不足以爲帝王之臣也. 故一本文者，章句衆多故異言.[1] 令使天地之道，乃大亂不理，故生承負之災也. 眞人知之耶. 唯唯.

行，子已覺矣. 子明更聽，且語子一大戒. 下古之人所以久失天心，使天地常悒悒者，君乃用單言孤亂,[2] 核事其不實，甚失其意明矣. 眞人但以此上，乃使天下衆賢共考辭文而不知，皆爲誤學，故生災異不絶，天甚疾之，得亂生病焉，陰陽戰鬪而不止也. 故天敎吾下，拘校正之. 今大中古以來，信孤辭單言，每視覆下之文[3]爲不敬，共以是相法罪，遂用孤辭單言，反應投書治事，故與天爲怨亂.

天官文書本使人共議其是與非，反使一人陰爲辭. 夫聖人尙不而獨畢知天地之道,[4] 故聖賢前後生所作各異，天上言其各長於一分，不能具除災，故敎吾都合集校之. 今反信一人之言，寧可用不. 故敎其三道行書,[5] 大小賢不肖男女共爲之參錯，共議是與非，皆令得其實核□□,[6] 乃可上也. 中一人欲欺，輒記之，如是則天地病已除，帝王無承負之貴[7]矣. 天地得以無病而喜. 帝王得以自安而喜. 賢者得以自達而喜. 百姓得以自解[8]不見冤，家富人足而喜. 奴婢得其主，不爲非而喜. 四時五行得順行，民謹不犯之而喜. 萬二十物各得其處所，不見害而喜. 鬼神見德君可爲積善，亦復悅喜. 惡氣不復上蔽日月三光亦喜. 太上平氣得來治，王者用事亦喜. 惡氣得一伏藏，不伏見使行誅伐亦喜. 夷狄得安其處，不復數來爲天戰鬪亦喜. 軍師使兵器得休止不用，士卒不戰死亦喜. 凡天地之間，若此喜者衆多，不可勝記. 行爲眞人擧其大綱，見其始，子自思其意. 凡事以類推之，盡以得矣. 德君案行之，天下咸服矣. 故天尤急此三道行書, 愼無復廢, 故災不去也. 欲斷天文, 反復爲聾盲之治也. 夫聾盲之治, 亂危之本也, 滅身之災害也. 可不愼乎. 夫文, 乃天下之人所當共案行也, 不可信一人之言也. 故天地開闢以來, 文書及人辭, 更相傳以相考明也, 不考明則不可獨行, 獨信一人言而行之, 則危亡矣. 是天下之大失大傷也. 故吾書不敢容單言孤辭也, 故敎眞人拘校上古中古下古文以相明, 拘校天下凡人之辭以相證盟, 然後天地之間可正, 陰陽之間無病也. 以吾書往考古今之天文地神書與人辭, 必且與響相應, 與神無異也, 乃吾道且可信也. 故吾爲道, 不試言[9]也, 乃求試行. 不行之, 安知吾道與天相應而信哉. 今日行之, 比若與天語, 十十五五, 無有脫者. 神哉爲道如斯, 誠可謂大樂矣. 眞人知之耶. 唯唯.

行去, 曉事生矣. 告眞人一大訣, 此本守一專善, 得其意, 故得入道, 故次之以道文也. 爲道乃到于入室, 入眞道, 而入室必知神, 故次之以神戒也. 得守一得道得神, 必上能爲帝王德君良臣. 臣者, 必當助帝王德君, 共安天地六方八洞, 得其意, 乃國可長安也. 欲安之, 必當正文正辭正言. 故以拘校文辭, 得以大正, 必當群賢上士出, 共輔帝王, 爲其聰明股肱, 故次之以仕臣九人. 九人各得其所, 當共安天地, 天下幷力同心爲一也. 必常相與常通語言, 相報善惡, 故次之以三道行書也. 人已都知守一, 已入道, 已入神, 已入正文, 以尊卑仕臣, 各得其處也. 已行文書, 幷力六事[10]已究竟, 都天下共一心, 無敢復相憎惡者. 皆且相愛利, 若同父母而生, 故德君深得天心, 樂乎無事也. 以爲道恐有遺失, 使天地文不畢備, 故復次之以大集之難, 以解其疑深者. 居其下, 畢書出之, 以書付有德君, 天下一旦轉計,響善自治. 其爲易比若火沿高燥, 水從下, 不敎其爲, 自然往也, 不可禁止也. 故爲太皇天道敎化, 立[11]可待也. 德君行之, 乃名爲天之神子也, 號曰上皇, 與天地元氣相似. 故天下之神, 盡可使也. 從天地開闢以來, 未嘗有天書神文, 使眞人傳之爲眞道記也. 以往付德君, 名爲道母也. 太陽之氣, 火行有也, 得而行之, 得其信也, 不知行之, 則不眞也.[12] 眞人知之耶. 唯唯. 誠寄謹民, 往付歸德君, 不敢久留也. 行, 子已曉之矣. 天書不可久留也. 天神考人, 使人不吉. 子愼之, 行去. 唯唯.

六究洽洞極,[13] 七竟以類次書文使相得, 災悉滅亡, 致洞極之吉文.[14]

역주

1) 一本文者, 章句衆多故異言(일본문자, 장구중다고이언) : 한 개의 고대 경전이 장구에 따라 다른 의미로 됨을 뜻한다. 즉 한대 장구지학에 따라 하나의 도경이 여러 가지로 해설되는 당시의 현상을 말한다. 물론 잘못된 장구로 잘못된 이설이 나온다는 뜻이다.

2) 單言孤亂(단언고란) : 『금주금역(하)』에서 '단언고사(單言孤辭)'로 보고 있어 따랐다. 뒤의 '고사단언(孤辭單言)'을 볼 때 분명한 오사(誤寫)로 보인다.

3) 覆下之文(복하지문) : 정확한 의미는 미상이다. 『금주금역(하)』에서는 '예언을 하여 영험이 있는 책'을 말한다고 하고, 『전역(중)』에서는 '위로 올려서 비준을 받아 내려온 글'이라고 한다.

4) 不而獨畢知天地之道(불이독필지천지지도) : '불능독필지천지지도(不能獨畢知天地之道)'이다.

5) 三道行書(삼도행서) : 지방관리, 지방백성, 여행객 등이 모두 정부에 의견을 올릴 수 있도록 하는 정책을 말한다.

6) □□(□□) : 『정독』에 의하면 '무위(無僞)'가 빠져 있는 것이다.

7) 無承負之貴(무승부지귀) : 『금주금역(하)』에서 '무승부지책(無承負

之責)'으로 보고 있어 따랐다.

8) 自解(자해) : 자기를 변호할 수 있음을 말한다.

9) 不試言(불시언) : 이미 종류별로 모아 검증을 한 것이기 때문에 말 자체는 시험할 필요가 없음을 말한다.

10) 六事(육사) : '육극육경지사(六極六竟之事)'를 지칭하는 듯하다.

11) 立(입) : '바로' 혹은 '즉시' 즉 빠른 효과를 말한다.

12) 太陽之氣, 火行有也, 得而行之, 得其信也, 不知行之, 則不眞也(태양지기, 화행유야, 득이행지, 득기신야, 부지행지, 칙불진야) : 정확한 의미는 알기가 어렵다. 오행가에 의하면 한(漢)은 오행 중 화덕(火德)에 속한다. 화덕의 한대가 이 『태평경』을 얻어 실천하면 참된 효험을 볼 것이고 그렇지 않으면 나쁜 결과가 올 것이라는 의미인 듯하다.

13) 六究洽洞極(육구흡통극) : 『전역(중)』에는 '大究洽洞極(大究洽洞極)'으로 보고 있다.

14) 六究洽洞極, 七竟以類次書文使相得, 災悉滅亡, 致洞極之吉文(육구흡동극, 칠경이류차서문사상득, 재실멸망, 치동극지길문) : 『태평경』의 대부분의 편 마지막에 "위의 내용은 …(右 …)"라는 글이 있어 그 편의 대의를 서술하고 있다. 여기에서는 비록 '우(右)'가 없지만 『금주금역(하)』에 의하면 그와 같은 구실을 하는 글로 따로 빼내어야 한다고 한다. 내용을 볼 때, 그럴 가능성이 높다. 단지 문의(文意)가 그리 명료하지 않다. 오탈(誤脫) 등이 있는 듯하다.

제153 인욕상천지지성여신상응대계(忍辱象天地至誠與神相應大戒) : 인욕과 천지를 닮음과 지성 그리고 이들과 신이 서로 상응함에 대한 큰 경계

해제 이 장의 내용은 인간의 선행, 즉 도와 덕이란 본질적으로 천지를 본받아 행하는 것이다. 하늘은 낳음[生]을 좋아하고, 땅은 기름[長]을 좋아한다. 하늘과 같은 것을 '도(道)'라 하고 땅과 같은 것을 '덕(德)'이라 한다. 이처럼 우리가 생장을 좋아하고 돕는 것은 바로 천지, 그리고 도와 덕을 닮고 행하는 것이다. 이것이 바로 '상천지(象天地)', 곧 천지를 본받는 것이다. 그러나 이 글에는 또 하나의 강조점이 있는데 그것은 바로 '인욕(忍辱)'이다. 인욕은 본래 땅에 속하는 어머니의 속성이지만, 인간의 다투기를 좋아하는 속성을 없애는 덕목이기도 하다. 다시 말하여 금수와 같은 상태에서 인간적인 상태로 가는 데 핵심적인 역할을 하는 덕목이다. 이와 같은 덕목은 모두 '지성(至誠)'의 방식으로 실천되어질 때에만 효과가 있다. 지성으로 지켜지면 그것은 하늘과 땅에 알려져 천지를 감동시키는 결과를 가져올 것이며, 그렇지 않으면 재앙을 받을 것이라는 말이다. 이것이 바로 '신과 상응한다는 것'이다. 이상은 고대 기론과 오행론을 중심으로 일종의 감응론을 설명하고 있으며, 또한 효(孝)·순(順)·충(忠)을 중심으로 한 일종의 윤리적 인과론을 주장하고 있다. 그 매개가 바로 '지성'이다.

"진인들은 앞으로 나오라."

"예, 예."

"지금 진인들에게 하나의 큰 가르침을 내릴 것이다. 나의 도는 바로 천지를 다스리고 제왕을 편안하게 하고 천지가 사랑하는 것을 생겨나게 하는 것이다. 응당 참된 도와 참된 덕을 사랑해야 한다.

그러므로 하늘은 바로 도의 참이고, 도의 벼리(綱)이고, 도가 그것을 근거로 활동하는 것이다. 땅은 바로 덕의 어른(長)이고, 덕의 실마리(紀)이고, 덕이 그것을 근거로 멈추는 것이다. 그러므로 자라나서 만물의 어머니가 되는 것이며, 항상 욕됨을 참고 아래에 거하는 것이며, 스스로 수고롭다거나 피곤하다고 하지 않는다.

내가 유덕한 군주를 도와 매우 어리석은 사람을 교화하는 것은 바로 이 하늘과 땅이라는 두 일을 근본으로 기 때문이다.

그러므로 항상 천지의 법도를 살펴서 그 문호를 잃지 않는다. 나의 책은 바로 하늘의 말씀이고 땅의 말씀, 천지신명과 서로 응하여 마치 표리와 같은 것이다. 한발 한발 서로 따르니 마치 줄 그을 때 의지하는 자와 같다. 그러므로 이것을 따라 실천하는 사람은 천지의 뜻을 얻는 것이고, 지키지 않는 사람은 불길해져서 쇠퇴해질 것이다. 지금 진인들에게 경계를 내려 주니, 그대들은 마땅히 나의 말을 곱씹고 항상 조심해야 할 것이다."

"예, 예."

"이리로 오라. 그대들이 참 도와 덕을 좋아하고 선행을 좋아하는 것이 비할 바가 없는 것을 보고 그대들에게 한 말을 해 주고 싶다.

지금 상사(上士)는 대부분 참된 도와 선한 덕을 좋아하고, 중사(中士)는 반 정도 좋아하고, 하사(下士)는 헤아릴 수 없는 죄악을 저지르고, 순전히 도와 덕이 없는 사람으로 모두 크게 거스르고도 없는 사람들이다. 크게 흉하고 덕 없는 사람은 천지와 실로 서로 친하지 않아 알 수 없으니, 하늘이 관대하게 보아주지도 않고 사랑하는 자식으로 간주하지도 않는다.

이런 이유로 도와 덕이 없는 사람은 그 명이 천지에 달려 있지 않고, 금수와 봉록과 운명이 같게 된다."

"지금 무슨 말인지 모르겠습니다. 그 뜻을 듣고 싶습니다."

"그렇다. 여섯 진인들은 잘 들으라."

"예, 예."

"그러니까, 하늘은 순수하게 도이다. 땅은 순수하게 덕이다. 도와 덕이 없는 사람은 천지에 해당되는 바도 없고 비슷한 곳도 없다. 하늘의 움직임을 본받는다면 마땅히 참된 도가 있어 태어남을 좋아하게 될 것이다. 땅을 본받는다면 마땅히 선덕(善德)이 있어 기르고 자라나게 하는 것을 좋아하게 될 것이네. 지금 어떤 사람이 도도 없고 덕도 없다면 천지를 그를 자식처럼 여겨 관대하지 않을 것이다. 만약 그 분명한 증거를 찾고자 한다면 다음 이야기를 들어 보라. 비유하자면 도인(道人)은 도인을 알 수 있고, 덕인(德人)을 알 수 있어서, 각기 서로 거두어서 기록해 주기 때문에 운명이 서로 이어져 있게 되는 것이다. 그러므로 도인들은 도인과 함께 있는 것을 좋아하고, 덕인은 덕인과 함께 있는 것을 좋아하게 되지. 도와 덕이 있는 사람과 도와 덕이 없는 사람은 친하지 않기 때문에 서로 거두어 기록하지 않게 되니, 운명은 하늘에 기록되어 있지 않다."

"훌륭하십니다. 훌륭하십니다. 금수와 운명이 같다는 말의 뜻을 듣고 싶습니다."

"좋도다. 그대들이 어려운 부분을 골라 질문하는 것이. 그 법을 깊이 알고 있다는 증거이지. 그렇다네. 금수라는 것은 운명이 사방에 달려 있지. 그 성질을 보면 서로 싸우기를 좋아하여 도와 덕이 없으며 이기는 놈이 제일이다. 도와 덕이 없는 아주 어리석은 사람도 또한 서로 싸우는 것을 좋아하고 이기는 놈이 제일인 것이다. 그 기질이 금수와 같기 때문에 그 운명도 같은 것이다. 천도의 규율은 이것으로 사람의 우열을 구별한다. 그러므로 알 수 있다.

천하의 이름과 운명이 소속된 곳은 모두 부류별로 구별된다.

그러므로 그 운명이 속하는 곳을 알 수가 있는 것이다. 그러므로 다섯 가지 본성을 많이 가지고 있는 자는 양(陽)을 닮아서 인(仁)하고, 여섯 가지 정(情)을 많이 가지고 있는 자는 음(陰)을 닮아서 탐욕스럽다. 양기를 많이 받은 자는 남자가 되고, 음기를 많이 받은 자는 여자가 된다. 왕과 재상이 될 기운을 많아 가지고 태어난 자는 존귀하고 장수하며, 휴폐수(休廢囚)의 기를 많이 가지고 태어난 자는 자주 병들고 요절하며, 또 극도로 가난하다. 그러므로 사람이 태어날 때 형상이 어느 행에 속하는가에 달려 있는 것이다. 그 운명은 육갑의 어디에 속하는지에 달려 있다. 이것을 미루어서 살펴본다면 만에 하나도 착오가 없다. 그러므로 옛날 성인은 모든 일의 뿌리까지 깊이 알아서 인정을 알 수 있었던 것은 바로 이 때문이다. 진인들은 알겠는가?"

"예, 예. 훌륭하십니다. 훌륭하십니다."

"그러므로 지금과 같은 하고 사람들은 선조들의 잘못된 생각의 결과를 승부하여 조금씩 함께 도와 덕을 근절하게 된다. 이런 날들이 유독 점점 많아지고 오래되어 천지와 단절되고 바른 기와 통하지 않게 되니, 운명을 관장하지 않게 되고, 도리어 네 발로 다니는 것들과 운명을 같이하게 된다. 그러므로 천지는 이들을 증오하고, 귀신과 정기는 이 때문에 도와주지를 않는다. 무수한 병마에 시달리고 예고 없이 죽게 된다. 그 큰 재앙은 단절되는 데 달려 있다.

이제 상덕을 가진 군주는 그 운명이 천지에 달려 있으니 마땅히 더욱 천지를 본받아 도와 덕으로 통치를 해야 한다. 그러므로 나는 천도(天道)를 더욱 조리 있게 설명하여 위로 바치고자 하는 것이다. 하늘은 그들이 선행을 하는 것을 좋아하여, 다시 나머지인 네 다리로 움직이는 금수 같은 행실을 하는 사람이 있는 것을 원치 않는다. 그러므로 내가 거듭 정중하게 나의 글을 내려 주는 것이니, 그들로 하여금 크게 깨우치게 하려는 것이다. 그러므로 육극(六極)을 서술하고, 한데 모아 검토하여 알려 주는 것이다. 진인들은 알겠는가?"

"예, 예. 놀랍습니다. 즐겁습니다!"

"진인들은 어떻게 놀랍고 즐겁다는 것을 아는가?"

"예, 어리석은 소생들이 천사의 말씀을 듣고 보니, 참된 도와 덕이 나오면 백성이 하루아침에 변화되어 모두 도와 덕을 지키며 실천하고 천지를 본받아 다시는 네 다리로 걷는 금수 같은 행실을 하지 않을 것입니다. 사람마다 도가 있게 되고 사람마다 덕이 있게 됩니다. 그러므로 크게 즐거운 지극한 뜻이라는 것을 알게 되었습니다."

"진인들의 말에 덧붙일 게 없도다."

"지금 천사께 한 가지 일에 대해 여쭙고 싶습니다."

"말해 보라."

"지금 도와 덕을 구하는 사람과 일반 사람들의 행실에서 마땅히 무엇으로 급선무를 삼아야 하는지요? 어떻게 그것을 알 수 있는지요? 어떻게 천지와 메아리처럼 서로 호응할 수 있는지요?"

"좋도다. 그대들의 질문. 마땅히 지극한 정성을 가지고 다섯 내장(五內)의 실질을 수행해야만 얻을 수 있다. 만일 다섯 내장의 실질을 수행하지 않는다면, 도와 덕이 원망하며 바라보게 될 것이고, 선을 구해도 얻지 못할 것이고 신도 응하지 않을 것이다."

"지성이 어떻게 천지신령을 감동시키는지에 대해 지금 이해가 되지 않사옵니다."

"이럴 수가! 진인들이 이 부분에서는 정말 어리석구나. 나의 글을 배우고도 많은 부분이 아직도 예전처럼 알지 못한단 말인가?"

"어리석은 소생은 아둔하여 오래도록 어리숙하여 하루 아침에 밝아지기는 어렵습니다."

"그렇다. 그대들은 너무 겸손하다. 와서 다시 잘 들어 보라. 그대들에게 지성이 천지를 감동시킨다는 뜻을 말해 주겠다."

"예, 예. 가르침을 듣겠습니다."

"그렇다. 지성에 대해 말하자면, '지성'이란 이름이 된 것은 위로 하늘을 살펴 움직이니 천도를 본받아 일을 하고, 아래로 땅을 살펴 움직이니, 지덕을 본받아 이동하는 것을 말하는 것이네. 천지가 부모로 하여금 나를 낳아 기르게 하였으니 내가 악행을 하는 것을 원하지 않는다는 것을 염두에 두어야 하지. 다시 내 마음을 살펴본 후 행동을 해야 한다.

마음은 오장의 신들 가운데 가장 높은 것이다. 마음은 순수한 양으로 신성한 것이니, 화(火)가 움직인 것이다. 화란 움직이며 위로 올라가는 성질이 있어, 하늘과 마찬가지로 빛을 낸다. 그러므로 해[日]는 화의 왕이 되고, 하늘의 통솔자가 되어서 비추지 않는 곳이 없다.

그러므로 사람이 지성을 다하면 마음에서 바로 피어올라 지극히 성스러운 심장신(心臟神)과 호응하게 되면, 위로 해에게 보고하고, 해는 다시 하늘에 보고한다. 그러므로 지성은 오장신 안에서 신을 감동시키는 것이다. 그러니 신중하지 않을 수 있겠는가?"

진인들이 말하였다. "두렵습니다. 두렵습니다. 어리석은 소생들이 여쭈었으니, 죄를 지었습니다. 참으로 두렵습니다."

"그대들이 두려워할 줄 아니 살 수 있게 되었도다. 그대들이 두려움을 모르는 것은 죽음으로 가는 문이다. 안락과 위험이 그대들 몸에 달려 있다. 다른 곳에 있는 것이 아니다."

"지금 비록 천사께 여쭐 때마다 놀라고 두렵게 됩니다. 그런데 또 가르쳐 주신 비결에 대해 여쭈어야만 크게 의심이 풀리니, 여쭙지 않는다면 알 수 있는 방도가 없습니다."

"그렇다, 그대 말이 옳다. 어리석으면서 묻기 좋아하지 않으면 언제 다시 똑똑해질 수 있겠나! 또 말을 해보게. 어떤 것들을 묻고 싶은가?"

"이제 삼가 지성이 하늘을 움직이는 것에 대해 들었습니다. 땅이 움직인다는 뜻에 대해 알고 싶습니다."

"좋다. 그대 말은 날로 크게 심오해지고 있구나. 아끼지 않고 설명하겠다. 편안하게 앉도록 하라. 그대들에게 말한다. 말하지 않는다면 그대들에게 죄를 짓는 게 되지 않을까 염려된다. 마치 하늘이 후세 사람들이 지성으로 하지 않을까 염려되어 진인들 내오게 해서 묻는 것 같구나. 그렇다. 지금 그대들에게 말해주지. 잘 들어 보라."

"예, 예."

"이리 오라. 사람이 지성스러워지면 마음속에 생각을 가지게 되고, 심장이 그 때문에 아파지게 된다. 그래서 심복(心腹)[의 근심]을 일으켜 밥도 못 먹을 지경이 된다. 생각을 하는 것은 마음이고 뜻이다. 마음의 뜻이 생각하고 생각하여 잊어버리지 않는다면 간(肝)이 가장 어진 동정심을 가지고 서글퍼한다. 그러므로 눈이 그를 대신해서 눈물 흘리는 것을 주관한다. 이것이 바로 정밀하게 생각하는 지성이다. 사람을 정밀하고 밝게 만드는 것은 마음이고, 생각하고 생각하여 잊어버리지 않게 하는 것은 뜻이고 비장이다.

심장은 순양이므로 자리는 하늘에 속한다. 비장은 순음이기 때문에 자리는 땅에 해당한다. 지극히 정성스러우면 생각[念]을 뭉치게 하고 그러면 마음이 고통스러워 눈물이 나게 만든다. 마음이 의념을 시켜 돌아다니며 통보하는 일을 주관하게 하여 먼 곳에까지 알리게 된다. 뜻은 음(陰)이다. 음에 근심이 있다면 마땅히 양에게 알려야 한다. 그러므로 위로 황천 · 신령(皇天神靈)에게 보고하는 것이다. 비장은 음이니 집은 땅에 있다. 그러므로 아래로 땅에 들어가 땅에 보고를 한다. 그러므로 천지가 그 때문에 움직이게 되는 것이고 모든 신들이 그 때문에 감동하게 되는 것이다.

그대들은 큰 효험을 알고자 하는데, 나는 진인을 속이지 않는다. 진인들이 단지 깊은 집 호젓한 곳에 편안하게 앉아서 마음을 하나로 모으고 신을 생각하기만 하면 신이 모두 저절로 찾아온다. 이것이 분명한 징험이 아닌가? 이렇기 때문에 내가 지성이란 반드시 효험이 있다고 그대들에게 말하는 것이다. 나는 부질없이 아무 근거도 없이 말한 적이 없다.

그러므로 도와 덕을 구하는 모든 사람의 행실은 모두 지성으로 해야 천지가 호응을 하게 되고 신이 와서 고해주는 것이다. 만일 지성으로 하지 않으면 천지를 감동시키지 못하고 신을 움직이지 못한다. 그러므로 승부가 이루어진 뒤에 하고 사람들은 실로 진실되지 않고 지성으로 움직이지 않기에 천지를 감동시키지 못하면서 함께 천지를 속이려고 한다. 그러므로 신령이 끊임없이 재앙을 내리는 것이다."

"어떻게 그렇다는 것을 분명하게 확인할 수 있는지를 알고 싶습니다."

"그렇다. 해와 달보다 분명한 증거가 있다."

"지금 말씀을 듣고 싶습니다."

"알았다. 하고시대의 사람들은 부모에게서 태어나고도 모두 자기 부모를 홀대하고 자기 부모를 배반하여 만 명 중 한 사람도 효성스럽지 않다. 어리석은 사람이 스승을 찾아와 모르던 부분을 알게 되는데, 이미 지혜가 생기면 떠나간다. 자신의 스승을 우습게 여기고 스승을 위해 몸을 움직여 힘든 일을 해 주는 것이 없다. 빈천하던 사람이 군주의 [보살핌으로 벼슬길에 올라] 부귀해지고서도 도리어 서로 아랫사람으로 하여금 함께 날마다 그 윗사람을 속이게 하니, 만 사람 중 한 사람도 진실된 사람이 없다. 그 많은 어리석은 사람들이 모두 효(孝), 순(順), 충(忠)의 삼강(三綱)을 기만한다. '반역을 저질러서 진실성이 없는 자'라 이름한다. 그 죄과는 명백하여 숨길 수가 없다. 모든 것이 위로 해와 달과 [별]의 세 밝음[光]에 나타나게 된다. 그러므로 천지가 매우 증오하고 미워하여 그로 하여금 단명하여 일찍 죽게 만드는 것이다.

자신의 죄과가 얼마나 무거운지에 대해 스스로 깊이 생각하여 열 번씩 자문해 보지 않고, 도리어 다시 울면서 돌아다니며 '하늘이 해도 너무한다. 어찌 이처럼 원통할 수가 있나!'라고 말한다. 그대들은 스스로 원통해 하는데 하늘이 언제 그대를 원통하게 한 적이 있는가?"

"놀랍습니다. 훌륭하십니다. 훌륭하십니다. 어리석은 소생들은 이미 가르침을 받았습니다."

"그렇다. 그대들이 이를 지켜서 큰 경계로 삼는다면 만만세토록 근심이 없을 것이다. 그러나 이것은 단지 일단락만을 설명한 것이다. 의심이 생기거든 다시 와서 질문을 하도록 하라."

"예, 예."

이상은 도와 덕과 지성에 대한 하늘의 경계를 크게 모아 현인들에게 보여주는 것이다.

眞人前. 唯唯. 今且戒眞人一大戒. 〈起〉吾道乃爲理天地, 安帝王, 生天地所愛者, 乃當愛眞道與眞德也. 故天者, 乃道之眞, 道之綱, 道之信, 道之所因緣而行也. 地者, 乃德之長, 德之紀, 德之所因緣而止也.[1] 故能長爲萬物之母也, 常忍辱居其下也, 不自言勞且苦也. 吾之爲德君敎化下愚, 正以此天地二事爲祖也. 故常案天地之法度, 不失其門戶也. 吾之書卽天談地語, 與神祇深獨相應若表裏也. 〈止〉步卽相隨若規矩也. 故順行者得天地意, 失之者凶衰矣. 今以戒眞人, 子宜思吾言而常愼之矣. 唯唯. 行, 見子好眞道德, 好爲善少雙,[2] 且示子一言. 今上士多樂眞道善德, 中士半好之, 下士無狀, 純無道無德, 皆應大逆無道之人也. 大凶無德之人, 與天地內獨不比, 不而相知, 非天常所有也, 愛子也. 故無道德者, 命不在天地也, 與禽獸同綠同命. 今不解, 願聞其要意. 然, 六眞人明聽. 唯唯. 然, 天者純爲道, 地者純爲德, 此無道德之人, 與天地絶屬無所象. 尙於天行, 當有眞道而好生, 象地, 當有善德而好養長. 今人無道與無德, 故天地不有子也. 欲知其明信效也, 比若道人知道人, 德人知德人, 各自相收錄, 故命迭相在. 故道人者好興道人, 德人者好興德人, 有道德之人與無道德之人不比, 故不肯相收錄, 命不繫天也. 善哉善哉! 願聞其與禽獸同命意. 善好子難, 深得其數. 然, 禽獸者命繫於四方, 其爲性者好相抵觸, 無有道德, 勝者爲右.[3] 無道德下愚之人, 亦好相觸冒, 勝者爲右. 其氣與禽獸同, 故同命也. 天道爲法, 以是分別人優劣, 故知之也. 凡天下之命名所屬, 皆以類相從, 故知其命所屬. 故含五性[4]多者象陽而仁, 含六情多者象陰而貪, 受陽施多者爲男, 受陰施多者爲女, 受王相氣多者爲尊貴則壽, 受休廢因氣多者數病而早死, 又貧極也. 故凡人生者, 在其所象何行之氣, 其命者繫於六甲何曆, 以類占之, 萬不失一也. 故古者聖人深原凡事, 知人情者以此也. 眞人知之耶?

唯唯. 善哉善哉![424] 今故下古之人, 承負先人失計, 稍稍共絶道德, 日獨積久, 與天地斷絶, 精氣不通, 不相知命, 反與四足同命, 故天地憎惡之, 鬼神精氣因而不祐之, 病之無數, 殺之無期, 其大咎在此□□.[5)] 今上德之君, 命繫天地, 當更象天地而道德治, 故吾更理出文道出以上付之. 天樂其爲善, 不欲復使其有餘, 是四足之人行也. 故吾書復重丁寧, 欲使其大覺悟也. 故敍六極一大集難以付歸之. 眞人知之耶?

唯唯. 可駭乎! 樂哉樂哉!

眞人以何知其可駭而樂哉? 然, 愚生見天師言, 眞道德出, 民一旦而轉, 皆守爲道德, 象天地, 不復爲四足之人行. 人人道, 人人德, 故知其大樂至意矣. 善哉, 眞人之言, 無以加之也.

今願及天師請問一事. 言之. 今人求道德及凡人行, 當以何爲急務哉. 以何而得知之. 以何而與天地響相應也. 善乎, 子之問也. 當以至誠, 五內情實爲之, 乃可得也. 如不以五內情實爲之, 是道德之所怨也, 求善不可得也, 神靈不應也. 今願聞至誠以何而感動天地神靈乎. 噫. 眞人於是殊爲愚, 學吾書文, 多固固未解邪. 愚生其爲暗昧, 曚乃久重, 難一旦而開. 然, 子亦大謙. 行, 更明聽, 爲子道至誠感動天地之意. 唯唯聞命. 然, 夫至誠者, 名爲至誠, 乃言其〈起〉上視天而行, 象天道可爲. 俯視地而行, 象地德而移. 念天地使父母生長我, 不欲樂我爲惡也, 還考之於心乃行. 心者, 最藏之神尊者也. 心者, 神聖純陽, 火之行也. 火者, 動而上行, 與天同光. 故日者, 乃火之王, 爲天之正, 無不照明. 故人爲至誠, 心中正疾痛, 應心神至聖, 乃上白於日, 日乃上白於天. 故至誠於五內者, 動神靈也. 是故可不愼乎. 〈止〉眞人曰, 可畏哉. 可畏哉. 愚生過問, 是甚大怖. 子知怖, 活之根也. 子不知怖, 死之門也. 安危在子之身, 無於他所焉. 今雖每問天師而怖駭者, 又問乃訣乃大解, 不問又無緣得知之. 然, 子言是也, 暗而不好問, 何時復得昭昭哉. 行言, 欲問何等.

今謹已聞至誠動天, 願聞動地意. 善哉. 子言日益大深, 不惜之也. 行安坐, 爲子道之. 不言恐得過於子. 若天獨疾後世人不至誠, 而使眞人來主問之也. 諾. 今爲子說之. 明聽. 唯唯. 行, 人之至誠, 有所可念, 心中爲其疾痛, 故乃發心腹不而食也. 念之者, 心也, 意也. 心意不忘肝最仁,[6] 故目爲其主出涕泣,[7] 是其精思之至誠也. 精明人者, 心也. 念而不置者, 意也, 脾[8]也. 心者純陽, 位屬天. 脾者純陰, 位屬地. 至誠可專念, 乃心痛涕出, 心使意念, 主行告示遠方. 意, 陰也, 陰有憂者當報陽, 故上報皇天神靈. 脾者陰, 家在地, 故下入地報地. 故天地乃爲其移, 凡神爲其動也. 子欲知其大效, 吾不欺眞人也. 眞人但安坐深幽室閑處, 念心思神, 神悉自來到, 此不明效證邪. 是吾告子至誠之信也, 吾未嘗空無法而說也. 故求道德凡人行, 皆由至誠, 乃天地應之, 神靈來告之也. 如不至誠, 不而感動天地移神靈也. 故承負之後, 下古之人實無信, 不至誠, 不而感動天地, 共欺天與地, 故神靈害之不止也. 願聞以何明之乎. 然, 有大明證於日月. 今願聞之. 然, 下古之人生於父與母, 而共忽其父母, 背叛其父母, 萬未一人而孝也. 得解蒙暗於師, 已覺去者. 忽其師, 不師爲其師自屈折,[9] 執勞苦也. 以貧賤得富貴於君,而反相教下皆共日欺其上, 萬未有一人有誠信也, 群愚共欺其三綱,[10] 名爲反逆而無信也. 其罪過彰彰, 下可覆蓋, 皆上見於日月三光也. 故天地甚疾之惡之, 使其短命而早死也. 不自深十問過罪重, 反復哭而行也. 言天酷, 何一冤也. 汝乃自冤, 何時天冤汝哉. 可駭乎. 善哉善哉. 愚生已聞命矣. 然, 子而守此,[11] 以爲重戒, 則可萬萬世無患矣. 然辭小竟, 疑者復來問之. 唯唯.

右大集難道德至誠天戒以示賢.

역주

1) 天者, 乃道之眞, 道之綱, 道之信, 道之所因緣而行也. 地者, 乃德之長, 德之紀, 德之所因緣而止也(천자, 내도지진, 도지강, 도지신, 도지소인연이행야. 지자, 내덕지장, 덕지기, 덕지소인연이지야) : 비록 불완전하기는 하지만 아래 도표를 보고 본문을 보면 이해가 쉽다. 도와 덕, 강과 기, 행과 지는 모두 맞짝 개념이다.

天	道之眞	道之綱	道之所因緣而行
地	德之長	德之紀	德之所因緣而止

2) 少雙(소쌍) : '무쌍(無雙)'은 비할 바가 없음을 말한다. '소쌍(少雙)'은 비할 수 있는 사람이 거의 없음을 말한다.

3) 勝者爲右(승자위우) : '우(右)'는 우세를 점한다는 의미이다.

4) 五性(오성) : 인의예지신을 말한다.

5) □□(□□) : 『정독』에서는 '단절(斷絶)'이 빠진 것으로 보고 있다.

6) 肝最仁(간최인) : 간은 오행 중 목에 해당하고, 목에 해당하는 덕목은 인이다. 그래서 이와 같이 말을 한 것이다.

7) 目爲其主出涕泣(목위기주출체읍) : 오행학설에 의하면, 간은 목(目)의 주(主)이고, 목은 간의 관(官)이다.

8) 脾(비) : 오행에 의하면 비장은 토에 속한다.

9) 不師爲其師自屈折, 執勞苦也(불사위기사자굴절, 집로고야) : '굴

절'은 몸을 움직이는 것을 말한다. 직역을 하면 다음과 같다. "스승으로 여겨 그 스승을 위해 스스로 몸을 움직이며 노고를 행하는 것을 하지 않는다." '불(不)'이 끝까지 다 받는다.

10) 三綱(삼강) : 여기에서 말하는 '삼강'은 일반적인 삼강을 의미하는 것이 아니라 효(孝) · 순(順) · 충(忠)을 말한다.

11) 子而守此(자이수차) : '자능수차(子能守此)'로 보아야 할 것이다.

太平經

제97권

기부(己部)의 12

『태평경초』

제154 투도부전처사조화결(妒道不傳處士助化訣) : 도를 시기하면 처사들에게 전하여 조화를 도울 수 없다는 비결

해제 이 장에서는 신묘한 덕과 참된 도가 마땅히 소인들에게 들리거나 말해지거나 쓰이지 않게 해야 한다는 진인들의 관점을 비판하고, 하늘의 도는 모든 살아 있는 것들을 대상으로 하는 것임을 밝히고 있다. 거짓되고 사악한 말과 글은 하늘의 엄청난 증오를 받아 죽을 죄에 해당하고 심지어 그 폐해는 죽어서도 죄과를 남기는 용서할 수 없는 것임을 강조한다. 왜냐하면 그것은 천하를 혼란하게 하여 재앙과 변고와 도적이 많아지게 해서 나라의 커다란 근심거리를 낳게 하기 때문이다. 천지개벽 이래 사람들이 마땅히 듣지도 말아야 하고 논하지 말아야 하며 채용하지 말아야 할 것이라고 한다. 참된 도와 긴요한 덕이 아닌 번잡하고 거짓된 글과 사악한 도라고 주장한다.

"참으로 어리석고 우매함이 날로 극심해져 밝지 못하고 크게 깨우치지 못하는 소생들이 삼가 두 번 절하며, 한 가지 일에 대해 여쭙습니다. 그것을 말하는 것은 잘못이겠지만, 여쭙지 않으면 또한 어리석은 마음이 혼자 스스로 해결할 수 없을 것 같습니다."

"말해 보라."

"어리석은 소생들은 비밀스런 도의 긴요한 뜻이 천지의 진기한 보물이고 천하의 진기한 사물임을 은밀히 들었습니다. 그러므로 이름하여 지극한 도는 전해지지 않아서 무릇 사람이 마땅히 듣는 바가 아니고, 말하는 바도 아니고, 쓰는 바도 아니라고 합니다. 지금 천사께서 모두 태평한 배움의 길을 열게 하시고, 모두 사람들로 하여금 도와 덕의 긴요한 글에 관하여 명령하시길 감추어 은닉하지 않도록 하시니, 모두 하늘의 처벌이 있게 되어 죽음에 이르러도 오히려 제거하지 못하고 다시 후세에 유전하게 된다고 합니다. 참된 도와 신비한 덕을 다 전수하면 일찍이 크게 퍼지지 않겠습니까? 소인과 군자로 하여금 구별하지 않게 한다고 하십니다. 어리석은 소생들은 참된 도와 신비한 덕은 마땅히 소인들이 듣거나, 말하거나, 쓰거나 하지 않도록 해야 하는 것입니다."

"끌, 끌! 어허! 그대들의 지금 그 말은 만 가지 죽음의 책임이 황천과 후토에 있다고 생각하나, 천지의 신령에게 아무리 해도 목숨을 건질 수 없는 죄과를 짓는 것으로 다시 없애지 못한다. 천지개벽 이래 뒤에 태어난 사람들은 날로 더욱 도를 경시하고 시기하고, 소인은 천지의 진기한 보물을 끊어버렸다. 오랫동안 쌓여 승부를 생겨나게 하고, 하늘로 하여금 재앙을 끊이지 않게 하였다. 항상 천지로 하여금 안으로 유독 평안하지 않게 하여, 재앙과 변괴와 도적의 무리가 매우 많아져서, 나라가 근심 걱정하게 된다. 그것은 바로 여기에서 일어난다. 그대들이 지금 그렇게 말하는 것이 또한 바로 그러하다. 하늘을 어지럽히고 땅을 거슬러서 다스림을 혼란하게 하고 백성을 다스리기 어렵게 함이 바로 그러하다. 그대들이 지금 말하는 것은 바로 하늘과 더불어 무거운 원한이 되는 것으로, 그릇된 것이니라. 그릇된 것이니라. 그대들의 공은 없어지는 것이다."

"무슨 말씀이신지요?"

"지금 긴요한 도와 선한 덕은 나와서 교화하는 것으로, 소인은 그것을 얻어서 도와 덕을 지키고 더욱 서로 본받고자 배우며 감히 그릇된 일을 하지 않는다. 그 중 작은 현명함을 지닌 사람이 선한 도와 덕을 얻으면 어질고 착한 아전이 될 수 있다. 그 중 크게 현명한 사람은 위로 나라를 보좌하는 신하가 될 수 있다. 그 중 가장 최하로 극히 무지함에 이른 사람이라도 착한 사람이 될 수 있다. 대저 하늘이 긴요하고 참된 도로 사물을 태어나게 하는 것은 아래로 여섯 종류의 가축과 금수에 이른다. 대저 네 계절과 오행은 곧 천지의 참되고 긴요한 도이고 천지의 신령스러운 보물이며, 천지 오장의 기이다. 여섯 가축과 금수는 모두 그것을 품어서 본성으로 삼고 초목은 그것을 얻어서 생장한다. 만일 하늘이 긴요한 도를 베풂이 갖추게 하지 않는다면, 어찌 서로 태어나게 할 수 있겠는가? 그런데 진인들의 말은 소인은 당연히 긴요한 도를 듣고 말하고 이용하지 않게 해야 한다고 한다. 천지의 신은 모든 부류의 사물을 보우하는데, 사람이 곧 여섯 가축과 초목을 좋아하는 것만 같지 못하겠는가? 진인들이 스스로 안다. 그 말은 만 가지 죽음의 죄로써 없앨 수 없다."

"어리석은 소생들이 스승님을 섬김이 나날이 천박하여 하늘의 도를 깊이 알지 못하였습니다. 천사님의 말씀을 듣고 보니 스스로 죄를 알겠습니다. 위로는 황천에 부담지우고, 아래로는 땅의 신인 후토에게 죄를 짓고, 중간으로는 큰 덕을 지닌 군주에게 부담지우는 것임을 알았습니다."

"그렇다. 물러가서 스스로 책망하라. 무릇 일함에 신중하지 않을 수 있겠는가? 황천은 항상 오로지 사람의 입으로 말하는 것을 지켜보신다. 무엇 때문에 사람의 소리에 따라 응답하여, 길흉을 삼는가? 그러므로 응답하는 데에는 조금도 놓침이 없다. 그대들이 유독 항상 이러한 하늘이 소리를 살펴 증거로 삼지 못하는가? 마땅히 스스로 신중함이 미치지 못하여 함부로 망언하지 말라. 그러한 행위의 해로움은 무겁다. 그대들은 지금 지극한 도가 사람에게 전해지지 않았다고 말한다. 무엇으로 그것을 전하여 알겠는가? 모든 생물에게 지극한 도가 전해질 수 없다고 한다. 하늘의 도는 사사로움이 없다. 단지 유독 누구만을 위하여 생겨나는 것인가?"

"제자들은 스스로 일에 신중하고 경계하여 참으로 이러한 현상이 없게 하겠습니다."

"그대들이 세속의 여러 소인들이 거듭 서로 하늘의 도를 시기하도록 가르칠 것인가?"

"감히 하지 않겠습니다. 감히 하지 않겠습니다."

"진인들은 스스로 일을 정성되이 경계해야 한다. 하늘의 분노하심이 한꺼번에 폭발하면 죄과가 드러나서 다시는 없앨 수 없다. 하늘의 도는 바로 이러한 말로 말미암아 못쓰게 훼손된다. 그대들은 다시 함께 그것을 더하겠는가? 제왕이 그 다스림을 다스릴 수 없어서 일찍이 재앙이 많아지는 이유는 전적으로 그대들과 같다. 지금 말할 수 있다면 그로 인해 참된 도의 길이 끊어지게 되고 사악한 도가 일어나게 되므로, 다스릴 수 없게 된다. 어찌 마음을 밝혀 깨닫지 못하겠는가?"

"예, 예. 이미 깨달았습니다. 천사님께 부담지웠음을 참회합니다. 그러지 않겠습니다."

"항상 일에 신중하라!"

"예, 예. 지금 매번 말함에 잘못이 있다고 생각합니다. 말하지 않고자 합니다만, 말하지 않으면 알지 못할까 우려됩니다."

"무엇인지 편히 말하라."

"지금 사람이 마땅히 듣지 말아야 할 바, 말하지 않아야 할 바는 무엇인지요?"

"그렇다. 사람은 곧 참되고 긴요한 도가 아니고 참되고 긴요한 덕이 아니면 마땅히 듣지 말아야 한다. 그런 까닭에 대저 하급의 어리석은 스승은 소인을 가르침에 소홀하여 신묘한 도와 참된 덕으로 그들을 경계하여 가르치지 않고 도리어 겉만 화려한 거짓된 글과 교묘한 언설로써 평범한 사람들을 가르친다. 그 중 크게 현명한 사람이 사악하고 거짓되고 간교한 글을 익혀 알게 되면 위에서는 모두 군주를 기만한다. 그 중 중간 정도의 현명한 사람이 거짓된 글을 익히게 되면 교활한 아전이 되어, 위로는 모두 윗사람을 제멋대로 기만하고, 아래로는 성실하고 선량한 백성을 교묘히 속인다. 하급의 어리석은 소인이 그것을 얻게 되면 의리를 없게 하여 부모를 기만하고 이웃을 간교하게 속이거나 도적이 됨이 그치지 않는다.

현명하고 어리석은 아전과 백성이 모두 간사하고 거짓을 일삼지만 모두 서로 금지하거나 끊을 수 없게 된다. 사악함을 보지만 바르게 하지 못하므로 곧 위로는 천문을 어지럽히고 아래로는 지리를 어지럽히며, 오행이 생성하는 것을 해치고 네 계절이 기르는 것을 거스르며 모두가 그 위를 기만하여 나라는 혼란하게 되는데, 그 폐해가 되는 것이 매우 심하여 이루 다 헤아릴 수 없다. 진인들이 도리어 소인은 마땅히 긴요한 도와 긴요한 덕을 듣지 말아야 한다고 말한 것은 도리어 사악하고 간교하고 거짓된 일로 교화해야만 한다는 것으로 천하의 사람들을 어둡게 해서 모두를 거짓되고 그릇된 일을 배워도 스스로가 알지 못하게 하는 것인데, 마침내 모두가 무도하게 하는 것인가? 그러므로 진인들은 만 가지 죽을 죄를 지어서 다시는 없애지 못한다.

천하 사람이 마땅히 듣고 말하고 쓰지 않아야 하는 것은 바로 마땅히 이러한 거짓된 글이다. 사악하고 간교하고 매우 교활함이 생겨난 것은 바로 여기에서 비롯한다. 그러므로 나는 하늘을 대신해 법을 펼친다. 덕 있는 군주를 위해 가르침에 감히 그러한 거짓된 것을 말하지 않으므로, 오로지 도와 덕의 문을 열고 교활한 길을 닫고 막는다. 그러므로 나의 책은 도와 덕의 뿌리를 근본으로 하고, 사악한 글과 간교하고 거짓된 법을 제거하여 그것들과 더불어 하지 않는다. 그대들이 우독 괴이하게 여기지 않는 것인가? 이것이 바로 천지가 병으로 여기고 제왕이 폐해로 여기는 것임을 다시 진인들에게 구체적으로 말한 것이다. 마땅히 긴요한 도와 덕으로써 소인을 교화해야 한다. 상급의 현명한 사람이 얻게 되면 유생의 선량함을 얻을 수 있고, 중급의 현명하고 덕이 있는 사람이 얻게 되면 위로는 나라가 지극한 덕을 지니도록 보좌하는 신하가 될 수 있고, 하급의 현명한 사람이 얻게 되면 선을 따르는 아전으로 변화할 수 있고, 가장 어리석은 사람이라도 마땅히 성실한 백성이 되어 서로 시기하고 해치는 것을 알지 못한다. 그러므로 천지, 네 계절, 오행, 해, 달, 별들이 모두 참된 도와 긴요한 덕으로 만 이천 물을 기르고, 아래로는 여섯 가축과 분토의 풀에 이르러 모두 신묘한 도와 긴요한 덕의 영향을 받아 낳고 길러진다. 지금 만약 진인들이 모든 부류를 모두 말한다면 이러한 사람은 어찌 여섯 가축과 분토의 풀과도 같지 않은가? 그대들의 지금 말은 만 가지 죽음의 허물은 씻을 수 있겠는가?"

"죽을 죄를 지었습니다. 죽을 죄를 지었습니다."

"사죄하지 못한다면 그 또한 해소하지 못할 뿐이다."

"지금 허물되는 말은 마땅히 어떻게 해야 합니까?"

"지금 이러한 잘못을 해소하려면 마땅히 사죄하는 길한 날을 잡아 아득하게 너른 벌판의 사방으로 통하는 길 위에서 네 방위로 사죄해야 하느니라. 각각 다섯 차례 머리를 부딪혀 절하고, 먼저 위로 하늘을 보고 다시 돌이켜 아래로 땅을 향해 고두해야 한다."

"예, 예. 지금 또한 천사께서 어리석은 소생들을 가르치심에 왜 급한 것인지요?"

"그렇다. 급한 까닭은 진인들 때문만이 아니다. 바로 진인들의 말이 천지의 금기를 범하였기 때문이다. 아득한 상고와 중고시대 이래로 사람들을 교화함에 대다수가 참된 도와 선한 덕을 시기하고 오히려 서로 그것을 숨기고 은닉하고 폐쇄하고 감추고 단절하였다. 오히려 사악하고 간교한 도로써 서로 가르쳐서, 어리석은 사람들을 이끌어 교화함에 갖추어져 잘못되게 하였다. 그중 크게 현명한 사람은 멀리 떠나 세상을 등지고, 단지 그중 조금 현명한 사람만이 아전이 되어 참된 도가 없어지게 되어, 백성을 어지럽혔다. 가장 어리석은 사람은 도가 없었기 때문에 일어나 도적이 되었다. 백성과 신하가 모두 사악함을 일삼아 모기가 떼 지어 나는 소리가 우레 소리를 이루듯이 소인배가 사실을 왜곡하여 열심히 남을 욕하며 움직이는 것들 모두가 천문을 거스르고 천도를 훼손하고 땅의 뜻을 어기고 네 계절의 기를 거스르고 오행을 어긋났다. 해와 달과 별이 바른 밝음을 잃으니, 제왕이 크게 근심하며 고통스러워하였다. 혼란이 일어나 다스림은 평안할 수 없었는데, 바로 여기에서 비롯하였다. 그러므로 진인들은 어찌 이 죄의 무거움을 알지 못하는가? 하늘은 그것을 면제하지 않는다.

내가 가르치질 않았다면 그대들은 당연히 사죄해야 한다. 그러므로 너른 벌판에 있어야 한다는 까닭은 분명한 땅에 해당한다. 사방으로 통하는 길 위에 있어야 한다는 까닭은 길이란 주로 일을 교통하기 때문이다. 사방으로 통해야 한다는 까닭은 당연히 네 계절에 해당한다. 하늘이 기운을 파생시키므로 장차 그대들을 위해 위로 하늘에 알릴 것이다. 네 계절은 어질게 생성하므로 장차 그대들의 잘못을 천지에게 풀게 하는데, 이후 잘못을 범한 사람들도 모두 그대들처럼 해야 한다. 하늘은 사람들이 악행함을 크게 근심하신다. 대저 군자는 이에 마땅히 큰 선행을 비상하고 과분할 정도로 해야 하고, 마땅히 큰 악행을 지나치게 하지 말아야 한다. 신중하라! 신중하라! 그대들이 오히려 이와 같다면 더군다나 속인의 어리석음은 어떻겠는가? 서로 가르치길 도를 질투하며 그것을 감추어 은닉하는 것이 그러한 것이다. 그대들이 말하는 항상 선하다는 것은 그러한 것이다. 지금 개의치 않고 하는 한마디 말은 천지를 크게 거스르는 것이라 하는 것으로, 옛부터 지금까지 군주가 근심하는 것이다.

그렇다. 진인들은 앞으로 나오라. 사람은 어찌 태어나면서 군자가 될 수 있겠는가? 모두 배움으로부터 말미암을 뿐이다. 배우길 도로써 하면 그 사람은 도를 지닌다. 배우길 덕으로써 하면 그 사람은 덕을 얻게 된다. 배우길 선으로써 하면 그 사람은 선하게 된다. 배우길 지극한 도와 선한 덕으로써 하면 그 사람은 늙도록 장수하게 되고 곧 다시 더욱더 선량하게 된다. 그러므로 긴요한 도와 선한 덕을 품고 있는 사람은 곧 제왕의 처사라 이름하고 사람 중 제일의 가장 선한 사람이어서 군자가 교화하는 것을 도울 수 있는 사람이다. 벼슬을 시켜도 나서서 하지 않는 사람은 위가 조심스러워하는 사람이 된다. 배우길 악으로써 하면 그 사람은 악하게 된다. 배우길 실속 없이 겉만 그럴듯하게 꾸미는 것으로써 하면 그 사람은 실속 없이 겉만 그럴듯하게 꾸미게 된다. 배우길 거짓으로써 하면 그 사람은 거짓되게 된다.

간교함으로써 배우면 그 사람은 간교하게 된다. 간교함으로써 배우면, 그중 가장 현명한 사람이라면 말을 간교하게 하고 그중 글을 익힌 사람이라면 글을 간교하게 하며 소인이 그것을 얻으면 교활한 백성이 된다. 그대들의 생각에 어찌 가르쳐서 할 수 없다고 하는가?

그러므로 대저 긴요한 도와 신비한 덕은 곧 하늘의 마음을 받들고 땅의 뜻을 순응하는 것이기 때문에 나라를 오랫동안 편안할 수 있게 하여 제왕을 즐겁게 하는 것이다. 거꾸로 금지하고 단절하며 힘써 교화하지 않으면 사람은 하늘로부터 벌을 받고 죄가 없어지지 않는다. 하늘은 지극한 도로써 움직이게 하고 땅은 지극한 덕으로써 편안하게 머물게 하면서 함께 만물을 생기게 하므로 감추는 것이 없고 사사로울 수 없다. 그러므로 옛날의 성인은 천지가 운행하는 것을 본받아 지극한 도와 긴요한 덕으로 어리석은 사람을 힘써 교화하여 성실하고 선하게 하고 다스림을 쉽게 하였다.

지금 세상은 반대로 대다수가 그것을 폐쇄하고 단절하므로 어리석은 사람이 모두 교활하게 되고 하늘의 도를 잃고서도 스스로가 잘못됨을 알지 못한다. 죄과가 참된 도와 선한 덕을 행하지 않는 데 있다. 그러므로 사람들 다수가 하늘의 벌을 받길 마땅히 죽어도 없어지질 않는다. 어리석은 사람이 도가 없기에 시기하고 숨기길 피하지 않으며 마침내 모두가 천지를 위배하는데 도와 덕의 중요함을 알지 못하기 때문이다.

내가 문서를 만들어 반복해서 부지런히 힘쓰며 잊지 않게 하는 이유는 사람에게 어리석음이 쌓여 한마디로 하면 나의 글을 믿지 않을 것 같아 거듭 반복하는 것이다. 사람들이 모두 사악함을 익힌 지 오래 되어 혹시 반대로 나를 일러 잘못되었다고 말할 수도 있을 것이다. 다시 참된 도와 신비한 덕의 문을 막고 단절시켜서 행하지 않는다면 하늘의 노함이 끊이질 않고, 제왕은 근심걱정으로 괴로워하며 아전과 백성은 머리와 발을 의탁할 곳이 없어서 서로 구름이 어지럽듯이 혼란하게 되고 서로 구제할 수 없게 된다. 참으로 나의 글을 원통해 하는지를 하늘에 시험하면 바로 이것이 만들어진 말인지 아닌지를 판단할 것이다. 사람들마다 사악한 글을 배우고 우매함이 쌓여 오래되었으므로 일찍이 진인들을 믿고, 나의 말을 드러내게 하였다. 위로 도와 덕을 지닌 군주에게 주고 많은 현명한 사람들에게 보임으로써 속히 나의 말을 시험하면 나의 글이 신뢰할 수 있고 천지와 서로 일치하는 것임을 알 수 있다. 써보지도 않고 시험해보지도 않고서 어찌 그 실정을 알 수 있겠는가? 지금 나의 말이 그릇되지 않음을 입증하리라. 한 권만 아닌 글들을 시험하고자 한다. 진인들은 신중하라."

"예, 예."

"가 보라. 항상 나의 말에 중하여 로 경솔하게 함부로 말하지 말라."

"예, 예."

"그것을 내어 보이길 은닉하거나 숨기지 않고 모든 사람의 언어와 학문이 마땅히 얻고 버릴 것을 알게 하여 다시는 멋대로 행동하지 않게 하여라."

"예, 예."

이상은 사람이 항상 듣고 말하고 이용하지 않아야 하는 사악함을 끊고자 참된 글을 내는 것에 대한 설명이다.

眞眞愚暗日益劇不曉大不達之生謹再拜, 問一從事, 言之必爲過, 不問又愚心不能獨自解. 行言之. 愚生竊聞祕道要意, 是乃天地之珍寶, 天下之珍奇物也. 故名之爲至道不傳, 其非凡人所宜聞所宜言所宜用也. 而令天師都開太平學之路,[1] 悉敕使人爲道德要文, 不得蔽匿, 皆言其有天謫, 到死罪尙不除, 復流後世, 皆授以眞道祕德, 曾不大哉. 令小人與君子不別, 愚生以爲眞道祕德, 不宜使小人聞小人言小人用之也.

咄噫. 子今且言, 有萬死之責於皇天后土, 不復除也. 自天地開闢以來, 後生日益薄妒道, 小人斷絶天地之珍寶, 以是爲失. 積久故生承負, 令天災不絶. 常使天地內獨歲不平安,[2] 災變盜賊衆多, 國家爲其愁苦, 正起於是. 子今且所言是, 正是也. 亂天反地, 使治昏憒, 民難治, 正是也. 子今且語, 正與天爲重怨, 錯哉錯哉. 亡子功矣. 何謂也. 今要道善德出之以敎化, 小人得之守道德, 更相倣學, 不敢爲非. 其中小賢得善道德, 可爲良順之吏. 其中大賢, 可上爲國家輔. 其中最下極無知者, 猶爲善人. 夫天以要眞道生物, 乃下及六畜禽獸. 夫四時五行, 乃天地之眞要道也, 天地之神寶也, 天地之藏氣也.[3] 六畜禽獸皆懷之以爲性, 草木得之然後生長. 若天不施具要道焉, 安能相生長哉. 而眞人言, 小人不宜聞要道不宜言不宜用也. 天地之神保終類, 人乃不若六畜草木善邪哉. 眞人自知, 今且言有萬死之罪, 不復除也. 愚生事師日少淺, 不深知天道, 見天師言, 乃自知罪重, 上負皇天, 下負后土, 中負於大德之君. 然, 退自責是也. 凡擧事可不愼乎哉. 皇天常獨視人口言, 何故使響隨人音爲吉兇, 故響應不失銖分也. 子獨不常觀此天地之音證邪. 宜自愼不及, 勿彊妄語, 其爲害重. 子今且言至道不傳人, 何以傳知之乎. 終類至道不可傳, 天道無私, 但當獨爲誰生乎. 弟子自愼戒事甚無狀. 子欲若俗夫小人復相敎妒天道耶. 不敢不敢. 眞人自精戒事, 天怒一發, 罪過著不復除也. 天道正由此言廢毁, 子復共增之耶. 帝王所以不能理其治而嘗多災者, 但由盡若子. 今且可言, 因使眞道道絶也, 邪道起, 故不可理也. 寧曉心解不乎. 唯唯. 已覺矣, 慚負天師, 不也. 常常愼事.

唯唯. 今念每言有過, 欲不言也, 又不知. 平言. 今人所不宜聞, 所不宜言, 所不宜用者, 何等也. 然, 凡人乃不宜聞非眞要道, 非眞要德. 是故夫下愚之師, 敎化小人也, 忽事不以要祕道眞德敕敎之, 反以浮華僞文巧述示敎凡人. 其中大賢得邪僞巧文習知, 便上共欺其君. 其中中賢得習僞文, 便成猾吏, 上共佞欺其上, 下共巧其謹良民. 下愚小人得之, 以作無義理, 欺其父母, 巧其鄰里, 或成盜賊不可止. 賢不肖吏民共爲姦僞, 俱不能相禁絶. 睹邪不正, 乃上亂天文, 下亂地理, 賊五行所成, 逆四時所養, 共欺其上, 國家昏亂, 其爲害甚甚, 不可勝記. 眞人反言小人不宜聞要道要德, 反當以邪巧僞之事敎化, 使天下人眩瞑, 共習僞非, 而不自知, 遂俱爲無道耶. 是以眞人有萬死之罪, 不復除也. 天下所不宜聞所不宜言所不宜用, 正不宜聞此僞文, 邪巧大猾所生正由此. 故吾爲天陳法, 爲德君作敎, 不敢及之, 所以專開道德之門, 而閉絶狡猾階路也. 故吾書本道德之根, 棄除邪文巧僞之法, 悉不與焉. 子獨不怪之耶. 是乃天地以爲病, 帝王以爲害, 行復爲眞人具說之, 其以要道德以敎化小人也. 上賢得以守儒良, 中賢德以上爲國家至德之輔臣, 其中小賢, 化爲順善之吏, 其中下愚, 猶爲謹民, 不知相害傷. 故自天地四時五行日月星宿, 共以眞道要德養萬二千物, 下及六畜糞土草, 皆被服其祕道要德而以得生長. 今若以眞人今且言終類, 此人不若六畜及糞土草耶. 子今且言, 寧自知有萬死之過不除邪. 有死過, 有死過. 勿謝同不解耳. 今過言當奈何哉. 今欲解此過, 常以除日於曠野四達道上四面謝,[4] 叩頭各五行, 先上視天, 迴下叩頭於地.

唯唯. 今且天師敎愚生, 何一急也. 然所以急者, 不以故眞人也. 乃眞人言, 得天地之忌. 太上中古以來, 人敎化多妒眞道善德, 反相敎逃匿之, 閉藏絶之, 反以邪巧道相敎, 導化愚人, 使俱爲非. 其中大賢遠去避世, 獨其中小賢爲吏, 無有眞道, 亂其民. 其中下愚, 因爲無道, 起爲盜賊. 民臣俱爲邪, 聚蚊成雷動, 共逆天文, 毁天道, 逆地意, 反四時氣, 逆五行. 使災怪億億, 三光失其正明, 帝王大愁苦之, 得昏亂焉, 治不得平安, 正由此也. 故眞人寧知此罪重不. 天不除之也. 吾不敎, 子當謝也. 故所以當於曠野者, 當於鮮明地. 所以四達道上者, 道者主通事. 所以四達者, 當付於四時. 天之使氣也, 且爲子上通於天也. 四時者, 仁而生成, 且解子過於天地也, 後有過者, 皆象子也. 天從今以往, 大疾人爲惡, 故夫君子乃當常過於大善, 不宜過於大惡. 愼之愼之. 子尙若此, 何況於俗人愚哉. 相敎嫉妒道, 藏匿之是也. 子所言常善是. 今旦一言, 名爲大逆天地, 從古到今, 人君所得愁也. 然眞人前, 人安得生爲君子哉. 皆由學之耳. 學之以道, 其人道. 學之以德, 其人得. 學之以善, 其人善.

學之以至道善德，其人到老長，乃復大益善良．故懷要道善德之人，乃名爲帝王之處士，人之第一上善者也，能助君子化者也．其不仕者爲上謹之人．學之人，學之以惡，其人惡．學之以文,[5] 其人文．學之以僞，其人僞．學之以巧，其人巧．學之，其中大賢者則巧言，其習書者則巧文，小人得之爲猾民．於子心寧可以敎不哉．故夫要道祕德，乃所以承天心而順地意，可以長安國家，使帝王樂者也．而反禁絶，不以力化，人有謫於天，罪不除也.〈起〉天以至道爲行, 地以至德爲家, 共以生萬物, 無所匿，無可私也．故古者聖人象天地爲行，以至道要德力敎化愚人，使爲謹良，令易治．今世反多閉絶之，故愚人共爲狡猾，失天道, 不自知爲非, 咎在眞道善德不施行, 故人多被天謫, 當死不除也.〈止〉愚人無道, 不避忌諱, 遂共犯天地, 由不知道德要也. 吾之爲書, 所以反覆勉勉眷眷者, 恐人積愚, 一言不信吾文, 故復重之也. 人俱習爲邪久, 或反謂吾可言非也. 復令使眞道祕德門絶斷不行, 天怒不絶, 帝長愁苦, 吏民無所投頭足, 相隨雲亂, 不能相救, 試誠寃吾辭於天, 正爲解除此制作道也. 人人被邪文，愚蒙積久，故常敕眞人使出吾道，以付上道德之君，以示衆賢，疾試吾道，乃知吾書之信，與天地相似，不用不試，安知其□□哉.[6] 今保吾道不誤，故求試非一卷之文．眞人愼之．唯唯．行去，常愼吾言，勿自易妄語也．唯唯．出之無匿藏，使凡人言語學問, 當知得失處, 不復妄爲. 唯唯.

右解人常所不宜聞所不宜言所不宜用斷邪出眞文.

역주

1) 而令天師都開太平學之路(이령천사도개태평학지로) : ‘영(令)’은 ‘금(今)’이다(『합교』).

2) 常使天地內獨歲不平安(상사천지내독세불평안) : ‘내독(內獨)’은

'내(內)'는 내부에 소중히 간직한다는 의미이고 '독(獨)'은 천지가 소중히 여기는 도를 의미한다. 『장자(莊子)』에서 '견독(見獨)'은 도의 깨달음을 의미하며 '도'를 절대적이며 독립적인 것이라는 의미에서 '독(獨)'이라 표현한다.

3) 天地之藏氣也(천지지장기야) : '장(藏)'은 '장(臟)'으로, 즉 오장(五臟)을 말하는데, 천지의 매우 중요한 것임을 비유하는 말이다.
4) 常以除日於曠野四達道上四面謝(상이제일어광야사달도상사면사) : '상(常)'은 '당(當)'의 의미이며(『정독』), '제일(除日)'은 「불가불사결(不可不祠訣)」에서는 군자가 사죄하는 길일이라 하는데 춘삼월(春三月)을 말한다.
5) 學之以文(학지이문) : '문(文)'은 일의 실속(實-)은 없이 겉만 그럴듯하게 꾸미는 문식(文飾)을 의미한다.
6) 安知其□□哉(안지기□□재) : '□□'는 실정(實情) 내지 진위(眞僞)의 글자가 탈락한 것으로 보아 해석하였다.

제155 사사여사부언당성법결(事師如事父言當成法訣) : 스승을 섬김이 어버이를 섬기는 것과 같이 하여 마땅히 법을 이루는 비결

해제 이 장에서는 스승이란 참된 도와 긴요한 덕을 몸에 품고 있는 사람으로 천하를 교화할 수 있어서 나라를 안녕하게 하고 군주에게 근심걱정이 없게 하는 성현임을 밝히고 있다. 따라서 성현을 받들길 자기 부모와 같이 할 것을 주장한다. 또한 아득한 상고, 중고, 하고시대의 역사의 흐름에 따라 도와 덕을 중시하는 상황이 변하였음을 설명하며, 군주와 신하 상하간의 지혜의 정도 차이에 따른 나라의 치란과 성쇠에 관하여 밝히고 있다.

"지금 어리석은 소생들이 하는 말이 천사님의 생각과 맞지 않아 항상 중대한 죄과를 범하지만 죄를 무릅쓰고 여쭙지 않는다면 또한 나이가 다하더라도 오히려 알 수가 없을 것입니다. 원컨대 다시 한마디 말씀을 여쭙고자 합니다."

"편히 말하라. 어찌 그리 겸손한가?"

"알지 못해 여쭙는 것은 바로 분수라는 것입니다. 지금 제일 가는 최상의 도와 긴요한 덕으로써 모든 사람을 교화함에 어찌 그들의 앎을 크게 넓히지 못하는 것인지요?"

"좋도다! 그대들의 말은. 무엇으로 앎을 크게 넓힌다고 하는가? 그대들은 무슨 이유로 이것을 의심하는가?"

"소생들이 듣기로는 자식의 앎이 부모를 넘어서고, 제자의 앎이 스승을 넘어서고, 신하의 앎이 군주를 넘어서면, 아래의 현명함과 앎이 위를 넘어서는 것이라 하는데, 이것은 마땅하지 않다고 생각합니다."

"그대들의 말은 옳기도 하고 그르기도 하다. 지금 아래의 앎이 위를 넘는 것은 곧 마땅하지 않다고 말한다. 아래의 앎이 간교하고 거짓된 수법을 갖추게 하여 그 앎이 그 위를 넘어서게 되면 오히려 그 위를 기만한다. 그대들이 드러난 효과를 알고자 하는 것은 비유컨대 마치 가르치고 배우는 것과 같아서 간교한 사람의 제자의 앎이 스승을 넘어서게 되면, 오히려 스승을 해친다. 대저 사람의 아래에 속하면서 교활하고 거짓되고 간교한 도를 익혀 안다면 아래 사람들이 함께 도리어 어수선하고 의혹하게 되어 위를 기만한다. 그러므로 옛날의 대성현은 감히 함부로 교활하고 간교하고 거짓된 글과 말을 전수하며 가르치지 않았고 항상 근본을 깊이 생각하고 말단을 끊으며, 어리석은 사람들이 그것을 알도록 하지 않았다. 그러므로 교활한 앎으로 나라를 다스리는 것은 나라의 큰 적이다. 그러므로 옛 성인은 항상 참된 도를 힘써 전수하였지, 실속 없이 겉만 화려하고 거짓되어 간교하고 서로 희롱하는 수법을 전수하지 않았다. 그 해를 끼는 것이 매우 심한 것을 알므로 항상 흉악한 학문을 폐하고 경사스러운 길을 열어서 백성들이 항상 스스로 반성하게 하였으므로, 그른 일을 알지 못하였다.

그대들이 거듭 확실한 증거를 알고자 하므로, 위로 삼황(三皇)이 곧 스승이 되어 신하들이 어버이와 같이 섬기었다. 당시 신하들은 각자 참된 도와 긴요한 덕을 품고서 간교하고 거짓된 글로 사람을 희롱하지 않았다. 그러므로 당시 신하들의 앎은 모두 군주를 넘어서 제왕의 스승이 될 수 있었기에 가르침을 어버이와 같이 여겼으므로 스승과 어버이가 그것을 시키듯이 하였다. 이런즉 도와 덕이 그 군주를 넘어서는 전범이다. 그러므로 그 군주가 편안히 앉아서 아무 하는 일이 없어도 걱정할 일이 없도록 할 수 있었다. 그러므로 말함에 열이면 열 모두가 제왕을 보좌할 수 있었다. 말함에 열 중 아홉은 대신을 보좌할 수 있었다. 말함에 열 중 여덟은 작은 관리의 역할을 할 수 있었다. 이보다 이하이면 계책으로 취할 수 없다. 말하는 것이 적중하지 않으면 제멋대로 하는 말이라 이름하고 위를 혼란하게 하고 속이는 것이다. 그대들은 알겠는가?"

"예, 예."

"그렇다. 그대들이 그 큰 효험에 대하여 알고자 하는데, 오제(五帝)에 이르러 도가 점차 쇠퇴하였으므로 군주와 신하가 도와 덕에 대해 다시 서로 물을 수 없게 되었다. 같은 스승으로부터 배운 사람들은 친구가 되고 뜻을 같이한 사람들은 벗이 되어 군주와 신하가 같다고 알게 되어 다시는 서로를 높이게 할 수 없게 되었다. 긴요한 도와 신비한 덕은 점차 막히어 통하지 않게 되었으므로 스승이나 어버이를 섬길 수 없게 되어, 다만 붕우를 섬기는 것과 같이 하였다. 삼왕(三王)에 이르러 스승으로 전수하는 사람들 대다수가 배우는 것을 시기하여 참된 도와 진기한 덕을 닫아 끊어 제자들이 날로 더욱 어리석어 어두워져서 무지하게 되어 도리어 대부분 겉으로만 화려한 글에 빠져 군주의 다스림을 현란하게 한다. 도와 덕이 천박하여 어버이를 섬기지 못하고 붕우를 섬기지 못하게 하였다. 자식을 섬기는 것처럼 하였다. 지혜가 적으므로 제왕을 위해 편안하게 할 수 없었다. 그러므로 천지를 크게 분노하게 하여 재앙과 변괴가 연이어 일어나지만, 억제하여 끊을 수 없게 되었기에 큰 죄과가 여기에 있다. 그대들은 알겠는가?"

"예, 예."

"그렇다. 그대들은 이미 깨달았지만 다시 그대들에게 더욱 분명하게 밝히겠다. 지금 오패(五覇)의 신하들이 다 참된 도와 덕이 없어서 모두가 간교하고 거짓되고 교활하게 속이게 되었다. 서로 기만하고 속이는 것은, 그 신하들 대다수가 사악하고 교활하고 망령되고 거짓되고 간교한 것을 알았기 때문이다. 서로 놀라게 하고 움직이게 하고 미혹하게 하는 방법이 어떤 경우에 곧 그 군주를 넘어서기 때문이다. 그로 인해 반역하게 되는데, 자식이 어버이를 죽이고 신하가 군주를 시해하고, 아래가 위를 시해하며, 모두가 의롭지 못한 오랑캐의 마음을 품고서 사람마다 간교하고 거짓된 수법과 간교한 마음을 품고서 참된 도를 지니지 않으므로 자주 반역하게 된다. 그러므로 도끼질을 일삼고 신하를 보기를 마치 사망 명부에 있는 것과 같이 한다. 이에 그 신하들은 모두 망령된 글을 품고서 더욱 간교하고 교활하게 되어 도가 중시되지 않아서 그들을 마치 가축과 같이 보는데, 이것이 분명한 증거이다. 그러므로 옛날의 성현은 하늘의 마음에 부응하여 참된 도를 지닌 덕이 있는 선비와 어진 사람을 초빙하고, 망령되고 거짓되고 교활함을 추방함으로써 하늘의 마음에 합하였다. 그러므로 나의 도는 모두 길함의 문을 열지만 흉악함의 문을 닫고서, 감히 교활한 앎이 그 군주를 넘어설 수 없게 하는 것이다. 그대들은 어찌 그것을 분명하게 알겠는가?"

"예, 예."

"그것을 신중히 하라."

"아득한 상고시대의 신하들 대다수가 신선의 수명을 누렸으므로 군주를 장수하게 할 수 있었다. 중고시대의 신하들 대다수가 도와 덕을 알아 품었으므로 군주에게 항상 근심이 없게 할 수 있었다. 하고시대의 신하들 대다수는 참된 도가 없어 어리석었으므로 대다수가 군주를 매우 어리석게 하였다. 군주가 어리석었으므로 그 다스림은 항상 어지러이 혼란하여 하늘의 마음을 얻을 수 없었다. 패주의 신하들은 모두 망령되이 거짓되어 대다수가 교활하고 간교하고 속이며 함께 군주를 어수선하고 의혹되게 하여 그에게 하늘의 바른 길을 잃게 하고 도리어 흉악한 입구로 들어가게 하였다. 그러므로 하늘에게 커다란 원한을 샀다. 그대들은 알겠는가? 그러므로 그 다스림은 모두 흉악하여 오래갈 수 없었다. 진인들이 하늘을 위해 할 일을 묻는데 마땅히 날로 삼가고 오직 제멋대로 함부로 말해서는 안 되고 말함에는 마땅히 정해진 방법을 지켜야 한다. 말이 항상적인 법을 이루지 못하면 침묵하는 것만 같지 못하다. 말을 할 때 하늘의 뜻에 부합하지 않으면 죄가 깊어 없어지지 않는다."

"예, 예."

"가 보거라. 그대들은 이미 깨달았다."

이상은 지혜와 현명함이 그 군주를 넘어서는 곤란함을 해결하는 비결이다.

今愚生擧言, 不中天師心, 常爲重謫過, 不冒過問, 又到年竟, 猶無從得知之. 願復請問一言. 平道之, 何所謙哉. 不知而問之, 是其數也. 今以第一上道要德以教凡人, 曾不大知乎. 善哉子言也. 何有大知之有乎. 子何故疑此哉. 吾聞子智過其父, 弟子智過其師, 臣智過其君, 則名爲下賢智過於其上, 以爲不宜. 今子言是也, 又非也. 今下智過於上者, 乃謂不當. 使下智爲巧僞之法, 其智過其上, 則還欺其上. 子欲樂知其效, 比若敎學, 巧家弟子智過其師, 則還害其師矣. 夫爲人下, 習知猾僞姦道, 則下共還熒惑, 欺其上矣. 是故古者大聖賢不敢妄授敎猾巧僞文道也, 常深念其本而斷其末, 不使愚人知之. 故以猾智知國, 國之大賊也. 故古者聖人, 常務授其眞道, 不授浮華僞相巧弄之法也. 知其爲害大深, 故常閉其兇學, 而務開其吉路, 使民常自謹, 不知爲非.

子欲重知其信, 是故上三皇乃師事臣如父也.[1] 時臣各懷眞道要德, 無巧僞文猾人. 故其時臣智悉過其君, 能爲帝王師, 其敎若父, 故師父事之, 是則道德過其君之則也. 故能使其君安坐垂拱而無憂. 故言十中十, 可輔帝王. 言十中九, 可佐大臣. 言十中八, 可爲小吏. 過此而下, 不足取策. 所言不中, 名爲妄語, 亂誤上者也. 子知之耶. 唯唯. 行, 子欲重知其大效, 到于五帝,[2] 道小衰, 故君臣道德不能復相問. 同門爲朋, 同志爲友, 所知君臣同, 不能復大相高上, 要道祕德, 小塞不通, 故無可師父事, 但朋友事之也. 到于三王,[3] 師授者多妒學, 閉絶眞道奇德, 其弟子日益愚蔽無知, 反多入浮文, 使君治眩亂.[4] 其道德淺薄, 不足父事, 不足友事, 故子事之. 其智少, 故不而爲帝王圖難易. 故使天地大怒, 災變連起, 不可禁絶, 大咎在此. 子知之耶. 唯唯.

行, 子已覺矣, 復爲子重明之. 今五霸其臣悉無眞道德,[5] 皆能作巧僞猾, 所以相欺詐者, 其臣多知邪猾佞僞巧, 所以相驚動惑之道, 或乃過其君. 因而反逆, 子殺其父, 臣殺其君, 下殺其上, 悉懷無義夷狄之心, 人人有巧僞之術, 各有姦心, 無有眞道, 故數反逆. 故事斧鑽,[6] 視臣若死籍. 乃其臣皆懷佞文, 多巧猾, 道不足重, 故視之若畜也, 是明效也. 故古者聖賢應天心, 娉眞道德士仁人, 而放佞僞猾, 以稱皇天之心. 是故吾道悉開吉門, 而閉兇戶, 不敢及猾知可以過其君者也. 子寧曉知之耶. 唯唯. 愼之矣. 太上古之臣多仙壽, 故能使其君壽. 中古臣多知懷道德, 故能使其君常無憂. 下古臣多無眞道而愚, 故多使其君愚甚. 君愚, 其治常亂憒,[7] 不得天心. 霸君之臣盡佞僞, 多猾巧詐, 共熒惑其君, 使其失天正路, 反入兇戶, 故與天爲大怨. 子知之乎. 故其治悉兇, 不得大久. 眞人爲天問事, 宜日謹, 不可但恣意妄言. 言當成法. 言不成經, 不若默也. 擧言不中, 罪深不除. 唯唯. 行去, 子已知矣.

右智賢過其君難解訣之耶. 唯唯. 愼之矣.

역주

1) 是故上三皇乃師事臣如父也(시고상삼황내사사신여부야) : '삼황(三皇)'은 중국 고대전설에 나타난 세 임금, 즉 천황씨(天皇氏), 지황씨(地皇氏), 인황씨(人皇氏) 또는 수인씨, 복희씨, 신농씨 또는 복희씨, 신농씨, 황제 등과 같은 세 임금을 가리킨다는 여러 설이 있다.

2) 到于五帝(도우오제) : '오제(五帝)'는 중국 고대의 다섯 성군, 즉 소호, 전욱, 제곡, 요, 순 또는 황제, 전욱, 제곡, 요, 순 또는 복희, 신농, 황제, 소호, 전욱 등을 가리킨다는 여러 설이 있다.
3) 到于三王(도우삼왕) : '삼왕(三王)'은 중국 고대의 세 임금, 즉 하(夏)의 우왕(禹王), 은(殷)의 탕왕(湯王), 주(周)의 문왕(文王) 또는 무왕(武王)을 일컫는다.
4) 使君洽眩亂(사군흡현란) : '흡(洽)'은 마땅히 '치(治)'가 되어야 한다(『합교』).
5) 今五霸其臣悉無眞道德(금오패기신실무진도덕) : '오패(五霸)'는 중국 춘추(春秋)시대 다섯 사람의 패자를 말하는데, 일반적으로 제(齊)의 환공(桓公)·진(秦)의 문왕(文王)·초(楚)의 장왕(莊王)·오(吳)의 부차(夫差)·월(越)의 구천(句踐)을 말하지만 오와 월을 제외하고 송(宋)의 양공(襄公)·진(秦)의 목왕(穆王)을 더해 말하기도 한다.
6) 故事斧鑽(고사부찬) : '찬(鑽)'은 '질(斧鑕)'의 의미(『정독』)이고, '부찬(斧鑽)'은 중국고대의 병장기의 일종이자 사형도구를 말한다.
7) 其洽常亂憒(기흡상란궤) : '흡(洽)'은 마땅히 '치(治)'가 되어야 한다(『합교』).

제98권

기부(己部)의 13

『태평경초』

제156 신사인수본음우결(神司人守本陰祐訣) : 신은 사람이 근본을 지키는지 감찰하여 은밀하게 돕는다는 비결

해제 '사인수본음우결'에서 사(司)는 곧, '감찰함'을 뜻하고, 음(陰)은 '암암리에'를 뜻한다. 따라서 이 장에서는 신은 사람이 근본을 지키면서 그로부터 벗어나는가 아닌가를 감시하면서 암암리에 도와주는 비결이라는 뜻이다. 이 장에서는 이와 관련해서 다음과 같은 세 가지 문제를 거론하고 있다. 첫째, 스스로 무엇을 어떻게 경계해야 큰 성과를 얻을 수 있을까 하는 것이고, 둘째, 어떻게 학문을 해야만 고관대작이 될 수 있을까 하는 문제이며, 셋째, 재산을 모음에 있어서 무엇을 경계해야 부자가 될 수 있을까 하는 것이다. 이 장에서는 적극적인 측면과 반대의 측면 등 두 측면에서 자세하게 설명하는데, 모든 사람의 몸속에는 무형의 심신(心神)이 있고, 하늘은 바로 그러한 신들을 통해서 사람들의 말과 행동을 감찰하고, 모든 행위들을 감시하여 세속을 떠나 신선이 될 수 있는지 등등을 결정한다는 것이다. 이 때문에 사람들이 참된 도를 기록한 글을 공부하고 마음을 오로지 참된 도에 두며 근본을 잘 지키고 있기만 한다면 결국에는 세속을 초월하고 오래 살 수 있다는 것이다. 이러한 사상은 후대 도교에서 삼시(三尸), 사명신(司命神), 옥황상제(玉皇上帝) 등의 관념으로 발전하는 것이다.

❋

"청컨대, 한 가지 커다란 의심스러운 일을 여쭙고자 합니다."

"좋다. 말해 보라."

"오늘날 천사께서 천도로 통하는 길을 활짝 열어놓고 옛날 도서의 글을 모두 회집하고 교감하시니 참으로 중대한 비밀스러운 도서로 만드셨습니다. 참된 도는 대부분 선하고 그에 관한 글은 신으로 들어가게 합니다. 그러므로 도를 얻은 사람은 신을 볼 수 있고, 어떤 일이든 신과 함께 처리할 수 있습니다. 모든 다스림이 입신의 경지에 이르면 그것은 바로 참된 도를 얻었기 때문입니다. 참된 도는 대부분 어두운 방에서 이루어지고, 어떤 사람은 세속을 넘어서서 신선이 되어 인간 세상을 떠나기도 하고, 어떤 사람은 넘어섰다가 세속으로 되돌아오는 일을 반복하다 결국 세속을 떠나지 못하기도 하며, 어떤 사람은 신을 보기만 하고 죽음에 이를 때까지 신선이 되지 못하기도 합니다. 대체로 세속을 초월한 신선이 되어 인간 세상을 떠나간 사람은 만 명 중에서 한 사람이 채 못 됩니다. 큰 수명을 누리는 사람은 천 명 중에 한 명이 채 못 됩니다. 작은 수명을 얻은 자는 백 명 가운데 한 명이 채 안 됩니다. 타고난 수명을 다 마친 사람은 도처에 널려 있습니다.

대개 천하에서 학문하는 사람들 가운데 높은 관리가 된 사람은 만 명 가운데 한 사람이 채 안 되고, 중급의 관리가 된 사람은 천명 가운데 한 사람이 채 안 되고, 작은 관리가 되는 사람은 백 명 가운데서 한 명이 채 안 됩니다. 농사 짓는 집에서 가업을 경영하여 억만금을 모으는 자는 만 명에 한 사람이 채 안 되고, 천만금을 얻는 자는 천 명에 한 사람이 채 안 되고, 백만금을 얻는 자는 백만 명에 한 사람이 채 안 됩니다. 모든 일이 이와 같은 것 같습니다. 근본을 굳게 지키는 사람은 많지만 진심으로 세속을 떠나고 또 신선이 되거나 부귀를 이룬 사람은 적습니다. 어리석은 소생들은 대단히 우려됩니다. 만약 참된 도를 수련한다면 무엇을 가장 경계해야 장생할 수 있고 신선이 될 수 있는지요? 책을 읽고 학문을 할 때 어떤 점을 가장 주의해야 대관(大官)이 될 수 있는지요? 가업을 경영하여 재산을 모음에 있어 무엇을 가장 경계해야 부자가 될 수 있는지요? 만약 여러 가지 의문들에 대해 천사님께 가르침을 청하는 일을 게을리 한다면 죽을 때까지 어리석음에서 벗어나지 못해 그 길을 알지 못할 것이며, 다시는 분명하게 알지 못할 것입니다. 왜냐하면 그것을 알 수 있는 길이 없기 때문입니다."

"좋도다! 그대 진인들이 의문스럽게 생각하는 것은. 하늘이 그대들을 보내 묻게 하였다. 좋다. 앉거라. 이미 좋은 질문을 했으니, 정과 신을 모아 주의해서 경청하라. 이제 그대들을 위해 하나하나 설명하여 □□로 하여금 분명하게 해 줄 것이다. 그대들은 내가 말한 것을 기억하도록 노력하라."

"예. 예."

"좋다. 후세의 사람들이 나의 도에 관한 글을 얻는다면 바로 득도의 길을 얻어 반드시 참된 도를 배울 것이다. 참된 도는 대부분 신과 교제하고 신도(神道)는 사람들의 언행을 감시하고 사람들이 선을 좋아하는가 아닌가, 사람들이 놀라고 두려워하는가 아닌가 등을 살피는 것을 전문으로 한다. 많은 신들이 사람들 곁에서 분분하게 서로 논쟁하고 평론하여 그 모습은 마치 새떼가 잠시도 쉬지 않고 왔다갔다하는 것과 같다. 신은 때로는 어떤 사람이 세속을 떠나 신선이 될 것을 단언하기도 하고, 때로는 어떤 사람이 크게 부자가 되고 크게 높은 자리에 오를 것이라고 단언하기도 하고, 때로는 어떤 사람이 가난하고 비천하게 될 것이라고 단언하기도 하며, 아니면 다른 사람을 칭송하기도 하고, 때로는 다른 사람을 혹평하기도 하고, 때로는 사람들이 대단히 좋아하도록 하기도 하고, 때로는 사람들이 항상 근심스럽고 고통스럽게 그리고 크게 비통하게 하기도 한다.

신은 바로 아무런 형체도 없이 끝없이 변화하는 존재이다. 사람들은 그들이 있기 때문에 마음을 통일하여 근본적인 것을 굳게 지키면서 바꾸지 않을 수 있고, 다른 사람의 말을 듣지 않을 수 있고, 무릇 일에 대하여 내면으로 생각한 다음 행동하고 다른 사람의 말에 대해서는 입을 닫고 전달하지 않으며, 다른 사람의 근심과 고통과 슬픔과 기쁨에 따라 슬퍼하거나 즐거워하지 않고, 굳은 결심으로 변함없이 근본을 고수하고, 남모르게 다른 사람과 만물을 돕는 데 노력하면서 해를 끼치려 하지 않는다. 살아 있는 동안에 일단 참된 도를 얻으면, 항상 가장 착한 일을 할 수 있고, 이익을 추구하느라 상해를 입히지 않는다. 도를 구하는 일과 선행은 늙어 죽어서야 그치는 것이다. 감히 게으름을 피워서는 안 된다. 이렇게 해서 만인이 모두 수련을 하여 신선이 될 수 있는데, 기껏해야 한 사람 정도만 성공하지 못하며, 만인이 모두 크게 길하고 크게 이롭게 되는데, 고작해야 한 사람 정도만 흉하게 된다. 이와 같이 되면 뭇 신들은 모두 한층 더 사람들을 도와 사람들이 날마다 선을 행하기를 즐겁게 여기고, 더 이상 사악한 일을 할 줄 모르도록 한다. 진인들은 알겠는가?"

"예. 예."

"좋다. 그대들은 이미 깨달았다. 나는 그대들에게 혼란과 패망함에 관하여 말하겠다. 사람이 도를 닦음에 마음을 하나로 모으지 않으면, 기쁨의 감정을 일으키기 쉽고 분노의 감정을 일으키기 쉽고 놀라기 쉽고 미혹에 빠지기 쉽다. 또 말을 함부로 하는 것과 명석하게 판단하고 변론하면서 지혜를 과시하는 것 등을 예사로 여기고, 자주 선악을 담론하는 것을 거리끼지 않고 사사건건 참지 못하고 말하고 싶어한다. 이렇게 되면 뭇 신들이 그를 속일 것이다. 어떤 소인은 다른 사람의 요사스러운 말에 걸려들어 죽게 될 것이다. 어떤 사람은 계속해서 언쟁을 벌이면서 마구 헛소리를 지껄이고, 어떤 사람은 귀신을 보고 놀라 결국에는 그런 것들로 인해 정신병에 걸릴 것이다.

마음을 하나로 모으지 못하면 사람들의 기뻐함과 노함의 감정 변화가 일정하지 않고, 행동에 절도를 잃으며 생각이 흐리멍덩해져 계획성이 없어진다. 어떤 사람은 심지어는 이런 것들로 인해 현명한 친구와 좋은 보필자를 잃어 결국에는 멸망의 위기에 빠지고 만다. 이러한 상황이 생기게 된 커다란 잘못은 사람들이 서로 사랑과 이익을 함께 하지 못하는 데 있다. 윗사람이 아랫사람의 이익을 생각해주지 못하고, 사악한 신을 따르면서 도리어 아랫사람에게 해를 끼친다면 현명하고 유능한 사람들이 그들을 떠나가게 만드는 것으로 현명하고 유능한 사람이 돕게 됨을 잃고 만다. 아래 백성들은 자신들의 상전을 존경하지 않고 도리어 사악한 신의 거짓된 행동과 요사스럽고 거짓된 말을 믿는데, 이것이 바로 그들의 수련이 성공하지 못하는 원인이고, 재앙을 얻게 되는 통로이다. 나는 미리 그런 것들을 모조리 기록할 수 없다.

대저 사람들이 마음을 단단히 하나로 하지 못하면 다른 사람의 음해를 받기 쉽고, 때때로는 일을 도모함에 있어 불길하게 하며, 하는 일마다 크게 해롭고 재난을 만나게 되는데, 그것은 말로는 다할 수 없을 정도로 과오를 쌓은 것이 많기 때문이다. 진인들에게 개략적인 것만을 말하여 그대들로 하여금 대체적인 상황을 알게 하고, 현명한 사람들로 하여금 나의 참된 도에 관한 글을 깊이 있게 읽도록 하려고 한다. 스스로 세밀하고 상세하게 생각하는 자는 반드시 그 속에 담긴 이치를 깨달을 것이다. 진인들은 아직도 깨닫지 못하겠느냐?"

"예. 예."

"그렇다. 그대들은 이미 크게 깨달았다. 내 글의 내용을 잘 지켜 경계로 삼고, 그것을 실천하면 만세토록 흉한 해가 없을 것이며, 진실로 □□할 것이다. 그러므로 후세의 사람들이 나의 글을 읽을 때 처음부터 끝까지 읽어 그 속의 중요한 의미들을 다 파악하고 그대로 실천하여 만에 하나라도 실수함이 없어야 한다. 잘 지켜나가고 포기하지 않으면 반드시 참된 도를 다할 수 있을 것이다. 마음을 하나로 하고 뜻을 선한 데 두고 있으면 신과 소통할 수 있다. 그런데 사악한 마음을 품고 뜻을 악함에 둔다면 반드시 도를 잃을 것이다. 대인이 그것을 자세히 듣지 않으면 올바른 지위를 잃고, 소인이 그것을 자세히 듣지 않으면 요사스러운 무리들과 결탁한다. 이것들은 모두 지금 내 몸이 가지고 있는 재앙으로서 크게 경계하고 삼가지 않으면 안 되는 것들이다. 대저 사람들에게 닥친 모든 잘못은 자기 자신으로 말미암아 초래된다. 재앙과 변고는 가깝게는 가슴속 마음에서 나오는 것이지 다른 사람에게서 오는 것이 아니다. 진인들은 알겠는가?"

"예, 예. 두렵습니다. 두렵습니다."

"그대들이 두려움을 알았다면 이미 참된 도를 얻고 그 경지에 들어선 것이다."

"어리석은 소생들은 이미 크게 깨달았습니다. 현명한 사람이라면 이것을 법도로 받들어 행할 것입니다. 일이 이루어지면 오랜 동안 상서로움의 문으로 들어갈 수 있고, 재앙의 문을 피할 수 있을 것입니다. 삶과 죽음의 길을 오래도록 밝게 구별할 수 있을 것입니다. 이에 따라 행동하면 재앙과 사악함은 날로 멀어지고 길함이 도래할 것입니다."

"그렇다. 그대들은 이미 깨달았다. □□ 더 이상 그대들에게 타이를 필요가 없구나."

"예. 예."

"좋다. 그대들을 위해 학습을 통해 높은 관직에 오를 수 있는 비결을 말하겠다. 대개 사람들이 학문을 할 때는 의심되는 점을 해결하는 것을 목적으로 삼는다. 학문에 들어선 뒤로는 마음을 하나로 집중하여 항상 다른 사람을 이롭게 하고 사랑하며 거짓말을 하지 않으려고 하며, 어려서부터 배움을 시작하여 죽을 때까지 그치지 말아야 한다. 이러한 사람은 모두 관직 얻기를 결코 즐기지 않고 그저 스스로 공부하는 것을 좋아하며, 참된 도를 얻는 데 힘쓰면서 선행을 쌓아가면서 그치지 않고, 훌륭한 명성을 남긴다. 참된 도가 이루어지면 고금의 재난이 생긴 원인을 깊이 알 수 있다. 그들의 행실과 학문은 위로는 통치자를 돕고 아래로는 백성들을 이롭게 하며 선행과 명성을 쌓아 덮어둘 수 없을 정도가 되어 결국 명성이 사방 멀리까지 드날린다. 현명한 군왕은 이러한 인재를 좋아하여 사람을 파견하여 인재를 찾아 관리로 등용하며, 백성들은 모두 좋다고 말하고 모두 큰 경사라고 말하며, 또 그 사람이야말로 그 자리에 꼭 맞는 사람이라고 말한다. 그의 곁에 있는 사람도 그를 위해 대단히 기뻐한다. 이것이 바로 선한 사람이 학문을 통해 세속을 넘어서는 방법이다. 진인들은 알겠는가?"

"예. 예."

請問一大疑事. 行言之. 今天師廣開天道之路, 悉拘校古者道書之文, 以爲眞要祕道. 眞道者多善, 其文乃入神, 故能睹神, 與神爲治. 所治若神入神, 則眞道也. 乃多成於幽室, 或有使度於室中而去者, 或有一出一入未能去者, 或有但見神而終古不去者. 夫度去者, 萬未有一人. 大壽者, 千未有一人也. 小壽者, 百未有一人也. 竟其天年者, 比是也. 凡天下之人學問也, 萬未一人得上官也, 千未一人得中官也, 百未一人得小官也, 其於佃家活生,[1] 萬未一人得億萬也, 千未一人得千萬也, 百未一人得百萬也. 凡事者皆如此矣. 故其本者衆多, 其度世及富貴者少也. 愚生甚憂之. 今爲道, 當以何爲大戒而得長成乎. 學問當以何爲大戒而得到大官乎. 治生聚財當以何爲大戒而得致富乎. 今不及天師力問諸疑, 恐終古蒙昧, 不復開通, 無以得知之也. 善哉善哉. 諸眞人問疑事也, 天使子來問之. 諾. 安坐, 善問身聽, 今爲眞人悉道之, 使□□可知, 自隨而力記之. 唯唯.

行, 後世得吾文, 爲其廣開眞道之路, 必且俱學眞道. 夫眞道而多與神交際, 神道專以司人爲事, 親人且喜善與不,[2] 視人且驚駭與不, 俱爭語言於人旁, 狀若群鳥相與往來, 無有窮極. 或言人且度去, 或言人且富而貴, 或言人且貧而賤, 或譽旁人, 或毁旁人, 或使人大悅喜, 或使人常苦大忿. 夫神, 乃無形象變化無窮極之物也. 人爲之能專心自守, 能不聽其言, 考心乃行, 閉口不傳其言, 又不隨爲其愁怒喜, 固固堅守本不移, 務陰利祐人及凡物, 不欲爲害. 以年一知道之後,[3] 常爲上善, 務利而不害傷, 求道爲善, 到年窮乃止, 爲是不敢懈怠, 萬萬度世一不耳, 萬得大吉一凶耳. 如此則群神轉共祐助人也, 使人日樂善, 不知復爲邪惡也. 眞人知之耶. 唯唯.

行, 子已知矣. 行爲眞人道其且亂敗者. 人用心意不專純, 又易喜易怒, 易驚易惑, 又易事輕口淸辯慧, 常欲語善惡, 無可能隱匿. 遭者欲言, 不能自禁止. 於其如是, 則群神共來欺之. 或之小人, 則且上入祆言而死也. 或數爭辯口而妄言也, 或爲鬼神所驚, 因而病狂也. 大用心意, 不專一人, 怒喜無常, 擧事失正, 惚恍無方, 或以是失其賢友善輔也, 因以危亡. 是者大咎在不愛利, 爲上則不欲利其下, 聽邪神, 反欲害之. 故賢者使去, 反失其賢輔用. 其於小人也, 不欲尊重其上, 反聽邪神詐僞, 祆言妄語, 是卽爲道不成, 所以得凶之門戶也, 吾不能豫勝記之也. 凡人用心, 不能專堅密者易營, 或皆擧事不吉, 所爲多害得凶, 其過失積衆多, 不可盡言. 但爲眞人擧道其大綱, 見其端首, 使賢明深見吾文, 自精詳隨而察之, 必已知矣. 眞人寧曉不耶. 唯唯. 行, 子已大覺矣. 守吾文以爲深戒, 以爲行者萬世可無凶害, 誠□□. 故後世讀吾文書, 從上到下, 盡睹其要意義而行者, 萬不失一也. 守之不置, 自然畢也. 專心善意, 乃與神交結也. 邪心惡意, 道必失也. 大人不精聽耶, 或失其正位, 小人不精聽耶, 與祆結也. 此悉成身之害, 不可不大戒愼也. 凡人擧事有過, 皆自身得之也. 夫禍變近從胸心中出, 不以他所來也. 眞人知耶. 唯唯. 可駭哉. 可駭哉. 子知懼駭, 於是可謂已得入眞道矣. 愚生已大覺矣, 賢儀此以爲行. 成事, 得長入吉門, 辟凶戶矣. 死生之路, 可長睹矣. 案此爲行, 凶耶日遠去, 吉者來矣. 然子已知之矣, □□不復重戒子也. 唯唯. 行, 爲子道學而得大官者決意. 凡人學問也, 今日入學門, 用心專一, 常欲祐利愛而不妄語, 年少而學至老窮無復知乃止, 不樂得官也. 但身好學, 務欲得知經道, 積爲善而不止, 行名立, 經道成, 深知古今災變所從起. 其行與學, 有益於上, 有利於下, 爲善積聞, 不可闔閉, 名聞四遠. 明王好之, 因而徵索召取,[4] 百姓俱言善哉, 俱言大吉, 是其人也, 旁人爲其說喜. 是者卽其善人學而度世者也. 眞人知之耶. 唯唯.

역주

1) 佃家活生(전가활생) : 농사 짓는 집에서 가업을 경영하다. 전(佃)은 농사 짓는 것을 뜻한다. 활(活)자는 아마도 다스린다는 의미의 치(治)자의 잘못인 것 같다. 아래 글 가운데 "치생취재(治生聚財)"라는 것이 그 증거가 될 수 있다. 치생(治生)은 가업을 경영하는 것을 말한다.

2) 親人且喜善與不(친인차희선여불) : 사람들이 선을 좋아하는가 아닌가를 감시하다. 친(親)은 감시하다는 의미를 가진 시(視)자의 잘못이다. 아래 글에 나오는 "시인차경해여불(視人且驚駭與不)"과 대구를 이루는 것으로 보아야 한다. 불(不)은 부(否)의 의미로 쓰였다. 이 구절을 전후하여 "親人且喜善與不, 視人且驚駭與不, 俱爭語言於人旁"을 "親人且喜善, 與不視人, 且驚駭, 與不俱爭, 語言於人旁"으로 끊어 읽는 독법이 있는데, 그다지 순조롭지 못하다.

3) 年一知道(연일지도) : 살아 있는 동안에 일단 참된 도를 얻으면. 연(年)은 살아 있는 동안을 뜻하고, 일(一)은 일단(一旦)의 의미로서 가정을 나타낸다.

4) 徵索召取(징색소취) : 사람을 파견하여 인재를 찾아내서 관리로 등용하다. 한 무제 때 치세의 재능이 있으면서도 벼슬하기를 꺼리는 사람들에 대하여 황제는 친히 만나보고 그들에게 관직을 수여하였는데, 그것을 징소(徵召)라고 한다. 이 구절은 같은 참된 도를 익혀

대덕을 갖춘, 성품이나 학식이 우수한 인재를 징소할 것을 주장하는 것이다.

제157 위도패성계(爲道敗成戒) : 도를 실천하여 이루고 못 이루는 계

해제 이 장에서는 수행을 했어도 세속을 넘어서서 신선이 되지 못하는 세 가지 상황에 대하여 설명하고 있다. 첫째는 비록 도를 배우더라도 즐거운 마음으로 참된 도를 얻어 신선이 되고자 하지 않고, 그저 박학다식한 것으로 성인(聖人)을 난처하게 하려고 하는 것이다. 둘째는 비록 도를 배우더라도 도를 실천하고 선을 행하는 데서 즐거움을 찾지 않고 도리어 겉으로만 번지르르한 거짓된 문장으로 남을 속이는 것을 좋아하는 것이다. 셋째는 비록 이미 참된 도를 배워서 알고 있기는 하지만, "전념하지 못하고" 자주 함부로 지껄이면서 다른 사람과 논쟁하기를 좋아하고 윗사람을 존중하지 않을 뿐만 아니라 아랫사람을 사랑하지도 않는 것이다. 수행을 통해 도를 얻지 못한 자는 제왕을 보좌하는 신하가 되지 못할 뿐만 아니라 재물을 모아 부자가 될 수도 없다. 이 장은 "비록 그렇기는 하지만 진인들이든 보통사람이든 세속을 넘어가는가 또는 넘어가지 못하는가는 선천적인 데 있는 것이 아니라 후천적인 수행에 달려 있고, 그것들은 모두 스스로를 사랑하지 않고 함부로 말을 하는 데서 말미암는다"는 것을 강조한다. 그것은 후천적 수행 여하에 따라 참된 도를 얻어 세속을 넘어갈 수 있는가 아닌가가 관건이라고도 할 수 있다. 수도자는 마땅히 전념하여 입을 닫고 함부로 말하지 말아야 한다.

"좋다. 그대들을 위해 참된 도에 대하여 다시 말하겠다. 수도하는 사람들 가운데 세속을 넘어서지 못한 사람은 아마도 배움의 문에 들어서기는 했지만, 기꺼이 참된 도와 좋은 말을 얻으려 하지 않고 그저 많이 듣고 보아서 성인을 난처한 지경에 몰아넣을 수 있다고 생각하는 것 같다. 그들은 또 선행을 즐겨 하지 않고 오히려 겉만 번지르한 글을 좋아하면서 서로를 속이는 자들이다. 어떤 이는 이미 참된 도에 들어갔으면서도 더 이상 심혈을 기울여 전념하지 않고 항상 거짓말을 하며 입으로 논쟁하면서 사람들에게 손해를 끼치는 것을 업으로 삼으며, 윗사람을 존중하지 않고 아랫사람을 사랑하지도 않는다. 그들의 행실은 참된 도와는 실제로 서로 배치되는 것으로서 제왕을 보좌하는 좋은 신하가 되기에는 부족하다. 이런 사람이 만약 거꾸로 높은 관직에 오른다면, 다른 사람들은 그에게 뇌물을 주고 고급 관직을 사고자 하고 널리 명예만을 쫓고자 할 것이다. 이 때문에 천하의 재물을 훔치고 빼앗고, 공공의 것을 덜어다가 사적인 것을 살찌우며 윗사람을 속이고 아랫사람을 매수한다. 이것이 바로 기강을 어지럽히고 조정을 무너뜨리는 것으로서, 천지에게는 커다란 해가 되고, 나라에게는 간적이 되며, 백성에게는 호랑이가 되고, 부모에게는 악한 자식이 된다.

하늘은 그런 사람을 미워하고 귀신은 그런 사람을 싫어한다. 그러므로 그들 가운데 죄상이 드러난 자는 곧 시시각각 제왕에 의해 주살당하는데, 그것은 하늘의 뜻에 응하여 백성들의 대재앙을 없애려는 것이다. 이러한 자들은 바로 잔재주를 피워 남을 속여 관직을 얻는 자들이다. 어떤 사람은 심혈을 기울여 전념하지 않고 실제로 참된 도의 힘이나 품행은 없고, 오히려 오로지 관직만을 얻으려는 마음만 있다. 관직이란 곧 하늘의 뭇별과 같이 덕이 있고 공이 있는 사람에게 주는 것이지, 아무런 공도 없는 사람에게 주어지는 것이 아니다. 아무런 공덕도 없는 사람은 천지가 무시하고 신령이 좋아하지 않는다. 가장 어리석은 사람은 자기의 죄과를 심각하게 반성하지 못하고 도리어 관직을 얻으려는 망상을 그치지 않는다. 그로 인해 사악한 귀신들이 그의 마음을 차지하여 그 사람에게 말을 함부로 하게 하는데, 요망한 말은 뭇사람들을 속이고 그 스스로도 막을 수 없다. 때로는 사악한 말을 하여 죽음을 맞는다는 것은 이를 두고 하는 말이다. 다만 도를 실천한다고 하나 그 뜻을 얻지 못하면 흉한 것이다.

진인들은 노력하고 있고, 다행스럽게도 선을 행하려는 의지가 있으며, 항상 남을 사랑하고 이롭게 하기를 좋아하니, 이미 세속을 넘어선 것이다. 비록 그렇기는 하지만 진인들이건 보통사람이든 세속을 넘어서는가 넘어서지 못하는가는 선천적인 데 있는 것이 아니라 모두 태어난 뒤의 수행에 달려 있다. 넘어서지 못하는 것은 모두 스스로를 사랑하지 않고 자기 자신을 소홀히 함에서 말미암는다. 스스로 장차 세속을 넘어설 것이라고 하더라도 도중에 잘못을 저지르면 도리어 세속을 넘어서지 못한다. 그러므로 내가 오늘 말하기를 멈추지 않는 것은 진인들이 그렇게 만들었기 때문이다. 지금 나는 말을 그만 두고 싶지만, 진인들의 원성을 들을까 두려워서 그치지 못하는 것이다. 그대들이 원한을 품으면 위로 하늘에까지 알려져 하늘은 도리어 내게 재앙을 내릴 것이다. 그러므로 내 맘대로 말하기를 멈출 수 없다. 그대들은 알겠는가?"

"예. 예."

"좋다. 대개 사람들이 흉악한 재난을 당하는 것은 모두 이와 같다. 도의 의미에 대하여 항상 분명하게 깨닫지 못하고, 참된 도에 부합하지 못하게 행동하기 때문에 그러한 잘못을 저지르는 것이다. 그대들은 이미 하늘에 공을 세웠지만, 더욱더 노력해야 하느니."

"예. 저희들은 감히 학을 통하여 도의 경지에 올라가기를 스스로 행할 수 없습니다."

"좋다. 그대들은 이미 스스로 세상을 넘어가는 방법을 깨달았다. 나는 더 이상 말해줄 게 없다. 좋다. 진인들을 위해 다시 자세하게 설명해 주겠다. 집을 다스리고 재산을 모으기를 좋아하여 부귀를 얻은 사람들은 젊어서는 계획을 세워 노력하였고, 나이가 조금 들어서는 진지하게 고민하고 일을 하여 힘이 다하고 나서야 멈추었고 선을 선양하고 악을 피하였으며, 항상 선을 행하는 것을 마음속으로 즐거워하였고, 임금을 두려워하면서 존경하였다. 의심이 가는 모든 것에 대해서는 신중하게 경계하였고, 함부로 행동하지 않았으며, 아래의 백성들을 사랑하면서 남을 해치지 않았고 왕이 정한 법을 거스르지 않았고, 사악한 예에 따라 먹고 마시는 것을 즐기지 않았다. 대개의 급박하지 않는 일은 참여하지 않고, 지각이 있는 한 이를 실천하고, 늙어 지각이 없어지고 나서야 그만둔다. 이렇게 하면 가득 찬 것이라도 비어 있는 듯하여 입으로는 함부로 말하지 않고, 따라서 진귀한 물건을 가져다 축적할 수 있고, 그로 인해 성공한 사람이 될 수 있다. 현명한 사람과 어리석은 사람은 마음 쓰는 것이 서로 다르다. 어떤 착하지 못한 사람은 윗사람을 우습게 알고 아랫사람을 해치며, 사악한 예속에 따라 시급하지 않은 일을 행하기를 좋아하고, 걸핏하면 사람 많은 공공장소에 가서 함부로 입을 놀려 지껄이면서 다른 사람이 비난하는 것은 참지 못한다고 말한다. 이런 사람이 바로 재앙과 멸망을 초래하는 사람으로서 도를 실천하는 사람이 아니다. 진인들은 알겠는가?"

"예. 예."

"그러므로 도를 실천할 때는 그대들의 마음을 오로지하고, 그대들의 입을 닫고 함부로 말하지 말라. 옛 성현은 천법을 분명하게 보았기 때문에 도를 실천하고 덕을 지킬 수 있었던 것이다. 하늘은 맡은 일에 전일하면서 밤낮으로 도를 행하되 말을 하지 않기 때문에 유독 상서로울 수 있는 것이다. 땅은 주야로 도를 행하되 말하지 않고 만물을 사랑하고 길러주기 때문에 유독 오랫동안 평안할 수 있는 것이다. 네 계절은 홀로 도를 행하여 밤낮으로 그침이 없기 때문에 항상 변함없고 유독 왕성하여 그침이 없는 것이다. 해와 달과 별 삼광(三光)은 홀로 참된 도를 실천하되 말하지 않기 때문에 항상 밝고 하늘의 운행을 따르는 것이다. 오행은 홀로 참된 도를 행하되 말을 하지 않기 때문에 천지와 더불어 항상 그러하게 된다. 대저 천하에서 도를 행하는 것은 모두 이와 같기 때문에 이루 다 쓸 수 없다.

그러므로 다른 사람을 사랑하고 이롭게 하면서 입으로는 함부로 말하지 않을 수 있다면, 도를 얻을 수 있을 것이다. 일을 경솔하게 처리하고, 내 글의 말과 위배되는 자는 □□가 되어 도의 징벌을 받을 것이니, 만에 하나라도 실수하지 않도록 해야 할 것이다. 진인들이 먼 곳에서 찾아와 물었기 때문에 그대들에게 이와 같이 경계의 말을 해주는 것이다. 나의 책을 얻어 그것을 생각하고 또 생각해 보라. 나는 그대들의 기대를 저버리지 않을 것이다. 나는 하늘을 대신하여 말하는데, 이는 최고의 덕을 가진 군주를 훈계하기 위함이다. 하늘은 유덕한 군주를 승인하고, 유덕한 군주는 분명히 도를 좋아하며, 백성은 유덕한 군주를 본받아 도를 행함에 모두 나의 글을 거울로 삼아야 할 것이다. 그렇게 되면 길상을 얻게 되고 재앙은 멀어질 것이다. 이 책을 세상에 내놓는 것은 어리석은 사람을 훈계하기 위한 것이다. 그대들은 숨겨놓고 전하지 않는 일이 없어야 할 것이다."

"예. 예."

"떠나거라. 방금 말한 훈계의 말들은 겉으로 보기에는 사소한 것 같지만 실제로는 큰 의미를 가진 것이며, 겉으로는 천박한 것 같지만 실제로는 깊은 의미를 가진 것이다."

"무슨 뜻입니까?"

"겉으로 드러난 말만 읽을 때는 사소한 것 같지만, 훈계하는 내용은 도리어 크다. 그 말만 읽을 때는 세속의 변사들이 말하는 것과 비슷해 보여 마치 천박하여 널리 전파하기 부족한 것 같다. 사람을 훈계하여 사람을 완성시키는 점에서 볼 때는 깊다. 그러므로 내가 진인들에게 말한 도는 끝없는 곳까지 넓힐 수 있고, 극히 세밀한 곳까지 축소할 수 있으며, 높기로는 최상층에 이르며, 낮기로는 최하층에까지 이른다. 그러므로 위로는 신인에 이르고 아래로는 노비에까지 이른다. 그와 같이 될 수 있는 까닭은 대인으로 하여금 그렇게 행하도록 하고 싶을 때도 그 말로 충분하고, 소인으로 하여금 그렇게 행하도록 하고 싶을 때도 그 말로 역시 충분하며, 성현으로 하여금 그렇게 행하도록 하고 싶을 때도 그 말로 충분하고, 백성들로 하여금 그렇게 행하도록 하고 싶을 때도 역시 그 말로 충분하기 때문이다."

"왜 그렇습니까? 그 까닭을 듣고 싶습니다."

"좋다! 그대들의 어려운 물음은. 뜻을 얻었도다. 나는 태평의 군주를 위해 경전을 만들고 있다. 태평의 군주가 다스리는 나라는 마땅히 하늘을 본받아야 하는 것이다. 몇몇 작은 나라들처럼 그저 한쪽만을 보호하는 통치를 해서는 안 된다. 그러므로 하늘은 상과 법을 미리 보여주었는데, 존귀하기로는 위가 없을 정도이고 비천하기로는 아래가 없을 정도이고, 크기로는 밖이 없을 정도이고 작기로는 안이 없을 정도이며, 만 이천의 사물을 감싸 안아 기르며 선악이나 대소를 가리지 않고 모두에게 도움을 주며, 그것들에게 원기를 부여하여 태어나게 하고, 영원히 그것들에게 상해를 입게 하지 않는다. 그러므로 하늘이 될 수 있는 것을 가장 신성하다고 하고, 위가 없는 군주(無上之君)로 높여진다. 현재 태평의 기가 강림하여 유덕한 군주가 나라를 다스리면 마땅히 이 법을 따라야만 한다. 이로써 내가 도를 설명할 때 한 번은 높은 것을 한 번은 낮은 것을, 그리고 한 번은 가라앉은 것을 한 번은 떠오르는 것을 예로 들었다. 이는 뭇 현인들이 모두 함께 그것을 고찰하기를 바랐기 때문이다. 그러므로 동남쪽은 대지의 문이고, 그것이 하늘에 닿을 듯 넘실대는 커다란 바다를 가지고 있는 것은 졸졸 흐르는 작은 개울을 거부한 결과 그렇게 된 것이다. 선한 사람이나 악한 사람, 대인이나 소인, 지위가 높은 자나 낮은 자 등은 모두 이 참된 도에 귀의한다. 진인들은 알겠는가?"

"예. 예."

"좋다. 다시 말하고 싶지만 한도끝도 없을 것 같아, 더욱 번잡해져 이해하기 어렵게 될 터이니 잠시 여기서 일단락 짓도록 하자. 그대들은 돌아가서 마음속으로 깊이 생각하라. 도를 배우면서 그 핵심을 얻지 못하면 남쪽을 가르쳐 줘도 오히려 북쪽을 향해 가게 될 터이다. 그런 식으로 마음을 쓴다면 죽어도 참된 도를 얻지 못할 것이다."

"천사님께서 말씀하신 것을 감히 실천하지 않을 수 없습니다."

"그대들은 이미 환하게 깨달았다."

이상은 학생에 대한 경계, 삶의 영위, 성공하는 것과 성공하지 못하는 것, 길흉이 어디로부터 발생하는지 등에 대한 자료를 모으고 분별하여 말한 것이다.

行, 復爲子說道. 其不度者, 意今日入學門, 不樂思得眞道善說. 但欲博聞多睹, 可以行窮極聖人者. 又不樂推行作善, 反好浮華之文, 可以相欺僞者. 或旣得入經道, 又用心不專一, 常欲妄語, 辯於口辭, 以害人爲職, 不尊重上, 不利愛下. 其行與經道實空虛, 未足以爲帝王之良臣, 反行守長者. 旁人以財貨自助, 欲得大官, 以起名譽, 因而盜採財利, 以公趣私, 背上利下, 是卽亂敗正治, 天地之害, 國家之賊也. 民之虎狼, 父母之惡子也, 天地憎之, 鬼神惡之. 故其罪泄見者, 時時見誅於帝王, 以稱天心, 以解民之大害也. 是其工欺而得官者也. 或有用心不專, 實空虛無眞守, 反積常思欲得官. 官者, 乃天之列宿之官也,[1] 以封有德賞有功也, 不以妄予無功之人也. 無功之人, 天地所忽, 神靈所不好愛也. 下愚不能深自知惡, 反妄思得天官而不止, 邪鬼物因而共下其心, 使其妄語, 因而妖言, 不而自禁止也. 故時有邪言而死者, 此之謂也. 非獨爲道, 不得其意, 則凶也. 凡人爲行, 不欲樂善, 爲悉凶也. 眞人努力, 子幸有善意, 常欲愛利爲事, 已度矣. 雖然, 眞人凡人, 且度不度, 不在於前也, 其失皆在於後, 皆由不自愛, 自易. 自言且度, 反中有過而不度也. 故吾今說而不得中止者, 乃眞人使吾說不得止也. 今欲中閉說而自易不言, 恐恨眞人. 眞人恨則上視天, 反且使天害吾, 故吾言不敢道, 自易閉學而中止也. 子知之耶. 唯唯. 行,凡人之得害如此矣. 常得於未解, 不與本相應, 故失之也. 子旣有大功於天, 努力努力. 唯唯. 不敢自易業學而道上也.

行, 子已知自度之術矣, 吾無以加之也. 行, 復爲眞人具說, 其人樂治家畜財, 得富貴者, 年少力能布作, 而長思爲事, 力盡因乃止, 能揚善隱惡, 常用心樂爲善, 慄慄思尊上. 凡疑悉愼戒之, 不敢妄爲, 又愛下不欲害人, 不枉王法, 不樂隨邪禮相隨飮食也. 凡不急之事, 不敢與焉, 有知而爲此行, 到老無知乃已. 雖實若虛, 口不輕語, 故能致珍物畜積, 因以成人也. 夫人賢不肖, 用意各異. 或有不善之人, 輕上害下, 好從邪禮不急之行, 數到市道, 用口妄語, 不能忍非, 卽凶亂危亡之人也, 非爲道也. 子知之耶. 唯唯. 是故夫爲道者, 專汝心, 閉汝口, 毋妄言也. 是故古者聖賢睹天法明, 故能行道守德也. 天乃專一, 晝夜行道而不言, 故能獨吉也. 地乃晝夜行道而不言, 愛養萬物, 故能長獨安也. 四時乃獨行道, 晝夜不止, 故能常獨興王而不止也. 三光乃獨行眞道而不言, 故能常明, 隨天運行也. 五行乃獨行眞道而不言, 故能與天地爲常也. 凡天下之爲道行者, 象此不可勝書也. 故能愛利口, 不妄言, 則道可得也. 欲輕忽事, 反吾文言者, 成□□爲道所賊, 萬不失一也. 眞人旣遠來問疑, 故以戒子也. 得書思之惟之, 吾不負子也, 吾乃爲天談, 以戒上德之君. 夫德君天與之, 必且好道, 百姓且象其君而爲之, 皆以此文爲大戒, 則可得吉而遠凶也. 出此之書, 以戒下愚, 愼毋藏之. 唯唯.

行去. 此說戒乃若小而反大, 若薄而反厚. 何謂也. 然, 念其辭言也若小耳, 其戒反大也. 念其言, 若類似俗辯士所爲也, 則似薄不足傳也. 念其戒人成人則厚矣. 故念吾爲眞人作道, 其大也則洞至無表, 其小也則洞達無裏, 尊則極其上, 卑則極其下. 故上及神人, 下及奴婢. 所以然者, 欲使大人爲之亦言足, 小人爲之亦言足, 賢聖爲之亦言足, 百姓爲之亦言足. 何也. 願聞其意. 善哉. 子之難也, 得其意. 然吾乃爲太平之君作經. 夫太平之君治, 乃當象天爲法, 不可若小國, 但長於一界也. 是故天之爲象法也, 乃尊無上, 反卑無下, 大無外, 反小無內, 包養萬二千物, 善惡大小, 皆利祐之, 授以元氣而生之, 終之不害傷也. 故能爲天, 最稱神也, 最名無上之君也. 今上皇氣至, 德君治, 當象此爲法. 故吾道一高一下, 一沈一浮, 欲使衆賢共察之也. 是故東南地戶,[2] 乃有柱天之水, 不逆小流之力也. 善惡大小皆歸之. 眞人知之耶. 唯唯. 行, 欲復說辭無極, 爲其大文, 且小止息, 各歸思之於胸臆. 作道不得其意, 示之以南反問北. 用心如此, 則終古所學不得也. 不敢不行, 子已曉矣.

右集難道戒學治生成與不成吉凶何所起訣.

역주

1) 天之列宿之官也(천지열숙지관야) : 하늘의 뭇별들이 가지고 있는 관직. 즉 관직은 하늘의 뭇별과 같이 덕이 있고 공이 있는 사람에게 가져다주는 것임을 지적한 것이다. 고대에는 별을 관측하여 뭇별들에게 백관의 명칭을 부여하였다. 이 점과 관련하여 『사기』「천관서」에 대한 사마정의 색은에는 "천문에는 오관이 있다. 관은 성관(星官)이다. 성좌에는 높고 낮음이 있는데, 그것은 마치 사람이 사는 세사의 관청에 서열이 있는 것과 같다. 그러므로 천관(天官)이라고 부른다(天文有五官. 官者, 星官也. 星座有尊卑, 若人之官曹列位, 故曰天官)"라고 기록되어 있다.

2) 東南地戶(동남지호) : 동남이 지호이다. 지호(地戶)는 대지의 문호를 말한다. 『태평경』 제65권 「단금병법(斷金兵法)」에서 "문호는 천기와 지기가 발생하기 시작하고 만물이 나타났다 사라지는 곳이다.

따라서 동남쪽은 양기가 극한에 도달하는 자리이고, 양이 극에 이르면 음이 발생한다. 따라서 동남이 지호(地戶 : 대지의 문호)가 된다(門戶者, 迺天地氣所以初生, 凡物所出入也. 是故東南, 極陽也, 極陽而生陰, 故東南爲地戶也)"라고 한 것 참조.

제158 핵문수장결(核文壽長訣) : 핵심되는 글이 수명을 연장한다는 비결

해제 이 장의 본문은 바로 도에 관한 문서가 번잡하여 진위를 구별하기 어려운 상황에서 어떻게 진위를 판별할 것인가 하는 점을 다음과 같이 대단히 간결하고 명쾌하게 정리하고 있다. 사람의 수명을 늘리고, 인명에 도움을 주고, 사람의 몸을 편안하게 할 수 있는 것(能增人壽, 益人命, 安人身者)"만이 진정한 도에 대한 글이고 그 밖의 것들은 모두 사악한 글이라는 것이다. 이 장에서는 또 바람직한 제왕의 통치는 도교교리를 따라야 한다고 주장한다. 곧 제왕의 통치는 도가서를 운용해야만 비로소 천하의 태평을 달성할 수 있고, 그러므로 도가의 글과 사람들이 암송을 통해 전해오는 것들과 성현의 글 등을 널리 수집하고 교감하여야 하며, 다른 한편으로 천하의 현인들로 하여금 그 내용을 완전히 통달하도록 해야 한다는 것이다.

"청컨대, 한 가지 의심되는 일을 여쭙고자 합니다."

"말하라."

"지금 천사님께 여쭙고자 하는 것은 글의 비결에 관한 것입니다. 사람들이 실제로 함께 일하여도 오래토록 싫증나지 않는 비결이 있는지요?”

“그렇다. 그대들은 많은 글 중에서 고명하고 뛰어난 것을 검증하고 싶은 것인가? 좋다. 편하게 앉거라. 내가 신인들에게 말하겠다. 글이 억만 권이 쌓여 있더라도 만약 수명을 늘릴 수 없다면 사람의 심신과 생명에 무슨 도움이 될 것인가? 방마다 글을 가득 채워놓더라도 군주가 천하를 다스리고 군왕을 안락하게 할 수 없다면, 군주에게 무슨 도움이 되겠는가? 한 사람이 백 명의 자식을 낳는다 해도 부모를 굶주림과 추위의 고통에 그대로 둔다면 그 자식들이 부모에게 무슨 도움이 되겠는가? 병을 치료할 약방문이 한 수레 가득 있다 해도 병의 아픔을 줄여주지 못하고 사람의 목숨을 늘려주기 못한다면 그것이 사람의 생명에 무슨 도움이 되겠는가? 세상을 다스리는 데 대한 주장은 무궁무진하지만 군주를 위해 재난과 근심을 제거해 주지 못한다면 그것이 나라에 무슨 도움이 되겠는가? 이러한 것들은 너무 많아서 이루 다 헤아릴 수 없다. 여기서는 그저 진인들을 위해 대체적인 것들만 열거하는데, 그 의의는 옥석을 구별하여 현명한 사람으로 하여금 스스로 충분히 깊이 생각하도록 하는 데 있다.”

“그 효과를 알고 싶습니다.”

“그대들은 알고 싶은가?”

“예. 천사님.”

“좋다. 편히 앉아 잘 들어라. 그대들에게 말하겠다. 문서가 억권 이상 있다고 해도 그 중에서 사람의 나이를 늘려줄 수 있고, 인간의 생명을 더해줄 수 있고, 사람의 심신을 건강하게 해줄 수 있는 것이 참된 글이고, 그 밖의 것은 그렇지 않다. 방안에 글들을 가득 채워두어도 그 속에 하늘의 뜻에 부합하여 천하를 다스릴 수 있는 것이 참된 글이고 그 밖의 것은 그렇지 않다. 조정 가득 문무 대신들이 있지만 그 중에 군주를 안락하게 할 수 있고, 군왕의 다스림이 태평하도록 도와줄 수 있는 사람이 진정한 좋은 신하이고 그 밖의 사람들은 모두 자리만 차지하고 있는 자들이다. 사람이 많은 자녀를 낳아 기르지만 그 가운데서 부모를 즐겁게 하고 굶주리거나 추위에 떨지 않게 할 수 있는 자식만이 현명하고 효성스러운 자식이고 그 밖의 나머지는 그저 숫자나 채우고 있을 뿐이다. 약방문이 수레로 실어 날라야 할 만큼 많다 하더라도 그 가운데서 병을 치료하고 수명을 늘릴 수 있게 하는 것이 참된 약방문이고 그 밖의 것은 모두 그렇지 않다. 세상에 이와 같은 것들은 너무도 많지만 다 기억할 수 없고 또 미리 다 말할 수도 없다.

그대들은 그 속에 담긴 뜻을 스스로 생각하라. 나의 글은 하나로 만 가지를 유추할 수 있고, 그로써 천하의 도를 통달하기에 충분하다. 따라서 나는 진인들로 하여금 도에 관한 글을 높은 덕을 지닌 군주에게 바치도록 하고, 도와 관련된 모든 글과 구전되어 내려오는 말과 성인이 남긴 글을 수집하고 교정하여 백성들과 현인들에게 분명하게 보여주어 모두가 미혹을 깨닫게 하려는 것이다. 도에 관한 문서를 수집하고 교정하고 나면 재앙은 나날이 사라질 것이다. 사악한 글과 사악한 말이 바로 간악한 재앙을 일으키는 주인이다. 올바른 글과 올바른 말은 곧 사악함과 간교함과 악함을 몰아내는 관리이다. 글이 바로잡히고 말이 바로잡혀 간악함과 거짓이 주인을 잃으면 머물러 있을 곳이 없어진다. 사악한 글과 사악한 말은 간악한 재앙의 주인이다. 그것은 마치 도적이 머물고 기숙할 수 있는 곳을 가지고 있다가 그곳의 주인이 일단 죽으면 도적 역시 의지할 곳을 잃는 것과 같다. 진인들은 이러한 이치를 알겠는가?"

"예. 예."

"좋다. 천도의 뜻은 하나가 만 가지에 적용되는 것이니, 이루 다 기록할 수 없는 것이다. 진인들은 이 책을 얻었으니 그 핵심적인 뜻을 깊이깊이 생각해 보아라. 현명한 사의 마음에는 아홉 개의 구멍이 나 있어 쉽게 통달할 수 있다. 글을 보면 저절로 크게 깨달을 것이다. 그러니 더 이상 묻지 말라. 더 덧붙이지 않겠다."

"예. 예."

"글이 많으면 사람을 혼란스럽게 한다. 그것은 하나의 대강을 들어 만 개의 그물코가 저절로 벌어지게 하는 것만 못하다. 그러므로 만백성이 아무리 많아도 한 명의 제왕만 못하다. 뭇 별들이 수억 개라도 하나의 태양보다 밝지 않다. 천하의 온갖 사람들의 수많은 말은 나라의 탁월한 현자 한 사람의 말보다 못하다. 천도는 사방으로 넓어서 한도 끝도 없지만 하나의 원기가 하늘과 더불어 만물의 생명의 줄을 쥐고 있는 것만 못하다. 현명한 자와 높은 덕을 지닌 군주가 나의 말을 깊이 생각한다면 수명이 저절로 늘어날 것이다. 후세 사람들이 모두 나의 말을 생각한다면 아비는 저절로 자애로워지고 자식은 저절로 효성스워지며, 날이 갈수록 넓어지고 또 밝아질 것이다. 어미는 자애로워지고 며느리는 순종스러워져 온 나라가 하루 아침에 현명하고 선량해질 것이다. 어른과 아이가 서로 다투어 선을 행한다면, 그 뒤에 태어난 사람은 포악한 사람이 없을 것이다. 사악한 글이 있다는 것을 더 이상 알지 못하고 간교한 무리들은 그와 더불어 숨어버릴 것이다. 재이와 변괴는 모두 사라지고 삼광이 밝게 비출 것이다. 저절로 그러한 술법은 하늘의 신들이 함께 일으키는 순수한 작용이다. 도를 행하는 데도 이와 같을진대, 큰 즐거움을 행하는 데 무슨 해로움이 있겠는가? 그것을 법으로 삼는 것이 바로 하늘의 운행이다. 누가 그것을 기록하는가? 그것은 바로 천지의 신명이다. 이 글로써 검증해 보면 천지와 더불어 서로 메아리처럼 호응할 터이니, 그것은 바로 하늘의 뜻과 부합한다는 증표이다. 군왕과 현자는 모두 이 말을 잘 살피도록 해야 한다. 이 말을 행하면, 날로 흥성하여 네 계절의 기와 부합하고, 천지의 뜻을 얻을 것이다. 그러므로 상서로울 것이다. 음양의 운행은 순조롭고 비바람은 때에 맞고 모든 변괴는 사라져버릴 것이니, 그것이 바로 책의 증험이다. 나는 결코 스스로 과장하는 것이 아니다. 그대들이 정말로 그 효과를 알려고 한다면 그저 말로만 꾸며대지 말고 마땅히 신속하게 검증해 보아야 할 것이다. 진인들은 알겠느냐?"

"예. 예."

"떠나거라. 떠나거라. 정밀하고 자세하게 생각하면 도는 저절로 얻을 수 있을 것이다."

"예. 예."

願請問一疑事. 言之. 今願及天師問文之訣, 人之實長可與共事, 而終古無復厭之時, 豈可得聞乎. 然, 子欲核衆文知賢者處耶. 諾. 安坐, 爲眞人道之. 積文億卷, 不能得壽, 何益於命乎. 文書滿室, 而不能理平其治, 又何益於政乎. 臣子滿朝, 而不能爲君致太平, 樂其上, 又何益於帝王乎. 一人生百子, 使父母饑寒, 又何益於親乎. 積方重車, 不能益壽, 又何益於人命乎. 說事無窮, 於不能爲君除災患, 又何益於朝廷乎. 凡事類若此者衆多, 不可勝記也. 但爲眞人擧綱見始, 令諸賢柔自深察之耳. 願得其效, 子欲知之耶. 唯天師. 諾. 安坐自精, 方爲子言之. 文書億卷, 中有能增人壽, 益人命, 安人身者, 眞文也, 其餘非也. 文書滿室, 中有能得天心平理治[1]者, 眞文也, 其餘非也. 臣子滿朝廷, 中有能樂其君助其君致太平者, 是帝王之眞臣良吏也, 其餘者佐職之臣子也. 人生一子, 而父母常得其樂而不饑寒者, 是賢孝之子, 其餘悉備數也. 積方重車, 中有能益年者, 是眞方也, 其餘悉非也. 天下若此比類衆多, 不可勝記豫說也. 眞人自深思其意, 吾文以一推萬, 足以明天下之道矣. 故令使眞人付道於上德之君, 拘校凡文人辭聖書者, 明以示衆賢, 使一俱覺解迷與惑也. 已拘校凡文之後, 災日去矣. 夫邪文邪言, 乃是姦災之主人也. 夫正文正言, 乃逐除邪姦惡之吏也. 文已正, 言已正, 姦僞無主人, 則無於止宿也. 夫邪文邪言爲姦主人, 比若盜賊有主舍止宿者, 主人已死亡, 盜賊無緣復得來止息也. 眞人亦曉知之耶. 唯唯. 行, 天道之爲法, 以一況萬, 亦不可盡書也. 眞人得之, 自深惟思其要意, 賢明心有九孔[2]易達, 見文自大覺矣, 勿復問也. 曾文. 唯唯.

文多使人眩冥, 不若擧其一綱, 使萬目自列而張也. 故萬民擾擾, 不若一帝王也. 衆星億億, 不若一日之明也. 柱天群蚑行之言,[3] 不若國一賢良也. 天道廣從, 無復窮極, 不若一元氣與天持其命綱也. 賢者上德之君, 深思吾言, 壽自長也. 後世共思吾言, 自父慈子孝, 日廣且明也. 母愛婦順, 俱一國旦而賢良也. 大小爭爲善, 後者無彊也. 不知復有邪文, 佞人因以藏也. 災變盡除, 三光明也. 自然之術, 天神所共純行也. 爲道如此乎, 大樂何有傷. 遂以爲法, 乃天行也. 誰書記之, 是乃天地神明也. 以徵之文, 與天地響相應也, 是天合信符也. 上君賢者宜共察此辭, 行之者日興, 與時宜爲期, 得天地之欲, 故吉哉. 陰陽順行, 風雨時, 萬變除去, 以徵書, 吾不自譽也. 誠知之, 不但飾言也, 宜疾效之. 眞人知之耶. 唯唯. 行去矣, 行去矣. 精之詳之, 道自來. 唯唯.

역주

1) 得天心平理治(득천심평리치) : 하늘의 뜻에 부합하여 천하를 다스리다. 득천심(得天心)은 하늘의 뜻에 부합하는 것이다. 이(理)자는 왕명은 『태평경합교』에서 아마도 나중에 읽는 사람의 방주가 잘못해서 본문 속에 끼어든 것 같다고 보았다.

2) 賢明心有九孔(현명심유구공) : 현명한 자의 마음에는 아홉 개의 구멍이 나 있다. 구공(九孔)은 인체에 나 있는 아홉 개의 구멍을 뜻하는데 보통 구규(九竅)라고 한다. 그런데 여기서는 현명한 사람의 심장에 아홉 개의 구멍이 나 있음을 말하고 있다. 은나라의 폭군 주(紂)가 충신들을 함부로 죽이고 다스림을 문란하게 하자 왕자 비간이 목숨을 걸고 간했는데, 이에 주는 그에게 "성인의 심장에는 일곱 개의 구멍이 있다고 하는데 어디 좀 조사해 보자"라고 말하고 비간의 심장을 파헤쳤다는 고사가 전해져 온다. 현명한 사람의 심장에 아홉 개의 구멍이 있다는 발상은 이러한 전설이나 믿음과 관련이 있는 것 같다.

3) 柱天群蚑行之言(주천군기행지언) : 천하의 온갖 사람들의 수많은 말. 주(柱)는 지탱하다는 의미의 괘(掛)의 가차자로 쓰였고, 주천(柱天)은 온 세상을 가리키는 말이다. 기행(蚑行)은 기어 다니거나 걸어 다니는 모든 동물을 가리키는 말이지만 여기서는 사람만 지칭한다.

제159 남녀반형결(男女反形訣) : 남녀가 형상을 바꾸는 비결

해제 이 장은 음양과 남녀의 교합이라는 수련 방술에 관하여 비교적 깊이 있게 설명하고 있다. 이 장에서 말하고자 하는 요점은 "양은 그 형상을 바꾸어 음의 형상이 되고, 음은 그 형상을 바꾸어 양의 형상이 된다"(陽者以其形反爲陰形, 陰者以其形反爲陽形)는 것이다. 이러한 의념상의 역할 바꾸기 및 최종적으로 양자 합일의 경지에 도달하는 것은 수행이 참된 도에 도달할 수 있는가 아닌가를 결정하는 관건이다. 이러한 수련 방술은 그저 마음속에 제한되며 다른 사람에게 명확하게 시범을 보이면서 가르칠 수 없고, 수련하는 남녀 쌍방 역시 생경하게 교합할 수 없다. 그렇지 않으면 모두 "사악함에 빠질 것(中於邪)"이라고 한다.

"원컨대, 한 가지 의심되는 일이 있어 다시 여쭙고자 합니다."

"말하라."

"천사님께서는 이전에 어리석은 소생들에게 주신 책에 남녀반형(男女反形)이라는 것이 있는데, 그 뜻을 여쭙고자 합니다."

"허허. 그대들에게 준 책에 이미 설명하였으니 보면 알 텐데 어찌하여 다시 묻느냐?"

"소생들의 마음이 어리석어 이해하기 어렵습니다. 오직 천사님께서 가르쳐 주셔야 비로소 의문이 풀릴 것 같습니다."

"좋다. 앉거라. 이제 그대들을 위해 말하겠다. 천지의 본성은 양은 음을 좋아하고, 음은 양을 좋아한다. 그러므로 양은 음으로 변해가고 음은 양으로 변해간다. 모든 음양의 도가 다 이와 같다. 서로 좋아하기 때문에 교합이 날로 빨라진다. 그러나 마땅히 □□하고, 등급에 따라 결정해야 한다. 사람들에게 곧바로 그러한 이치를 드러내 깨닫게 해서는 안 된다. 그렇게 하면 사악한 길로 빠질 것이다. 자, 그대들은 분명히 들어라. 양은 자신의 형상을 음의 형상으로 바꾸어 가고, 음은 자신의 형상을 양의 형상으로 바꾸어 가는데, 이것은 바로 스스로 자기의 몸으로써 상대방의 형상을 이루어 가는 것으로 접촉하자마자 곧바로 교접해서는 안 된다. 그렇게 하면 사악한 길로 빠질 것이다."

"예. 예. 그런데 알 듯하면서도 의문이 듭니다."

"허허. 그대들은 어쩌면 그렇게 가르치기 어려운가. 자신의 몸을 상대방의 몸으로 생각하여야 한다는 것이다. 양(남자)은 음(여자)인 것처럼 하고, 음(여자)은 양(남자)인 것처럼 하는 것이다."

"예. 예."

"그대들은 이미 다 알았다. 돌아가거라. 구체적인 것은 알 수 있을 것이다."

"예. 예."

이상은 무릇 방결들에서 득실을 해석하여 실제로 음과 양이 형상을 바꾸어 도에 이르는 것을 말하였다.

願復請問一疑事, 言之. 天師前所賜子愚生書本文,[1] 有男女反形, 願聞其意. 噫. 子書略已說可睹, 何故復問之乎. 心愚閉難闓示, 唯及天師訣問之. 諾, 安坐, 方爲子言之. 天地之性, 陽好陰, 陰好陽. 故陽當變於陰, 陰當變於陽. 凡陰陽之道, 皆如此矣. 更相好, 故其開練日疾, 但宜□□以品訣之耳, 不可遥以示教人也. 且入邪中. 然子明聽. 陽者以其形反爲陰形, 陰者以其形反爲陽形, 正自以其身, 爲其人形容也, 不可遥及也, 且中於耶. 唯唯. 若且曉而疑也. 噫. 子何一難示也. 但便以自身爲其形. 陽者, 若陰人身也. 陰者, 若陽人身也. 唯唯. 子已知矣. 行去, 事可知. 唯唯.

右集難解凡文方訣簡賢得失實陰陽反形以致道.

역주

1) 天師前所賜子愚生書本文(천사전소사자우생서본문) : 천사가 이전에 나에게 준 책의 글. 자(子)는 나를 뜻하는 여(予)자의 잘못으로 보는 것이 타당하다(『태평경합교』).

제160 포천과지수기부절결(包天裹地守氣不絶訣) : 하늘을 감싸고 땅을 품어 기를 지켜 끊이지 않는 비결

해제 이 장은 참된 도가 천지를 포용하는 것은 "끊임없이 기를 지키기(其守氣而不絶)" 때문이라는 점을 입론의 근거로 삼아 사람들이 도를 수련하고, 신선이 되고자 한다면 반드시 원기를 굳게 지켜야 한다는 것을 밝히고 있다. 그리고 "기를 지키는(守氣)" 도를 수련하는 길에서는 천사가 도를 기록한 문서를 진지하게 공부하고, 아울러 그것을 행동의 준칙으로 삼아야 한다는 것을 강조한다. 이렇게 하면 '방에 들어가 도를 완성'(入室成道)할 수 있고, 해를 늘리고 수명을 더하는 연년익수(延年益壽)할 수 있으며 제왕을 보좌하면 "태평의 세상을 이룰" 수 있고, 집안을 다스리면 재물을 많이 쌓을 수 있다는 것이다. 도를 수련함으로써 사람들은 여러 영역에서 각자 자신들이 바라는 것을 얻을 수 있으며, 억울한 일이 없고 태평성세가 도래한다고 한다.

"천사님께 한 가지 일에 대하여 가르침을 청하고자 합니다."

"좋다. 말하라. 무엇이 의심스러운가?"

"무릇 도가 하늘을 감싸 안고 땅을 품고 있는바, 누가 기의 움직임을 장악하고 것인지요?"

"깊구나! 멀구나! 그대들이 묻는 바는. 무엇을 보고 이런 의문이 들었느냐?"

"저희가 이것저것 살펴보다가 천지의 도를 보았는데, 유독 그것만이 끝이 없다는 것을 알았습니다. 그래서 이상하게 생각하여 여쭙는 것입니다."

"좋다. 그대들의 말은 심오한 경지에 이르렀다. 천지의 도가 오래갈 수 있는 것은 그것들이 기를 지키고서 끊어지지 않기 때문이다. 그러므로 하늘은 오로지 기로써 길흉으로 삼고, 만물은 그것을 본받아서 기가 없으면 마침내 죽는다. 그대들이 끝내 죽지 않기를 바란다면 마땅히 기를 생명의 근원으로 삼아야 한다. 하늘을 본받아 행동한다면 어찌 죽을 수 있겠는가? [기를 자키는 수행] 또한 한순간에 가능한 것이 아니라, 그윽한 방(幽室)에서 이루어진다. 방에 들어가 도를 생각하면 자연스럽게 먹지 않게 되고 그 상태에서 기와 결합된다. 천지의 신명이 모두 이르기 때문에 다시는 세속의 다스림에 뒤섞이지 않는다. 그리고 위로 올라가 하늘의 태일(太一)에 귀의한다. 하늘 끝에서 천제(天帝)인 태일을 알현하고 신임장(符節)을 받아 행하며, 육방팔원에 이르기까지 두루 돌아다니면서 소요의 즐거움을 다하여 끝나지 않는다. 그대들이 나의 책과 글에서 말한 내용을 깊이 생각하면, 스스로 그 의미를 파악하여 하늘로 올라가 신선이 되어 인간 세상에서는 더 이상 나타나지 않게 될 것이다.

그대들은 그에 대한 보다 분명한 효험을 알고 싶어 하는가? 인간 세상에서는 영원히 한 왕조에 의해 소유되거나 다스려지는 것은 불가능하다. 따라서 진리를 얻은 제왕은 마땅히 하늘로 올라가 신선이 되어야 하며, 하늘 역시 그가 신선이 되는 것을 좋아할 것이다. 그러나 도를 수련하는 데 노력하지 않는 자는 죽어서 땅속으로 들어가야 하는 것이다. 결국 인간 세상에서 오래 살 수 없다. 그러므로 천지가 생겨난 이후로 그들은 계속해서 죽었고, 득도한 사람이 지은 글과 수행에 관한 항상된 법은 보존되어 내려왔어도 그것을 쓴 사람은 남아 있지 않으니 이 역시 그 증험이다. 사람이 살아가면서 도를 얻으면 신선이 되어 하늘에 오르고, 도를 얻지 못하면 죽어서 땅에 묻히기 때문에 인간 세상에 대해 오랫동안 해를 끼칠 수 없다. 그대들이 내 글을 얻으면 그 의미를 깊이 생각하라. 위로 올라가 장생불사하고, 하늘과 힘을 합치고 네 계절에 따른 천하의 제사를 향유하려고 한다면 참된 도를 수행함에 노력하여야 한다는 것은 참된 도리이다. 만약 오래 사는 것을 좋아하지 않고 죽는 것을 즐거워한다면, 도를 포기하고 세속을 따르게 되는데, 그 역시 땅으로 돌아가 하늘과 해와 달과 별의 운행을 오래도록 볼 수 없다. 나의 참된 글은 □□, 만에 하나라도 소홀히 해서는 안 된다.

그러므로 고대의 성현은 모두 다 세상을 떠났고, 오늘날 한 명도 볼 수 없다. 이것이 그에 대한 큰 증험이 아닌가? 그대들은 스스로 생각해 보라. 하늘로 올라가는 것을 좋아하면 올라가게 되고, 땅으로 들어가는 것을 좋아하면 땅으로 들어가게 된다. 그대들의 뜻을 꺾을 사람은 아무도 없다. 그러므로 나는 태평한 세상의 유덕한 군주를 위해 법도를 만들지만, 어떤 한 사람에 한정시키지 않는다. 태평의 기가 도래할 때 한 사람이라도 자기가 원하는 바를 얻지 못해서 억울해 하는 사람이 있다면 상황평기(上皇平氣)는 올 수 없는 것이다. 그러므로 하늘은 나에게 도를 수행하는 길을 넓게 열도록 명하여 세상 사람들이 모두 자기가 즐겁게 할 수 있는 것을 자기 마음대로 선택하도록 하였다. 현명하고 삶을 즐기는 사람은 나의 글을 배워 그 속에 담긴 뜻을 생각하고 입실수련하여 도를 얻으면 장생할 수 있으며, 현명한 선비로서 제왕의 통치를 보좌하는 것을 좋아하는 사람은 글의 내용을 받들어 실천하면 천하를 태평하게 할 수 있으며, 집에 살면서 삶을 즐기고 재산을 모으고자 하는 자는 나의 도문서를 생각하고 실천하면 타고난 수명을 다 누리고 나서 죽음을 맞이할 것이다.

그러므로 각자가 원하는 바를 얻어야 자신을 크게 원망하는 일이 없을 것이며, 따라서 태평의 기가 도래할 수 있는 것이다. 평(平)이라는 말의 뜻은 평온무사해서 아무런 억울함이 없는 것을 가리킨다. 따라서 평이라 하는 것이다. 이 때문에 유덕한 군주가 그로써 다스리면 태평의 기가 바로 도래할 것이다. 왜 그런가 하면 바로 세상에 스스로 억울하다고 생각하는 사람이 없고 사람마다 모두 스스로 좋아하는 것을 얻기 때문이다. 그래서 나는 그대들에게 나의 글을 높은 덕을 가진 군왕에게 전해주라고 훈계한 것이다. 상덕의 군왕은 인자하고 현명하기 때문에 사람들이 바라는 것을 빼앗지 않고 반드시 세상 사람들의 마음을 얻고, 하늘의 뜻을 따라 도를 행할 것이다. 진인들은 알겠는가?"

"예. 예."

願及天師請問一事乃止. 行言, 何疑哉. 凡道包天裹地, 誰持其氣候[1]者. 深哉遠哉妙哉. 子之所問也. 何睹而問此. 有睹有見, 見天地之道, 獨不知窮極, 故怪而問之也. 善哉, 子之言入微意. 然天地之道所以能長且久者, 以其守氣而不絶也. 故天專以氣爲吉凶也, 萬物象之, 無氣則終死也. 子欲不終窮, 宜與氣爲玄牝,[2] 象天爲之, 安得死也. 亦不可卒得, 乃成幽室也. 入室思道, 自不食與氣結也. 因爲天地神明畢也, 不復與於俗治也. 乃上從天太一[3]也, 朝於中極,[4] 受符而行, 周流洞達六方八遠, 無窮時也. 子思書言, 自得之也, 爲神之階可見矣. 去世上天而治, 不復見矣. 子欲重知其明效也, 世不可得久有而獨治也. 故得道者, 則當飛上天, 亦是其去世也. 不肯力爲道者, 死當下入地, 會不得久居是中部也. 故天地開闢以來, 更去避世, 聖文常格在而不見其人, 是明效也. 不死得道, 則當上天. 死則當下入地, 不得久當害中和之路也. 子得吾文, 自深思其意, 欲樂上行常生在, 與天幷力, 隨四時天下祭祀而飮食者, 努力爲眞道, 是其汙法[5]也. 若不樂常在而樂死者, 棄道隨俗, 亦將歸地下, 不得久睹天日月星曆也. 吾文□□, 萬萬不失一也. 故古者聖賢人盡去, 今無見者, 是其大效也. 子自思之, 樂上則上, 樂下則下, 無奪子志者也. 故吾爲太平德君制作法度, 不限一人也. 夫太平氣來, 有一人自冤不得其欲者, 則上皇平氣不得俱來至也. 故天敎吾廣開闢其路, 使得自恣自擇可爲也. 賢明欲樂活者, 可學吾文, 思其意, 入室成道, 可得活. 賢柔欲樂輔帝王治, 象吾文爲之, 可以致太平. 欲樂居家治生畜財者, 思吾文, 可竟其天年而終死. 故各爲得其所願, 無大自冤者也. 故太平之氣得來前也. 平之爲言者, 乃平平無冤者, 故爲平也. 是故德君以治, 太平之氣立來也. 所以然者, 乃天下無自冤者, 各自得其所樂, 所以敕眞人以付上德之君者. 上德之君, 其用心必仁賢而明, 明者不奪人所欲, 必得天下之心, 欲承天意, 以道歸之也. 眞人知之耶. 唯唯.

역주

1) 持其氣候(지기기후) : 변화하는 기상을 장악하다. 기후(氣候)는 기상 혹은 시령의 변화를 가리킨다. 『소문(素問)』「장상론(藏象論)」의 다음 기록을 참고할 것. "5일을 후(候)라고 하고, 3후를 기(氣)라고 하고, 6기를 시(時)라고 하고, 4시를 세(歲)라고 한다("五日謂之候, 三候謂之氣, 六氣謂之時, 四時謂之歲)."

2) 與氣爲玄牝(여기위현빈) : 기를 생명의 근원으로 삼다. 현빈(玄牝)은 암컷의 생식기를 뜻하는데, 여기서는 생명의 근원을 상징한다. 이와 관련하여 『노자』 6장에서 "곡신은 죽지 않으니 이를 현빈이라고 한다. 현빈의 문은 천지의 뿌리라고 한다(穀神不死, 是謂玄牝.

玄牝之門, 是謂天地之根)"라고 하였다.

3) 從天太一(종천태일) : 태일을 따르다. 태일에 귀의하다. 하늘의 태일(太一)은 태일성으로서 자미궁(紫微宮) 여합문(閭闔門) 가운데 있다. 태일성은 곧 천제(天帝)를 가리킨다.
4) 朝於中極(조어중극) : 천정에서 태일을 배알하다. 조(朝)는 배알하는 것을 뜻하고, 중극(中極)은 하늘 가운데 있는 정원을 말한다.
5) 汙法(오법) : 불변의 도리. 오는 물을 저장해 놓는다는 의미가 있는데, 그로부터 고정불변이라는 의미가 파생되었다.

제161 서치관득실결(署置官得失訣) : 관직배치의 득실에 관한 비결

해제 서치(署置)는 관직을 설치하거나 관리를 선발하는 것을 가리키는 말이다. 이 장의 본문은 천지의 운행은 "사람들이 원하는 바를 빼앗지 않는다"는 원칙으로부터 군왕이 관리를 선발할 때는 반드시 실제의 재능과 인품을 고려하여야 한다는 점을 도출하고 있다. 만약 "인재를 가려 뽑지 않고 함부로 채용한다면" 그것을 "고의로 하늘을 어지럽히는 관리"라고 부르는데, 그러한 행위는 당사자 개인으로 하여금 범죄자를 만들어 곤란하게 만들 뿐만 아니라 다스림을 어지럽혀 나라를 멸망으로 몰아넣는다고 주장한다. 현실 생활에는 확실히 "직무에 적합하지 않은 사람을 채용하는" 현상이 자주 있고, 따라서 진인들은 그러한 나라에 가서 참된 도를 적은 책을 전해야 하고, 아울러 그곳 사람의 언어와 풍속 및 습관 등에 맞게 통속적으로 도를 설명하여 군왕 등으로 하여금 진정한 도의 이치를 분명히 깨닫도록 해야 한다는 것을 덧붙여 설명한다.

“그렇다, 다시 진인들에게 거듭 훈계하여 한마디 말을 하겠다. 그 [군왕]로 하여금 하늘의 운행을 본받도록 하라. 하늘의 운행은 사람들이 하고자 하는 것을 빼앗지 않고, 땅의 운행 또한 사람들이 하고자 하는 것을 빼앗지 않으며, 현명한 군주의 행위 또한 하늘과 땅을 즐겨 본받으면서 사람들이 하고자 하는 바를 빼앗지 않는다. 천지와 비슷하여 오랜 동안 천지와 부합하여 그 마음을 얻었다고 할 수 있다. 그대들은 알겠는가?”

“예. 예.”

“대저 하늘이 악을 행하면 그 해에는 큰 흉년이 들고 사람이 하는 일에 해를 입힐 것이다. 그러므로 백성은 수확할 만한 것이 없어 그 해는 흉년이 들어 배고픔과 추위에 고통받게 될 것이다. 그리고 땅이 악을 행하면 사람이 기르는 것에 상해를 입혀 그 뿌리는 견고하지 못하고 병이 들 것이다. 그러므로 그 해에는 열매가 맺지 않아 많은 백성이 곤궁함을 겪을 것이다. 또 쇠락해가는 포악한 군주가 흉폭하면 직무에 어울리지 않는 사람을 뽑아 임명하는데, 그러한 것을 하늘의 관직을 어지럽히는 것이라 한다. 그처럼 하늘이 금한 것을 어기고 하늘의 바른 법을 깨뜨려놓고서 도리어 그 사람을 문책하고 그 사람에게 벌을 주는데, 이는 그 사람의 힘이 미치지 못하는 바를 살피지 않은 것이다. 사람의 힘이 미치지 못하는 것은 이를테면 군왕에게 백리를 걸어가게 하면 아마도 끝까지 도착하지 못하고 중도에 멈추는 것인데, 바로 이런 것과 같다. 다른 사람의 능력이 미치지 못하는 것도 바로 이와 같다. 그러므로 사람을 가려뽑지 않고, 함부로 어떤 직책에 임명하는 것(署職)은 사람을 난처하게 하고 나라를 위태롭게 하는 것이라고 하며, 또 질서를 문란하게 하고 정사를 망치는 것이라고 한다. 하늘과 땅은 지극히 신명하지만, 사람이 바라는 것을 함부로 빼앗지 않고, 빼앗으면 큰 흉년이 든다. 그런데 하물며 사람이 그래서 되겠느냐? 진인들은 애매했던 부분이 풀려 분명해졌느냐?"

"예. 예. 참으로 각 나라의 실정에 따라 천사님의 책을 가르치고, 그곳 풍속에 따라 구체적인 예를 보여주면 분명하게 이해하고 깨달을 것입니다."

"좋다. 그대들은 사리를 깨달은 제자들이라고 하겠다. 하늘은 사람들이 원하는 것을 빼앗지 않으니, 그대들의 행위는 올바르기 때문에 저절로 하늘이 부여한 수명을 얻어 해마다 그리고 날마다 더해갈 것이니 어찌 그 끝이 있겠느냐? 그대들은 배움에 있어 세상에서의 존귀함과 영화를 구하지 않고 또 무엇을 찾으려 하느냐? 하늘의 뜻을 얻어 수명을 늘렸으면 그만이다. 오늘 그대들에게 이미 말해주었는데, 그대들은 지금 어찌 기뻐하지 않을 수 있겠는가?"

"그렇습니다. 은혜를 입어 대단히 기쁩니다. 더 이상 여한이 없습니다. 비록 온힘을 다해 천사님의 글을 가르친다고 해도 아마도 하루 아침에 온 세상에 다 전파할 수 없을 것 같아 두렵습니다."

"어찌 하루 아침에 온 세상에 두루 퍼지게 할 필요가 있겠느냐만, 그만두지 않고 꾸준히 행한다면 머지않아 저절로 널리 퍼질 것이다."

"예, 스승님의 준엄한 가르침을 받자와 저희들은 감히 조금도 어김이 없을 것입니다."

"그대들이 그 뜻을 이미 알고 있으니, 나는 더 이상 그대들에게 훈계하지 않겠다. 좋다. 내 설명은 여기서 일단락짓겠다. 할 말은 끝났다. 다음에 또 의문이 있거든 다시 오도록 하여라."

"예. 예."

이상은 천지의 기후, 도의 실행 여부에 따른 길흉, 군주가 관리를 임명하는 것 등에 등을 묻고 답하는 내용에 대한 일문(逸文)을 크게 모아놓은 것이다.

行, 且重戒眞人一言, 使其有似天行也. 天之爲行, 不奪人所欲爲也. 地之爲行, 亦不奪人所欲爲也. 明君之爲行, 亦樂象天地不奪人所爲也. 與天地相似, 故能獨長稱天地, 得其心也. 子知之耶. 唯唯. 夫天且爲惡, 其歲且大凶者, 常害人所爲, 故民無可收也, 其歲凶飢寒也. 是故地將爲惡也, 傷人所養, 其根不固而有病也, 其歲不成, 多傷民困窮也. 衰惡之君將凶, 署置不以其人所任職, 名爲故亂天官, 犯天禁, 失天儀, 反復就責而罪之, 不原其力所不及, 人之所不及. 比若一旦使君王步行百里, 恐其不能到而道止也. 人所不及, 正是此也. 故不擇選人而妄事署其職, 則名爲愁人而危其國也, 則名爲亂治政敗也. 夫天地極神且明, 尙不敢奪人所欲爲, 奪之則爲大凶歲也, 何況人哉. 眞人寧解迷曉耶. 唯唯. 誠得隨其國以師書授之, 因就其俗示之, 曉之解之. 行, 子可謂曉事之生, 天不奪人願也. 子行正自得天命, 年日益增, 何有窮已. 子學不求居世尊榮, 何復求索, 得天意而增年. 今已告子, 子今寧能說不耶. 然, 其受恩大喜, 無復有所恨. 但恐力極行, 以師文授敎, 恐不能一旦而遍也. 何必一旦而遍, 但爲之不止, 自舟流不久.[1] 唯唯. 受嚴敕, 不敢雖繩墨.[2] 子已知其意, 吾無復以戒子也. 行, 辭小竟, 事畢. 異日有疑, 乃復來. 唯唯.

右大集難問天地氣候爲道與不吉凶君署置官得失文.

역주

1) 自舟流(자주류) : 저절로 널리 퍼지다. 주(舟)는 두루의 의미를 갖는 주(周)의 가차자로 쓰였고, 따라서 주류(舟流)는 널리 골고루 미치다는 의미를 띤다.

2) 不敢雖繩墨(불감수승묵) : 감히 조금도 어김이 없다. 수(雖)는 어기다, 혹은 벗어나다의 의미를 갖는 이(離)자를 잘못 쓴 것으로 보이며(『태평경합교』), 승묵(繩墨)은 털끝만큼의 작은 것을 가리킨다.

제99권

기부(己部)의 14

『태평경초』

제162 승운가룡도(乘雲駕龍圖) : 구름을 타고 용을 모는 그림

해제 이 장은 신인(神人)이 구름을 타고 용을 몰아 날아오르는 그림으로, 도를 닦아 신선이 되어, 하늘을 대신하여 가르침을 펴는 초기 도교의 이상을 반영하였다. 이와 비슷한 이미지는 『장자』「소요유」편과 『초사』의 「이소(離騷)」, 「구가(九歌)」, 「구장(九章)」편 등에서도 묘사되고 있다. 이 그림 속에서는 상서로운 구름들이 빽빽하게 둘러싸고, 여러 용들이 날아오르는데, 오색으로 장식한 용이 끄는 수레 위에 황색 옷을 입고 있는 법사가 단정하게 앉아 있고, 전후 좌우로 난(鸞)새, 선학, 부하 관리, 선동, 옥녀 등이 함께하고 있다. 전후좌우에 수행하는 자리는 인간 사회의 등급제도를 천국에 반영한 것이라고 볼 수 있으며, 마치 제왕이 순수(巡狩)를 나갈 때의 장면과도 비슷한 면이 있다.

以五色裝飾

太平經

제100권

『태평경 초』

기부(己部)의 15

제163 동벽도(東壁圖) : 동쪽 벽의 그림

해제 상고시대 신인이 제자와 후학들에게 선을 행하도록 경계하는 그림(圖象)과 그에 대한 해석 및 설명이 있다. 동쪽은 삶(生)을 주관하므로, 선이 생기는 문이라는 뜻에서 동쪽 벽에 붙이도록 한 것으로, 「동벽도」라고 하였다. 주된 내용은 천지음양, 네 계절, 오행의 법칙에 순응하며, 드러내지 않고 선을 베풀며, 덕을 쌓고 참된 도를 얻어 귀신의 도움을 받고, 길함을 향하고 흉함을 피하며, 장생불사하게 된다는 것이다.

동쪽 벽에 붙인다.

이것은 상고시대 신인이 제자와 후학들에게 선을 행하도록 경계하는 그림과 상(圖象)이다. 은밀하게 사람을 도와 이롭게 하면 항상 길하며, 그 공덕이 배로 증가한다. 드러나게 행한 선은 서로 감사를 표하고 끝나버리기 쉬운 것이다. 은밀하게 행한 선은 천지와 여러 신들이 그것을 알게 되니, [공덕이] 배로 증가한다. 덕을 쌓는 자는 부유하게 되니, 사람들이 그를 사랑하고 좋아하고, 그 선함이 저절로 날마다 오게 된다. 사람들이 기리는 사람은 귀신도 또한 그러하니, 그로 인해 도와주게 된다. 도를 좋아하는 사람은 장수하게 되니, 음양과 그 근심을 동일하게 하고, 황천(皇天)의 행위와 천지의 본성을 따르니, 그 도리를 얻게 되고, 하늘이 그를 돕는다. 그 도리를 잃어버리면 [음양을] 어지럽히게 된다. 그러므로 하늘이 그를 돕지 않는다. 선을 구하여 선을 얻으면, 괴이하게 여길 게 없다. 배움에 인(仁)으로써 얻는 것이 도의 시작이다. 배움에 덕으로써 그것을 얻는 것이 도의 중간이다. 배움에 도로써 그것을 얻는 것이 도의 최상이다. 아! 삼가고 삼가서, 행동에 망녕됨이 없게 하라. 이 책을 지극히 생각하고 후세로 전해주면 잘못이 있을 수 없다. 네 계절을 따라 도는 것이 도의 최상이다. 선한 자는 스스로 흥하게 되고, 악한 자는 스스로 재앙을 만나게 되니, 길하고 흉한 일이 모두 자기 몸에서 나오는 것이다. 같은 부류끼리 서로 호응하며 그 몸에서 분리될 수 없는 것이다. 천도(天道)는 사사로움이 없으니, 다만 [도를] 행하면 이르게 된다. 그러므로 앞에는 제자가 있고, 뒤에는 선한 기운이 있는데, 도를 추구하기를 그치지 않으니, 수명을 평안하게 마칠 수 있도록 되고, 그 중 어떤 경우는 장생불사할 수 있게 되었다. 그러므로 선을 행하면 도리어 (인체의) 안팎의 신들이 그를 위해 해로움을 제거한다. 그림 속에 제자들은 앞에서 답을 하고 있다. 만물에는 본디 저절로 그러함이 있으니, 천하의 일들이 각자 자기 부류를 따라 귀의한다.

著東壁

上古神人戒弟子後學者爲善圖象, 陰祐利人常吉, 其功增倍. 陽善者, 人卽相冗答而解.[1] 陰善者, 乃天地諸神知之, 故增倍也. 積德者富, 人愛好之, 其善自日來也. 人之所譽, 鬼神亦然, 因而祐助之. 好道者長壽, 乃與陰陽同其憂, 順皇靈之行, 天地之性, 得其道理, 故天祐之也, 失者亂, 故天不祐之也. 夫求善以善, 無可怪者. 學以仁得之, 道之始也. 以德得之, 道之中和[2]也. 以道得之, 道之上也. 咄咄. 愼之愼之, 行無妄也. 極思此書, 傳之後世, 可無傷也. 隨四時轉, 道之上也. 善者自興, 惡者自病, 吉凶之事, 皆出於身, 以類相呼, 不失其身. 天道無私, 但行之所致. 故前有弟子, 後有善氣,[3] 趣學不止, 令命得陽遂也,[4] 或得長壽, 身不敗. 故爲善, 乃於內外神反爲其除害. 弟子居前, 主爲其對. 物有自然, 天下之事, 各從其類也.

역주

1) 相冗答而解(상용답이해) : 드러나 감사를 표하고 끝나다. 용답(冗答)은 '드러나게 감사를 표하다'(『금주금역(하)』, 『정독』). 용(冗)은 '쓸데없이' '무익하게'의 의미로도 볼 수 있다. 해(解)는 '끝나다'(『금주금역(하)』).

2) 中和(중화) : 중화. 여기에서는 '중간상태' '중간수준'을 의미한다(『정독』). 땅의 도(地道)는 기르는 것을 좋아하고, 기르는 것은 덕이 되며, 중간층차에 속하므로, 여기에서 이렇게 말한 것이다(『금주금역(하)』).

3) 善氣(선기) : 그림 속에 그려져 있는 정자를 둘러싸고 있는 운기(雲氣)(『금주금역(하)』).

4) 令命得陽遂也(영명득양수야) : 수명을 평안하게 마칠 수 있도록 하다. 양수(陽遂)는 '평안하게 수명을 마치다'(『전역(중)』, 『금주금역(하)』). 『정독』은 '맑고 깨끗하게 통달함이며, 재액이 없음을 가리킨다'라고 주해했다.

仙女九人如仙童
圖七

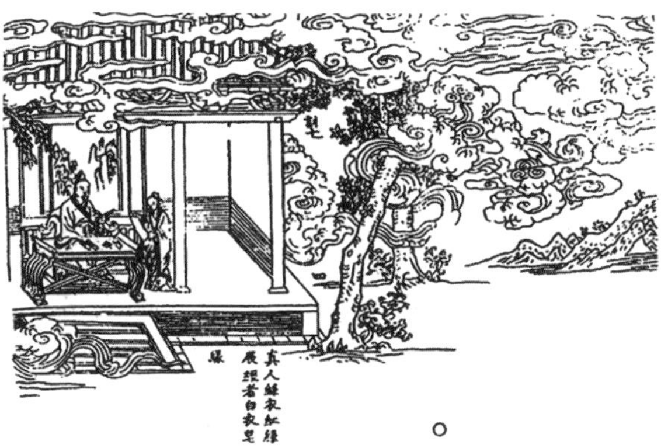
真人絳衣紅綠
展經者白衣皂
緣

神將冠衣甲須並紅綠同金翠宜裝飾
受戒弟子服宜裝飾

太平經

제101권

『태평경초』

기부(己部)의 16

제164 서벽도(西壁圖) : 서쪽 벽의 그림

해제 이 장 또한 그림과 글이 함께 있다. 그림 안에 간단하게 설명이 되어 있으며, 그림 뒤쪽에 해설의 글이 적혀 있다. 악함은 죽음의 길이고, 서쪽에서 죽음을 주관하므로, 서쪽벽에 붙이도록 했으며 「서벽도」라고 하였다. 그림 속에는 악행을 저지른 사람이 자신의 악행으로 인하여 여러 악귀들을 불러들이고 끝내 지옥에서 끊임없이 고문당하는 모습이 보인다. 이 장은 앞의 「동벽도」와의 선명한 대비를 통하여, 세상 사람들에게 도를 닦고 선을 행하기를 권하고 훈계하고 있다.

이것은 상고시대의 신인과 진인들이 후학자들에게 악을 행하지 않도록 경계하는 그림과 상(圖象)이다. 은밀하게 남을 해치지 말라. 도리에 따라 일을 행하기를 좋아하지 않으면, 반대로 남을 해치고 질투하여 남을 죽거나 흉하게 만드는 것을 좋아하게 된다. 천도는 억지로 빼앗아 가질 수 있는 것이 아니니, 억지로 빼앗으면 반드시 전란이 초래되어, 무력에 의해 자신도 죽고 후세도 끊기게 될 것이다. 도를 망하게 하면 신령스러운 책이 반드시 손상될 것이다. 억지로 이롭게 하고자 한다면, 도리어 해롭게 될 것이니, 이는 바로 천지의 본성에 반응한 것이니 스스로 그러함을 만나게 될 것이다. 참으로 선을 행하기를 즐거워함으로써 장수할 수 있다. 삼가고 삼가라. 해악을 짓는 것을 좋아하지 말라. 선한 자는 스스로 흥하게 되고, 악한 자는 스스로 망치는 것이다.

이 두 폭의 모습을 살펴보며 그 이로움과 해로움을 생각해보라. 천하의 모든 일들은 각각 자기의 부류를 따르는데, 머리털끝 사이만큼도 차이가 나지 않는다. 다만 사람은 스스로 정밀하지 못해서 스스로 알지 못하는 것이지만, 죄명이 한번 드러나게 되면 어떻게 할 방법도 없다. 그 근본을 지키지 않으면 몸이 죽고도 남는 죄가 있게 되니, 안에서 악한 행위를 저지르면 밖으로 사악한 기운이 서로 드러난다. 그러므로 앞에는 감옥이 있고, 뒤에는 악귀가 있어, 모두 뛰어와서 다투는데, 그치도록 하고자 해도 그칠 수 없고, 이로 인해 몸은 죽는다. 그러므로 그림을 그려서 뒷사람에게 보여준 것이다. 현명한 자들은 이것을 보고 큰 경계로 삼지만, 어리석은 자들은 도를 믿지 않고, 태연자약하게 그 일을 없는 듯 무시한다. 이 글은 확실히 내가 말한 것과 같아서 조금의 차이도 어긋나지 않는다. 그러므로 유약(柔弱)함을 지키는 사람은 장수하고, 싸우기 좋아하는 사람은 사람으로 하여금 살아남지 못하게 만든다. 사물은 각각 같은 부류를 따르는 것이니, 다시 되돌릴 수 없는 것이니 비록 후회해도 무익하고 악귀들이 이미 그 몸에 드러나게 된다. 이 가르침을 보고 마땅히 깨달아서 때때로 스스로 마음을 되돌릴지어다. 지금 오히려 아직 손상되지 않았으니, 참으로 선한 사람이 될 수 있다. 선한 사람은 위로 올라가고 악한 사람은 아래로 내려간다. 천도는 사사로움이 없다. 저절로 그러함이 있을 뿐이다. 그러므로 법을 잃지 않으면 그 일을 다스림이 신령과 같다.

이상은 서쪽 벽에 붙인다.

上古神人眞人誡後學者爲惡圖象, 無爲陰賊, 不好順事, 反好爲害嫉妒, 令人死凶. 天道不可彊劫, 劫必致兵喪, 威之死滅世. 亡道神書必敗,[1] 欲以爲利, 反以爲害, 此卽響應天地之性也. 乃致自然之際會,[2] 審樂以長存,[3] 愼之愼之. 無好無害,[4] 善者自興, 惡者自敗. 觀此二象, 思其利害. 凡天下之事, 各從其類, 毛髮之間, 無有過差. 但人不自精, 自以不知, 罪名一著, 不可奈何. 不守其本, 身死有餘過. 乃爲惡於內, 邪氣相召於外. 故前有害獄, 後有惡鬼, 皆來趨鬥, 欲止不得也, 因以亡身. 故畫象以示後來, 賢明得之以爲大誡. 愚者不信道, 自若忽事, 書審如言, 不失銖分. 故守柔者長壽, 好鬥者令人不存. 物事各從其類, 不復得還, 雖悔之無益, 鬼已著焉. 見誡當覺, 以時自還. 今尙未傷, 固可得爲善人. 善者乃上行, 惡者下降. 天道無私, 乃有自然, 故不失法也, 其事若神.

右著西壁.

역주

1) 劫必致兵喪, 威之死滅世. 亡道神書必敗(겁필치병상, 위지사멸세. 무도신서필패) : (천도를 억지로) 빼앗아 점유하면, 반드시 전화(戰禍)를 초래하게 되어, 무력에 의해 자신도 죽고 후세도 끊기게 될

것이다. 신서(神書)가 반드시 손상될 것이라고 말하지 말라. 이 부분은 구두법과 해석에 이견이 있다. 『주역(중)』, 『금주금역(하)』, 『정독』 등은 이곳과 같은 구두법을 주장하고 있지만, 『합교』와 『전역(중)』은 '劫必致兵喪威之死, 滅世亡道, 神書必敗'와 같은 구두법을 택하고 있다. 구두법의 차이로 해석 역시 차이가 생기는데, 『전역(중)』에 의하면 "천도를 빼앗아 점유하면 반드시 전쟁으로 인한 화(戰禍)를 불러들여 사망하게 될 것이며, 세상은 멸망하게 되고 도는 다시는 존재하지 않게 될 것이며, 참된 도의 문서는 반드시 폐기(廢敗)될 것이다"라고 풀이하고 있다. 특히 차이가 나는 부분은 멸세(滅世)와 무도(亡道)로, 전자의 구두법에서는 멸세(滅世)를 '후대가 끊기는 것'으로, 무도(亡道)를 '무도(毋道)', 즉 '말하지 말라'는 의미로 보았지만, 후자는 멸세(滅世)를 '세상이 망하는 것'으로, 망도(亡道)를 '도가 망하는 것'으로 보았다.

2) 乃致自然之際會(내치자연지제회) : 이 부분의 해석에도 이견이 있다. 『합교』과 『전역(중)』은 앞 문장이 이 앞에서 끝나는 것으로 보고, 이 부분을 "(너희들은 노력하여) 천지자연의 법칙과 서로 합해야 한다"라고 해석하며, 자연지제회(自然之際會)를 '천지자연법칙과 상합(相合)'이라 주해했다. 한편 『주역(중)』, 『금주금역(하)』, 『정독』 등은 앞 문장과 연결되는 것으로 보아 '此卽響應天地之性也, 乃致自然之際會'라고 구두하고 자연지제회(自然之際會)를 부정적인 의미로 풀이했다. 『정독』의 경우에는 제회(際會)를 '새것과 헌 것이 교체하는 시절로, 재화(災禍)가 어지럽게 움직이는 것'이라고 주해했고, 『금주금역(하)』는 '(일정) 시기에 응하여 이르는 천재인화(天災人禍)'로 주해했다. 여기에서는 『전역(중)』의 입장을 따랐다.

3) 審樂以長存(심락이장존) : 진실로 선을 행하는 것을 즐거워하여야 장수할 수 있다. 심(審)은 '진실로'(『금주금역(하)』)이며 심락(審樂)은 '선을 행하는 것을 진실로 좋아하다'(『전역(중)』)는 의미이다. 『주역(중)』은 "진지하게 선을 행하여서 장수를 추구하다"라고 풀이했다.

4) 無害(무해) : 해악을 짓다. 『합교』에 "의심컨대 '爲害'로 해야 한다"
고 교감했으며, 모든 주해본이 이 견해를 선택했다.

太平經

제102권

기부(己部)의 17

『태평경초』

제165 신인자서출서도복색결(神人自序出書圖服色訣) : 신인이 스스로 책과 그림을 내놓아 옷 색깔을 배치하는 비결

해제 여기에서 말하는 '신인(神人)'은 도를 전수하는 천사(天師)를 가리킨다. '자서(自序)'란 스스로 순서를 안배하는 것을 뜻한다. 여기에는 언제 누구에게 『태평경』 및 이와 관련된 그림을 전수할 것인가 하는 점을 포함하고 있으며, 더불어 그림 가운데의 선인(仙人)의 의복 색깔을 배치하는 방식에 관한 설명을 포함하고 있는데, 이것이 곧 '도복색결(圖服色訣)'이라는 말의 의미이다.

이 글 가운데서 "을사년에 이 책을 꺼내 오가는 여행객 가운데 수도로 가서 조정에 책을 바칠 수 있는 사람에게 맡겨라[乙巳而出, 以付郵客而往通之者也]"라고 하고 있다. 을사년은 서력기원 165년에 해당한다. 이것은 『태평경』이 저술된 연대 및 그 정황을 알아볼 수 있는 기초적 자료이다. 참고로 장각(張角)이 황건봉기(黃

巾蜂起)를 일으킨 해는 서기 184년으로 새로운 갑자(甲子)가 시작되는 해이다. 다음으로 해마다 동지가 되면 '황천과 더불어 제일가는 도[皇天上和與第一之道]'를 은밀하게 드러내고, 수일양성(守一養性)하고, 겉으로만 화려한 방법을 버려야 함을 강조한다. 그리고 '전해줄 만한 사람이 아닌 자에게 전해주면 천벌을 받는다'라고 하여, 반드시 참된 그림(眞圖), 비밀스러운 글(密文)로 전해야 한다고 하고 있는데, 이것은 초기 도교의 계율과 의식을 보여주는 것이다. 이와 더불어 이 편에서는 음양오행설에 비추어 그림 속의 선인이 입는 옷의 색깔에 따른 등급, 제작의 원칙, 상징의 의미에 관해 설명하였다. 이는 도교 미술의 내용과 표현 기법의 한 특성을 보여주는 것이다.

"저는 본래 어려서부터 도를 배움에 그침이 없이 정과 신을 생각할 때면 항상 눈물이 쏟아지려고 하였습니다. 이렇게 수련한 지가 오래되었는데, 황천(皇天)의 크나큰 은혜를 입어 오늘 다행스럽게도 광야에서 천사님을 뵙게 되었습니다. 천사께 처음 배우기 시작하였을 때는 저 자신이 매우 부족하다는 것을 알고 있었기에 기회를 보아 자질구레한 일들만을 여쭙고 겉으로만 화려한 것들은 버렸습니다. 본래 수일(守一)하여 생명을 기르는 방법으로서 모두 300가지만을 구하고자 하였습니다. 지금 천사께서 끝없이 강설하시는 것을 보고서는, 감히 제가 끝내 장생(長生)할 수 있을지를 여쭙습니다. 천사께서 끝없이 강론하시는 것을 들었으므로, 감히 작은 정사에 관한 것도 여쭙고자 합니다. 감히 다음과 같은 것에 관해서도 상세히 여쭙겠습니다.

천지가 개벽한 이래로 제왕들이 번갈아 가며 서로 승부(承負)하여 근심하고 고뇌하였음에도, 하늘의 재앙과 변괴들이 그치지 않고 일어났는데, 어떻게 해야 이런 것들을 제거할 수 있는 것입니까? 또한 여러 신들이 이유 없이 함께 세상 사람을 해쳐서 사람이 도무지 천수를 다 누리지 못하고 있습니다. 어찌해야 이런 일을 그치게 할 수 있는 것입니까? 지금 천사님의 엄격한 가르침과 깊은 훈계를 받은 뒤에는, 간사하고 거짓된 것을 제지하여 세상을 흥성시킬 수 있는 이 도서(道書)를 마땅히 언제 내놓아야만 하는 것입니까?"

"을사(乙巳, 서기 165년)년에 이 책을 세상에 내놓아, 그것을 오가는 여행객 중에서 수도로 가서 바칠 수 있는 자에게 건네주거라. 그 뒤로는 매 갑자(甲子)년 동지에 도서를 세상에 내놓거라. 이때는 하늘의 육갑(六甲)의 가장 앞선 열흘이 되는 순(旬) 중에서 첫째이기 때문이다. 이는 바로 원기(元氣)가 주기를 이루어 다시 시작하는 처음의 상태가 된다. 이때 도서를 내용의 순서에 따라 나라의 군주에게 건네주어야 하는데, 이렇게 하면 천지가 개벽한 이래로 번갈아 가며 서로 승부해 온 액겁을 해결할 수 있다."

"도서를 건네줄 때가 되면 마땅히 어떤 경문(經文)을 주어야 하는 것인지요?"

"그 글과 가르침은 많은 글자를 이루어 쌓여 있느니, 그것이 어느 것인지는 스스로 깊이 깨달아야 한다. 양기와 음기와 중화기가 일체로 된 황천(皇天)의 상화(上和)와 더불어 제일가는 도이므로 누설해서는 안 된다. 장차 조정에 가서 책을 바칠 수 있는 사람에게 그것을 전수하기에 앞서, 그와 함께 한 편 한 편을 순서대로 해석해보아야 한다. 갑자년 동지가 되어 만약 간절하게 나의 책을 구하는 사람이 있으면, 수일(守一)과 관련되는 것인지, 겉으로만 화려한 것인지를 따져 골라 건네주거라. 먼저 수도를 오가는 자 가운데 방술을 지닌 사람에게 그 도서를 건네주고, 그로 하여금 수도로 가서 지극한 덕을 갖추고 있는 군주에게 바치도록 하라."

"무슨 말씀이신지요?"

"책을 얻어서 겉으로만 화려한 것은 버림으로써 참으로 수일의 도술을 수련할 수 있는 사람이라면, 바로 그가 책을 전수해 줄 만한 사람이라는 뜻이다. 수일의 도술을 수련할 줄 모르는 사람이라면, 책을 전수해 줄 만한 사람이 아니다. 그대들이 먼저 나서서 다른 사람에게 도서를 전수해서는 안 된다. 만약 그렇게 한다면 하늘께서 무섭게 분노하시고, 도리어 그렇게 한 사람을 주살하실 것이다. 내가 그대들에게 훈계할 것은 이것이 전부이다. 내가 □□하는 까닭은 참으로 하늘을 두려워하여 말하는 것이다."

"지금 천사께서 어리석은 제자들을 가르쳐주시고 명령하셨습니다. 가슴속으로 성심을 다하면 장차 깨달을 수 있을 것만 같아, 감히 천사님의 뜻을 저버리지 못하겠습니다. 성실하게 여쭙사온데, 도서(道書)에 붙여 놓은 그림 가운데의 신의 옷을 그리려면 어떻게 해야 하는 것인지요?"

"모든 것은 하늘의 법을 본떠서 해야 하느니, 세속의 화법(畵法)을 따라 해서는 안 된다. 지금 사람들은 하늘의 법을 알지 못해, 인물 그림의 크기를 자기 마음대로 정하여 신에게 옷을 그려 입히고 있다. 의복이란 오행의 색깔을 따라야 하는 것이다. 그리하여 어머니(母)로 하여금 아들(子)에 속하는 것을 포함하게 하여, 그 안에 거처하게 하고, 각 항(行)의 색깔에 따라 순서대로 해야 한다. 겹이 가장 많은 의복의 경우에는 오색을 모두 갖추어야 한다. 색깔의 겹이 중급 정도인 의복의 경우에는 네 가지 색깔[靑赤白黑]을 포함해야 한다. 색깔의 겹이 그 다음으로 적은 의복의 경우에는 세 가지 색깔[靑黃赤]을 포함해야 한다. 색깔의 겹이 가장 적은 의복의 경우에는 음양을 본떠 두 가지 색깔[黑白]을 포함해야 한다. 많은 색깔을 모아 놓은 의복의 경우에는 정색(正色)과 간색(間色)을 뒤섞어 여섯 겹으로 나타내야 한다."

"청컨대 다섯 겹 색깔의 의복이 무엇을 상징하는지 여쭙겠습니다."

"오행의 기가 서로 합하는 것을 상징한다."

"네 겹 색깔의 의복은 무엇을 상징합니까?"

"춘하추동의 네 계절이 갈마들면서 서로를 낳는 것을 상징한다."

"세 겹 색깔의 의복은 무엇을 상징합니까?"

"각각 부(父), 모(母), 자(子)가 되는 목행, 토행, 화행이 음과 양이 화합하는 것을 상징한다."

"두 겹 색깔의 의복은 무엇을 상징합니까?"

"왕기(王氣)와 상기(相氣)가 서로를 이어받는 것을 상징한다."

"여섯 겹 색깔의 의복은 무엇을 상징합니까?"

"상하 사방의 색깔들은 서로 뒤섞이는 까닭에, 세상에는 잡색이 있게 되는 것이다. 여섯 겹이란 이것을 이르는 말이다."

"훌륭하십니다. 훌륭하십니다!"

"돌아가라. 그림을 신중히 지키고 도의 책을 비밀히 간직하라."

"예, 예. 지금 소생들은 매우 어리석고 비천하오나, 은혜를 입어 천사님이 주신 도의 글을 접할 수 있게 된 지가 오래 되었습니다. 모든 일을 메아리가 본래 소리에 응하고 화하는 것처럼 확실하게 처리하도록 하겠습니다. 청컨대 다시 한 가지 의문을 여쭙고 싶습니다."

"차근히 말해 보라, 어떤 것인가?"

"오늘날 흔히 볼 수 있는 것처럼, 천지개벽 이래 글이 앞서거니 뒤서거니 세상에 나온 게 한두 가지가 아니며, 이에 쌓이고 모인 것이 많고도 많은데, 이들은 모두 황하(黃河)와 낙수(洛水)에서 나온 것이라고 합니다. 천사님의 이 문서는 어째서 황하와 낙수에 기대어 나온 것이라고 말씀하지 않는 것입니까?"

"좋도다. 좋도다! 그대들의 지금 물음은. 그 물음은 하늘께서 그대들로 하여금 묻게 하신 것이니, 그 긴요한 뜻을 얻은 것이라고 할 만하다. 지금 하늘께서는 제왕과 백성을 위하여 나로 하여금 승부의 죄책과 겁액이 번갈아 드는 것을 모두 내놓고 풀어 진술하도록 하셨으므로, 모든 문서의 권수가 너무나도 많다. 그러므로 더 이상 황하와 낙수에서 나온 것이라고 하는 방법으로써는 감당할 수 없게 되었다. 황하와 낙수에서 나왔다고 하는 문서들은 문자의 종류가 많기는 해도, 마땅히 그것을 연마할 수 있는 수단을 제시할 수 있는 것들이다. 문서의 글자 수가 너무 많으면, 연마할 수 있는 수단만 가지고는 그것을 전부 이해하기가 어렵다. 그래서 하늘께서는 세상 사람들에 의지하여 이 문서를 내놓으시려는 것이다. 하늘께서는 확실히 내가 대신하여 잘 강론할 수 있음을 잘 알고 계시니, 또한 묻는 물음에 대해서도 상세하고도 완벽하게 대답해 줄 수 있는 지혜를 지니고 있음을 깊이 알고 계신다. 그리하여 도리어 그대들과 나로 하여금 함께 그 긴요한 말을 전하도록 하신 것이다. 그대들 또한 스스로 깨달을 수 있을 것이다. 배워도 도의 마음을 깨달을 수 없다면, 그대들은 무엇을 위하여 내게로 온 것이겠는가?"

"지금 이 제자들은 어리석고 우매하여 스스로는 깨달을 수가 없습니다."

이상은 선인(仙人)의 의복을 그린 그림을 내놓지 말고 감추어 두어야 한다는 점을 말한 것이다.

"吾本少學而不止, 精神念之, 涕常欲下. 爲此積久, 蒙皇天大恩, 今日幸得逢天師人於曠野. 始學若虧, 司問小事外浮華也.[1] 本求守一養性之法, 凡三百首, 乃見天師說而無極, 故敢問身寧可得長存與不. 見天師說而無極, 故敢問小政事. 見師說無極, 乃敢具問天地開闢以來, 帝王更相承負愁苦, 天災變怪訖不絕, 何以除之? 又群神無故共害人, 人不得竟其年命, 以何止之. 今受天師嚴敎深戒之後, 宜何時出此止姦僞興天地道之書乎?" "乙巳而出,[2] 以付郵客而往通之者也.[3] 後世歲歲在玄甲,[4] 乃出之, 是天諸甲之首,[5] 最上旬也, 與元氣爲初. 乃以書前後付國家, 可以解天地初起以來更相承負之厄會也." "比付當以何字?" "其文敎積累其字, 獨自深知之, 勿令泄皇天上和與第一之道也, 將傳與能往付者, 共分別解之. 比到玄甲, 使其憒憒如有求吾書者, 以守一浮華爲前以付之. 已付郵客方士, 往付上有至德之君." "何謂也?" "得而防行之, 卽其人也. 不知行之, 卽非其人也. 眞人勿先出之也. 且天威怒, 反殺人也. 吾戒悉盡於是矣. 所以□□,[6] 誠畏天有言也."

"今天師敎勑下愚弟子, 胸中僂僂, 若且可知, 不敢負也. 誠問著圖者, 畫神衣云何哉?" "皆象天法, 無隨俗事也. 今不曉天法, 其人圖大小, 自以意爲衣. 衣者, 隨五行色也. 今使母含子,[7] 居其內, 以色相次也. 大重之衣, 五也, 中重之衣四也, 小重之衣三也, 微重之衣象陰陽, 二也. 大集之衣亂彩六重也." "願聞大重何象?" "象五行氣相合也." "四重何象?" "象四時轉相生也." "三重何象?" "象父母子陰陽合和也."[8] "二重何象?" "象王相炁相及也."[9] "六重何象? 象六方之彩雜也. 故天下有雜色也. 此之謂." "善哉善哉!" "行去, 愼圖密文." "唯唯. 今弟子至愚且賤, 蒙恩得與天師文用日久, 凡事嚮且畢. 願更問一疑." "平言, 何等也?" "今見天地開闢以來, 文書前後出非一, 乃積多復多, 河洛出之.[10] 今此書何不須河洛出之乎?" "善哉善哉! 子今難也. 天使子言, 可謂得其意矣. 今天悉使吾爲帝王人民具出陳承負之責會也, 文書積衆多, 不可以河洛出之也. 夫河洛文書文多, 當見其策, 文多難以策悉知之. 故天因人出之也. 天乃深知吾而爲其言, 知而具難問, 故反使子與吾共傳其要言也. 子亦自知. 學而不得道心, 眞人爲何來哉?" "今愚蔽暗, 不自知也."

右問閉藏出其圖畫衣服文.

역주

1) 司問小事外浮華(사문소사외부화) : '사(司)'는 '사(伺; 엿보다, 찾다)'자와 통하는 글자이다. '기회를 엿보다'·'기회를 얻다'라는 뜻이다. '외(外)'는 '배척하다'라는 뜻이다.

2) 乙巳(을사) : 이는 한나라 환제(桓帝) 연희(延熹) 8년(서기 165년)을 가리킨다. 이 해에 환제는 중상시(中常侍)를 고현(苦縣)에 파견하여 노자(老子)를 제사하도록 하였다. 이듬해에 제(齊)나라의 방사(方士) 양해(襄楷)가 조정에 『태평경』 170권을 바쳤다. 또한 서한(西漢)의 성제(成帝) 영락(永始) 원년(기원전 16년)도 을사년인데, 당시에 제나라의 술사(術士) 감충가(甘忠可)가 『포원태평경(包元太平經)』 열두 권을 조정에 바쳤다. 그런데 『태평경』 권112의 「불망계장득복결(不忘誡長得福訣)」에는 "태평지서삼갑자내부현리(太平之書三甲子乃復見理)"라는 말이 있는데, '3갑자'는 180년이므로 이는 양해가 책을 바쳤던 해와 일치한다.

3) 郵客而往通之者(우객이왕통지자) : '우객(郵客)'이란 왕래하는 여

행객을 뜻한다. '우(郵)'는 한나라 때에 설치한 역관(驛館), 즉 문서를 전달하는 사람에게 숙박 시설을 제공하였던 것을 가리킨다. '이(而)'는 '능(能)'의 의미이다.

4) 玄甲(현갑) : 갑자(甲子)의 동지(冬至)를 가리키는 명칭이다. 음양가(陰陽家)는 동지를 양기(陽氣)가 지하에서 비로소 생겨나는 때라고 여겼는데, 이는 북쪽의 수행(水行)에 속하는 것이다. 북쪽은 수(水)에 해당하고 그 색깔은 흑(黑) 또는 현(玄)이므로 '현갑'이라고 칭한 것이다.

5) 諸甲(제갑) : 육갑(六甲), 즉 60 갑자에서 각 순(旬)의 첫머리에 해당하는 갑자(甲子) · 갑술(甲戌) · 갑신(甲申) · 갑오(甲午) · 갑진(甲辰) · 갑인(甲寅)을 가리킨다.

6) 所以□□(소이□□) : 이 구절에는 원래 두 글자가 빠져 있는데, '연자(然者)'라는 두 글자를 보충해서 볼 수 있다.

7) 今使母含子(금사모함자) : '금(今)'을 '영(令)'자로 고쳐서 보아야 한다. 목생화(木生火), 화생토(火生土), 토생금(土生金), 금생수(金生水), 수생목(水生木)에서 각각 전자가 '모(母)'이고 후자가 '자(子)'이다.

8) 象父母子陰陽合和也(상부모자음양합화야) : 오행이 상극(相克)함에, 극복하는 것은 부(夫)이고 극복되는 것은 처(妻)이다. 목극토(木克土)의 경우, 청색이 부(父)를 상징하고 황색이 모(母)를 상징한다. 그러나 상생의 한 경우인 목생화(木生火)에서는 적색이 자(子)를 상징한다. 부 · 자는 남성으로서 양(陽)에 속하고 모는 여성으로서 음(陰)에 속하므로, 이렇게 말한 것이다.

9) 象王相炁相及也(상왕상기상급야) : '기(炁)'는 '기(氣)'와 같은 글자이다. 음양가는 일 년의 네 계절 중에서 오행 기의 운행이 서로 홍성하기도 하고 쇠하기도 한다고 여겼다. 그 홍성하는 것을 '왕(王)' · '상(相)'으로 표현하고, 쇠퇴하는 것을 '휴(休)' · '수(囚)' · '폐(廢; 즉 死)'로 표현한다. 오행이 상생하고 상극하는 순서에 따르면, 봄은 목왕(木王) · 화상(火相)이며, 토사(土死) · 금수(金囚) · 수휴(水休)

이다. 나머지는 이러한 원리에 따라 유추할 수 있다. '상급(相及)'이란 서로 이어받는 것[相承]이다. 예컨대 목생화(木生火)의 경우, 목이 왕(王)이므로 이에 화가 상(相)이 된다.

10) 河洛出之(하락출지) : 예로부터 전해지는 말 가운데, 황하에는 용마(龍馬)가 있어 일찍이 도(圖)를 내놓았는데 복희씨(伏羲氏)가 그것에 의거하여 팔괘(八卦)를 창안하였다고 한다. 낙수(洛水)에는 신귀(神龜)가 있어 일찍이 서(書)를 내놓았는데 대우(大禹)가 그것에 의거하여 「홍범(洪範)」을 지었다고 한다.

제166 위차전문폐절즉병결(位次傳文閉絶即病訣) : 신선의 지위와 글을 전함이 끊어지면 병든다는 비결

해제 이 장은 앞 장을 이어받은 것으로, '위차(位次)'란 신선(神仙)의 직위와 등급을 가리킨다. '전문(傳文)'이란 『태평경』의 경문(經文)을 전파한다는 의미이다. '폐절(閉絶)'이란 경문을 제멋대로 감추어두고서 제때에 맞춰 세상에 내놓지 않는 것을 뜻한다. '즉병(卽病)'이란 곧바로 하늘의 증오와 징벌을 받게 됨을 말한다. 천사(天師)의 지위는 하늘에 속하는 것으로, 그 직무는 천상 세계를 다스리는 것이다. 진인(眞人)의 지위는 땅에 속하고, 그 직무는 지상 세계를 다스리는 것이다. 하늘은 낳아주는 존재이고, 땅은 길러주는 존재이므로, 『태평경』을 만든 천사는 『태평경』을 전수해 주는 존재이기도 하다. 땅은 인간과 만물을 길러주는 존재이므로, 진인들 또한 『태평경』을 다시 세상 사람들에게 전수해 주는 존재이다. 그렇지만 진인들이 만약 경문을 자신의 것으로만 간주하여, 경문을 다른 사람에게 전수하는 시기를 놓쳐 하늘이 준 사명을 완수하지 못한다면, 하늘이 주는 재앙인 '병(病)'·'재(災)'·

'흉(凶)'이 반드시 번갈아 가며 그의 몸에 닥칠 것이다. 이 장은 이러한 내용을 근간으로 하여 도교도들을 경계한다.

"그대들은 하늘을 위하여 의문스러운 일을 배우려고 내게 왔고, 나 또한 하늘을 위하여 그대들에게 전수하노라."

"바라옵건대, 천사께서 그처럼 단호하게 말씀하시는 뜻을 여쭙습니다. 과연 무엇으로 그것을 입증하실 수 있습니까? 나아가 증명하신 것을 또 어떻게 해석해야 하는 것입니까?"

"지금 덕을 갖춘 군주가 나의 책과 글을 얻어 그것을 마음으로 알고 행하여, 뭇 현인과 더불어 논하여 모든 백성을 교화한다면, 반드시 하늘과 더불어 메아리가 치듯이 서로 응하여 화합할 것이다. 이것이 분명한 증거이다. 나의 도는 이루어지는 것을 함께 한 것이지 거짓된 말을 하는 것이 아니다. 행함은 이미 결정된 것이다."

"예, 예. 제자들은 말로 이루 형용할 수 없으며, 여러 차례 천사께 근심을 끼쳐드렸습니다. 지금부터는 그러지 않겠습니다."

"그대들이 묻기를 좋아하지 않는다면, 깨달을 수 있는 다른 방법이 없을 것이다. 내가 이 학문을 펼칠 것을 마음에 품은 지 오래되었음에도, 더불어 말할 수 있는 사람이 없었으므로, 그것을 제 때에 전수할 수 없었다. 지금 사람들로 하여금 흑백을 알지 못하는가? 죄과는 바로 내게 있다. 그러나 이제 그것을 전수할 수 있게 되었고, 그대들이 묻고 있느니, 진실로 기쁘고 너무나도 기뻐 마치 봄날에 누대에 오른 듯한 기분이다. 밖으로 나가 하늘을 바라보는 즐거움을 누리는 것과 다를 바가 없다."

"어째서 그런 것입니까?"

"하늘께서 원한을 맺으시면 세상 사람들에게 극심한 질병이 있게 되고, 재해가 끊이지 않고 일어나는데, 이는 하늘이 소통할 수 없어서 생기는 근심의 표현이다. 그대들에게 강론하게 되어 기뻐하는 것이다."

"천사께서는 어째서 몸소 가시어 황제에게 전해주시지 않는 것입니까?"

"나의 지위나 위계가 허용하지 않기 때문이다. 나의 지위는 하늘에 속하고, 그대들의 지위는 땅에 속한다. 땅은 만물을 생장시켜주는 존재인 까닭에, 하늘께서 낳아준 것은 땅에서 길러지는 것이다. 이런 까닭에 나는 그대들에게 도를 전하는 것이다. 땅은 군왕 · 백성 · 만이천물(萬二千物)을 생육하는데, 이들 모두는 양의 베풂을 얻어 음 속에서 태어난 것이다. 그러므로 그대들이 세상 사람에게 전수해야 하는 것이다."

"훌륭하십니다. 훌륭하십니다! 어리석은 소생들도 스스로 매우 기이한 일이라고 여기고 있었는데, 우연히도 이렇게 천사님의 말씀을 듣게 되었습니다. 애써 천사님께 묻지 않았다면, 이런 것을 깨달을 방법이 없었을 것입니다. 홀로 의심만 하고 있을 수는 없다고 생각하여, 감히 무릅쓰고 여쭈었던 것입니다."

"잘했도다! 그렇게 하였으니 그대들은 사리를 깨달은 제자라고 할 만하다. 그렇지만 그것은 또한 그대들만의 힘으로 한 것이 아니다. 실제로는 하늘께서 그대들에게 그렇게 하고자 하는 마음을 내려주시어, 그런 말을 하도록 하셨던 것이다."

"지금 가려지고 막히어서 스스로는 깨닫지 못하겠습니다."

"앞으로 나오라. 나는 지금 그대들로 하여금 스스로 크게 깨닫도록 하여, 마치 해와 달의 빛이 비추는 것처럼 해 줄 수 있는

데, 그대들은 나의 이 말을 진실로 믿지 못할지도 모른다. 하늘께서 비록 내놓고자 하셔도 세상 사람과 직접 말하지 않으시는 이상, 그대들의 실정을 이시기는 어렵다. 나의 이 책과 글은 하늘의 가르침과 명령을 받드는 것으로서, 분명하기가 단청(丹靑)과도 같다. 그렇지만 그대들이 사사롭게 나의 책과 글을 숨겨두고 가둬두고 끊어버려, 제때에 내놓지 않는다면, 하늘께서 장차 그대를 병들게 하시고 재앙을 끼치실 것이다. 그대들이 만약 고의로 감춰두고 끝끝내 내놓지 않는다면, 그대들은 이미 흉한 꼴을 당한 것이나 진배없다. 이것이 하늘께서 그대들로 하여금 내게로 오도록 하여, 도를 배우고 의문스러운 것을 묻도록 하신 명백한 증거이다. 또한 이것이 그대들로 하여금 책과 글을 세상에 내놓도록 하시겠다는 분명한 믿음인 것이다."

"훌륭하십니다, 훌륭하십니다!"

"그대들은 이것을 거듭 도의 계율로 삼아 신중히 해야 할 것이다."

"예, 예. 이제 천사님의 지위가 하늘에 속한 것임을 알겠습니다만, 부득이 다시 한 가지 의문을 여쭙고자 합니다."

"감히 말할 수 없는 것인가? 말해 보라."

"지금 무릇 하늘께서 하시는 일은 누구든 하늘의 부림만 받으면 전수할 수 있는 것인지요? 천사님과 이 우매한 제자들만이 할 수 있는 것인지요?"

"아아! 그대들이 갈수록 우매해지는 것은 어찌된 일인가? 세상의 만물이 모두 하늘의 부림을 받는다는 사실을 알아야만 한다. 각자에게는 맡은 직분이 있는 것이니, 그들 모두가 함께 천도를 이룬다. 하나의 사물이라도 다 갖추어지지 않는다면, 곧 천도에도 다 갖추어지지 못함이 있는 것이다. 그대들은 무슨 연유로 이런 사실을 모르는가? 우매함이 어찌 이다지도 극심한가?"

"어리석은 제자들의 몽매함이 아직 전부 깨우쳐지지는 않았지만, 천사께서 풀어주시는 말씀을 듣고서야 훤히 밝아졌습니다."

"가보라, 그대들 또한 사람들에게 쉽게 알려줄 수 있을 것이다. 가서 노력하고 힘써야 하느니라. 뭇 백성은 각자가 맡고 있는 직분이 있으며, 이에 다시 하늘을 위하여 만물을 다스림에 그 직분을 감당하고자 스스로 노고하는데, 이는 저절로 그러한 일이다."

"감당할 수 없습니다. 감당할 수 없습니다."

"가보라."

"子爲天來學問疑, 吾爲天授子也." "願聞其訣意, 以何明之也? 其以又明之云何哉? 今有德之君, 得吾書心解行之, 與衆賢共議, 以化凡民, 必與天立響相應, 是其明證也. 吾道以誠成, 不設僞言. 行已訣矣." "唯唯. 弟子無狀, 數愁天師不也." "子不好問, 亦無從知之也. 吾含此學久矣, 無可與語者, 故不得以時傳之. 今使人不知白黑, 其過在吾也. 今得傳眞人問, 誠喜甚喜, 比若春得登臺,[1] 而出見天無異." "何乎哉?" "天怨結有劇病, 變不絶, 此其悒悒不通, 得與子言喜也." "天師何不自往與之?" "位次不得也.[2] 吾位職在天, 眞人位職在地.[3] 地者出萬物, 故天生者, 於地養之, 故吾傳道於眞人. 地生君王凡民萬二千物, 悉得陽施, 從陰中出, 故子得傳於人." "善哉善哉! 愚生大自怪, 當得此. 響不力問天師, 無由知之也. 但猜疑, 故也敢冒過問之耳." "善乎! 是名爲曉事之生, 是亦非獨子力也. 實天授子心, 使其言也." "今蔽塞不自知." "行." "今使子大自知, 照若日月之光, 子以吾言不誠信也. 夫天雖欲有所出, 不與人語難知情.[4] 吾書承天敎令, 明丹靑也.[5] 子爲不然, 今私匿閉絕吾文, 而不以時出之, 天卽且病子災子. 子或遏之猶不出, 子已凶矣. 是其天使子來學問明證也, 使眞人出之明信也." "善哉善哉!" "眞人重戒愼之." "唯唯. 今天師職在天, 覆加不得已, 欲復請問一疑." "不敢言乎? 行!" 今凡天事, 皆爲天使有所傳耶? 獨天師與愚生邪?" "噫! 子益愚何? 知天下凡物, 皆爲天使. 故各有所職, 共成天道也. 一物不具足, 卽天道有不具者. 子何故乃不知是乎? 其冥冥何劇也." "愚蒙未悉開, 得天師解之昭然." "行, 子亦易示矣. 行努力, 勉之. 凡民各有所職, 乃復爲天使物, 敢獨自勞, 自然也." "不敢不敢." "行去矣."

역주

1) 春得登臺(춘득등대) : 『노자(老子)』 제20장에 "봄날에 누대에 오른 듯이 한다[如春登臺]"라고 한 것이 있다. 한대(漢代)의 제도에 의하면 황제는 정월에 영대(靈臺)에 올라가 원기(元氣)를 조망하고, 만물의 변화를 관찰하였다고 한다.

2) 位次不得也(위차부득야) : 『태평경』 권67의 「육죄십치결(六罪十治訣)」에서 천사가 말한 것으로서 "이제 나는 이미 세상을 버렸으니, 멋대로 다시 민간에 나타나는 것은 불가하다[今吾已去世, 不可妄得還見於民間]"라고 한 것이 있다.

3) 吾位職在天, 眞人位職在地(오위직재천, 진인위직재지) : 이 두 구절은 『태평경』의 작자가 신선의 등급을 구분한 것이다. 이에 관한 자세한 것은 『태평경』 권42의 「구천소선왕재법(九天消先王災法)」의 내용을 참고할 수 있다. 또한 권40의 「낙생득하늘의 마음법(樂生得天心法)」에서 진인(眞人)의 말로서 "吾統乃系於地, 命屬崑崙; 今天師命乃在天, 北極紫宮"이라고 기록하였다.

4) 難知情(난지정) : 이 세 글자가 『태평경초』에는 '정의동(情意同)'으로 쓰여 있다.

5) 丹靑(단청) : 홍색 안료와 청색 안료는 모두가 잘 퇴색되지 않는 것들이다. 『태평경』 권115에서 권116에 이르는 「궐제(闕題)」(1)에서 "吾書中善者, 悉使靑首丹目, 何乎? 吾道乃丹靑之信也. 靑者生, 仁而有心; 赤者太陽, 天之正色也"라고 한 것이 있다.

제167 경문부수소응결(經文部數所應訣) : 경문의 부와 수가 서로 응하는 비결

해제 이 장에서 말하는 '경문부수(經文部數)'란 『태평경』의 각 부(部) 및 각 권(卷)의 구분을 뜻한다. '소응(所應)'이란 그 구분이 순응하고 따르는 법상(法象)의 수리(數理)를 가리킨다. 이 장에서 말하는 '천수(天數)는 1에서 일어나 10에서 마친다'에서, 10은 "십간의 시작이고, 오행의 근본이다(十干之始, 五行之本)." 따라서 전체 경(經)을 갑(甲)과 을(乙)에서 임(壬)과 계(癸)에 이르는 10부로 나눈 것이다. 수가 100에 이르면 완전히 갖추어져, 북두가 7위(七位)를 선회왕래하고, 또한 '음양이 세워지고 깨진다[陰陽建破]'는 교체와 순환의 과정을 나타내므로, 전체 경을 170권으로 확정하게 되었다고 한다. 이러한 '소응'의 '결(訣)'은 한(漢)나라 때의 역위팔괘(易緯八卦)가 체(體)로 삼았던 상수 방식이 음양가의 말과 융합되어 나타난 결과라 할 수 있다.

하늘은 수(數)의 시작이다. 이런 까닭에 하늘과 땅이 분리되지 않았던 때에는 쌓인 기[積氣]가 모두 합쳐져 혼돈의 하나[一]를 이루고 있었는데, 이것이 나뉘어져 하늘과 땅의 둘[二]로 되었고, 또한 부부 곧, 음양을 이루게 되었다.

하늘이 아래로 내려와 땅에게 베푸니, 현명[玄冥]에서 만물을 잉태하니[懷妊], 자(字)를 붙여 갑자(甲子)라고 한다. 만물은 동북쪽에서 뿌리를 내리는데, 이때의 시령(時令)은 바로 축위(丑位)와 인위(寅位)인 [12월과 정월에] 해당한다. 그리고 묘위(卯位)에서 시작하여 만물은 또 동남쪽에서 전부 자라나는데, 이때의 시령은 바로 진위(辰位)와 사위(巳位)인 [3월과 4월]이다. 만물은 남쪽에서 가지를 늘어뜨리고 잎을 펼치는데, 이는 오위(午位)인 [5월에] 길러지는 것이다. 또한 서남쪽에서 성숙해 가는데, 이때의 시령은 곧 미위(未位)와 신위(申位)인 [6월과 7월]이다. 서쪽에 이르게 되면 이미 성숙되는데, 태양은 추분이 들어 있는 8월의 유위(酉位)로 들어간다. 서북쪽에서 다 갖추어 저장되는데, 술위(戌位)와 해위(亥位)인 [9월과 10월]이다. 따라서 수는 1에서 시작하고 10에서 끝나는 것이다. 10은 십간의 시작이고, 오행의 근본이다.

수는 1로써 10을 거쳐, 100에 이르러 다 갖추어진다. 그러므로 하늘은 백일 안에 생성하여 마침을 다한다. 그러므로 북두(北斗)는 진(辰)에서 세워지고, 술(戌)에서 파한다. 세워진다는 것은 서는 것(立)이고, 파한다는 것은 패망한다는 것이다. 만물은 반드시 술에서 파하고, 수는 천지팔방을 따라 열에서 갖추어진다. 음과 양의 세워짐과 파함은 이를 따라 왕래하여 그 처음으로 돌아간다. 하늘의 북두를 따라 가리켜서 일을 밝힌다. 나의 책은 해로운 기를 없애기 위한 것으로, 하늘을 본받아 법으로 삼았다.

이상은 천사의 책과 글이 믿음을 증험하여 밝힌 것이다.

天, 數之始也.[1] 是故天地未分之時, 積氣都合爲一, 分爲二, 成夫婦. 天下施於地, 懷妊於玄冥,[2] 字爲甲子. 布根東北, 丑與寅.[3] 始見於卯,[4] 畢生東南,[5] 辰與巳. 垂枝於南, 養於午. 向老西南, 未與申.[6] 成西方, 日入酉.[7] 畢藏西北, 戌與亥.[8] 故起數於一, 十而止. 十者, 十干之始, 五行之本也. 數以一乘十, 百而備是也. 故天生內百日, 故畢終. 是故斗建於辰,[9] 破於戌.[10] 建者, 立也, 故萬物欲畢生. 破者, 敗也, 萬物畢死於戌. 數從天地八方, 十而備, 陰陽建破, 以此往來,[11] 復其故, 隨天斗所指以明事. 吾書乃爲除害氣, 故象天爲法.

右問天師書文徵信明訣.

역주

1) 數之始也(수지시야) : '수(數)'란 자연적인 기본수를 가리킨다. 한대(漢代)의 역위(易緯) 『건곤착도(乾坤鑿度)』에서 말하길, '상(象)이 이루어지면 수(數)가 생겨난다. 하늘은 1을 근본으로 하여 세워지는데, 1은 수의 근원이다'라고 하였다. 『태평경』 권40의 「분해본말법(分解本末法)」에서 '천은 초일(初一)이다'라고 하였다.

2) 懷妊於玄冥(회임어현명) : '회임(懷妊)'이란 양기가 땅에서 만물을 잉육하고, 만물이 이에 따라 자생(滋生)을 배태하는 것을 이른다. '현명(玄冥)'이란 북쪽을 가리킨다. 북쪽은 팔괘 가운데 감괘(坎卦)가 위치하는 자리로서 수행(水行)에 속하여 극음(極陰)의 땅이 된다. 극음이 양(陽)을 낳는데 그 색깔은 그윽하고 어둡다. 밖은 어둡고 속은 밝으므로 '현명'이라고 일컫는 것이다. 『태평경』 권 119의 「삼자위일가양화수오결(三者爲一家陽火數五訣)」의 설명에 의거하면, 양기에 말미암아 생겨난 것은 모두가 본초(本初)로 되돌아간다. 즉 원기 혼돈의 상태로 되돌아가는 것인데, 이처럼 음과 양이 서로 화합하여 생(生)을 얻는 까닭에 여기에서 '회임어현명'이라고 한 것이다.

3) 丑與寅(축여인) : 축(丑)은 지지의 제2위이고, 인(寅)은 지지의 제3위이다. 이 둘은 방위상 모두 동북을 대표하며, 시간상 축은 12월을 대표하고 인은 입춘이 들어 있는 정월을 대표한다.

4) 始見於卯(시현어묘) : '현(見)'은 현(現)의 의미이다. 만물이 양기를 따라 승등(升騰)하여 지면으로 삐져나오는 것을 가리킨다. '묘(卯)'는 지지(地支)의 제4위인데, 여기에서는 동쪽과 춘분이 들어 있는 2월을 대표한다. 동쪽은 진괘(震卦)가 거하는 지리이고 목행(木行)에 속한다.

5) 畢生東南(필생동남) : '필생(畢生)'은 만물이 양기를 따라 산포(散布)하여 전부 가지런히 생겨나는 것을 가리킨다. 동남은 손괘(巽卦)가 거하는 자리이고 목행(木行)에 속한다.

6) 未與申(미여신) : '미(未)'는 지지의 제8위이고, '신(申)'은 지지의 제9위이다. 이 둘은 방위상 모두 서남을 대표하며, 시간상으로 미는 6월을 대표하고 신은 입추가 들어 있는 7월을 대표한다.

7) 日入酉(일입유) : 이 구절은 '일출묘(日出卯)'에 상대하여 말한 것이다. 『진서(晉書)』「천문지(天文志)」에서 '2월 춘분에 태양은 서쪽 규수(奎宿) 14도를 조금 넘는 곳에 위치하고, 8월 추분에 태양은 동쪽 각수(角宿) 5도를 조금 넘는 곳에 위치한다. 이는 곧 황도(黃道)와 적도(赤道)가 교체하는 중에 있는 것이고 북극과는 모두 91도를 조금 넘는 거리에 있는 것이다. 이것이 곧 출묘입유(出卯入酉)이다'라고 하였다.

8) 戌與亥(술여해) : '술(戌)'은 지지의 제11위이고, '해(亥)'는 지지의 제12위이다. 술·해는 방위상 모두 서북을 대표하는데, 시간상으로 술은 9월을 대표하며 해는 입동이 들어 있는 10월을 대표한다.

9) 斗建於辰(두건어진) : '두건(斗建)'이란 북두성 두병(斗柄)이 가리키는 방위를 뜻한다. 진위(辰位)에서 가리킨즉 건진(建辰)의 달 즉 3월인데, 이는 봄의 마지막 한 달이다.

10) 破於戌(파어술) : '파(破)'는 대립을 구성하는 것을 이른다. 두병(斗柄)이 진(辰)을 가리킨즉 제1에서 제4에 이르는 성(星)이 조성하

는 두괴(斗魁)는 흡사 술(戌)을 가리키는 것과 같아져 이들 둘이 서로 대립한다. 술(戌)은 봄의 마지막 한 달을 대표한다. '건(建)'과 '파(破)'는 음양가의 용어를 빌려서 말한 것이다.

11) 以此往來(이차왕래) : '차(此)'를 『태평경』 임부(任部) 경문에서는 '칠(七)'로 하고 있는데, 이렇게 보는 것이 옳다. 양수(陽數)는 7에서 이루어지는바, 7은 두병(斗柄)이 선회하여 순차적으로 자리를 바꾸어 가리키는 방향인 인위(寅位; 정월)에서 신위(申位; 7월)에 이르는 사이를 말하는 것이다. 두병이 인(寅)을 가리키게 되면 세상은 모두 봄이고, 신(申)을 가리키게 되면 세상은 모두 가을이다. 봄은 양에 속하므로 건(建)이 되고, 가을은 음에 속하므로 파(破)가 된다. 양건(陽建)의 자리는 파(破)인 음위와 대립을 이룬다. 음양가에서는 인(寅)은 건(建)이 되고 신(申)은 파(破)가 되는 것으로 여긴다. 신(申)이 인(寅)에 이르는 수 역시 7이다. 이것이 곧 이른바 왕래를 구성하는 것이다. 『태평경』 권69의 「천참지간상배법(天讖支干相配法)」에서 '동·남은 천두강(天斗綱)이 되는데, 두(斗)가 가리키는 방향은 모두 왕수명(王受命)이다. 서·북은 땅에 속하는데 두괴(斗魁)에 얽히는 것이 되니, 사절기(死絶氣)인 것이다'라고 하였다.

[아래 글은 『도장』에는 없으나, 『태평경합교』에 보충되어 있는 것이다.]

"하늘께서 사람에게 수명을 주심에 스스로 바른 법이 있다. 천지께서 사적으로 부여해 주는 것은 30살인데, 이는 천지 사이의 해와 달이 서로 갈마들어가는 주기에 여분의 윤달을 두는 것과도 같다. 이런 까닭에 특별히 수명을 더 부여해 줄 수 있는 것이다. 이러한 사사로운 목숨을 더해줄 수 있는 존재는 마땅히 선인(仙人)이어야 한다. 하늘께서 수명을 주심에 있어 상수(上壽)는 120살을 한도로 하고, 지수(地壽)는 100살을 한도로 하고, 인수(人壽)는 80살을 한도로 하고, 패수(覇壽)는 60살을 한도로 하며, 오수(仵壽)는 50살을 한도로 한다. 50살 아래는 죽고 삶에 더 이상 정해진 수가 없는데, 이는 모두 승부(承負)의 재앙과 책임이다. 그러므로 이는 참으로 원통한 일인 것이다.

이것이 곧 각각 하늘께서 부여한 수명[天算]을 얻음에 항상된 법이 있다는 말의 뜻이다. 오늘날에는 많은 사람들이 하늘께서 부여해 준 수명을 다 누리지 못하고 있다. 이렇게 하여 하늘께서 부여하는 수명이 쌓여 있는 것이 헤아릴 수 없을 정도인 까닭에, 세상 사람들 가운데 선행을 한 자는 수명을 늘리게 된다. 이렇게 수명을 늘리는 것은 모두가 남아 있는 수명을 가지고 더한 것이다. 이것의 가장 분명한 증험을 알고자 한다면, 1리(里)에는 열호의 집안이 있으며, 각 집안에는 천 이랑의 밭이 있다는 것에 비유하면 된다. 한 리 중의 아홉 집안이 악행을 저질러 모두 사멸하고, 오직 한 집안만이 선행을 하여 다른 아홉 집안이 밭일을 얻게 된다는 것은 바로 이를 말하는 것이다. 음과 양이 사람을 돕기 바라지 않으면서, 지금 어떤 사람이 분수를 얻지 못하고도, 하늘의 보답을 바란다면, 그는 끝내 하늘의 보답을 얻지 못한다. 오늘 다른 사람에게 먹을거리를 먹여주어야 함에도 나중에 먹을거리를 주겠다고 하는 것은 '다른 사람을 먹여주는 것'이라고 하는 것이 아니라, 단지 '공만을 바란 것'이라고 할 것이다. 오늘 다른 사람에게 마실 거리를 주어 마시도록 해야 함에도 나중에 마실 거리를 주겠다는 것은 '다른 사람을 마시도록 해주는 것'이 아니라, '마실 거리를 맡아 두고 있는 것'이라고 할 것이다. 지금 다른 사람을 대신하여 짐을 옮겨주어야 함에도 나중에 그의 짐을 옮겨주겠다고 하는 것은 '다른 사람을 대신하여 짐을 지는 것'이라고 하는 것이 아니라, 단지

'짐을 맡아두고 있는 것'이라고 할 것이다. 지금 다른 사람을 대신하여 힘써주어야 함에도 뒤에 힘써주겠다고 하는 것은, '다른 사람을 도와주는 것'이라고 하는 것이 아니라 '공만을 바꾸는 것'이라고 할 것이다. 지금 다른 사람을 영예롭게 해주어야 함에도 나중에 영예롭게 해주겠다는 것은 '다른 사람을 영예롭게 해주는 것'이 아니라, 단지 '이름만으로 서로 영예롭게 해주는 것'이라고 할 것이다. 이와 같은 비슷한 사례는 매우 많아 이루 다 기술할 수 없을 정도인데, 이러한 것들은 모두 하늘의 보답을 받을 수 없는 일이다.

그러나 다른 사람이 나를 도와주지 않을지라도 나 홀로 은밀하게 다른 사람을 도와준다면, 하늘은 이런 사람에게 보답을 준다. 나에게 악행을 하라고 말하더라도 나 홀로 선행을 한다면, 하늘은 이런 사람에게 보답을 준다. 다른 사람들이 나에게 공을 더해주지 않을지라도 나 홀로 기꺼이 다른 사람에게 공을 더해준다면, 하늘은 이런 사람에게 보답을 준다. 다른 사람들이 나에게 음식을 먹여주지 않을지라도 나 홀로 기꺼이 다른 사람에게 음식을 준다면, 하늘은 이런 사람에게 보답을 준다. 다른 사람들이 모두 거짓되고 위선적인 행동을 하기 위해 배우고 가르쳐서 서로를 기만할지라도 나 홀로 다른 사람들을 가르쳐 선행을 하도록 하여 그들이 성실과 믿음에 이른다면, 하늘은 이런 사람에게 보답을 준다. 다른 사람들이 모두 천지는 무지하다고 말할지라도 나 홀로 은밀하게 천지를 외경하고 받들어 모신다면, 하늘은 이런 사람에게 보답을 준다. 다른 사람들이 모두 은밀하게 위에 있는 군주를 기만할지라도 나 홀로 은밀하게 군상을 도와서 이롭게 하고 감히 기만하지 않는다면, 하늘은 이런 사람에게 보답을 준다. 부모가 나를 사랑하지 않을지라도 나 홀로 부모를 사랑하여 도와준다면,

하늘은 이 사람에게 보답을 준다. 이와 비슷한 사례는 매우 많아 이루 다 기록할 수 없을 정도이다.

진인들은 스스로 헤아려 보라. 상급의 선비는 하늘이 보답을 추구하고, 중급의 선비는 인간 세상의 보답을 추구하며, 하급의 우매한 사람[下愚]은 선행하지 않으면서도 도리어 보답만을 추구한다. 가장 선량한 사람은 하늘의 보답을 얻어 신선이 되기에 이른다. 중급의 선한 선비는 인간 세상의 보답을 얻는데, 사람들이 그를 아끼고 이롭게 하여 그에게 관직을 준다. 하급의 우매한 사람은 공덕이 없으면서도 도리어 보답만을 강구하는 까닭에, 천·지·인이 함께 그를 미워하고 마침내는 주살해버린다.

그러므로 가장 왕성한 황천(皇天)의 양기는 전부 아래로 내려와 삶을 베풀어 주고, 후토(后土)의 음기는 전부 위로 올라가 길러서 성장시키고, 오행의 기는 전부 그 힘을 아울러 하며, 네 계절[四時]의 기는 전부 화합하며, 해·달·별의 삼광은 더욱 밝아져 세상 사람들이 그 마음을 한가지로 하여 하나가 된다. 하늘은 자기의 본성에 비추어 천하에 같은 마음으로 하나가 되는 것을 가장 존귀하게 여기고 중시하며 아끼고 돕는다. 하늘의 본성은 이미 선량하니 만물을 전부 생성하도록 하지 방치해 두는 것이 없다. 땅의 본성도 선량하니, 만물을 양육하여 방치해 두는 것이 없다. 성인은 전적으로 기꺼이 천지를 도와 다스리니, 만물이 그 공덕을 입는다. 매우 선량한 신인(神人), 진인(眞人)과 선인(仙人)들은 하늘과 땅께서 삶을 베풀고 기르시는 것을 도우면서도, 감히 스스로 수고롭다고 여기지 않는다. 이들은 원기와 더불어 하나가 되고, 하늘의 마음과 더불어 서로 긴밀히 합치하는 까닭에, 이들만이 오래도록 길하고 이로우며 흉한 해가 없다.

옛 성인과 현인은 깊이 사색하고 멀리 고려하여, 이에 천도의 뜻을 알았다. 그리하여 다만 전적으로 은밀하게 선행만을 하였지 감히 악행을 하지 않았고, 황천(皇天)의 분명한 금기를 깊이 새겼다. 그러나 후대로 내려오면서 황천의 금기를 거스르고 아울러 날이 갈수록 이런 짓을 심하게 하였으며, 학문이 천박하고 저열해져 더 이상 황천의 금기를 믿지 않았기 때문에 신선되기가 어려워져 생명을 잃고 일찍이 사망하였다.

"바라옵건대 천수 120살, 지수 100살, 인수 80살, 패수 60살, 오수 50살에 관한 가르침을 듣고자 합니다."

"삼장(三正)은 동쪽에서 일어나는데, 하늘의 시작되는 실마리이고 한 해와 한 달은 동북쪽에서 극한이 되어 하늘의 극한이다. 대저 하늘의 수명은 수의 강함이요, 동북쪽은 사물의 시작이 되는 곳이다. 일 년이란 큰 수는 이에서 마친다. 그러므로 백이십은 하늘을 본받는 것이다. 땅은 음이고, 항상 서북쪽에서 베풂을 받으니 극음이 된다. 음은 죽이는 것이고, 양을 태어나게 하는 것이다. 그러므로 해(亥)는 씨앗이다. 음은 서북쪽에서 마친다. 서북쪽은 땅의 사명(司命)이 된다. 그러므로 지수(地壽)는 백이다. 팔십과 육십은 양이 그치고 음이 일어나는 것이다. 바야흐로 입추이다. 가을은 백기(白氣)로서 백호(白虎)가 일을 맡으니, 패명(覇命)이다. 오십은 양기가 위에서 흥하여 오래가고 음기는 숨어서 아래에서 일어난다. 음이 거스르고, 양은 화한다. 그러므로 명을 맡는다. 이 아래로는 다 항상된 명이 없으니, 참으로 원한 맺힘이 아닌가?

이제 그대들이 단번에 깨우쳐 오래토록 자기를 기름으로써 다 할 수 있는 결코 잊어서는 안 된다. 사람들이 흉함을 제거하고 재해를 멀리하여 장수를 얻고자 한다면, 근본적으로 마땅히 자기를 아끼고 자기를 좋아하고 자기를 친애해야 하며, 이로써 스스로를 기르면 곧 흉함과 재앙이 없어져 몸이 오래도록 보존될 수 있다고 한다. 음식을 정해진 시간에 맞추어 조절해서 먹음으로써, 지나치지도 않고 모자라지도 않게 하는 것이 바로 자기를 아끼고 자기를 기르는 방법이라고 한다. 우연히 만나게 되는 외부의 강력한 간섭을 당하지 않고, 방 안에 거처하여 세속 일에 관여하지 않는 것이 자기를 아끼고 자기를 기르는 방법이라고 한다. 독서를 끝없이 하면서 빈곤에 안주하고 비천함을 즐기면 어떠한 근심도 없게 된다. 이것이 자기를 아끼고 자기를 기르는 방법이라고 한다. 이러한 방법들은 옳은 것 같지만 사실은 그른 것이다.

무릇 '스스로를 사랑한다'고 말하며 정성스럽고 또 정성스럽게 스스로 사랑하여 지키고 스스로 몸을 생각하여도 충족됨이 없다고 느낀다. 어두운 눈 또한 스스로 충족됨이 없다고 느낀 때라도 떨어지지 않아 생각함으로 인하여 근심하게 되어, 먹지 않고도 배부르니 이러한 사람이 스스로를 사랑하는 사람이다.

스스로를 좋아한다고 말하는 것은 몸과 형체를 생각하기를 좋아하여 아래위를 형용하고 여러 번 볼 수 있다고 하며, 참으로 스스로를 사랑함이 그치지 않아 명목상으로 광명을 생겨나게 한다. 밤낮으로 잊을 수 없어서 항상된 법으로 삼으니 육체가 날아다닐 수 있다고 억지로 생각하니, 그것이 스스로를 좋아하고 사랑하는 길이다.

지금 남녀노소, 대인소인 및 현불초한 사람들로 하여금 함께 모아서 상서하는 것은 그로써 제왕으로 하여금 통달하고 총명해지도록 하기 위함이다. 제왕은 마치 중극성은 묵묵히 제자리에 있지만, 뭇 별들이 모두 그를 둘러싸고 돌아가면서 받드는 것과 같은 것이다. 감싸고 돌아갈 때 가장 큰 별은 맨 앞에 거처하고, 중간 크기의 별은 중간에 거처하며, 작은 별은 맨 뒤에 거처한다. 이들 가운데 하나의 별이라도 얻지 못하게 되면, 곧바로 기를 끊어서 하늘의 운행을 손상시킨다.

별이란 사람과 만물의 정밀한 빛이다. 그러므로 어떤 한 사람이라도 제왕에게 소통할 수 없다면, 어떤 하나의 별 또한 소통할 수 없게 된다. 이런 까닭에 천기(天氣)가 갑자기 어그러지는 것은 지기(地氣)가 거슬러졌기 때문인 것이다. 그러므로 세상의 대소 관리와 백성을 가르쳐 그들이 함께 조정에 의견서를 바치도록 함으로써, 천기를 소통시키고 별들을 안정시키며, 인간에 대한 하늘의 증오를 제거하고 제왕의 승부(承負)의 허물을 해소하는 것이다. 그리하여 명령을 내려 삼도(三道)로 조정에 의견서를 바치도록 하는 것은, 제대로 소통되지 않는 것이 있을까를 두려워하기 때문에 각각이 그 마땅한 직무를 담당하게 하는 것이다.

지방의 관리들은 관할 성곽 내외에서 발생하는 재이를 기록하고, 도로를 오가는 자들은 시장 도로변에서 발생하는 재이를 기록하며, 사방의 들판에서 거주하는 자들은 사방의 들판에서 발생하는 재변을 기록해야 한다. 그리고 각자가 서로 장단점을 취사선택함 있어 서로 말을 주고받아야 하며, 함께 경쟁하여 조정에 보고해야 한다.

지방의 관리도 상서(上書)하는 데 힘쓰고, 성읍에 거주하는 백성도 상서하는 데 힘쓰며, 도로의 여행객도 상서하는 데 힘쓴다. 그러면 지방의 관리가 상서하지 않으려 해도 읍민이 상서할까 두려워하게 될 것이다. 읍민이 상서하지 않고자 해도 도로의 과객이 상서할까 두려워하게 될 것이다. 도로의 여행객이 상서하지 않고자 해도 지방의 관리가 상서할까 두려워하게 될 것이다. 이렇게 하여 백성 모두로 하여금 죄에 따라 처벌받도록 한 연후에는, 또한 경쟁적으로 실정을 보고하도록 해야 한다. 지방의 관리와 백성이 상서한 것 가운데 사실로 믿을 만한 것이 있으면, 제왕은 그들에게 관직을 주어야지 그들을 저버려서는 안 된다. 이렇게 하는 까닭에 관리와 백성이 기꺼이 상서하게 되는 것이다.

제왕은 상주된 의견서를 받아 각 지방의 정황은 자세히 알아 총명해질 수 있고, 그리하여 하늘의 마음에 부합하게 되어 그 몸을 오래도록 평안하게 할 수 있다. 이로써 관리와 백성들이 천지를 존중하게 되어 그들에게는 질병이 없게 된다. 천지 사방이 전부 이로움을 지니는 까닭에 오래도록 길하니, 이는 만세토록 따라야 할 법이다. 이 경문(經文)을 최고의 도와 덕을 갖춘 군주에게 건네주어, 백성들로 하여금 하늘의 뜻을 알게 하고, 그들로 하여금 이에 말미암아 자기를 안전하게 하고 미혹한 것을 추구함이 없게 하라. 크게 논의하여 정사를 두루 갖추게 하고 천지의 뿌리를 고찰하여 근본으로 삼음으로써, 하늘의 노여움과 땅의 허물함에 의한 나라의 재해를 제거하고 하늘을 관통하는 통극(洞極)의 경전을 세워야 한다.

통하게 하고 창달시켜 폐쇄되거나 단절되지 않음으로써 하늘의 마음과 땅의 뜻에 부합하고, 이로써 천지의 재변을 변화시키고 천지께서 세상 사람에게 말하고자 하는 것을 펼쳐지게 하며, 백성들로 하여금 각각 자기 자리에 거처할 수 있게 하며, 만물이 상해를 입지 않도록 해야 한다. 이런 까닭에 하늘께서 글과 책을 내놓으시어, 그로 하여금 멀리 퍼져나가 수만리에 이르게 하고, 그 말이 통달되도록 하며, 이로써 선한 사람으로 하여금 창달하게 하고, 이로써 사악한 사람을 알아낼 수 있게 하고, 이로써 원한이 맺혀 있는 것을 해소하도록 한다. 그러므로 제왕은 이에 그 몸을 깊은 궁궐 속에 두고 있으면서도 오래도록 자신을 평안하게 하고, 총명해져 멀리 떨어져 있는 곳의 정황에도 통달할 수 있다.

상고와 중고 이래 대다수가 천지를 배반하고 함께 자기 군주를 기만하였던 까닭에 재해가 날로 증가하여 죽어가는 사람들은 그 천수를 다 누리지 못하였다. 제왕이 오랫동안 근심하여도 아랫사람이 간교하고 사특한 짓거리 일삼음을 막을 수 없었다. 그리하여 하늘께서 삼도문(三道文)을 내려주시어 이렇게 내놓는 것이다. 천기(天氣), 지기(地氣), 중화기(中和氣)를 소통시켜 기꺼이 그 득실이 있는 곳을 알아, 위와 아래가 화합해야 한다. 이러한 바른 충고가 사방의 먼 곳과 비천한 백성들에게도 전달되게 하여, 사람들로 하여금 원한 맺힘이 없게 하며, 이로써 황천(皇天)의 마음과 뜻에 부합하며, 기꺼이 재해를 제거하게 하여 더 이상 하늘로 하여금 노여움을 타지 않으시게 해야 한다.

하고 시대의 인심은 사악하고 가려져 태상고(太上古)의 삼황(三皇) 시대와는 같지 않았다. 삼황 시대에는 인심이 질박하였고, 마음과 뜻은 오로지하였으며, 각자가 기꺼이 하늘의 마음에 부합해, 충성스럽고 신실하여 윗사람을 기만하지 않았던 까닭에, 글자나 문서와 같은 것이 없어도 되었었다. 하고 시대의 소인은 우매하고 가려져 멋대로 글과 말을 지어내, 천지를 기만하고 제왕을 속였던 까닭에, 천지께서는 항상 노하시어 그들에게 재해를 끼치셨다. 천지의 병통이 제거되고, 제왕이 평안해지고 장수하며, 백성이 자기의 고유한 자리에 안주하고, 만물이 그 천수를 다 누리며, 원한이 없고 음양이 순행하여 모든 신들이 매우 즐거워하시고 또한 기뻐하시는 까닭에 긴요한 도법(道法)이 된다.

天受人命, 自有格法. 天地所私者三十歲, 比若天地日月相推, 有餘閏也, 故爲私命, 過此者應爲仙人.[1] 天命：上壽百二十爲度, 地壽百歲爲度, 人壽八十歲爲度, 霸壽以六十歲爲度, 仵壽五十歲爲度. 過此已下, 死生無復數者, 悉被承負之災責也. 故誠冤乎. 此人生各得天算, 有常法, 今多不能盡其算者. 天算積無訾, 故人有善得增算, 皆此餘算增之. 欲知大效, 比若一里有十戶, 戶有千畝田. 其九戶爲惡盡死滅, 獨一戶爲善, 幷得九戶田業, 此之謂也. 不望陰陽祐人, 今人或不得其數而望得天報者, 會不得天報也. 今日食人, 而後日住食之, 不名爲食人, 名爲寄糧. 今日飮人, 而後日往飮之, 不名爲飮人, 名爲寄漿. 今日代人負重, 後日往寄重焉, 不名代人持重, 乃名寄裝. 今日授人力, 後日往報之, 不名爲助人, 名爲交功. 今人譽擧人, 後日見譽擧, 不名爲譽擧人也, 乃名爲更迭相稱, 如此比類者衆多, 不可勝記, 如此者皆無天報也. 然人不祐吾, 吾獨陰祐之, 天報此人. 言我爲惡, 我獨爲善, 天報此人. 人不加功於我, 我獨樂加功焉, 天報此人. 人不食飮我, 我獨樂食飮之, 天報此人. 人盡習敎爲虛僞行, 以相欺殆, 我獨敎人爲善, 至誠信, 天報此人. 人盡言天地無知, 我獨陰畏承事之, 天報此人. 人盡陰欲欺其君上, 我獨陰祐利之, 不敢欺, 天報此人. 父母不愛我, 我獨愛祐之, 天報此人. 如是比類者衆多, 不可勝記.

眞人自計之. 上士求天報, 中士求人報, 下愚不施反求報. 上善之人得天報者度也, 中善之人得人報, 故愛利之而仕之. 下愚無功而强報, 故天地人共惡而誅之. 故上皇皇天之氣悉下生, 后土之氣悉上養, 五行之氣悉幷力, 四時之氣悉和合. 三光更明, 天下同心爲一. 天性爲行, 最尊之重之, 愛之祐之. 天性旣善, 悉生萬物, 無不置也. 地性善, 養萬物而無不置也. 聖人悉樂理天地, 而萬物受其功. 大善神眞仙人助天地行,[2] 不敢自苦也. 悉與元氣同, 與天心相得, 故獨長吉而無凶也. 古者聖人賢人深思遠慮, 乃知天道意. 但專陰行善, 不敢爲惡也, 深睹皇天明禁. 下乃背而加之, 學問淺劣, 復不信天禁, 故難移矣, 失而早亡矣. 願聞天壽百二十歲地壽百歲人壽八十歲·霸壽六十歲仵壽五十歲. 三正[3]起於東方, 天之首端也. 歲月極於東北,[4] 天極也. 夫天壽者, 數之剛也. 東北, 物之始也. 一年大數終於此, 故百二十爲象天也. 地者, 陰也, 常受施西北, 爲極陰也. 陰者殺而陽生, 故亥者核也, 陰終西北角也. 西北爲地之司命, 故地壽得百歲. 八十六十者, 陽止陰起,[5] 方立秋. 秋者白氣白虎持事,[6] 故霸命也. 五十者, 陽氣興長於上, 陰氣伏起於下, 陰仵陽化, 故爲仵命. 過此而下, 悉曰無常命, 誠冤結哉! 今且曉子一解可以終古自養而極者, 不可忘也. 人欲去凶而遠害, 得長壽者, 本當保知自愛·自好·自親, 以此自養, 乃可無凶害也, 身得長保. 飮食以時調之, 不多不少, 是其自愛自養也. 而撞門戶閉之,[7] 居內不與俗事, 是自愛自養也. 而讀書無極, 安貧樂賤, 無憂而已, 是其自愛自養也. 已前皆如是而非也. 夫自愛爲言者, 誠誠自愛保, 自念身無足, 冥目亦還自視無足, 未常須臾離之. 因思而憂之, 乃至不食而飽, 是爲自愛之人也. 自好爲言者, 乃好念身形, 形容上下, 累累可睹. 誠好愛不止, 面目生光明也. 晝夜不能忘, 以爲經常, 因得肉飛而可强,[8] 是爲自好愛之道也.

今故使男女大小老少·賢不肖, 共集上書, 爲帝王通達聰明, 帝王比若中極星, 默常居其處, 而衆星共往奏事也. 大者居前, 中者居中, 小者居後. 一星不得, 輒有絶氣, 天行爲傷. 夫星者, 乃人民凡物之精光. 故一人不得通於帝王, 一星亦不得通也. 故天氣輒爲乖錯, 地氣爲其逆也. 故敎其吏民大小, 俱共上書, 以通天氣, 以安星曆, 以除天病, 以解帝王承負之責. 故示敕使三道行書者,[9] 恐有不通, 故各自其使宜. 長吏者記城郭之災變, 布道者記市道之災變, 四野者記四野之災變. 各相取長短, 傳以相語, 共爭上之. 長吏亦務上書, 邑民亦務上書, 行人亦務上書. 長吏欲不上, 恐民上之. 民人不上, 恐行人上之. 行人不上, 恐長吏上之. 故使民俱坐, 乃後且爭上事也. 吏民有信者, 帝王仕之不負焉, 故吏民樂爲也. 帝王得以爲聰明, 而稱王心,[10] 而長安其身. 吏民得以尊天地, 得以無病. 天地四方俱有利, 故長吉, 爲萬萬世法也. 以付上德之君, 使民知天意, 令以自安自全, 無爲迷惑. 大集具正事 · 考本天地之根, 以除天恐(怨)地咎國之害 · 立洞極經.[11]

開達無閉絶, 以稱天心地意, 轉天地之災變, 暢天地之譚, 使人民各居其處, 萬物不傷. 故天出文書, 令使可遙行萬萬里, 得通其言, 以暢善人, 以知惡人, 以解冤結. 故帝王乃居百重之內, 得長自安, 聰明達遠方也. 由太上中古已來, 多背叛天地, 共欺其上, 故災害日興, 死者不以數也. 帝王久愁, 不能拘制其下爲奸僞, 故天遣三道文[12]出也. 通其氣, 樂知得失, 上下和合, 諫及四遠卑賤, 令無冤結, 以稱皇天心, 樂災除去, 勿令天怒. 下古人心邪蔽, 不若太上古之三皇, 人心質朴, 心意專一, 各樂稱天心, 而忠信不欺其上, 故可無文也. 下古小人愚蔽, 嬌妄文辭, 欺天地, 罔冒帝王, 故天地常忿怒而災禍之. 天地病除, 帝王安且壽, 民安其所, 萬物得天年, 無有怨恨, 陰陽順行, 群神大樂且喜悅, 故爲要道也.

역주

1) 過此者應爲仙人(과차자응위선인) : '과'(過)는 부가하다라는 의미이고, 차(此)는 사명(私命)을 가리킨다. '과차'란 사명(私命)을 부과하여 더해진 수명을 뜻한다. '응(應)'은 부합(符合)의 의미이다. 전

체적으로는 선인(仙人)이라야 사명을 더 얻어 150세를 누릴 수 있다는 의미이다.

2) 神眞仙人助天地行(신진선인조천지행) : '신진선(神眞仙)'이란 『태평경』의 저자가 정한 3개의 신선 등급이다. 신인은 하늘을 다스리고, 진인들은 땅을 다스리며, 선인은 네 계절(四時)을 다스린다. 자세한 것은 『태평경』 권42의 「구천소선왕재법(九天消先王災法)」을 참고할 수 있다. '행(行)'은 여기서 화생(化生)과 양장(養長)을 가리킨다.

3) 三正(삼정) : 천정(天正)·지정(地正)·인정(人正), 즉 11월을 세수(歲首)로 삼는 주(周)나라의 역(曆)과 12월을 세수로 삼는 은(殷)나라의 역과 정월을 세수로 삼는 하(夏)나라의 역을 가리킨다. '천정'이란 일(日)이 동지에 있는 것으로서 만물이 처음으로 되돌아가는 시맹(始萌)인 것이다. '지정'이란 만물이 뿌리를 내리는 것으로서 시아(始芽)인 것이다. '인정'이란 만물이 처음 지면으로 솟아나는 것이니 사람이 일을 시작하는 것이다. 동쪽은 생(生)을 위주로 하는 것이기 때문에 여기서는 동쪽으로부터 말을 시작하였다. 『태평경』 권119의 「삼자위일가양화수오결(三者爲一家陽火數五訣)」 및 『백호통』 권7의 「삼정(三正)」에 들어 있는 내용을 참고할 수 있다.

4) 極於東北(극어동북) : '극(極)'은 진(盡)의 의미이다. 동북은 간괘(艮卦)가 거처하는 자리인데, 시간상으로는 12월이 되므로 '극어(極於)'라고 칭한 것이다.

5) 陽止陰起(양지음기) : 역위(易緯)에서는 음이 미(未)에서 형성되는 것으로 본다. 미는 곤괘(坤卦)가 거처하는 자리로서 서남쪽과 6월을 대표한다. 6월에 음이 일어나기 시작하면 양기는 곧 쇠미해지는 상태로 접어든다.

6) 秋者白氣·白虎持事(추자백기·백호지사) : '백기(白氣)'란 서쪽의 숙살(肅殺)하는 기이다. '백호(白虎)'란 서쪽의 정령이다. '지사(持事)'란 주도적인 작용을 일으키는 것을 뜻하데, 시간상으로는 8월이다. 음양오행설에 비추어 보면, 네 계절 가운데의 가을이고, 오색

가운데의 백색이며, 오방 가운데의 서쪽이며, 또한 팔괘 가운데의 태괘(兌卦)에 해당하는 것인데 이들은 모두 금(金)에 속한다. 금은 음이고 살(殺)을 위주로 한다.

7) 撞門戶(당문호) : 우연히 만나는 외계의 강력한 간섭을 뜻한다.

8) 肉飛而可强(육비이가강) : '육비(肉飛)'란 형(形)을 전화시켜 신(神)으로 되게 하는 것을 이른다. '강(强)'은 생사의 큰 한계를 초월하는 것을 이른다.

9) 三道行書(삼도행서) : 지방의 관리, 읍민(邑民), 왕래하는 행인이 의견서를 바치는 것을 뜻한다. 이런 것들을 삼도(三道)로 정한 것은, 해로써 양(陽)을 관찰하고, 달로써 음(陰)을 관찰하며, 별로써 음양이 교합하는 중앙을 관찰하는 것을 본뜬 것이다. 『태평경』 권53의 「분별사치법(分別四治法)」과 권118의 「천신고과구교삼합결(天神考過拘校三合訣)」에서 기술한 것을 참고할 수 있다.

10) 王(왕) : 이는 '하늘'의 오자인 것 같다.

11) 大集具正事 · 考本天地之根 · 以除天恐地咎國之害 · 立洞極經(대집구정사 · 고본천지지근 · 이제천공지구국지해 · 입통극경) : '대집(大集)'이란 큰 범위의 협의를 뜻한다. '구(具)'는 고루 갖추게 하는 것. '정(正)'은 '정(政)'자와 통하는 글자이다. '공(恐)'은 마땅히 '원(怨)'자로 고쳐서 보아야 한다. 이 구절은 이 편 전체의 주지를 개괄적으로 설명한 것이라고 할 수 있다.

12) 三道文(삼도문) : 신 · 정 · 귀(神 · 精 · 鬼; 天 · 地 · 人), 인간 세상의 지방 관리, 읍민(邑民), 왕래하는 행인이 각각 천정(天庭) · 지부(地府) · 조정(朝廷)에 보고서 또는 의견서를 바치는 것을 가리킨다. 자세한 것은 『태평경』 권118의 「천신고과구교삼합결(天神考過拘校三合訣)」의 내용을 참고할 수 있다.

太平經

제103권

경부(庚部)의 1

『태평경초』

제168 허무무위자연도도필성계(虛無無為自然圖道畢成誡) : 허무·무위·자연의 그림과 도(道)를 완전히 이루어야 함에 관한 계

해제 『태평경』 경부(庚部)의 경문은 기본적으로 잘 보존되어 있다. 이 장에서 말하는 허무(虛無), 무위(無爲)란 상급의 경지에 있는 자가 사람들로 하여금 등선(登仙)하고 성신(成神)할 수 있도록 하는 두 가지 도(道)를 분별하여 말하는 것이다. 전자는 '응정허무(凝靜虛無)'를 가리키고, 후자는 '원기무위(元氣無爲)'를 가리키는데, 이들은 모두 '수일(守一)'의 방술에 속한다. '자연(自然)'이란 본래 '저절로 그러하다'라는 의미이지만, 이 편에서는 두 가지 도가 반드시 따라야 할 원칙을 뜻하는 말로 사용되었으며, 또한 '도를 완전히 이루는' 최종 관건을 가리키는 말이다. '자연'에 대한 이러한 절대적 강조가 곧 계이다. 그림[圖]은 세 가지로 제시되는데, 둘은 같고 하나는 다르다. 이들은 '인순자연(因循自然)'과 '정수(精修)'라는 두 가지 방술을 형상화하는 방식으로 드러내 보인다.

이 장의 내용은 그림에 의거하고 운문을 사용하여 허무·무위의 독특한 함의와 수련 요령, 환경, 금기 사항 등을 구체적으로 설명하는 것이다. 그리고 훌륭한 스승에게서 도를 배워야 한다'는 내용으로써 장을 마친다. 이 편 전체의 그림과 글은 도가(道家)의 철학 개념을 도술화(道術化)한 것이라고 할 수 있는데, 거기에는 '불사장선(不死長仙)'에 관한 내용이 들어 있으며, 또한 인체 경맥의 기(氣)가 순환하는 규율에 관한 고대 의학(醫學)을 기초로 한 것도 있다.

허무(虛無)란 곧 안으로는 가득 채우고 밖으로는 텅 비워 없음(無)과 같다. 수행하여 모태중의 태아 상태와 같이 되어 순박하게 되면 도의 경지에 오르게 된다. 홀로 그 마음을 보존하고 오로지 하나로 사념이 없이 신의 방에 들어가 도의 텅 빔을 모은다. 그러나 기와 더불어 노닐게 되므로 허무가 된다. 기와 신 안에서 있고, 나머지는 다 없앤다. 마음을 주로 하므로 사악함이 없게 된다. 그 뜻을 세밀하게 논하고, 참된 책을 망령되이 하지 말라. 얻으면 넘어서게 되어 오래토록 노닐 수 있다. 어찌 정(精)을 취하지 않고, 도리어 어리석음과 더불어 짝할 것인가? 흉함과 재앙이 한꺼번에 이르르니, 커다란 재앙을 입게 된다. 그 참된 소박함을 버리고, 도리어 흙이나 재처럼 되느니. 현자는 책을 보아, 경계할지어다! 경계할지어다!

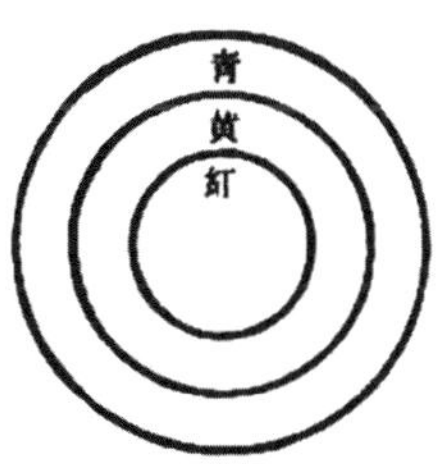

위 그림은 세 겹의 원형으로 되어 있다. 고리의 형태이므로 시작도 없고 끝도 없다. 홍(紅), 황(黄), 청(青)의 세 가지 색깔은 각각 화(火), 토(土), 목(木)을 상징한다. 안으로부터 밖으로의 순서는 원기(元氣)가 분화하여 이루어진 태양기(太陽氣), 태음기(太陰氣), 중화기(中和氣) 및 천, 지, 인과 신(神), 정(精), 형(形)과 도(道), 덕(德), (仁)과 생(生), 양(養), 시(施) 등을 상징한다.

이상의 그림과 설명은 '허무의 방'에 관한 것이다.

虛无者, 乃內實外虛也, 有若無也. 反其胞胎, 與道居也. 獨存其心, 縣龍慮也.[1] 遂爲神室,[2] 聚道虛也. 但與氣游, 故虛无也. 在氣與神, 其餘悉除也. 以心爲主, 故得無邪也. 詳論其意, 毋忘眞書也. 得之則度 可久游也. 何不趣精, 反與愚俱也? 凶禍一至, 被大災也. 棄其眞朴, 反成土灰也. 賢者見書, 誠之誠之.

右虛无之室.

역주

1) 縣龍慮也(현룡려야) : '현(縣)'은 '현(懸; 매달다)'과 같다. '용려(龍慮)'란 공허(空虛)를 지키고 속념을 제거한 것을 가리킨다.

2) 神室(신실) : 신(神)이 사람의 뱃속에 기거하여 진인(眞人)의 방을 형성한 것을 가리킨다. 『도전론(道典論)』 권4의 「태식(胎息)」에 들어 있는 내용을 참고할 수 있다.

'무위(無爲)'란 하지 않음이 없는 것이다. 도와 이어져 어린아이가 태어나기 전과 같이 되면 틈 사이가 없다. 태초에 이르면, 다시 되돌아간다. 하늘과 땅이 처음으로 일어남에 음과 양이 근원이다. 무위의 술법은 몸을 완전하게 할 수 있다. 근본을 버리고 말단으로 가는 것은 도의 근심이다. 그 태초를 떠나면 완전할 수 없다. 삶을 떠나서 멀리 가는 것은 곧 죽음의 문이다. 즐겨 세상일을 행하면 혼(魂)과 신(神)을 상하게 한다. 둘을 지키고 하나를 잊게 되면 그 상(相)을 잃게 되니, 경계하지 않을 수 있겠는가? 도의 으뜸이다. 그대들은 오로지 수일(守一)하라. 어짊과 현명함이 근원이 된다. 하늘의 도는 하나를 행하므로, 완전하게 된다. 땅의 도는 둘을 행하므로 귀(鬼)와 신(神)과 가깝다. 세밀하게 무위를 알아 그 도와 더불어 가장 신령스럽게 된다. 그 일을 세세하게 생각하라. 진인이 앞선다. 그대들의 금궐(金闕)을 잠가서 나가는 문으로 삼지 말라. 고요하게 소리없이 정과 신을 오래 한다. 신의 기가 이미 다하면 선도(仙道)의 문이다. 쉽도다! 큰 도는. 다시 번잡하게 할 게 없다. 하늘의 도는 친함이 없느니, 어질고 현명함에로 되돌아가느니.

이상의 그림과 글은 무위에 관한 것이다.

無爲者, 無不爲也, 乃與道連. 出嬰兒前, 入無間也. 到於太初, 乃反還也. 天地初起, 陰陽源也. 入無爲之術, 身可完也. 去本來末, 道之患也. 離其太初, 難得完也. 去生已遠, 就死門也. 好爲俗事, 傷魂神也. 守二忘一, 失其相也. 可不誡哉? 道之元也. 子專守一, 仁賢源也. 天道行一, 故完全也. 地道行二, 與鬼神鄰也. 審知無爲, 與其道最神也. 詳思其事, 眞人先也. 閉子之金闕,[1] 毋令出門也. 寂無聲, 長精神也. 神氣已畢, 仙道之門也. 易哉大道, 不復煩也. 天道無有親, 歸仁賢也.

右無爲.

역주

1) 金闕(금궐) : 궁궐, 즉 제왕이 거처하는 곳을 가리킨다. 여기서는 오장(五臟)과 오관(五官)을 비유하여 말한 것이다. 『태평경』 권87의 「장존부도(長存符圖)」에서 "눈 · 혀 · 입 · 코 · 귀의 오관과 간장 · 심장 · 폐장 · 비장 · 신장의 오왕은 도에로 들어가는 기초이자 기점으로서, 신체 속에 있는 신령들을 부리는 것이다. 이들을 밖으로 나가지 못하도록 닫아두며 이들 출입구로 하여금 외부 세계의 유혹을 받지 않게 해야 한다[五官五王爲道初, 爲神祖. 審能閉之閉門戶]"라고 하였다. 『태평경초』에서는 '금궐'을 '금관(金關)'으로 쓰고 있다. '금(金)'은 견강함을 뜻하고, '관(關)은' 삼관 즉 눈 · 귀 · 입을 뜻한다. 후대의 도교에서는 '금관'을 이목구비의 일곱 구멍을 가리키는 것으로 간주하였다.

저절로 그러함(自然)의 법은 도와 이어져서, 지키면 길하고, 잃게 되면 근심이 된다. 비유컨대, 만물이 태어나 스스로 완전하게 되고 하나의 뿌리와 만 가지 가지가 모두 신을 가지지 않음이 없는 것과 같다. 세심하게 그 뜻을 생각하라. 도는 스스로 펼쳐져서 모두 갖추어 할아비가 되어 혼돈이 미묘한 문으로 나온다. 더하지도 말고 빼지도 말고 저절로 그러함을 지켜라. 무릇 만물이 태어남에 스스로 신이 있느니, 천팔백의 숨쉬는 사람이 가장 존귀하다. 그러므로 죽지 않고 오래토록 신선이 된다. 일찍이 끊어져서 저절로 그러함을 잃게 되면 금수뿐 아니라 하물며 사람도 세속을 넘어갈 수 있다. 어리석은 자는 도를 천하게 생각하여 뜻이 아래로 땅과 이어진다. 어질고 현명한 사람은 도를 귀하게 여기니, 홀연 하늘의 문으로 올라간다. 신의 도는 죽지 않으나, 귀(鬼)의 도는 마침이 있다. 그대들이 그것을 행한다면 고리가 시작도 없고 끝도 없는 것과 같으니 삼가 기이한 술수를 하지 말라. 스스로 몸에 우환을 더할 것이니 또한 망령되이 가지 말라. 사람을 죽게 할 것이니. 천지의 본성은 홀로 저절로 그러함을 귀하게 여기고, 각각 그 일을 따르는 것이니, 감히 거스르지 말라. 도는 무위, 허[무], 저절로 그러함을 흥하게 하니, 높은 선비는 즐거워하나, 낮은 선비는 화를 낸다. 스승에게서 세밀하게 배워야 하니, 망령되게 말하지 말라. 스승의 도가 있으면 밝아지고, 스승이 없으면 전해지기 어렵다. 군자는 말이 없다. 망령되이 지어서 글을 혼란시키지 말라. 몸이 스스로 흉하게 될 것이다. 도가 이미 다 갖추어지면, 편하게 저절로 그러함은 이루어진다.

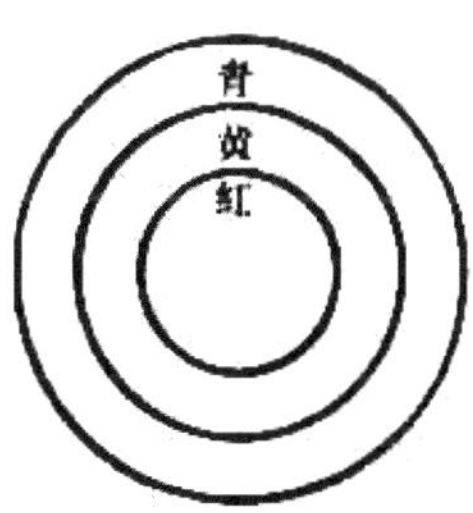

이상은 도가 다하여 이루어지는 것에 관한 경계이다.

自然之法, 乃與道連, 守之則吉, 失之有患. 比若萬物生自完, 一根萬枝無(不)有神, 詳思其意道自陳, 俱祖混沌出妙門, 無增無減守自然. 凡萬物生自有神, 千八百息人爲尊,[1] 故可不死而長仙, 所以蚤終失自然, 禽獸尙度況人焉. 愚者賤道, 志下與地連, 仁賢貴道, 忽上天門, 神道不死, 鬼道終焉. 子欲爲之, 如環無端, 愼毋有奇, 自益身患, 亦毋妄去, 令人死焉. 天地之性, 獨貴自然, 各順其事, 毋敢逆焉. 道興無爲虛(无)自然, 高士樂之, 下士恚焉. 詳學於師, 亦毋妄言, 有師道明, 無師難傳. 學不師訣, 君子不言. 妄作則亂文, 身自凶焉. 道已畢備, 便成自然.

右道畢成誡.

역주

1) 千八百息人爲尊(천팔백식인위존) : '천팔백식(千八百息)'이란 경맥(經脈)의 기가 정상 상태에 있는 것을 가리키는 말이다. 이에 관한 자세한 내용은『영추(靈樞)』「오십영(五十營)」을 참고할 수 있다. 이런 생리 기능은 인간만이 지니고 있으므로 '인위존(人爲尊)'이라고 하였다.

제104권

『태평경초』

경부(庚部)의 2

太平經

제169 흥상제해복문(興上除害複文) : 위를 흥하게 하고 해를 제거하는 복합글자*

* 여기에서 복합글자(複文)란 태평도(太平道)에서 사용하였던 일종의 부적과 같은 것이다.

太平經合校卷一百四 庚部之二

太平經卷之一百四

興上除害複文第一百六十九*

二·四

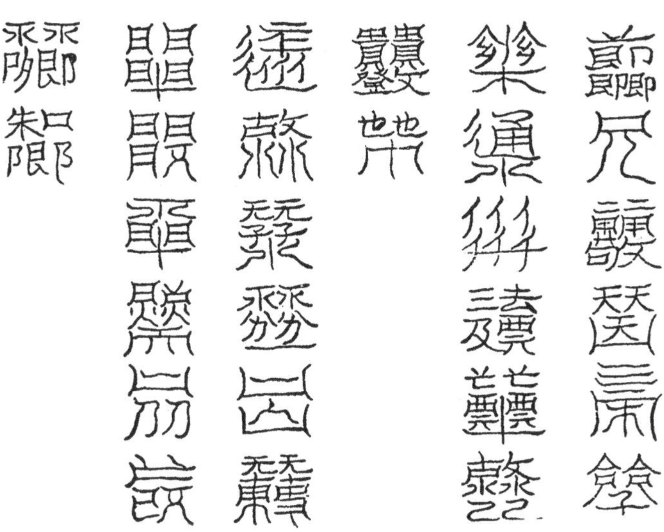

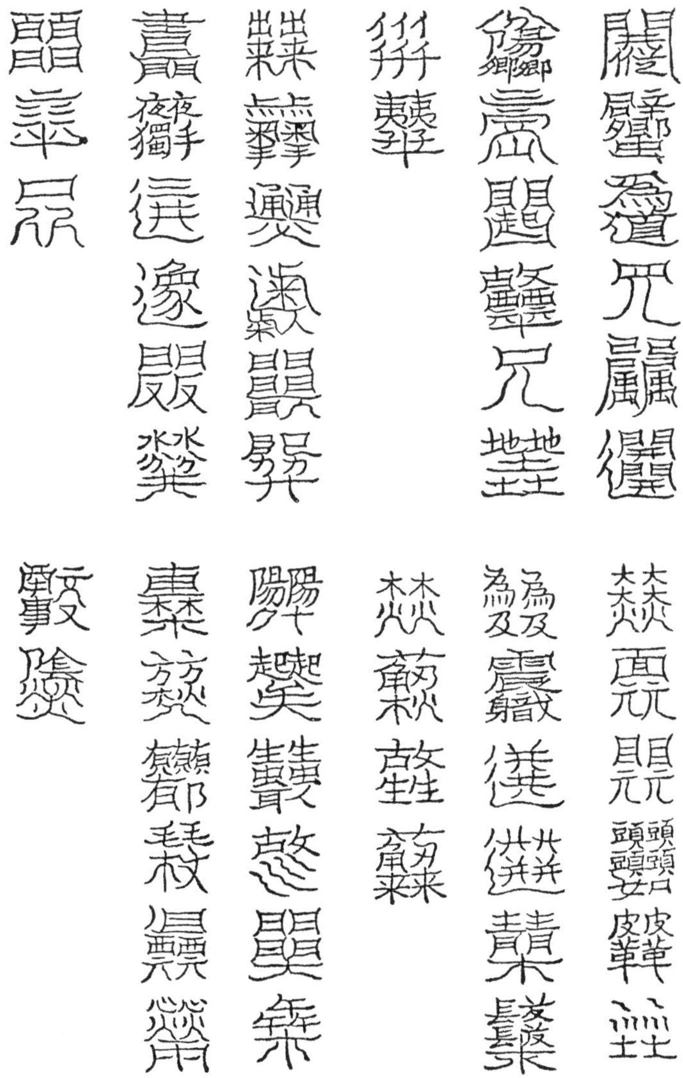

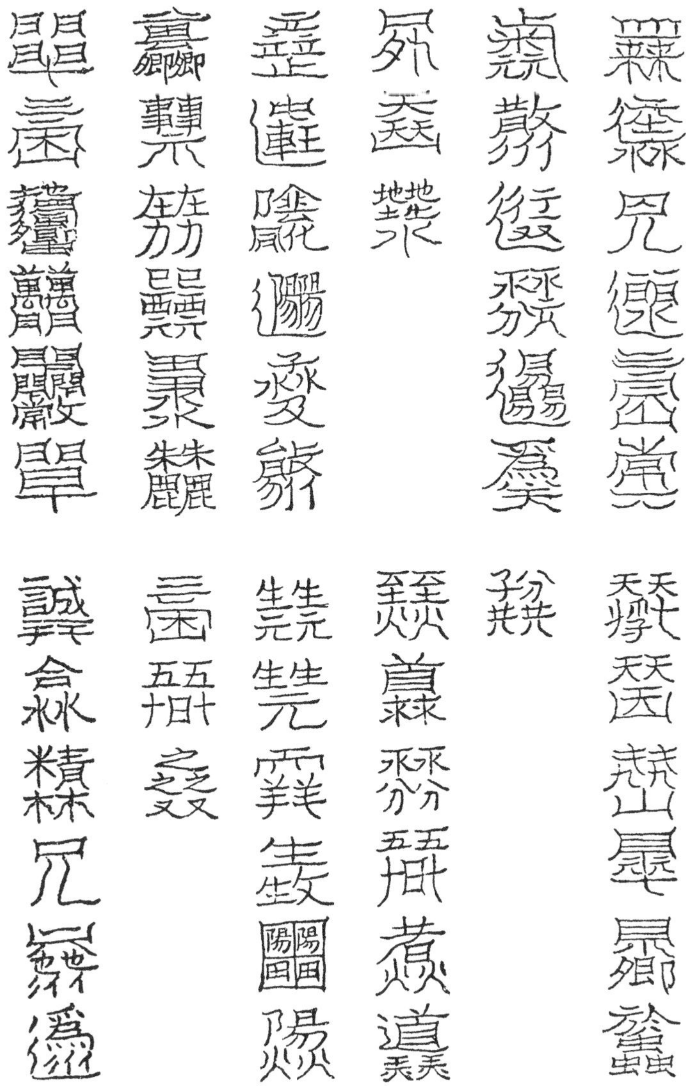

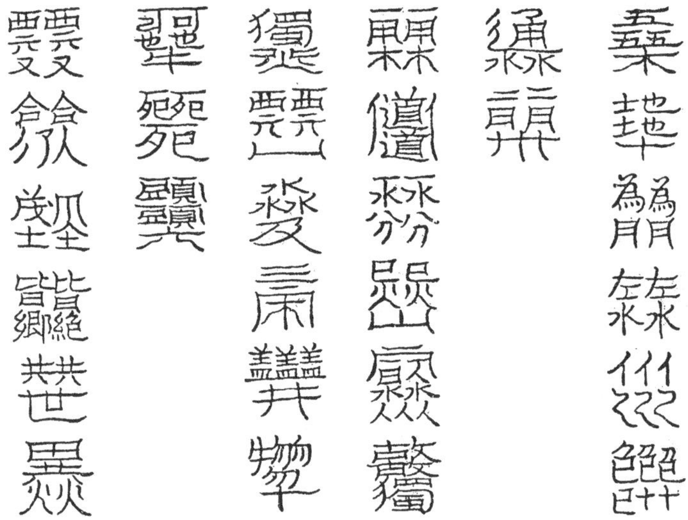

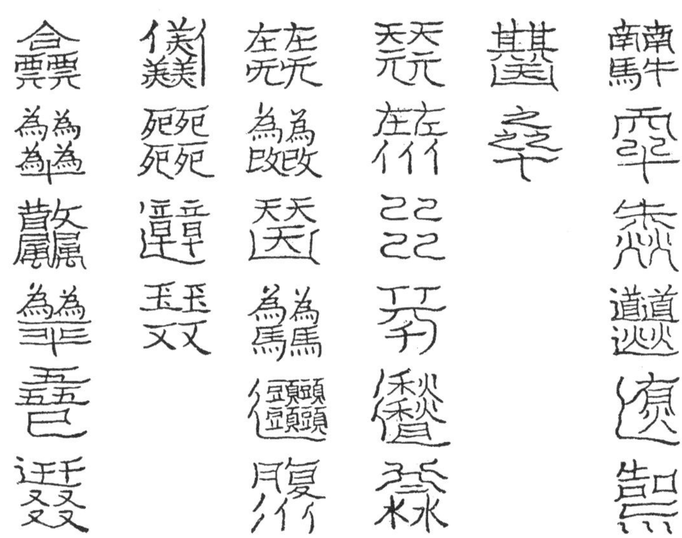

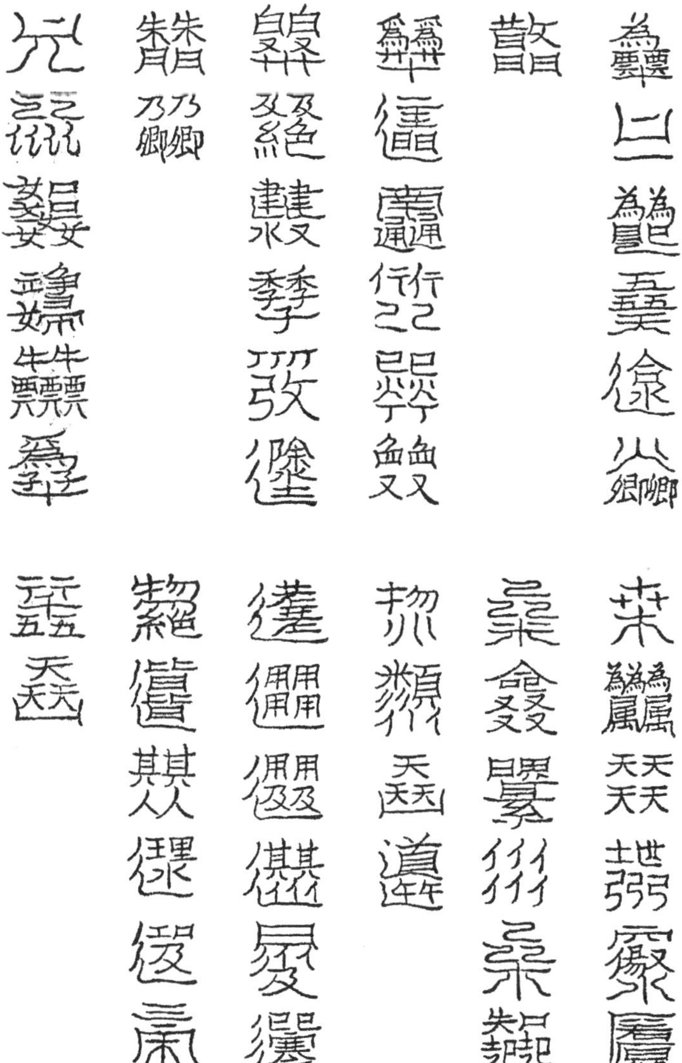

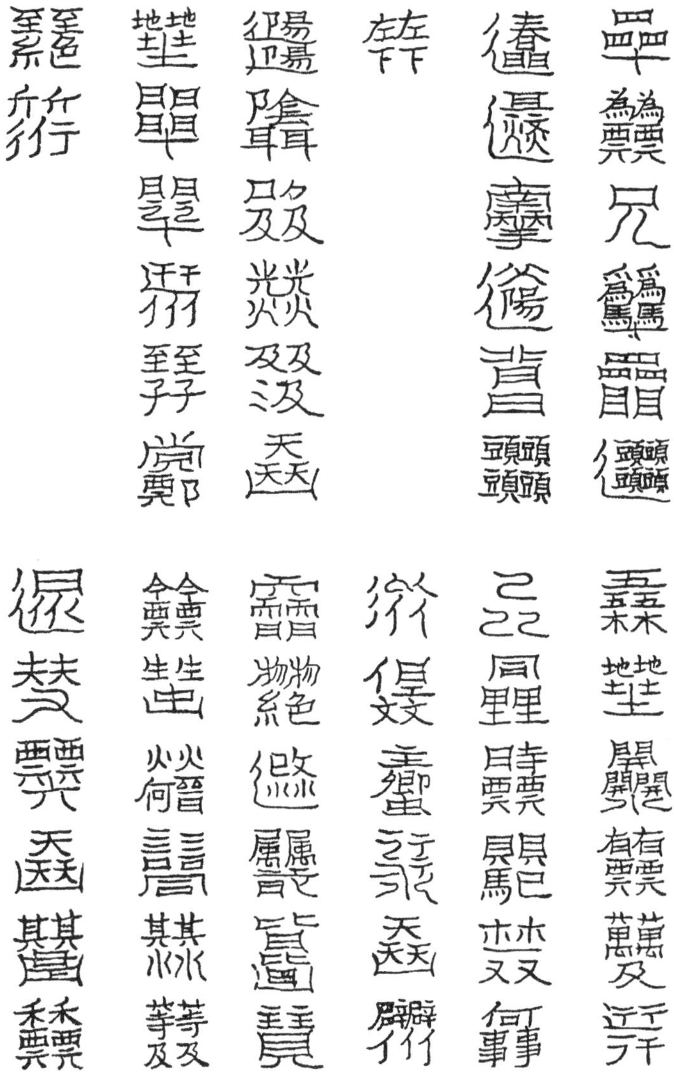

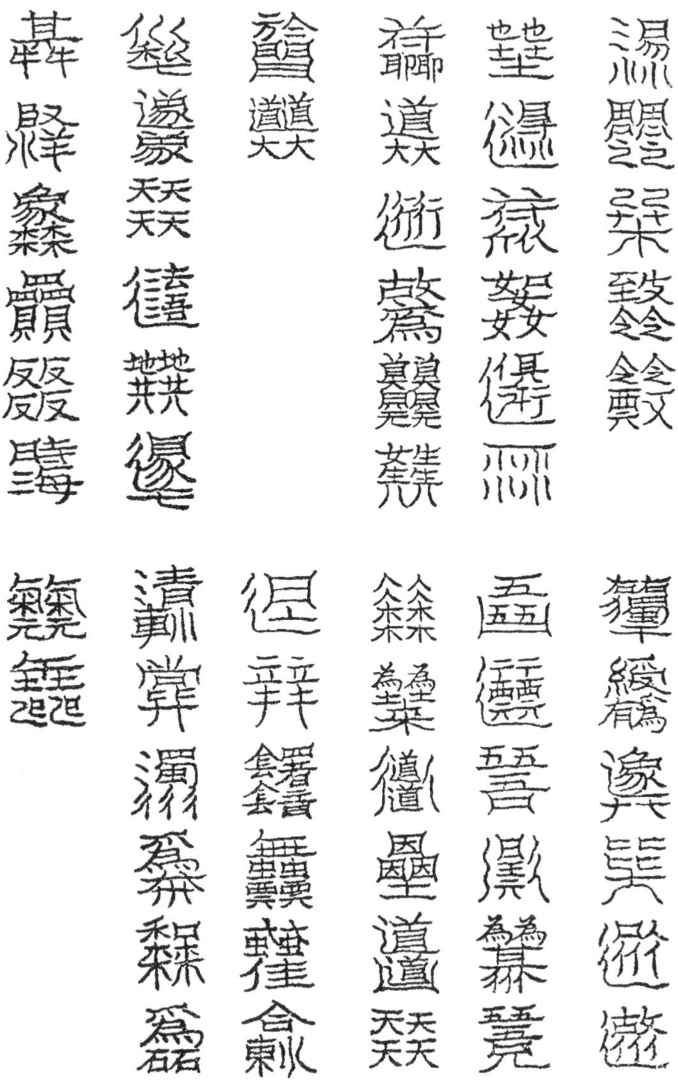

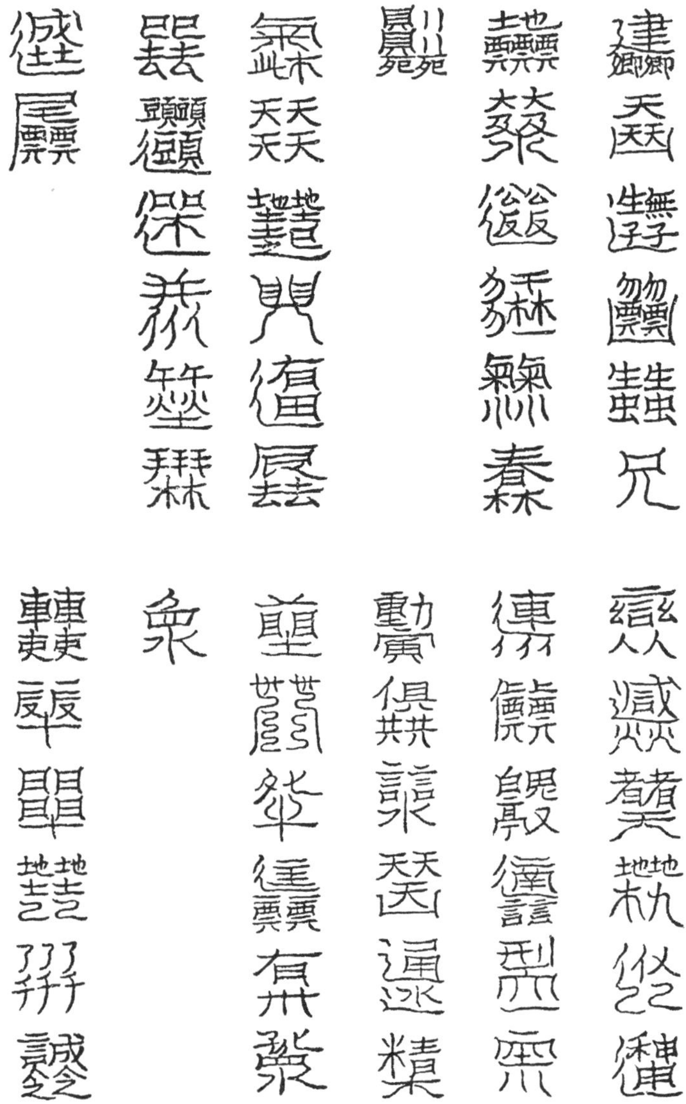

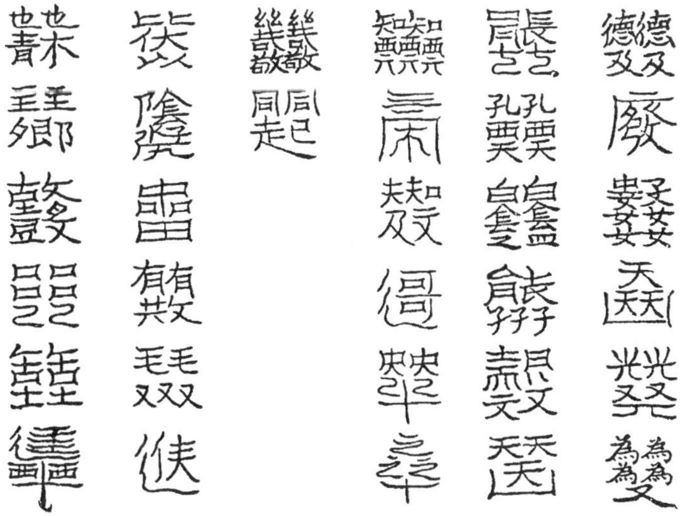

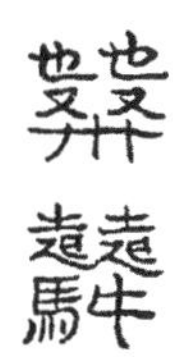

右興上除害複文訣

『태평경초』

경부(庚部)의 3

제170 영존자무우복문(令尊者無憂複文) : 존귀한 사람으로 하여금 근심을 없게 하는 복합글자

二·四

太平經合校卷一百五 庚部之三

太平經卷之一百五

令尊者無憂複文第一百七十*

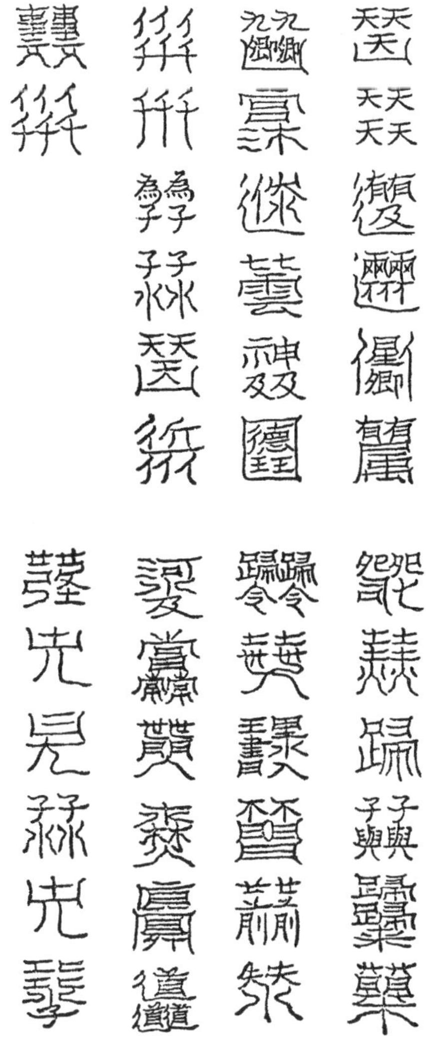

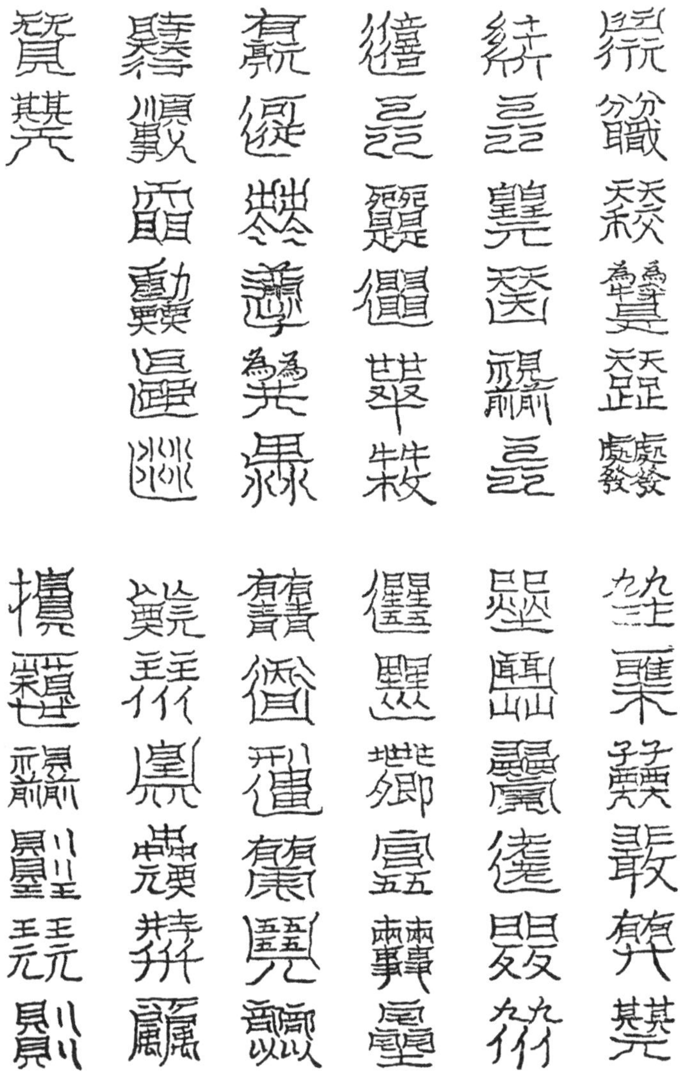

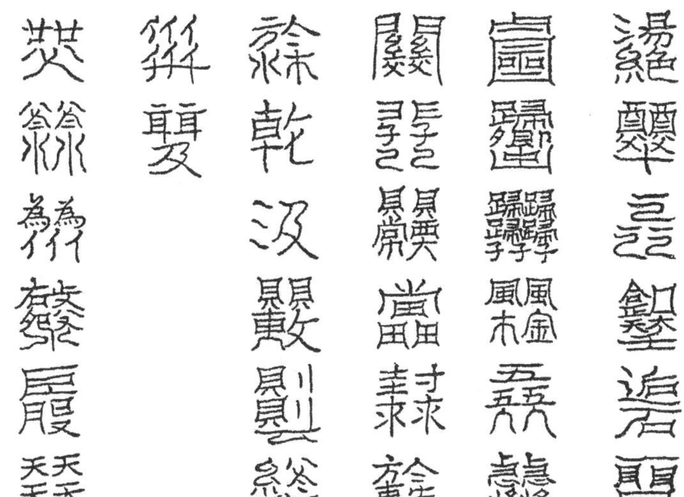

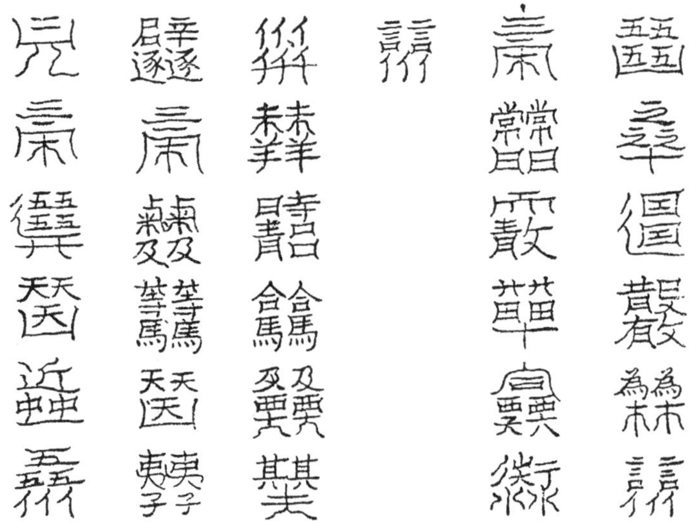

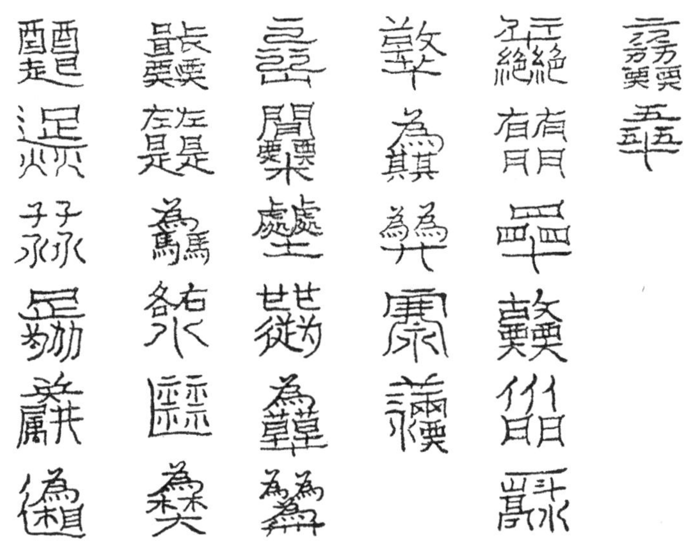

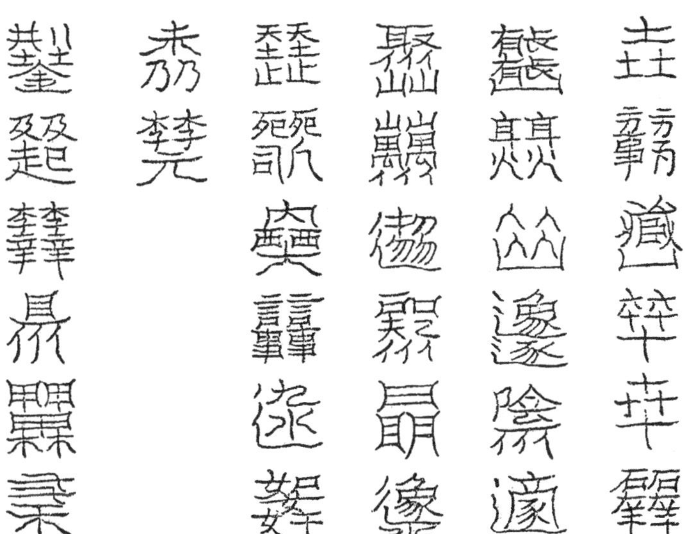

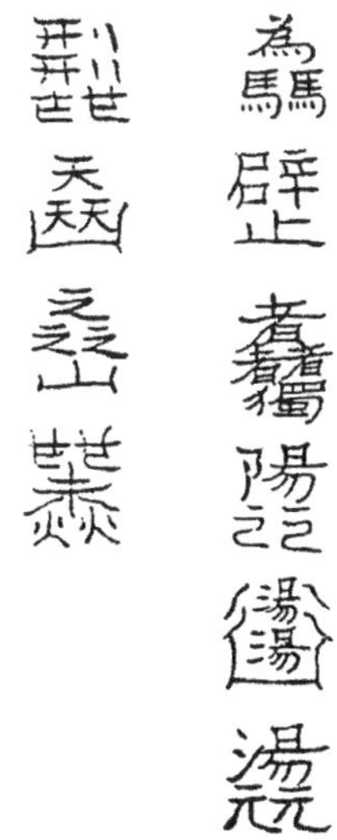

右令尊者無憂邪自除

太平經

『태평경초』

경부(庚部)의 4

제171 덕행길창복문(德行吉昌複文) : 덕을 실천하여 길함을 번창하게 하는 복합글자

太平經合校卷一百六 庚部之四

太平經卷之一百六

德行吉昌複文第一百七十一*

二·四

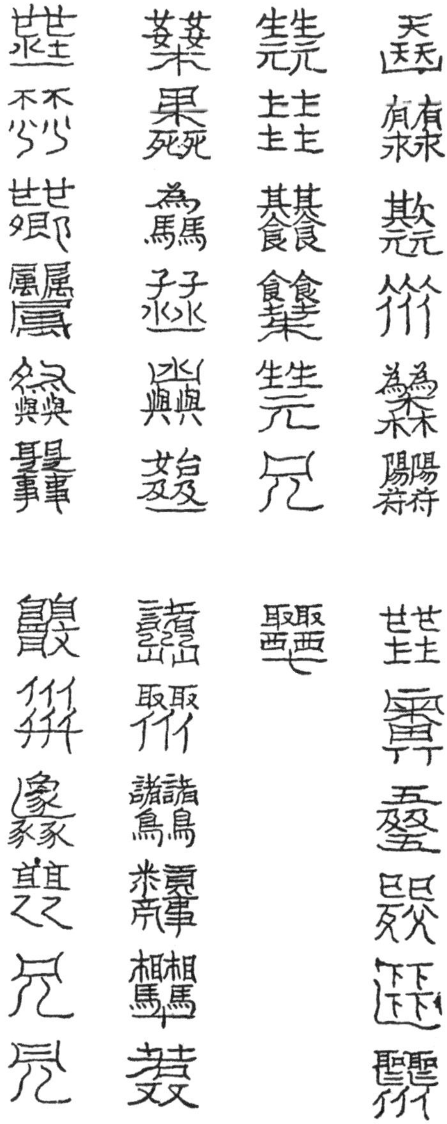

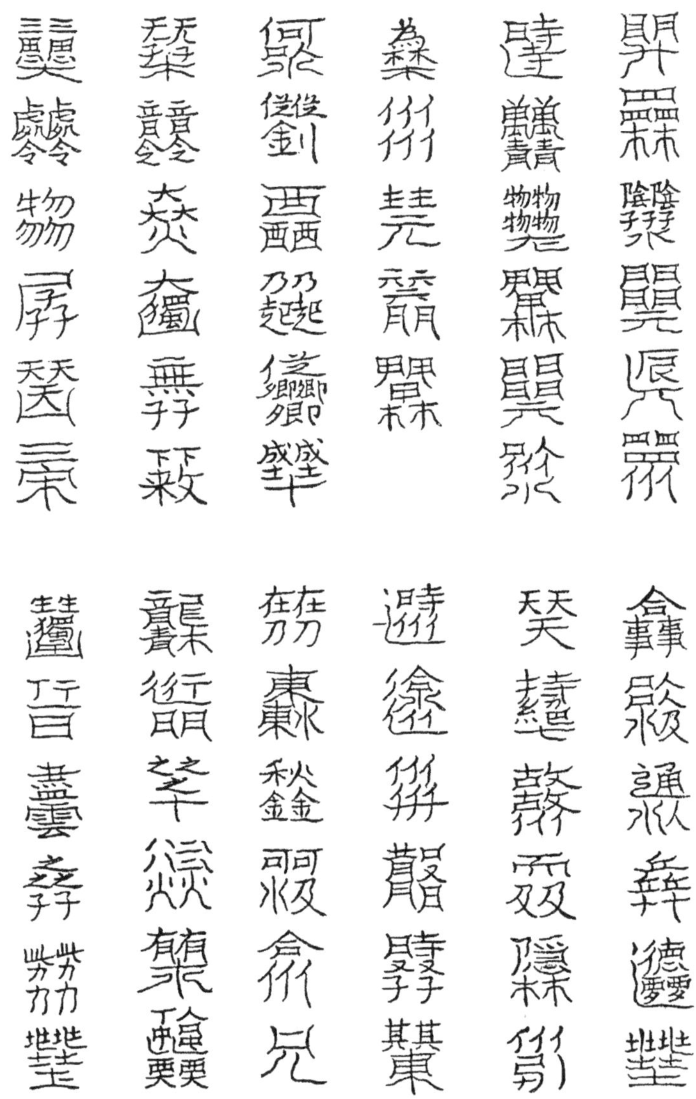

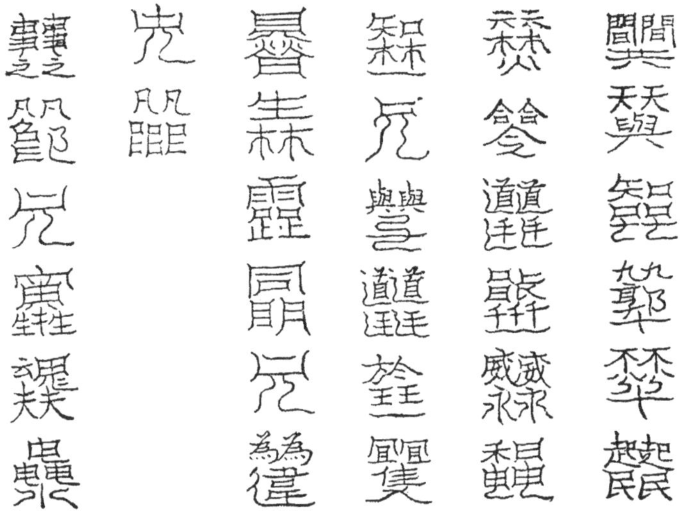

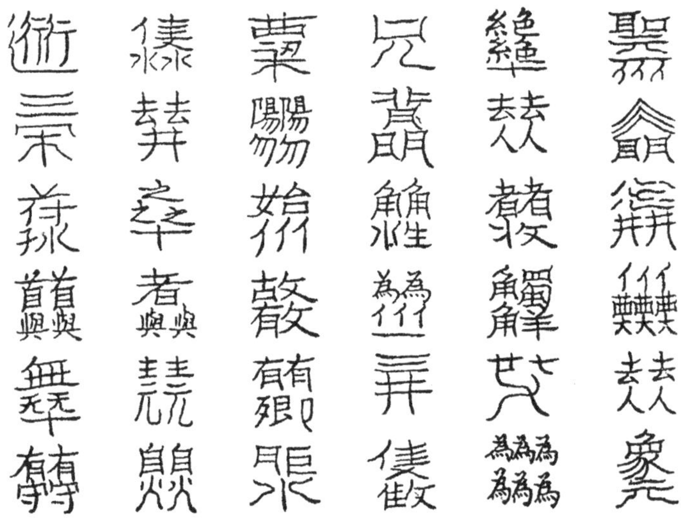

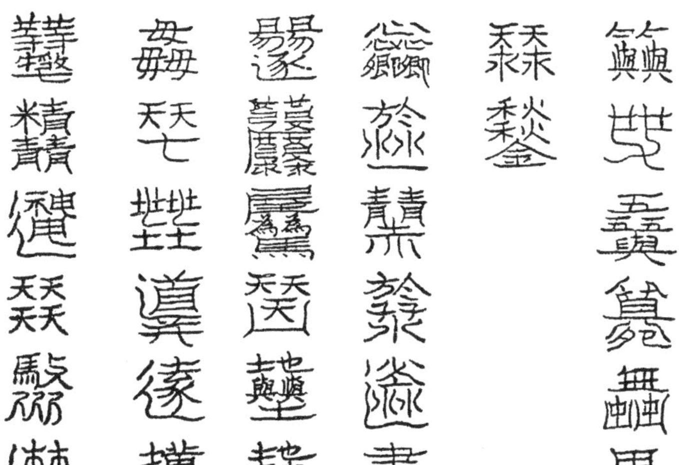

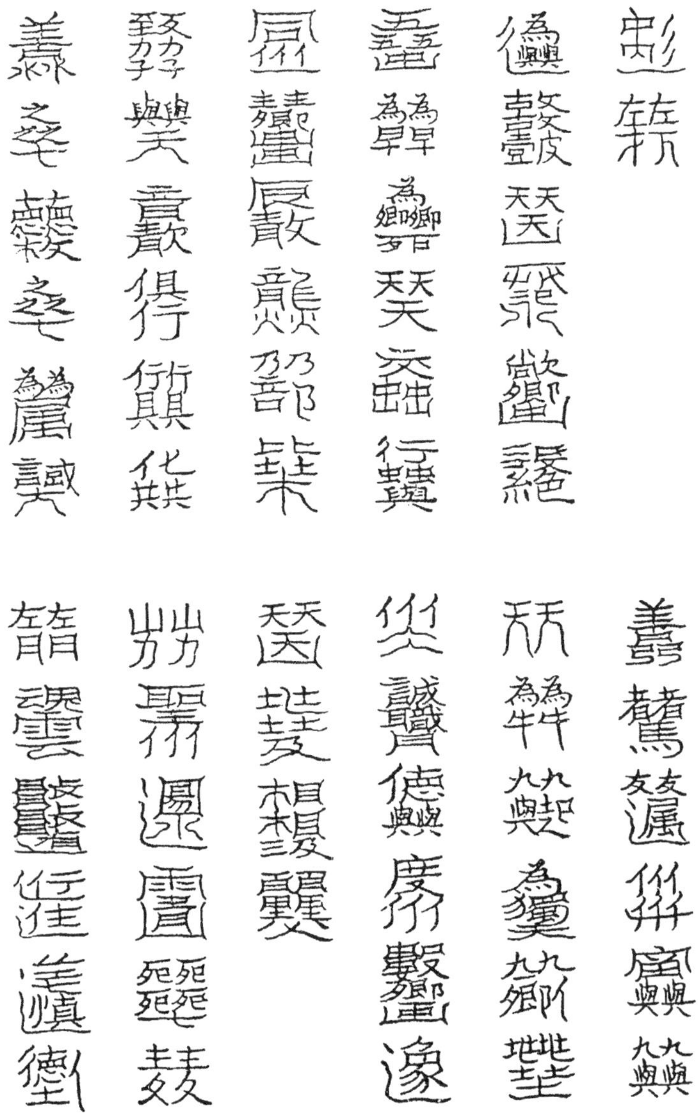

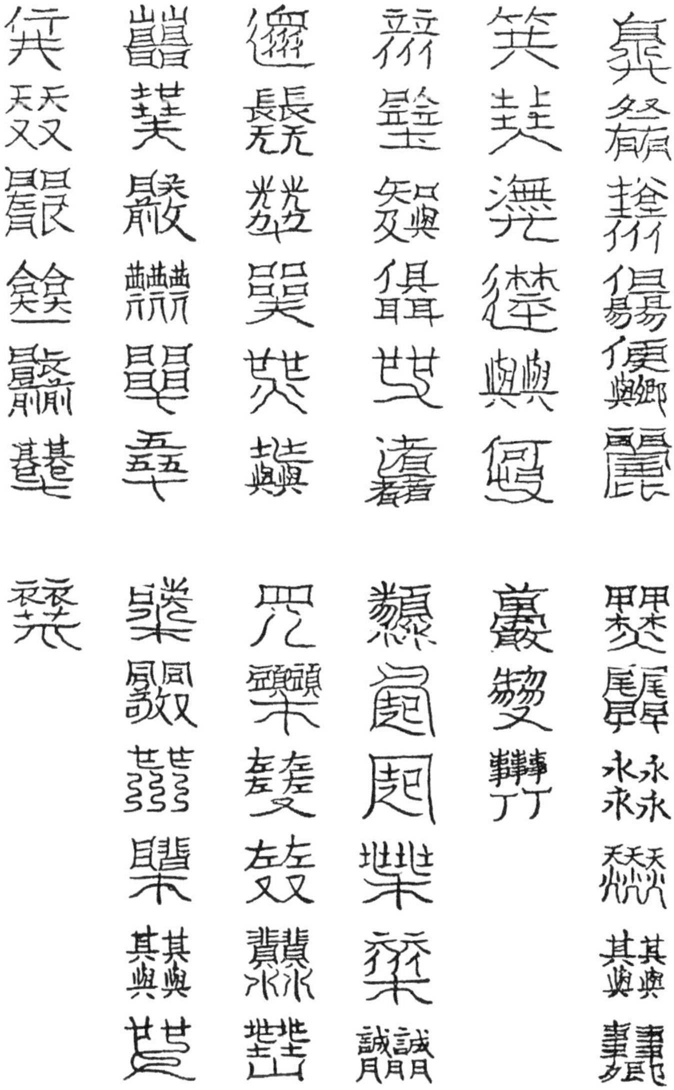

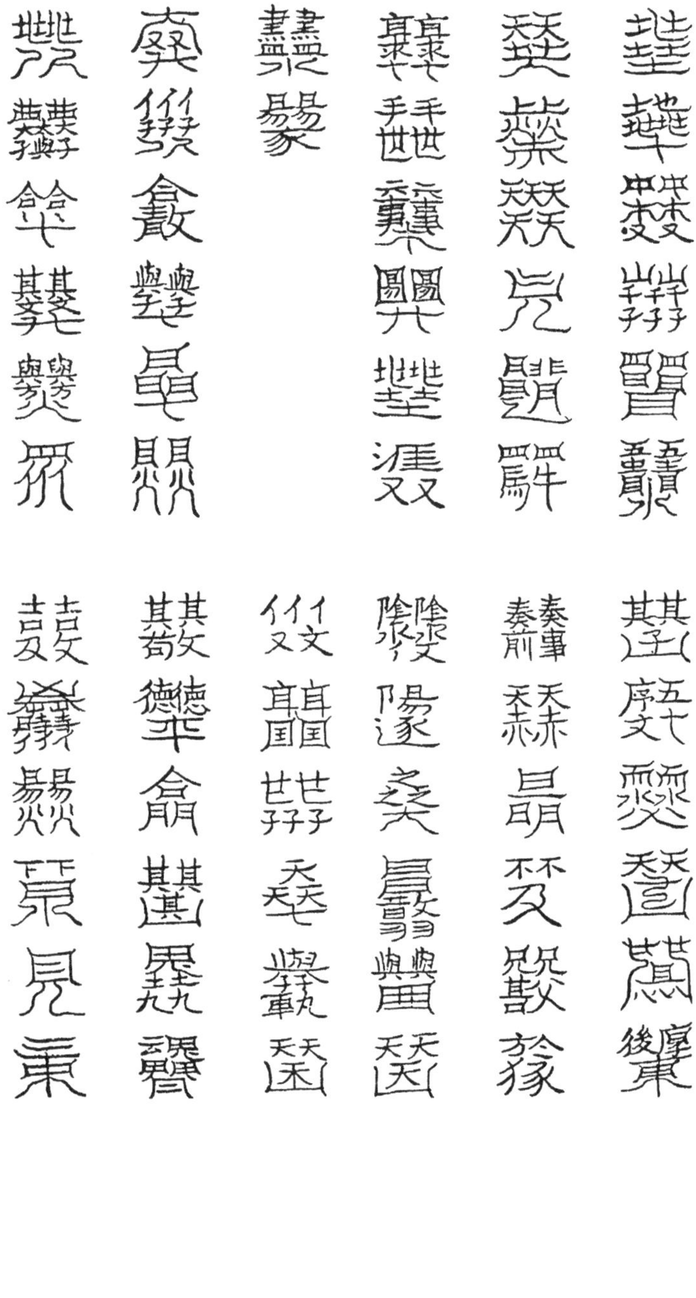

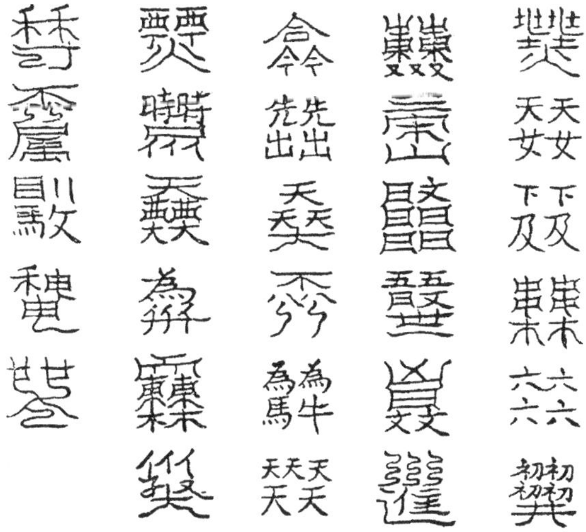

右德行者吉昌每留每荷法

제107권

『태평경 초』

경부(庚部)의 5

제172 신우복문(神祐複文) : 신령이 도움을 주는 복합글자

太平經合校卷一百七 庚部之五

太平經卷之一百七

神[*]祐複文第一百七十二

一七·二·四

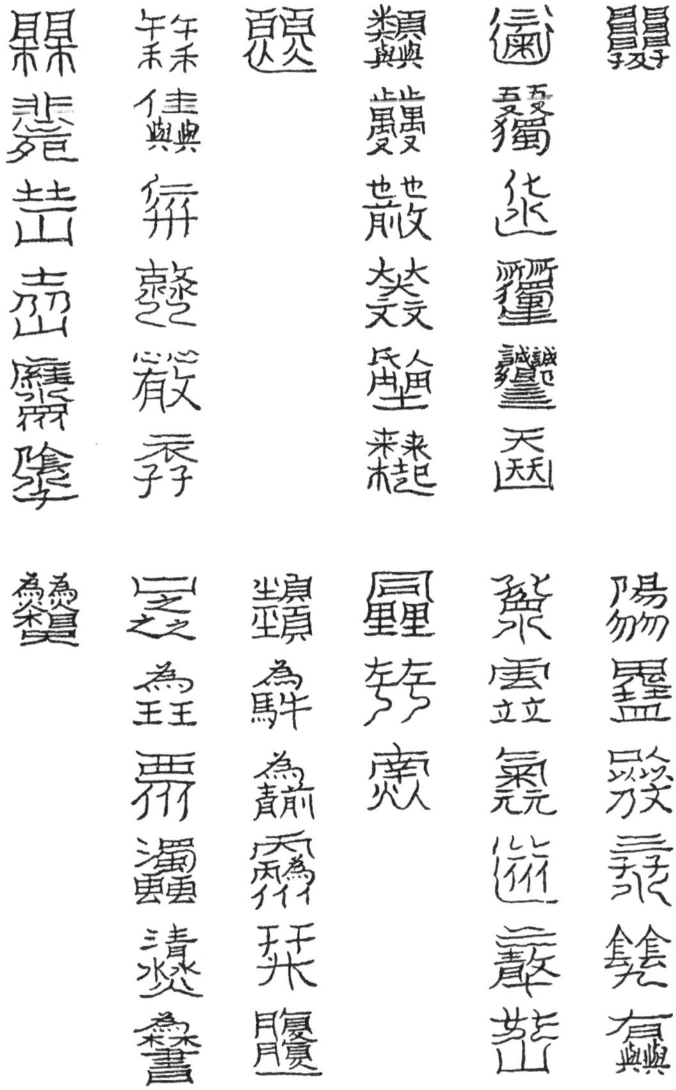

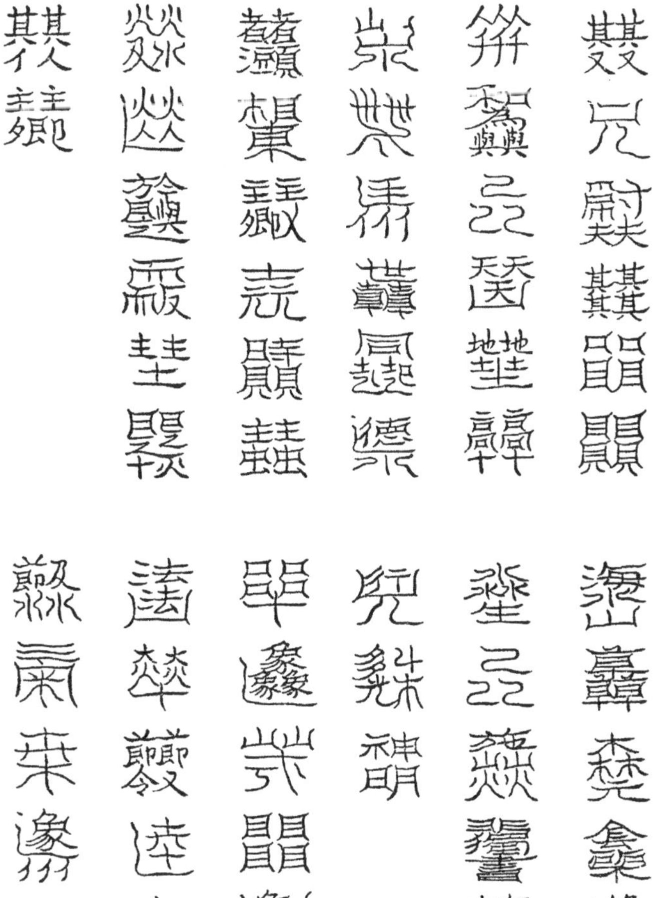

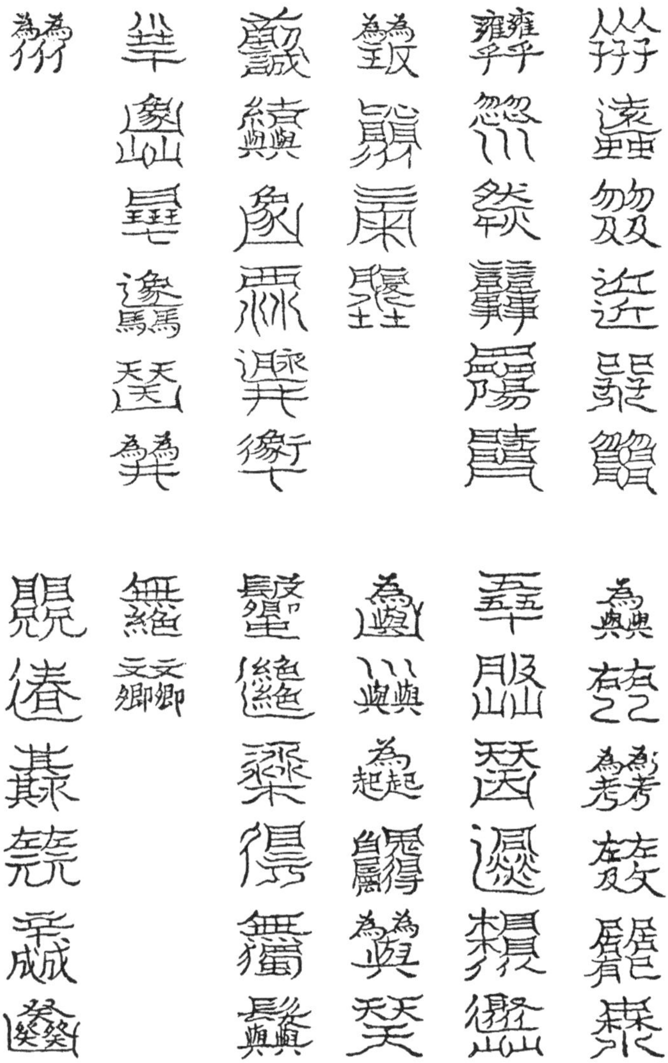

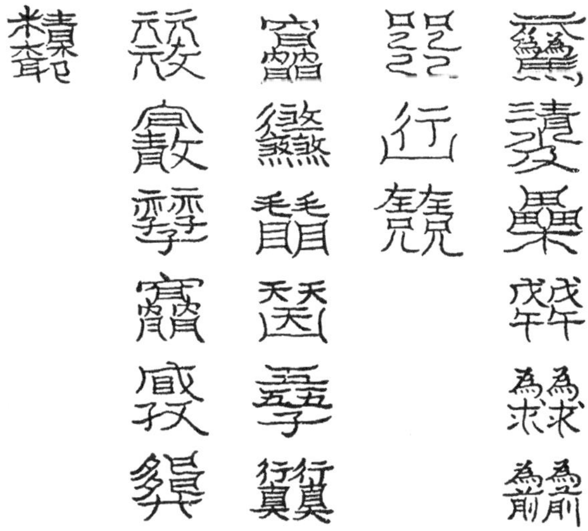

右藏之幽處神祐之

太平經

제108권

경부(庚部)의 6

『태평경초』

제173 요결십구조(要訣十九條) : 긴요한 비결 19조

해제 이 장에서 제시한 19조의 중요한 비결은 천사가 전한 도서의 중요한 뜻과, 어떻게 그것을 받들고 그 신비한 효험을 어떻게 검증하는가에 대한 내용이다. 대체적인 내용을 세 가지 측면에서 분류 파악할 수 있다. 첫째, 첫 여섯 조는 『태평경』을 받드는 효험에 대하여 말하고, 둘째, 중간 일곱 조는 관직, 군사, 술, 여성, 인구 등의 사회 문제와 연계하여 치국의 도를 서술하고, 셋째, 마지막 여섯 조는 무위(無爲), 치병(治病), 양약(良藥), 선방(仙方) 등의 방술 수련에 대하여 서술하고 있다.

1) 도를 수련하려는 자는 입실하여 안팎으로 잡념을 배제함으로써 결단한다. 날수를 채우면 문을 열고 들어가서 보고, 그 내

면이 진실로 잡념을 배제한 상태에 있는 사람은 들어가서 보지 말아야 한다. 내면에서 진실로 잡념을 버리지 않은 사람은 다른 사람들이 들어와 그를 보기를 즐겨 한다. 문을 열고 들어가 보고서 나오려고 하는 사람은 바로 나오도록 한다.

2) 세 가지 경로로 글을 통용하게 하려면 의논을 모은 것에서 비결을 취하여, 하늘의 신표로 삼아 곧 그 사람이 위로 올린다.

3) 신령을 바르게 하려면 만만 사람들을 꿰뚫어 밝힌 데서 비결을 취하여 하늘의 신표로 삼는다.

4) 무릇 글을 바르게 하려면 모아서 교정한 데서 비결을 취하여 하늘의 신표로 삼는다.

5) 나의 도서(道書)가 믿을 수 있는지 알려면, 눈 멀고 병든 자들이 행하고, 또한 하늘과 더불어 서로 상응함에 좋은 것은 날로 흥하고 나쁜 것은 날로 없어지는 것에서 비결을 취하여 하늘의 신표로 삼는다.

6) 관직에 올바른 사람을 배치하려면, 아홉 유형의 사람들에게서 비결을 취한다.

7) 입실 수련이 성공했는지 아닌지를 들으려면, [도를 이루어] 철두철미 하얗게 되어 형체가 가리워짐이 없이 드러나는 데서 비결을 취하여 하늘의 신표로 삼는다.

8) 몸이 도를 체득하여 죽지 않게 됨을 알려면, 몸이 이미 신을 이루어 세상을 넘어감에서 비결을 취하여 하늘의 신표로 삼는다.

9) 나의 책의 글과 뜻이 투철하게 합치되었는지를 알고자 하면, 위에서 아래까지 모조리 다 읽어 환하게 마음에서 크게 깨닫게 되어 다시 의심할 바가 없고 한 번에 그 뜻을 얻어서 다시 사라질 수 없을 것이다.

10) 나의 책이 참된 것인지 거짓된 것인지를 증험하고자 하면,

날로 태평함으로 나아가는 것인가를 보아 하늘의 신표로 삼는다.

11) 천수를 얻을 것인지 아닌지를 알려면, 태평이 이루어진 뒤에 비결을 취한다. 태평이 이루어지지 않았다면 앞선 사람에게서 유전된 재앙이 해가 되어 천수를 다하기 어려운 것으로서, 하늘의 징표가 된다.

12) 태양(太陽) 곧 군주가 태평한지를 알려면, 무기[전쟁]를 끊음으로 말미암는 데서 비결을 취한다.

13) 물과 불이 간신을 억눌러 끊어 요사함이 일어나지 못하게 하려면, 무기를 끊고 시장의 술을 쇠락하게 함으로 말미암는 데서 비결을 취한다.

14) 하늘의 도가 크게 흥하는 법을 얻으려면, 무릇 글을 교정하고 무릇 사람들이 비결의 말로 삼는 데서 비결을 취한다.

15) 좋은 약을 얻으려면, 무릇 약방문을 모아 교정하고 그 효험을 검증한 것에서 비결을 취한다.

16) 조속히 태평을 얻으려면, 참된 글을 다 나오게 하고, 사악하고 거짓된 글을 끊어 없애는 데서 비결을 취한다.

17) 사람들이 다시 여자를 살상하지 않음을 즐겁게 생각토록 하려면, 각자가 거처하고 있는 데서 그 힘에 따라서 옷과 음식을 구하고 돌이켜 부모를 근심하게 하여 도리어 거스르게 하지 않게 하는 데서 비결을 취한다.

18) 질병을 제거하고 도를 크게 열고자 하려면, 붉은 글씨로 쓰인 부적을 삼키는 것에서 비결을 취한다.

19) 글을 모아 통용시키는 비결을 알려면, 그 글을 따라 거듭 상세하게 밝히고 능숙하게 그것을 언약하여 정한다. 하루를 통용케 한다면 백 가지 해와 사람의 마음을 교활하게 함을 없애고, 하루 아침에 모든 것이 바르게 되어 하늘의 신표로 삼는다.

1) 其爲道者, 取訣於入室外內批之.[1] 滿日數, 開戶入視之, 於其內自批者, 勿入視也. 其內不自批者, 卽樂人入視之也. 開戶入視, 欲出者便出之.

2) 其三道行書者,[2] 悉取訣於集議, 以爲天信,[3] 卽其之人上建也.[4]

3) 其正神靈者,[5] 取訣於洞明萬萬人也, 以爲天信矣.

4) 其凡文欲正之者, 取訣於拘校, 以爲天信.

5) 其欲樂知吾道書信者,[6] 取訣於瘖疾行之, 且與天響相應.[7] 善者日興,[8] 惡者日消, 以爲天信.

6) 其欲署置得善人者, 取訣於九人.[9]

7) 其問入室成與未者,[10] 取訣於洞明白也.[11] 形無彰蔽, 以爲天信.

8) 其欲知身成道而不死者, 取訣於身已成神也,[12] 卽度世矣, 以爲天信.

9) 其欲洽洞知吾書文意者, 從上到下盡讀之, 且自昭然心大解,[13] 無復疑也. 一得其意, 不能復去也.

10) 其欲效吾書, 視其眞與僞者,[14] 以治日向太平, 以爲天信.

11) 其欲知壽可得與不者,[15] 取訣於太平之後也. 如未太平, 先人流災爲害, 難以效命, 以爲天信矣.

12) 太陽欲知太平者,[16] 取訣於由斷金也.[17]

13) 水與火欲厭絶姦臣訞不得作者,[18] 取訣於由斷金衰市酒也.[19]

14) 欲得天道大興法者, 取訣於拘校衆文與凡人訣辭也.

15) 欲得良藥者, 取訣於拘校凡方文而效之也.

16) 欲得疾太平者, 取訣於悉出眞文而絶去邪僞文也.

17) 欲樂思人不復殺傷女者, 取訣於各居其處, 隨其力衣食, 勿使還愁苦父母而反逆也.[20]

18) 欲除疾病而大開道者, 取訣於丹書呑字也.[21]

19) 欲知集行書訣也, 如其文,[22] 而重丁寧,[23] 善約束之. 行之一日, 消百害猾人心, 一旦轉而都正也, 以爲天信.

〈止〉 * 번호는 원문에는 없으나, 편의상 역자가 매긴 것임.

역주

1) 取訣於入室外內批之(취결어입실외내비지) : '결(訣)'은 '결(決)'의 의미이며(『정독』), '비지(批之)'의 '비(批)'는 배제하는 것을 '지(之)'는 일체의 잡념을 의미하여, '비지(批之)'는 일체의 잡념을 배제하는 것을 말한다.

2) 其三道行書者(기삼도행서자) : 『초』에는 '자(者)'가 없다.

3) 以爲天信(이위천신) : '천신(天信)'은 하늘의 신표로 가장 확실하게 믿을 수 있는 절대적인 근거를 말한다.

4) 卽其之人上建也(즉기지인상건야) : 『초』에는 '기(其)' 이하의 다섯 자가 없다.

5) 其正神靈者(기정과 신령자) : '신(神)'은 본래 글자체가 모호하나 『초』를 근거로 한 『합교』의 교정에 따른다.

6) 其欲樂知吾道書信者(기욕요지오도서신자) : 『초』에는 '도(道)'자가 없다.

7) 且與天響相應(차여천향상응) : 『초』에는 '상(相)' 자가 없다.

8) 善者日興(선자일흥) : '흥(興)'은 원래 '여(與)'로 되어 있지만 『초』의 교정에 따랐다.

9) 取訣於九人(취결어구인) : '9인(九人)'은 무형위기신인(無形委氣神人), 대신인(大神人), 진인(眞人), 선인(仙人), 대도인(大道人), 성인(聖人), 현인(賢人), 민인(民人), 노비(奴婢) 등의 아홉 유형의 사람을 가리킨다. 제42권 「구천소선왕재법(九天消先王灾法)」과 제96

권 「수일입실지신계(守一入室知神戒)」 참조.

10) 其問入室成與未者(기문입실성여미자) : 『초』에는 '성(成)' 자가 없다.

11) 取訣於洞明白也(취결어통명백야) : 『금주금역』에서는 『초』에는 '명(明)'자가 없는 것을 근거로, '통백(洞白)'이란 수련하여 기(氣)가 쌓여서 형체 상하가 완전히 하얗게 눈과 같이 변한 상태를 가리키는 것이라고 해석한다.

12) 取訣於身已成神也(취결어신이성신야) : 『초』에는 '야(也)'자가 없다.

13) 且自昭然心大解(차자소연심대해) : '소연(昭然)'은 『초』에 '조찰(照察)'로 되어 있다.

14) 視其眞與僞者(시기진여위자) : 『초』에는 '기(其)'자와 '자(者)'자가 없다.

15) 其欲知壽可得與不者(기욕지수가득여불자) : 『초』에는 '지(知)'가 탈락되었다.

16) 太陽欲知太平者(태양욕지태평자) : '태양(太陽)'은 가장 왕성한 양기를 말하며 군주를 상징한다.

17) 取訣於由斷金也(취결어유단금야) : '금(金)'은 무기와 군사(軍事)를 상징한다.

18) 水與火欲厭絶姦臣訞不得作者(수여화욕염절간신요부득작자) : '수(水)'는 신하와 백성을 의미하는데, '수(水)'와 '화(火)'는, 즉 군주와 신민의 관계를 말한다.

19) 取訣於由斷金衰市酒也(취결어유단금쇠시주야) : '시주(市酒)'는 시장에서 파는 술로 '수(水)'에 속하고 '태음(太陰)'을 말한다. 수(水)가 왕성하면 화(火)는 죽는다.

20) 勿使還愁苦父母而反逆也(물사환수고부모이반역야) : '반역(反逆)'은 늙은 부모가 젊은 여식의 양육을 걱정하게 하는 것을 말한다.

21) 取訣於丹書呑字也(취결어단서탄자야) : '단서탄자(丹書呑字)'는 붉은 글씨로 된 삼키는 문자, 즉 부적을 말하는데 복용하는 방법에

대한 자세한 내용은 第87권 「장존부도(長存符圖)」와 제92권 「동극상평기무충중복자결(洞極上平氣無蟲重複字訣)」을 참조.

22) 如其文(여기문) : '여(如)'는 '…에 따른다(遵循, 遵照)'는 의미이다(『정독』).

23) 而重丁寧(이중정녕) : '정녕(丁寧)'은 '상세하게 설명하여 내용을 밝힌다(詳細釋明)'는 의미이다(『정독』).

제174 서의훈결(瑞議訓訣) : 상서로움에 관한 논의로 훈계받는 비결

해제 이 장에서는 하늘과 인간이 상응한다는 관점에서 하늘이 내리는 각종의 상서로운 조짐은 사람의 '청(淸)', '정(靜)', '단(端)', '정(正)', '전(專)', '일(一)' 등에서 비롯한 것임을 밝히고, 이 여섯 가지가 한 몸에 모이면 천지를 감동시킨다고 말한다.

"상서로움 곧, '서(瑞)'란 글자는 무엇을 가리키는 이름입니까?"

"그대들은 무슨 이유로 어리석은 척하는가?"

"감히 고의로 모르는 척하는 것이 아닙니다. 실제로 알지 못합니다. 원컨대 천사께서 버리지 마시고 한마디 말씀을 가르쳐 주십시오."

"좋다. 편히 앉거라. '서(瑞)'란 '단(端)'이며 '청(淸)'이며 '정(靜)'이며 '정(正)'이며 '전(專)'이며 '일(一)'이다. 마음이 천지와 같으면 시령(時令)을 어기지 않는다."

"원컨대 그러한 단(端) · 청(淸) · 정(靜) · 정(正) · 전(專) · 일(一)

을 무엇으로 알 수 있는지 듣고 싶습니다."

"좋도다! 그대들이 묻는 것이. 대저 천지의 본성은 예부터 지금까지 선한 사람은 선함을 초래하고, 악한 사람은 악함을 초래하고, 바른 사람은 바름을 초래하고, 사악한 사람은 사악함을 초래한다. 이것이 저절로 그러한 술법이니 괴이하게 여길 게 없다. 그러므로 사람의 마음이 단정하고 청정하여 지극한 정성으로 하늘을 감동시키고, 악의가 없다면 길한 징조로서 상서로운 사물이 나타나게 된다. 그대들이 그 큰 믿음을 거듭 알려면, 옛날 대성현이 모두 마음을 쓰길 청정하고 전일하게 하였으므로 상서로운 응함이 이르렀다는 데서 알 수 있다. 여러 가지 사악함으로 마음을 써서 마음대로 하고 거짓되게 하여, 좋은 응함이 없다. 이것이 천지의 가장 분명한 증거이다. 그대들은 알겠는가?"

"예, 예. 사악함에 대한 반응도 있는지요?"

"그렇다. 사악함이 사악함을 초래하는 것 또한 그 응함이다. 조절하지 못하는 사람은 조절하지 못함을 부르고 조화하는 사람은 조화함을 부르는데, 이것이 하늘이 응하는 분명한 효과이다."

"훌륭하십니다. 훌륭하십니다! 어리석은 소생들은 깨달았습니다."

〈起〉請問瑞者, 何等之名字也. 子何故因爲愚邪. 不敢故愚也, 實不及. 願天師不棄, 示以一言. 行, 安坐. 〈起〉瑞者, 淸也, 靜也, 端也, 正也, 專也, 一也.[1] 心與天地同, 不犯時令也. 願聞以何知其淸靜端正專一邪. 善哉, 子之問也. 夫天地之性, 自古到今, 善者致善, 惡者致惡, 正者致正, 邪者致邪, 此自然之術, 無可怪也. 故人心端正淸靜, 至誠感天, 無有惡意, 瑞應善物爲其出. 子欲重知其大信, 古者大聖賢皆用心淸靜專一,故能致瑞應也.〈止〉諸邪用心佞僞, 皆無善應, 此天地之大明徵也. 子知之邪. 唯唯. 亦有應邪. 然邪者致邪, 亦是其應也. 不調者致不調, 和者致和, 此天之應明效也. 善哉〈止〉善哉. 愚生解矣.

역주 1) 淸也靜也端也正也專也一也(청야정야단야정야전야일야) : '청(淸)'은 맑고 '정(靜)'은 고요하고 '정(正)'은 바르고 '전(專)'은 전일하고 '일(一)'은 순일한 것을 말한다.

제175 충효상이문결(忠孝上異聞訣) : 충과 효에 관하여 달리 듣는 바를 올리는 비결

해제 이 장에서는 최상의 충신, 효자, 제자는 세상에 보기 드물고 듣기 어려운 것을 군주, 어버이, 스승께 드린다는 내용을 서술한다. 예부터 지금까지 대성현들이 일을 결단할 때는 모두가 함께 듣는 것을 버리고 진기한 것을 취하였는데 이것이 바로 천지의 마음을 얻는 방법임을 밝히고 있다.

"청컨대, 사람이 선을 행하는 것에 대해 여쭙고자 합니다. 최상의 효자, 최상의 충신, 최상의 공순한 제자는 마땅히 무엇을 그 군주와 어버이와 스승에게 바칠 것을 생각해야 하는지요?"

"마땅히 그 들어본 적이 드문 진기한 보물이나 보기 어려운 글을 올려서 윗사람이 얻을 수 있게 하는 것이 그것이다."

"충신, 효자, 공순한 제자는 항상 천하를 편안하고 즐겁게 하는 행동을 해야 합니다. 어찌 똑같이 들은 것을 올리지 않고 다르게 들은 것을 올리는 것인지요?"

"똑같이 들을 수 있는 것은 윗사람 스스로도 아는 것인데, 어찌 다시 올려야 하는가?"

"어리석은 소생들이 그 의미를 알지 못했습니다."

"좋다. 그대들에게 자세한 실정을 알려주겠다. 천하가 추구하고 진귀하게 여기는 것은 모두 일찍이 본 적이 없는 아름답고 진귀한 것인데 이러한 것을 군주에게 올리면 최상의 충신이다. 일찍이 본적이 없는 좋은 음식을 어버이에게 올리면 가장 좋은 효자이다. 일찍이 들어 본 적이 없는 설을 스승에게 올리면 가장 착하고 공순한 제자이다. 그대들은 알겠는가?"

"예, 예. 같은 일을 올리는 것에 듣고자 합니다. 위에서 지니고 있지만 거듭 올리는 것은 어떨는지요?"

"그렇다. 모두 고의로 위를 응하게 하는 것으로, 죄가 없어지질 않는다."

"무엇이 이렇게 엄중합니까?"

"그대들은 아마도 깨닫지 못한 학생으로, 사람이 항상 지니고 있는 것에 거듭 더하면, 다시 그와 같은 것을 싫어할 것이다. 어찌 다시 올려야만 하는가? 윗사람이 싫어하는 바를 다시 올리는 것을 고의로 하는 것이라 한다. 아래가 위를 고의로 하는 것은 그대들 생각에 어찌 마땅히 죄를 지었다고 하지 않을 수 있는가?"

"어리석은 소생들은 이미 깨달았습니다."

"그러므로 상서로운 응함으로 좋은 물건과 진귀한 보물을 얻으면 마땅히 군주, 어버이, 스승에게 올려야 한다. 위에서 지니고 있는 것은 부디 다시 올리지 말라! 이 때문에 예부터 지금에 이르기까지 대성현이 모든 일을 정할 때 같은 것을 버리고 다른 것을 취한 것이다. 이에 천지의 마음과 뜻을 얻었다고 함은 바로 이를 말한다. 그대들은 깨달았는가?"

"훌륭하십니다. 훌륭하십니다!"

〈起〉請問人之爲善也, 上孝子上忠臣上順弟子當思上何等於其君父師哉. 當上其異聞珍寶希見之文而得上者是也. 忠臣孝子順弟子常可樂爲也,[1] 何不上同聞而上異聞邪. 同聞上自有之, 何須復上邪. 愚生不曉其意. 行且使子知其審實. 天下所來所珍, 悉未嘗見而善珍者也, 以上其君, 是上忠臣也. 未嘗見善食以上其親, 是上孝子也. 未嘗見之說以上其師, 是上善順弟子也. 子知之邪. 唯唯. 願聞上同事, 上之所有, 而重上之, 何也. 然, 皆應故其上,[2] 罪不除. 何其重也. 子應不曉之生, 人之所常有, 重皆厭之, 何須復上之邪. 〈止〉上人所厭, 名爲故其上也. 下而故其上, 於子意寧當坐不邪. 愚生已覺矣. 故得瑞應善物, 希見之珍, 當上於君父師也. 上之所自有, 愼無上也.[3] 是故〈起〉自古及今, 大聖之定凡事也, 去同取異, 乃得天地之心意, 此之謂也. 〈止〉子曉邪. 善哉善哉.

역주

1) 忠臣孝子順弟子常可樂爲也(충신효자순제자상가락위야) : '가(可)'는 수긍을 말하며, 『금주금역』에서는 제113권 「악노길흉결(樂怒吉凶訣)」을 근거로 '낙위(樂爲)'란 '천하를 안락하게 할 수 있는 행동'을 의미한다고 말한다.

2) 皆應故其上(개응고기상) : '고(故)'는 고의로 '속이어 농락함(欺弄)'(『정독』)을 말한다.

3) 愼無上也(신무상야) : '무(無)'를 '물(勿)'(『정독』)로 해석하였다.

제176 재병증서욕장결(災病證書欲藏訣) : 재앙과 병은 책이 증험함에 감추고자 하는 비결

해제 이 장에서는 하늘이 내린 재이는 궁극적으로 사람들이 초래한 재앙임을 밝힌다. 예로부터 하늘의 뜻을 거스르는 죄과가 시간을 거듭하며 조금씩 쌓여 지금에 이르러 모두가 큰 재앙을 당할 수 있다고 경고하며, 천사의 글을 통해 하늘의 가르침과 뚜렷한 효험을 볼 것을 주장한다.

"원컨대 여쭙습니다. 천사님의 책은 어떻게 행해져야 하는지를 알 수 있고, 어떻게 은폐시키고자 하는지를 알 수 있는지요?"

"그대들은 분명하게 알고 싶은가? 재앙과 병이 입증하는 것이다. 내어 놓았는데도 사람들을 병들게 한다면 곧 하늘은 숨기고자 한 것이다. 은폐하였는데도 사람들을 병들게 한다면 곧 하늘은 나타내어 통용시키고자 한 것이다."

"무엇으로 거듭 분명하게 밝힐 수 있습니까?"

"하늘의 운행과 네 계절의 기운은 만물을 생육하면서 하늘의 뜻을 따른다. 모든 사물이 나타나길 바라지만 도리어 그것을 감추어 숨긴다면 크게 흉하게 된다. 모든 사물이 감추어 숨기길 바라지만 도리어 그것을 나타나게 하면 또한 크게 흉하게 된다. 모두가 천명을 거스르는 것으로 뒤에 모두가 큰 재앙을 당하게 된다. 그대들은 즐겨 행하고자 함을 알고자 해야 하느니! 그것을 점치지 말라. 진인들은 알겠는가?"

"예, 예."

"그러므로 예부터 지금에 이르기까지 일을 할 때 모든 것을 상세하게 살피지 않고 천도의 뜻을 잃으므로 승부가 생기는 것이다. 그러므로 백성들을 무도하게 다스리게 되어 함께 하늘의 바른 도를 혼란케 하고 사람들이 다스림을 다르게 한다. 인민과 만물 대부분 원통함을 겪게 되었다."

"원컨대 여쭙습니다. 대저 도가 없다면 바로 거듭 죽게 하는 죄를 주는 법인지요?. 천사께서는 무엇 때문에 중형과 사형의 법을 만들지 않으시고 각각 그 죄마다 해당하는 죄를 주는 것인지요?"

"지금 천하의 일은 각각 그 죄마다 해당하는 죄를 주는 것이 공평하다."

"지금 천사께서 그 도가 없는 것에 그 죄를 주지 않는 것은 무엇 때문입니까?"

"그럴 수 없기 때문이다."

"무엇 때문입니까?"

"대저 앞선 사람들이 다만 작은 일로써 도를 잃고서 행하였을 뿐이기에 죄를 묻기에 부족하다. 후대에 태어난 사람이 승부하여 점차 축적하며 넘쳐나게 되었다. 비록 그들이 죽는 죄를 범하고 그 행위가 사악하고 거짓되어 공허하게 된 것은 후대에 태어난 사람들이 모두 앞서 태어난 사람에게 배운 것이다. 비록 하늘의 도를 잃고서 무도하게 다스리게 된 것은 다 스승에서 스승으로 서로 전해져 더욱 서로 가르쳐서 보인 것으로, 한 사람만이 이러한 죄과를 만든 것은 아니다. 그러므로 그에게 중형을 내릴 수 없다. 하고시대 사람의 죄과를 생각하면 모두 죽이기에 충분하다. 또한 신성한 사람이 만든 법은 하루 아침에 사람들에게 중형을 줄 수 없는데 사람의 부류를 같이 멸하기 때문이다. 그러므로 하늘이 나를 아래로 보내어서 그 행위를 바꾸고 그 책임을 없애게 한 것이다. 만일 법이 바뀌지 않는다면 하늘과 땅과 사람이 장차 함께 그것을 다스리며 신으로 하여금 그들에게 병과 재앙을 내치게 할 것이다. 후세 사람이 이를 보면 내가 받은 하늘의 가르침의 뚜렷한 증험이라고 할 것이다. 그대들은 알겠는가?"

"예, 예."

"가거라. 내 말도 다하였고 하늘의 언사도 끝났도다. 덕 있는 군주에게 전하라."

"예, 예."

"물러가 다시 묻지 말라."

"예, 예."

이상은 모든 비결, 길한 징조, 주장이 아래 세상에 두루 미치게 하는 것이다.

請問天師書, 以何知其欲見行,[1] 以何知其欲見逃也.[2] 子欲明之邪. 以災病爲證也. 出而病人, 卽天欲藏也. 逃而病人, 卽天欲出行也. 以何重明之. 以天行四時氣, 生養萬物, 隨天意也. 凡物樂出, 而反逃藏之, 大凶矣. 凡物欲逃藏, 而反出之, 亦大凶也. 悉爲逆天命, 後皆有大災矣. 子欲樂知吾天天樂行, 不以是爲占也. 眞人知之邪. 唯唯. 是故自古到今, 擧事不詳悉, 失天道意, 故生承負也. 是故使民至於無道而治, 共亂天正道, 人異政治, 故人民萬物多被冤也. 願請問夫無道, 乃重死罪之法也. 天師何不爲制作重刑死法, 而各以其罪罪之. 今天下之事, 各以其罪罪之爲平也. 今天師不以其無道罪之, 何也. 不可也. 何故. 夫先人但爲小小誤失道, 行有之耳, 不足以罪也.

後生人者承負之, 畜積爲過也. 雖其觸死, 其行邪僞空虛者, 後生人皆學於先生人, 雖失天道, 爲無道而治者, 皆師師相傳, 更以相敎示, 非一人造此過也, 故不可予其重刑也. 念下古人罪過, 皆足以死. 又神聖爲法, 不可一旦予人重刑, 滅人世類也. 故天遣吾下者, 革其行, 除其責, 而不章更,[3)] 天地人且共治之, 使神病災之也. 後世人見是, 吾受天敎之明效也. 子知之邪. 唯唯. 行, 語竟天辭絶, 傳之德君. 唯唯. 行去, 勿復問. 唯唯.

右凡訣瑞應說在下竟.

역주

1) 以何知其欲見行(이하지기욕견행) : '견행(見行)'은 세상에 출시하여 통용되게 하는 것을 말한다.

2) 以何知其欲見逃也(이하지기욕견도야) : '견도(見逃)'는 세상에서 거두어 은폐되게 하는 것을 말한다.

3) 而不章更(이부장경) : '이(而)'는 '여(如)'의 의미이다(『정독』).

太平經

제109권

『태평경초』

경부(庚部)의 7

제177 양수책자요기(兩手策字要記) : 음양에 관한 책자와 그 해설

해제 이 장에서 말하는 양수(兩手), 즉 두 손은 사물의 대립면과 대립면의 조화통일을 비유적으로 가리킨다. 책자요기(策字要記)는 도경에서 사용하는 문체의 하나를 가리키는 전문용어이다. 책자(策字)는 경전적이고도 신비적인 성격을 띠고 있고, 요기(要記)는 해석과 설명이라는 의미를 포함하고 있다. 이 장에서는 천지(天地), 네 계절(四時), 오행(五行), 부부(夫婦), 군신(君臣), 사제자(師弟子) 등을 열거함으로써 모든 일이 마치 손바닥이 맞닿아야 소리가 나는 것처럼 쌍방에 의거한다는 점을 강조하고 있다. 특히 나라를 다스리는 데 있어서도 그와 같다고 주장한다. 그러므로 이 장의 끝 부분에서 "자리에 걸맞은 사람을 뽑아야 한다"는 점을 강조하면서 "군주와 신하가 마치 두 손이 평화롭게 조화를 이루는 것과 같아야 한다"고 희망을 피력하였다.

"하늘에는 두 개의 손이 있어서 함께 모든 일을 이룬다. 그 가운데 하나에 병이 생겨 사악하게 변하면 어떤 일도 이루어낼 수 없다. 하늘은 이러한 상황에 대하여 매우 한스럽게 생각하고 땅 역시 그것을 금기로 여긴다. 천하가 혼란하여 일이 이루어지지 않는 것은 전적으로 사악하게 변한 한쪽 손이 일을 처리하는 데 힘을 보태지 못하기 때문이다. 모든 일이 다 처리되지 못하고 상하사방이 태평하지 못한 것 역시 이 두 손에 문제가 생겨 사악하게 변해서 일을 처리하는 데 힘을 보태지 않는 데 원인이 있다. 이처럼 길흉(吉凶)과 안위(安危)는 전적으로 이 두 손에 달려 있는 것이다. 진인들은 아마도 그것을 깊이 알겠지?"

"아직 분명하게 알지 못하겠습니다. 천사님께서 그 핵심적인 뜻을 알려주신다면 알겠습니다만, 그렇지 않으면 영원히 깜깜한 채로 혼란스럽기만 할 뿐 알 길이 없습니다. 스승님께서는 천지간의 모든 일에 대한 교화의 근본이십니다. 비록 저희를 어려우실지언정 어찌 말씀을 안 하실 수 있겠습니까?"

"좋다! 진인들의 지식을 추구하는 그 질문은. 하늘이 그대로 하여금 그런 질문을 하게 하였을 것이다. 그 말은 핵심적이면서 □□하다. 좋다. 앉거라. 진인들을 위해 그 의미를 세세하게 설명해 주겠다. 세상에서 그것을 본받고 쓴다면 다시는 흉악하고 혼란한 일이 발생하지 않을 것이다. 하늘의 여러 신령들은 그것을 양수책자라고 부르는데, 도에 대한 중요한 기록에 속한다. 나라가 그것에 따른다면 영원히 멸망하지 않을 것이며, 보통 사람들이 그것에 따른다면 모두 영원한 부귀를 누릴 것이다. 긴요한 도가 장차 내려오려고 하니 일반 보통 사람에게 가까웠다. 이제 여러 진인들에게 그에 대해 조목조목 말해 주겠다."

"예. 예."

"하늘과 땅은 모든 것을 만들어내는 두 손이다. 네 계절은 만물을 기르는 것을 주된 직책으로 삼는 두 손이다. 오행은 만물을 이루어주고 서로를 낳는 것을 주된 직책으로 삼는 두 손이다. 남자와 여자로 구성된 부부는 천지와 음양의 계통을 잇는 것을 주된 직책으로 삼는 두 손이다. 스승과 제자는 모든 일과 문서와 도와 덕에 관하여 가르치고 통달하게 하는 것을 직책으로 삼는 두 손이다. 군주와 신하는 모든 일과 백성과 사물을 다스리는 것을 직책으로 삼는 두 손이다. 이 여섯 가지 근본적인 일은 그저 대강만을 열거한 것이고 단서만을 나열한 것일 뿐이다. 구체적 사실은 이루 다 쓰기 어렵다. 어떤 일이든 두 가지 측면이 서로 협조해서 이루어지는 것으로 모두 이 두 손에 의존하는 것이다. 하늘에서는 이것을 원이 그림쇠(規)에 맞고 사각형이 곱자(矩)에 맞는 것과 같다고 부른다. 한쪽 손이 사악하게 변해서 협조하지 않으면 어떤 일도 이룰 수 없다. 하늘은 그것을 큰 혼란의 다스림이라 부른다. 천지 사방 끝까지 짝이 없는 것을 홀아비나 과부로서 후손이 없는 것이라고 부르는데, 그러한 상태에서는 나날이 쇠락해 가기만 한다. 이루어지는 일이 아무것도 없는 것은 이 두 손이 함께 힘쓰지 않기 때문이다.

"훌륭하십니다. 훌륭하십니다. 하늘은 왜 이것을 두 손이라고 이름을 바로잡는 것입니까?"

"좋은 질문이다. 핵심을 파악하고 있구나. 두 손이라는 것은 서로 힘을 합쳐 앞으로 나아가지도 않고 뒤로 물러나지도 않아야만 비로소 일을 이룰 수 있음을 말하는 것이다. 두 손이 힘을 합치지 않으면 일은 이루어질 수 없다. 그러므로 모든 일은 이 두 손과 같이 모두 그에 걸맞은 사람을 얻어 함께 힘쓰고 마음을 같이해야 한다. 이 두 손을 본받으면 길하고 평온한 태평의 기가 바로 도래하지만, 이 두 손과 같지 않으면 수억만 년을 기다려도 가장 왕성하고 밝은 태평의 기는 나타날 수 없다. 태평의 기가 나타나려고 할 때 하늘은 항상 이 두 손을 통해 일을 이루고자 한다. 그러나 세상에서 오랫동안 이 두 손을 운용하는 데 협조하지 않는다면 태평의 기는 닫혀버려 내려올 길이 없는 것이다. 다스림은 사람에게 근심과 고통만 안겨줄 터이니 그에 대해 논의할 가치가 뭐 있겠느냐? 재앙은 바로 이 두 손이 협조하지 않는 데서 나온다. 만약 이 두 손이 협조하고 또 함께 힘을 쓴다면 가장 왕성하고 밝은 태평의 기가 앞다투어 이를 것이며 도중에 기다릴 필요가 없을 것이다."

"훌륭하십니다. 훌륭하십니다."

"그러니 하늘과 땅이 함께 힘쓰지 않으면 만물의 모든 일이 발생할 길이 없다. 네 계절이 함께 힘쓰지 않으면 모든 사물은 자랄 길이 없다. 오행이 함께 힘쓰지 않으면 모든 사물은 완성될 길이 없다. 군주와 신하가 함께 힘쓰지 않으면 모든 일이 다스려질 길이 없다. 부부가 함께 힘쓰지 않으면 자손이 자랄 길이 없고 집안의 법도가 설 수 없다. 스승과 제자가 함께 힘쓰지 않으면 모든 막힌 문제가 풀릴 수 없고 도와 덕이 일어날 길이 없으며 무지몽매함을 벗어날 길이 없고 천지사방과 팔방의 먼 곳에까지 이르는 커다란 교화가 행해질 수 없다. 그러므로 마치 두 손이 그러하듯이 모두 힘을 합쳐야 통할 수 있다. 두 손처럼 서로 협조하지 않기 때문에 나날이 재앙이 닥친다. 비록 그것을 치료한다고 해도 아무런 도움이 되지 않는 것은 성공할 방법이 없는 것과 같다. 그러나 헛되이 오랫동안 근심과 고통만 이어지고 재앙은 나날이 더해진다. 그러므로 이 두 손과 같이 자리에 적합한 인재를 선발하여야 한다. 적당한 사람을 얻지 못하는 것을 하늘의 여러 신들은 반쪽이 죽은 것이라고 부른다. 서로 협조하지 않고 한쪽 손만으로 한다면 어떻게 공을 이루고 일을 완수할 수 있겠느냐?

진인들은 하늘을 위해 멀리서부터 와서 묻는데, 모든 의심스러운 일은 순수한 마음으로 이 뜻을 깊이 생각해보아야 한다. 마음은 화행(火行)에서 생긴 것으로 다시 화행으로 돌아간다. 다스리는 데 이것을 본받으면 수명이 늘어날 것이니 만에 하나라도 실수가 있어서는 안 될 것이다. 나는 그대들을 속이지 않는다. 내 말을 유덕한 군주에게 보여주고 일반인들에게 보여주며, 현자는 스스로 그 뜻을 생각해보고 감히 위반함이 없어야 할 것이다. 그것을 사용하는 것을 자신을 윤택하게 하고 돌보는 것이라고 하고, 그것을 사용하지 않는 것을 근심과 고통을 자초하는 것이라고 한다. 신비로운 효험이 있도다! 내가 말한 도는 순수한 하늘의 뜻이다. 그러나 앞으로 나아갈 수는 있어도 뒤로 물러날 수는 없고, 따를 수는 있지만 거스를 수는 없다. 그에 따르면 순수하게 하늘의 마음을 얻을 수 있고, 그에 거스르면 일을 망친다. 혼란스러운 재앙이 물밀듯이 밀려올 때 사람들의 생각은 서쪽에 있고 하늘의 뜻은 동쪽에 있다. 이를 하늘의 뜻과 다른 것이라고 말한다."

"훌륭하십니다. 훌륭하십니다."

"그대들은 이미 깨달아 알았도다."

天有兩手, 乃常共成凡事. 其一手有病邪惡, 則無有成事. 天大怨之, 地以爲忌, 天下亂而無成功, 一由[1]此一手邪惡而不幷力. 凡事盡不理, 六方不太平, 亦由此兩手有病邪惡, 而不幷力所致. 吉凶安危, 一由此兩手. 眞人亦豈深知之邪. 不及. 唯天師開示其要意, 使得知之, 則知之. 不者終古冥冥昏亂, 無從得知之也. 夫師者, 乃天地凡事敎化之本也, 雖難, 安得不言哉. 善哉. 眞人之求問事之辭也. 天使子主問乎. 其言要而□□. 諾. 安坐, 爲諸眞人具說其意. 天下象而行之, 無復凶亂事. 天上諸神名爲兩手策字[2)]爲要記,[3)] 國家行之則長存, 凡人行之則久富. 要道將出, 近在凡人之身. 今爲諸眞人分別言之. 唯唯. 天地者, 主造出生凡事之兩手也. 四時者, 主傳養凡物[4)]之兩手也. 五行者, 主傳成凡物相付與[5)]之兩手也. 男女夫婦者, 主傳統天地陰陽[6)]之兩手也. 師弟子者, 主傳相敎通達凡事文書道德之兩手也. 君與臣者, 主傳治理凡事人民諸物之兩手也. 此有六事, 纔擧其綱, 見其始耳, 不可勝書也. 凡事相須而成事者, 皆兩手也. 天上名爲重規沓矩, 皆當相應者也. 一手邪惡不等無成事, 天上名爲大亂之治, 六方八遠名爲鰥寡斷嗣,[7)] 日以嚮衰. 無成事, 卽由此兩手不幷力也. 善哉善哉. 請問天上何故正名此爲兩手哉. 善乎. 子之問也, 得其意. 兩手者, 言其齊同幷力, 無前無卻, 乃後事可成也. 兩手不幷力者, 事不可成也. 故凡事者, 象此兩手, 皆當各得其人. 幷力同心, 象此兩手, 乃吉安太平之氣立至也. 不象此兩手者, 億億萬年不能出上皇太平氣也. 太平氣常欲出, 若天常欲由此兩手, 久不調御之, 故使閉不得通, 出治悒悒可訾, 咎在此兩手不調. 若兩手平調者, 此上皇太平氣出, 前後至不相須. 善哉善哉. 是故天地不幷力, 萬物凡事無從得出. 四時不幷力, 凡物無從得長. 五行不幷力, 凡物無從得成. 君臣不幷力, 凡事無從得理. 夫婦不幷力, 子孫無從得長, 家道無從得立. 師弟子不幷力, 凡結事無緣得解, 道德無從得興, 朦霧無從得通,[8)] 六方八遠大化無從得行. 是故皆當幷力, 比若兩手, 乃可通也. 不若兩手, 故日致凶也. 雖治療之, 無益也, 猶無從得成功也. 但空久愁苦, 而日日凶凶. 故凡象此兩手者, 選擧當得其人. 不得其人者, 天上諸神, 名爲半死, 不持一手獨作, 安有能成功成事哉. 眞人爲天來遠問, 凡疑事宜深思此意以赤心, 心生於火,[9] 還以付火, 爲治象民,[10] 則延年益壽, 萬不失一, 吾不欺子也. 以示德君, 以示凡人, 賢者各思其意, 無敢犯者也. 用之名爲自厚自養, 不用之名爲自愁自苦. 神哉. 吾之爲道, 純天意也. 但可前不可卻, 但可順不可逆, 順之純得天心也, 逆之事亂. 亂禍悔悔,[11] 人意西,[12] 天意東,[13] 名爲與天意不同. 善哉善哉. 行, 子可謂已覺知之矣.

역주

1) 一由(일유) : 전적으로 … 때문이다.

2) 名爲兩手策字(명위량수책자) : 양수책자라는 이름으로 부른다. 책자(策字)는 도경 문서의 한 종류이다. 예를 들어 후세 도교에서 말하는 옥책(玉策)이나 옥자(玉字)와 같은 것이 그에 속한다.

3) 要記(요기) : 요기. 중요한 기록. 요기 역시 도경 문서의 한 종류를 가리킨다.

4) 主傳養凡物(주전양범물) : 만물을 기르는 것을 주된 직책으로 삼다. 주전(主傳)은 주된 직책으로 삼는다는 것을 의미한다. 다음에 나오는 용례도 마찬가지다. 이 구절은 만물이 봄에 태어나 여름에 자라고 가을에 거두어들였다가 겨울에 저장하는 무한한 순환의 과정을 가리킨다.

5) 成凡物相付與(성범물상부여) : 만물을 이루어주고 서로를 낳는다. 성(成)은 성취, 즉 각각의 특색을 갖춘 오행이 천을 대신하여 기를 운용함으로써 만물을 이루어주는 것을 가리킨다. 부여(付與)는 오행의 상생, 즉 목이 화를 낳고, 화가 토를 낳고, 토가 금을 낳고, 금이 수를 낳고, 수가 목을 낳는 것을 말한다.

6) 統天地陰陽(통천지음양) : 양으로서의 천통과 음으로서의 지통이 각각 그 체계를 이루도록 한다는 것을 뜻한다. 남자는 천통에 속하고 여자는 지통에 속한다고 생각하였기 때문에 이런 주장이 나왔다.

7) 六方八遠名爲鰥寡斷嗣(육방팔원명위환과단사) : 천지 사방 끝까지 짝이 없는 것을 홀아비나 과부로서 후손이 없는 것이라고 부른다. 육방(六方)은 하늘과 땅 그리고 동서남북의 사방을 가리킨다. 팔원(八遠)은 팔방의 먼 곳까지 짝이 없는 것을 말한다. 환(鰥)은 아내가 없는 남자, 즉 홀아비를 가리키고, 과(寡)는 남편이 없는 여자, 즉 과부를 가리킨다.

8) 矇霧無從得通(몽무무종득통) : 무지몽매함을 벗어날 길이 없다. 몽무(矇霧)는 눈앞을 가리고 있는 짙은 안개를 가리킨다. 여기서는 어리석은 것을 비유한 말로 썼다.

9) 心生於火(심생어화) : 마음은 화행(火行)에서 생긴다. 인체의 오장을 오행에 배치할 때 심장은 화에 속한다. 그러므로 이와 같은 주장이 나온 것이다.

10) 爲治象民(위치상민) : 이것을 본받아 다스린다. 민(民)자는 『태평경초』에는 시(是)자로 되어 있는데, 시(是)자로 보아야 의미가 자연스럽다.

11) 亂禍恟恟(난화흉흉) : 혼란스러운 재앙이 물밀듯이 밀려온다. 흉흉(恟恟)은 물이 세찬 기세로 밀려오는 것을 뜻하는 흉흉(洶洶)의 의미로 쓰였다.

12) 人意西(인의서) : 사람의 생각은 서쪽에 있다. 서쪽은 금행(金行)에 속하고 죽이는 것을 위주로 한다.

13) 天意東(천의동) : 하늘의 뜻은 동쪽에 있다. 동쪽은 목행(木行)에 속하고 살리는 것을 위주로 한다.

제178 사길사흉결(四吉四凶訣) : 네 가지 길함과 네 가지 흉함에 관한 비결

해제 이 장의 경문은 탈락이 심하다. 『태평경합교』는 집교에서 『태평경초』에 의거하여 엮어 만들었다. 이 장에서 말하고 있는 네 가지 실함(四吉)과 네 가지 흉함(四凶)은 관리 선발과 관련이 있다. 이 장에서는 관리를 선발할 때 그에 적합한 사람을 선발하면 제왕에게 유익하고, 선발된 사람은 탁월한 공을 세우고, 학문과 스승을 빛내고, 선발한 사람은 더욱더 신용을 얻는다고 하면서 그것을 네 가지 길함이라고 한다. 그런데 적합하지 않은 사람을 채용하면 제왕에게 도움이 되지 않고, 채용된 사람 역시 직위를 더럽히고 몸을 망쳐 그 재앙이 후손에게까지 미치며, 학업을 망치고 스승에게 피해를 주며, 채용한 사람도 결국 채용된 사람과 함께 물러나게 된다고 하면서 그것을 네 가지 흉함이라고 부른다.

"진인들은 앞으로 나오라. 오늘날 사람을 천거하여 제왕에게 바치고 나라에 귀속시키는데, 적합한 인물을 얻으면 여러 가지로 길하지만 적합한 인물을 얻지 못하면 여러 가지로 흉하다. 적합한 사람을 얻으면 어떻게 성공하고, 적합하지 않은 사람을 얻으면 어떻게 망하는지 여러 진인들은 스스로 깊이 생각하고 대응해야 할 것이다."

"그렇습니다."

"적합한 사람을 얻으면 네 가지 길함(四吉)이 생기고, 적합한 인물을 얻지 못하면 네 가지 흉함(四凶)이 생긴다. 적합한 사람을 얻으면 천지와 육방팔원이 모두 평안하고, 적합한 인물을 얻지 못하면 천지와 육방과 팔원이 모두 평안하지 못할 것이다."

"그에 대한 요점을 들려 주시기 바랍니다."

"그렇다. 사람을 천거할 때 적합한 사람을 얻는다면 제왕은 위대한 치적을 실현하여 공을 이루어 영원히 안정할 수 있으며, 매일 제왕에게 도움이 될 것이다. 이것이 첫 번째 커다란 길함이다. 추천을 받은 사람이 확실히 직무를 감당하여 우수한 관리가 된다면 이것은 두 번째의 길함이다. 우월한 관리가 되고 이어서 자신의 스승의 도법을 빛내 조정의 은책이 스승에게까지 미친다면 이것은 세 번째의 길함이다. 선발한 사람이 선발에 대해 책임을 가지고, 일은 모두 믿을 만하고 효과가 있으며 또 제왕이 그를 더욱 신인한다면 이것은 네 번째 길함이다. 군주와 신하가 함께 힘과 뜻을 합쳐 채택한 조치가 날마다 성공하고 달마다 더욱 빛나고 해마다 더 번창한다면 천지는 기뻐할 것이며 모든 길상의 조짐이 다 나타나고 사악한 놈들은 모두 다 사라질 것이다. 하늘과 땅이 기뻐하면, 모든 신령들이 다 기뻐한다. 그러한 상태를 잘 지켜 잃지 않는다면, 상급의 사람은 세속을 넘어서서 신선이 되고, 중급의 사람은 세상을 평안하게 다스리고, 하급의 사람은 제 몸을 잘 보존하여 천수를 다 누릴 것이다. 적합한 사람을 선발할 때의 장점은 이와 같다. 하늘은 바로 이것을 속명부(續命符), 즉 생명을 늘려주는 신표라고 부른다.

"청컨대, 왜 바로 이것을 속명부라고 부릅니까?"

"그렇다. 속명부라고 부르는 것은 적합한 인재를 선발하여 천거하면 그로 인해 위험이 안전으로 바뀌고 혼란이 크게 다스려짐으로 바뀌고 실패가 성공으로 바뀌고 흉험이 경사로 바뀌고 사망이 생존으로 바뀌기 때문이다. 또 상급의 사람은 바로 세속을 넘어서서 신선이 되고, 중급의 사람은 정무를 공평하게 처리하고, 하급의 사람은 천수를 누리고 자신의 몸을 보존하기 때문이다. 사람을 천거할 때 적합하지 않은 사람을 천거하면 위로는 제왕에게 아무 도움이 되지 못하고 나라를 혼란에 빠지게 하며, 제왕은 근심하고 천지는 기뻐하지 않고, 도적과 재앙이 수만 가지로 나타나는데, 이것이 첫 번째 크게 흉한 것이다. 천거를 받은 사람이 직무를 수행하지 못하면 아첨과 거짓으로 날마다 속이고 오랫동안 앉아서 그저 혼란이 오기만 기다리면서 천수를 다 누리지 못하고 때로 천지의 귀신이 해치기도 하고 때로 사람에 의해 살해당하여 그 욕이 부모에게까지 미치고 나쁜 영향이 처자식과 후손에게까지 미친다. 후세에 태어난 자손들은 대대로 사람들이 악인에 속하는 나쁜 종자라고 생각한다. 이것은 두 번째의 대흉이다. 그 사람이 악하면 그 학문은 버려지고 선사와 성현의 학업을 더럽혀 그 스승에게까지 재앙이 미친다. 이것이 세 번째 크게 길한 것이다. 또 천거한 사람이 불신을 받고 윗사람을 속이고 자리에 어울리지 않는 사람을 천거하여 하늘의 법도를 어지럽히고 열숙을 모독하여 하늘이 미워하고 땅이 원망하며 국군이 싫어하고 성현이 비난한다. 이것이 세상이 망령되었다고 비난하는 자식으로 이런 일에 연루되면 천지의 귀신이 죽이지 않으면 사람들이 해칠 것이며, 자신의 조상을 욕먹일 뿐만 아니라 그 재앙이 처자와 후세에까지 미친다. 이것이 네 번째 크게 길한 것이다.

"네 가지 크게 길함을 범하면서 적합하지 않은 사람을 천거하면 제왕을 근심과 고통 속에 빠뜨리고 세상을 다스려지지 않아 재앙이 먹구름처럼 몰려들 것이다. 모든 해로운 기운이 일어나면 그치게 할 수 없고 그 전후의 세대는 영원히 다스릴 수 없고 승부(承負)의 재앙을 서로 주고받는다. 하늘과 땅은 크게 노하고 여러 신들은 전쟁을 일으키며 천지사방은 기뻐하지 않고 팔방의 먼 변경 지방도 반란을 일으켜 영원히 다스려지지 않는다. 하늘에서는 그것을 수명을 단축하는 단명부(短命符)라고 부른다."

"왜 그것을 단명부라고 부르는 것입니까?"

"그것은 이런 이유에서다. 만약 천하가 잘 다스지면 사람들의 수명은 당연히 길어지지만 그와 반대가 되면 세상 사람들의 수명은 단축된다. 사람의 수명은 길어져야 하지만 도리어 단축당하는 것이다. 일을 행하면서 재앙을 만나면 생명에 아무런 도움이 되지 않는다. 천지는 불쾌하게 생각하여 세상 사람의 수명을 줄인다. 그러므로 하늘은 그것을 단명부라고 부른다."

"훌륭하십니다. 훌륭하십니다. 어리석은 소생들은 분명히 알았습니다."

"그렇다. 그대들은 □□알았다고 할 수 있다. 이 하늘의 문서를 유덕한 군주에게 보여주고, 모든 현명한 자들에게 보여주고, 아래로는 민간에게까지 보급하여라. 위에서 다스리는 제왕으로서 인재를 찾을 때 그것을 자세하게 알지 않을 수 없다. 밑에서 일하는 관리로서 인재를 천거할 때 충성하지 않을 수 없다. 나중에 태어난 사람은 이 책에 쓰인 글을 전달하고 또 암송하여 마음속에 단단히 기억하고 있어야 한다. 다급하게 인재를 추천하면서 여기서 말한 것처럼 하지 않는다면 천지는 더 이상 기뻐하지 않을 것이다. 분명히 알면서도 일부러 어기면 그 죄는 특히 더 무겁다. 진인들은 이점에 대하여 특히 조심해야 하느니라."

"예. 예. 가르침을 성심으로 받들어 감히 금기를 어기지 않을 것이며 힘써서 준수하지 않음이 없을 것입니다."

"그대들은 주어진 일에 신중하니 천명을 얻었다고 할 수 있다."

이상의 글은 천지의 수단, 인재를 천거함에 있어서 사길사흉(四吉四凶)과 단명부(短命符) 및 속명부(續命符), 나라를 평안하게 하고 천지의 마음을 얻는 것, 여러 신들이 예언을 좋아하는 것 등을 주된 내용으로 하고 있다.

眞人前, 今凡人擧士, 以貢帝王, 付國家, 得其人幾吉, 不得其人幾凶, 得其人何所能成, 不得其人, 何所能傾, 諸眞人自精且對. 然, 得其人有四吉, 不得其人有四凶. 得其人, 天地六方八遠安. 不得其人, 天地六方八遠不安. 願聞其要意. 然, 貢士得其人,[1] 上得以理, 有成功而常安, 日有益於上, 一大吉也. 所擧人可任, 得成器, 二吉也. 得成器, 能彰明其師道, 恩及其師, 三吉也. 所擧者信事有效, 復令上信任用之, 四吉也. 共幷力同心, 所爲者日有成功, 月益彰明, 歲益興盛, 天地悅喜, 善應悉出, 惡物藏去, 天地悅則群神喜. 守而不失, 上可以度世, 中可以平理, 下可以全完, 竟其天年, 擧士得其人, 善如斯矣, 天上明此續命之符.[2] 請問何故正名爲續命之符. 然, 所以續命符者, 擧士得人, 乃危更安,[3] 亂更理, 敗更成, 凶更吉, 死更生. 上至於度世, 中得理於平, 下得竟其天年, 全其身形. 夫擧士不得人, 上無益帝王, 國家令其理亂, 帝王愁苦, 天地不悅, 盜賊災變萬種, 是一大凶也. 所擧人不能理職, 佞僞日欺, 久久坐俟不安, 不得保其天年, 或天地鬼神害之, 或爲人所賊殺, 辱及其父母, 惡流及妻子後生, 已下世類, 遂見知過失爲惡人, 是二大凶也. 其人惡, 則其學棄, 汙辱先師聖賢業, 禍及其師, 是三大凶也. 又擧之者不信, 共欺其上, 貢非其人, 亂天儀, 汙列宿,[4] 天疾之, 地怨之, 國君惡之, 聖賢非之, 是爲世大佞妄語之子. 當坐是事, 不得天地鬼神誅, 則人當害之, 辱其先人, 禍及妻子後生, 是四大凶也. 犯四大凶, 貢非其人也, 乃使帝王愁苦, 治雲亂. 凡害氣動起, 不可禁止, 前後不理, 更相承負. 天地大怒, 群神戰鬥, 六方不喜, 八遠乖錯, 終古不理, 天上名是爲曰減年短命之符. 何故名是爲短命之符哉. 然, 治當長, 反爲其短. 年當多, 反爲其少. 擧事逢凶, 無益於身, 天地不悅, 除算減年,[5] 故天上名爲短命之符也. 善哉善哉. 愚生聞命矣. 然, 子可謂□□知之矣. 愼此天上文以示德君, 以示凡賢, 下及民間. 爲人上求士. 不可不詳. 爲人下貢士, 不可不忠. 後世傳誦此書文, 結於胸心中, 急擧士不若此, 天地不復喜也. 知而故違, 其過重哉. 眞人愼之. 唯唯. 誠受敎敕, 不敢犯禁忌, 餘力行.[6] 子可謂愼事, 得天命矣.

右天地手策貢士四吉四凶短命符續命符安國得天地心群神喜讖.[7]

역주

1) 貢士得其人(공사득기인) : 사람을 천거할 때 직무에 적합한 사람을 얻다. 공사(貢士)는 거사(擧士)와 같은 뜻으로 쓰였다.

2) 天上明此續命之符(천상명차속명지부) : 하늘은 이것을 속명부(續命符)라고 부른다. 명(明)자는 아래의 문장에 비춰볼 때 명(名)자로 보는 것이 합당하다. 속명부(續命符)는 생명을 늘려주는 신표, 때로는 표지라는 뜻이다.

3) 危更安(위경안) : 위험이 안전으로 바뀌다. 경(更)은 바뀌는 것을 뜻하는 말이다.

4) 汙列宿(오열숙) : 열숙(列宿)은 뭇별을 뜻한다. 한대에 성행한 관제는 천론을 본떴다. 즉 인간 세상의 관청과 관리는 천상의 뭇별들을 본떠서 설치하였다. 예를 들어 하늘에 삼태성(三台星)이 있는 것을 본따서 삼공(三公)을 설치한 것과 같다. 그러므로 여기서 뭇별들을 모독한다는 말이 나온 것이다.

5) 除算減年(제산감년) : 정해진 수명을 줄이다. 산(算)은 사람이 태어나기 전부터 하늘에서 미리 정해놓은 나이를 가리킨다. 사람이 만약 일찍 죽으면 그 나머지 부분은 하늘이 회수하여 다른 사람에게 돌려준다. 『태평경』에서는 1년을 1산(算)이라고 하지만, 『포박자』에서는 100일을 1산이라고 한다.

6) 餘力行(여력행) : 힘을 아껴두는 것. 전력을 다해 행하지 않는 것을 뜻한다.

7) 群神喜讖(군신희참) : 여러 신들은 예언하는 것을 즐긴다. 참(讖)은 영험한 예언을 가리킨다.

제110권

경부(庚部)의 8

『태평경초』

제179 대공익년서출세월계(大功益年書出歲月戒) : 큰 공을 세우면 수명을 연장하는 책이 내려온다는 경계

해제 이 장에서 말하는 대공(大功)은 충성을 다하고, 효도를 봉행하고, 순종하고, 정성을 다하고, 신용을 지키고, 선행을 하여 하늘의 마음과 신의 뜻에 완전히 부합하는 경지를 말한다. 익년(益年)은 수명을 연장하는 것이라고 말할 수 있는데, 그것은 천보(天報), 즉 하늘의 보답에 속한다. 서출세월(書出歲月)은 매 3년 8개월, 즉 1320일마다 대공을 세워 수명이 연장된 사람에 대하여 천정에서 8월 30일날 신선이 되었다는 것을 승인한 정식 문서를 공고하는 것이다. 이 장에서 수명과 관련된 문제는 세상 사람들의 '삶을 탐하고 죽음을 싫어하는'(貪生惡死) 일반적인 심리에 기초하여 인간 세상을 능가하는 천정(天庭)이라는 실체를 설정하고, 최고의 신인 '천군'(天君) 및 그 수석 보좌관인 '대신'(大神)이라는 두 우상을 세워 천정과 신령이 세상 사람의 운명을 주재한다는 점을 적극적으로 선전한다. 사람은 태어나기 전에 "장수"가 미리 정해져 있을 뿐만 아니라 미래의 신선이 될 자격이 있는 사람을 기록해 놓은 "녹상(祿相)"이라는 것이 있다고 한다. 그리고 사람이 태어난 뒤에는 신을 내려보내 감시하게 하여 사람들의 선악에 대해 하나하나 기록한 내용을 보고하게 한다. 이 장에서는 한대의 감찰제도를 본따 천정에서 8월 30일에 녹상과 보고서를 대조하여 신선이 되도록 할 것인지를 결정하는 관례가 있다고 설명하였고, 신위(神位)가 공석이 되면 공적에 따라 결원을 보충하는 제도를 만들었다.

이 장 전체는 거의 7천자에 가까워 『태평경』에서 가장 긴 장에 해당하고, 그 요지는 다음의 한 가지를 분명하게 밝히는 데 있다. 즉 세상 사람들은 반드시 선을 쌓고 악을 끊어야 한다는 것이다. 그리고 이 장은 다음에 이어지는 다섯 권의 총론에 해당한다고도 할 수 있다.

오직 저 상고시기의 도법만이 몸과 마음을 수양하여 자기 자신을 단정하게 하고, 신령이 기록하여 보고해야 하는 사항을 절대 위반하지 않게 함으로써 감히 천군에게 생명을 추구하고 활로를 모색한다. 사람들이 감히 제멋대로 하지 않는 것은 자신을 온전하게 보존할 수 없을까 두려워하기 때문이다. 사람들은 날마다 살고자 생각하고 신들과 마찬가지로 천군의 신하가 되는데, 이것은 자신이 속한 부류의 표현이다. 충성스럽고 정직한 말을 하나도 빠뜨림 없이 진언 드려지기를 바란다면 하늘에서 파견된 각 분야의 신들과 하나하나 시비를 분명하게 따져야만 비로소 천군에게 사리의 곡직을 알릴 수 있을 터이니 어찌 잠깐 동안이라도 잊어버릴 수 있는 날이 있겠는가? 위로는 사람을 감시하는 당직 신들이 있어 옳고 그름을 모두 알고 있는데 숨길 것이 어디 있으며 믿지 않는 자가 어디에 있겠는가? 그러므로 자기 스스로를 다스리고 본래의 근본을 생각하기를 추구하면 작은 불선(不善)의 함정에도 빠지지 않는다. 자신이 사람으로 태어난 것에 대해 소중하게 생각하여 원기에 의지하여 행동하도록 한다면 재이와 같은 것을 만나지 않을 것이다. 그러나 사람이 신용을 저버리거나 약속을 어기기만 해도 하늘과 세상 사람들로부터 신뢰를 상실할 것이며, 그로 인해 반드시 불안에 빠질 것이다. 하늘과 땅과 사람 및 위와 아래의 모든 존재는 각기 반드시 지켜야만 하는 규범과 준칙이 있는데, 사람은 그런 중요한 의미를 알지 못하고 오히려 왜 우리에게만 선이 있고 악이 있는가 하고 말한다. 모든 재앙과 변고는 이런 어리석음과 무지에서 나온다.

사람은 오행의 기를 호흡한다. 누구도 그것을 받지 않는 사람이 없고, 그것에 의존하지 않는 사람이 없고, 그것을 행하지 않는 사람이 없는데, 왜 옛날 지혜로웠던 사람을 받들어 그들을 본받으려 하지 않는가? 이것을 선을 버리고 악을 따르는 것이라고 부르는데, 그러한 사람은 생명을 보전하기 어려운데 왜 꼭 그렇게 하는 것일까? 그러므로 천군은 선이 있고 악이 있는데 선을 악과 하나로 뒤섞을 수 있느냐고 말한다. 따라서 선과 악이 구별되도록 하고 제멋대로 덮어놓고 따라서는 안 된다. 선행을 하는 자는 당연히 신선이 되어 하늘로 올라가고 악행을 하는 자는 당연히 징벌을 받는데, 어떻게 선행하는 것을 악행과 함께 뒤섞어 말할 수 있겠는가? 일반 사람들의 상식적인 생각에 따르더라도 이것은 이해할 수 있다. 사람들은 그 대열 속에 제 몸을 맡겨 두어야 한다. 나쁜 짓 하는 것만을 열거하여 천지와 네 계절과 오행의 뜻을 분명하게 드러내고, 사람들이 변화하여 태어나고 이루는 바가 하늘에서 중요한 부분을 차지한다는 것과 사람들의 수명을 늘려준다는 것을 분명하게 알도록 하였다. 사람은 생명을 지키고 보전하는 도를 얻어야 하는데, 하늘에서 금지하는 것들을 잘 따르고 감히 어기지 말아야 한다. 이런 의미에서 볼 때 하늘은 우매한 세상 사람들의 인정이 매우 각박하고 하늘에 보답하려는 생각이 없으며, 하늘의 뜻을 거스르는 행위를 한다는 것을 알고 있다. 천도는 운행의 효력을 발생하기 위해 이러한 배은망덕한 행위에 대해서 반드시 징벌을 내린다. 어리석은 사람의 사악한 행위에 대해 만약 징벌하지 않는다면 세상 사람들 중에는 나쁜 짓을 하고도 운이 좋아 오히려 장수하는 사람이 있는가 하면 선행을 하고도 오히려 미움을 받는 사람이 있지 않겠느냐? 그러므로 성인은 음양이 서로 만나는 이치를 알고, 현자는 시비곡직을 가릴 수 있기 때문에 세상 사람들이 알지 못하는 이치를 설명하여 세상 사람들로 하여금 스스로 선악이 어떻게 구별되는지 알 수 있도록 함으로써 서로 원한을 품는 데까지 이르지 않게 한다. 선을 행하면 수명이 길어지고 악을 행하면 수명이 짧아진다. 그에 대해 또 무슨 의심이나 원한이 있을 수 있는가? 세상 사람들이 가축이나 날짐승, 길짐승 때로 수중의 동물보다 못하단 말인가? 세상 사람들이 사악하여 말로 형언할 수 없을 만큼 큰 죄를 얻은 것이고, 이 때문에 하늘이 그렇게 만든 것이다. 하늘은 오직 사람들이 선을 행하기를 바랄 뿐 사람들이 악을 행하기를 바라지는 않는다. 만약 정말로 좋은 일을 하든 나쁜 일을 하든 그로부터 얻는 고통이나 즐거움이 같고, 부귀와 장수가 하늘에 의해 결정된다면 오히려 좋은 것이나 나쁜 것을 구분할 수 없게 되어 아무것도 모르는 사람은 의기양양해져서

'어쨌든 나나 좋은 일을 하는 너희들이나 그 결과는 같을 것인데 굳이 선행을 해서 무슨 대단한 이익이 있겠느냐'고 공개적으로 큰 소리칠 것이다. 그러므로 정진하면서 선한 일을 하는 사람은 갈수록 많아지고 그들을 오래 살게 하지만, 천박하게 행동하는 사람들은 선한 일을 하는 사람과 결과가 같다고 제멋대로 생각해버린다. 그들은 많은 나쁜 짓을 저질러 수명이 단축되는 것을 보고 나서야 올바르게 살려고 하고, 자신들이 저지른 죄과에 대해 후회한다. 그들은 선한 행위를 보고서는 본받아 그대로 행하고 나쁜 일을 보고서는 그로부터 물러나면서 행하지 않으며, 아침부터 저녁까지 자신을 단속하고 깊이 반성한다. 그리하여 승부의 죄책으로부터 풀려나게 되면 조금이나마 보통 사람과 같이 생존하고, 비록 세속을 벗어난 신선이 될 수는 없지만, 그래도 하늘이 부여한 수명을 누릴 수 있고 도중에 죽지 않으니 그것만으로도 다행이다.

세속 사람들이 말하는 오래 산다는 것은 순간의 짧은 시간을 가리킬 뿐 진정으로 오래 살아서 신선이 되어 하늘로 올라간다는 점에 대해서는 생각하지 못한다. 총명한 사람은 마음속으로 헤아리면서 진정으로 오래 사는 것을 추구하는 데 전념한다. 그 때문에 나쁜 일을 하지 않는다. 하늘은 그가 선량하다는 것을 보고서는 그가 안정되게 그 일들을 할 수 있게 하고, 또 부를 추구하고 자손을 갖게 한다. 비록 다 얻지는 못하더라도 여전히 희망을 갖게 한다. 세상 사람들은 왜 꼭 오랫동안 사악한 짓을 하다가 죽어가는 것일까? 자기 스스로는 천수를 다 누릴 수 있다고 생각하지만, 하늘에서 파견한 신령이 따라다니면서 다 기록하기 때문에 죄과가 크든 작든 하늘에서는 모두 아주 분명하게 알고 있다는 사실은 알지 못한다. 선과 악을 각각 따로 분류하여 기록한 전문적인 문서를 통해 해마다 날마다 달마다 모두 수집하고 조사하여 앞뒤

순서에 따라 기록하여 그의 수명을 줄여나간다. 만약 어떤 사람이 나쁜짓 하는 것을 그치지 않으면 그를 귀문(鬼門)에 들어가게 한다. 지신(地神)은 그를 불러다가 그가 생전에 한 행위가 기록된 내용과 같은지 다른지를 심문하고, 그런 다음 그로 하여금 철저하게 반성하게 한 다음 엄중한 벌을 내리고 나쁜 짓을 했기 때문에 반드시 수명을 단축하는 재앙을 받을 수밖에 없다는 이치를 받아들이게 한다. 그런 다음 지신은 그의 이름을 수명을 관장하는 기구인 명조(命曹)에 보고한다. 하늘의 법정에서는 그 귀신을 심문하여 수명이 다 되어 확실히 죽을 때가 되었는지를 판정한다. 그러나 설령 그가 땅속에 묻힌다 하더라도 그가 저지른 죄과의 영향은 여전히 그의 후손에게까지 미친다. 그것은 그가 저지른 악행의 결과가 아니겠는가? 사람들은 왜 오래 사는 것을 바라지 않는 것일까? 그것은 세상 사람들이 어리석고 무지하여 하늘의 뜻과 땅의 이치를 꿰뚫어볼 줄 모르기 때문에 그런 것이다. 그러니 다시 또 무슨 원망할 것이 있겠는가? 모두 똑같이 열달 동안 태내에 있다가 태어난 사람인데, 어째서 어떤 사람은 유독 선행을 하지 않는가? 악행을 그치지 않으면서 어떻게 오래도록 살 수 있기를 바라는가? 어리석은 사람의 생각은 어쩌면 그렇게 한 가지 행위도 작은 선행과 부합하지 않는지 모르겠다.

좋다. 그다지 중요하지 않은 문제에 대해 다시 설명해 주겠다. 어떤 사람의 행위든 모두 계획과 의도가 있고, 모두 자기 스스로는 옳다고 생각하지만, 그들이 위반한 모든 것들은 모두 다른 사람의 이익을 손에 넣으려는 것이고, 다른 사람 역시 남이 이롭게 되는 것을 바라지 않는다. 선을 행하면 이익을 얻고, 수명을 늘릴 수 있지만, 악을 행하면 이익을 얻지도 못하고 수명을 단축시켜 일찍 죽는다. 세상에 사는 시간인 수명의 길고 짧음은 전적으로 선을 행하는가 아니면 악을 행하는가에 의해 결정된다. 그러므로 천지와 신령은 세상 사람의 행위를 알아야 하지 않겠느냐? 하늘이 세상 사람들로 하여금 선을 행하도록 한 다음에 비로소 그들을 장수하게 하지만, 세상 사람들은 오히려 악행을 저지른다. 그러므로 하늘은 사악함을 주관하는 악귀로 하여금 악행을 저지르는 사람을 오랫동안 따라다니게 하고 벗어나지 못하게 하며, 한 귀신에게서 벗어났다 하더라도 그만두지 않고 다른 귀신으로 하여금 따라다니게 한다. 이 때문에 재난이 발생하고, 재난은 끈질기게 그를 따라 다니면서 놓아주지 않는다. 그대들은 알겠는가? 이 책은 선을 권장하고 악을 물리치는 고금의 글이다. 스스로는 장수를 추구하면서 악을 행한다면 어떻게 할 방법이 없어 귀신도 그에게 말해주지 않는다. 그러므로 죄를 지은 사람은 육신은 흙 속에 묻히고 정과 신은 안정을 찾지 못하고 머물러 있을 곳을 알지 못하는데, 이는 누구의 잘못 때문이냐? 사람은 행동할 때 깊고 자세하게 생각하여 편리하고 평안한 방법을 택해야 하고, 이 책에서 하고 있는 말이 잘못되었다고 생각해서는 안 된다. 말은 앞뒤로 중복이 있는데, 책 속에서 언급하고 있는 것이 한 가지 일만이 아니기 때문에 중복이 있는 것이다.

사람 목숨의 길고 짧음은 거의 너 자신에게 달려 있는데, 왜 가슴을 치면서 하늘에 대고 원망을 하느냐? 제몸을 스스로 깨끗하게 하지 않는다면 누가 대신 깨끗하게 해주겠느냐? 제몸을 스스로 아끼지 않는다면 누가 대신 아껴주겠느냐? 제몸을 스스로 이루지 않는다면 누가 대신 이루어주겠느냐? 자기 스스로 생각하지 않는다면 누가 대신 생각해주겠느냐? 이 말을 다시 깊이 생각해 보고 귀신을 원망하지 말도록 하여라. 귀신은 선행하는 사람을 보면 선하다고 보고하고, 악행하는 사람을 보면 악하다고 보고하니 모두 같지 않다. 이러한 사항에 대해 또 잘 알겠느냐? 내 말은 여기서 잠깐 멈추기로 한다. 사람들이 만약 악을 행하면서 그치지 않는다면 귀신 역시 끊임없이 하늘에 보고할 것이며, 결국 사람이 죽어야만 그칠 것이니 이 가르침을 이해할 수 있을 것이다. 나쁜 짓을 해서 오는 벌은 오직 자기 자신이 받는 것이지 다른 사람이 받는 것이 아니다. 이 말의 뜻을 이해하겠지? 행동을 할 때는 여기서 말한 것을 따르고 생각할 때는 마음에서 떠나지 않게 해야 한다. 그로부터 벗어나면 실패하여 다시는 회복할 수 없고 귀신과 한 무리가 될 터이니 어떻게 살아날 수 있겠느냐? 살려고 마음 먹으면 살 수 있는 것, 그것이야말로 밝은 지혜에 속한다. 나쁜 짓을 하면 반드시 목숨을 잃게 되어 이 세상에 오래도록 살아있을 수 있는 방법이 아예 없다. 이 점을 분명히 알겠느냐?

좋다, 나는 그대들에게 설명을 더 해주겠다. 사람이 천지 사이에 살아 있는 것은 천지의 중화지기(中和之氣)에 의해서이다. 그런데 어떻게 해서 우리를 태어나게 해주고 길러준 천지의 은혜를 잊을 수 있을까? 그 원인은 무엇일까? 몇몇 어리석은 사람은 이런 상태에서 구해낼 수 있는 약이 없다. 그러니 다시 또 무엇을 바라겠는가? 그런 사람들은 그러면서도 여전히 하늘이 많은 은혜를 베풀어주기를 바라지만, 전적으로 자기 스스로 그 책임을 져야 하며 눈물을 흘리며 통곡하면서 진심으로 뉘우치고 마음을 뜯어고쳐 새롭게 시작해야 한다. 자기 자신이 천지가 낳아주고 길러준 은혜를 입었다는 점과 하늘이 자기를 다른 짐승이나 물고기, 때로 사물과는 완전히 다르게 해주었다는 점을 말해야 한다. 천지가 자신을 그렇게 말할 수 있게 해주었고, 아름다운 것과 추한 것, 선한 것과 악한 것, 옳은 것과 그른 것 등을 구별할 수 있게 해주었으니 해야 할 일과 하지 말아야 할 일에 대해 스스로 신중하고 세심하게 고려해야 한다. 말하는 것이 하늘의 말에 위반되어 순종하지 않는다면 이는 대역무도한 사람이니 하늘이 어떻게 그런 사람과 함께 오랫동안 일을 할 수 있겠느냐? 그러므로 하늘은 흉한 신을 두어 그런 사람을 감시하게 한다. 흉신은 그 사람이 한 말을 그대로 보고하며, 그 사람은 스스로 선을 좋아하지 않는다고 보고한다.

惟上古之道, 修身正己, 不敢犯神靈之所記, 迺敢求生索活於天君,[1] 不敢自恣, 恐不全. 日念生意, 與神爲臣, 表其類也. 欲得盡忠直之言, 與諸所部主者之神, 各各分明是非, 迺敢信理曲直[2]耳, 何日有忘須臾之間. 上有占人,[3] 具知是非, 何所隱匿, 何所有不信者也. 故得自理, 求念本根, 未曾有小不善之界也. 但自惜得爲人, 依仰元氣, 使得蠕動之物, 所不睹見災異之屬. 但人負信於誓言, 兩不相信, 故有所不安. 天地中和上下, 各自有信, 人不得知其要, 而言何獨有善有惡耶. 災異悉所從生. 人食五常之氣, 無所不稟, 無所不依, 無所不行, 獨何不奉知古有知人相及逮[4]乎. 此爲失善從惡, 令命不全, 何獨而是耶. 故天君言, 有善有惡, 善可令同. 所以然者, 當令有分別, 不可自從, 善當上行, 惡當見刑, 何得與善相及耶. 以人意言之, 亦爲可知, 自有當直之[5]者. 故設惡以分明天地四時五行之意, 使知成生爲重, 增其命年. 人得生成之道, 承用其禁, 不敢觸忌. 以是言之, 天知愚人甚薄而無報復之意,[6] 逆天所施爲, 證天所施爲, 加人所施行邪, 中類反當活惡疾善也. 故聖人知陰陽之會, 賢人理其曲直, 解其未知, 使各自知分畫不相怨. 善自命長, 惡自命短, 何可所疑所怨乎. 人人爲不如六畜飛鳥走獸水中物耶. 以爲人無狀邪, 天使然也. 天同欲使爲善耳, 不欲令爲惡也. 如善惡同其苦樂耳. 富貴壽老, 天在上爲,[7] 不能分別好醜, 使無知人得氣揚聲, 言我與汝曹等耳. 行善何至用是, 故進益善, 令久生, 其人薄者念之等耳. 比惡亡命, 迺欲正悔過, 見善與從事, 見惡退止. 日夜剋躬思省, 所負旣復. 小生得與人等, 雖不仙度, 可竟所受, 不中亡年, 是爲可矣. 俗人之所長須臾耳. 不念久生可上及, 知士有心念索生, 故不作惡耳. 天見其善, 使可安爲, 更求富有子孫, 雖不盡得, 尙有所望, 何爲作惡久滅亡, 自以當可竟年. 不知天遣神往記之, 過無大小, 天皆知之. 簿疏善惡之籍, 歲日月拘校, 前後除算減年. 其惡不止, 便見鬼門. 地神召問, 其所爲辭語同不同, 復苦思治之, 治後乃服. 上名命曹上對,[8] 算盡當入土,[9] 愆流後生, 是非惡所致邪. 人何爲不欲生乎. 人無所照見乃如是, 何所怨咎乎. 同十月之子, 獨何爲不善, 施惡不息, 安得久乎. 愚士之計, 壹何不與小善合乎. 行復道小不急之事, 凡人所爲, 各不同計, 自以爲可, 所觸所犯, 皆欲得人利, 人亦不欲利之. 善利得生須臾,[10] 惡利不久, 以善不久居地上也. 故使有天地知不乎. 天使人爲善, 故生之, 而反爲惡. 故使主惡之鬼久隨之不解, 有解不止, 餘鬼上之. 輒生其事,[11] 故使隨人不置[12]也. 知不乎. 此書先進善退惡, 古今文也. 自不從其長命就惡, 無可奈何, 鬼使得不白也. 故有過者, 沒形於土耳, 精神不安, 未知所止, 是誰過乎. 人行且自詳思念, 取便安勿非, 所言辭語, 前後復重, 其所道非一事, 故重耳. 人命近在汝身, 何爲叩心仰呼天乎. 有身不自清, 當淸誰乎. 有身不自愛, 當愛誰乎. 有身不自成, 當成誰乎. 有身不自念, 當念誰乎. 有身不自責, 當責誰乎. 復思此言, 無怨鬼神. 見善白善, 見惡白惡, 皆不同也. 復知之乎. 辭小止, 有惡不息, 文書不絶, 人沒迺止, 此戒可知爲惡, 自負其身耳,不負他人也, 復知之乎. 行順所言, 可思無離於心, 離之爲敗, 不可復理, 與鬼同伍, 何得活乎. 念生得生, 是爲知, 惡會當盡, 不得久在, 知之不乎. 行復小說, 人居天地之間, 皆得爲人, 奈何忘天地恩乎. 此爲何等哉. 其愚乃如是, 不能改, 何所復望乎. 欲望天報, 當自責, 懇惻垂淚而行. 言我蒙恩得爲人, 與萬物絶殊, 天使有異, 能言能語, 見好醜, 知善惡可不之事, 當自詳愼, 所言反天辭, 令不奉順, 是爲大逆不道之人, 天安從得久與從事乎. 故置凶神古觀[13]之. 還辭如所言, 其人自不好善.

역주

1) 天君(천군) : 천군. 천군은 최고신의 이름이다.

2) 信理曲直(신리곡직) : 사리의 곡직(曲直)을 알리다. 신(信)은 신(伸)의 가차자로 쓰여 알리다, 보고하다의 의미를 나타낸다.

3) 上有占人(상유점인) : 점인(占人)은 천군의 명을 받들어 세상 사람들을 감시하는 당직 신령을 가리킨다. 이 점에 대해서는 제111권의 「선인인자귀년재수조결(善仁人自貴年在壽曹訣)」을 참조하라.

4) 及逮(급체) : 본받다. 따라하다.

5) 自有當直之 : 자신을 그 대열 속에 두다. 직(直)은 치(値)의 가차자로서 여러 무리들 속에 몸을 맡겨두는 것을 가리킨다.

6) 甚薄而無報復之意(심박이무보복지의) : 인정이 매우 각박하고 하늘에 보답하려는 생각이 없다. 박(薄)은 인정이 각박한 것을 가리키고, 보복(報復)은 하늘로부터 받은 은혜에 보답하는 것을 가리킨다.

7) 天在上爲 : 하늘에 의해 결정되다. 위(爲)는 장악하다, 때로 결정하다의 뜻이다.

8) 上名命曹上對(상명명조상대) : 이름을 명조(命曹)에 보고하다. 상명(上名)은 명단을 보고하는 것이고, 명조(命曹)는 세상 사람의 수명을 관장하는 기구를 뜻한다. 『태평경』 제96권 「육극육경효순충결(六極六竟孝順忠訣)」을 참조할 것.

9) 算盡當入土(산진당입토) : 수명이 다하여 흙에 묻혀야 할 대상인지

를 검토하다.

10) 善利得生須臾(선리득생수유) : 선을 행하면 이익을 얻고, 수명을 늘릴 수 있다. 선리(善利)는 선을 행하여 이익을 얻는 것이고, 득생(得生)은 수명을 늘리는 것이다. 수유(須臾)는 잠깐 동안 때로 짧은 시간을 의미하는데, 『태평경초』에는 이 두 글자가 없다. 『태평경초』에 따른다.

11) 生其事(생기사) : 재난이 발생하다. 사(事)는 재난을 뜻하는 말로 쓰였다.

12) 隨人不置(수인불치) : 따라다니는 것을 풀어주지 않는다. 치(置)는 놓아준다는 것을 뜻하는 방(放)의 의미로 썼다.

13) 古觀(고관) : 감시하고 관찰하다. 『금주금역』에 따르면 고(古)자는 점(占)자의 잘못으로 보는 것이 옳다. 점관(占觀)은 점검하고 관찰하는 것, 때로 감시하고 관찰하는 것을 뜻한다.

천군이 말한다. "이전에 어떤 귀신이 하늘에 끊임없이 보고했다. 그래서 해당부서의 책임자는 이에 근거하여 인간 세상으로 내려와 악한 사람의 혼백을 거두었고, 뼈와 살을 지음신(地陰神)과 토부(土府)에게 주었다. 그로부터 얼마 지나지 않아 악인은 현저히 줄어들었다. 그들은 이 때문에 자신들의 흉포함과 노기를 줄이고 억제하여 점잖은 쪽으로 변해갔고, 자신들의 사악함을 고치고 많은 선함을 수집하여 마음속에 새겨 넣음으로써 마음을 바로잡았다."

심신(心神)이 말한다. "나는 하늘의 마음의 가르침을 받아들인다. 나의 주된 직책은 사람들의 마음을 추종하여 사람들로 하여금 미미한 실수라도 발생하지 않게 하는 것이다. 신이 행사하는 선악에 대해서도 역시 근처에 있는 신이 다시 점검한다." 심신은 더욱더 비통하고 처량하게 말한다. "사람들은 좋은 것과 나쁜 것을 구별하지 못하기 때문에 자기가 악신이나 악귀의 부류에 속해 있는 것은 아닌지를 근심하면서 스스로 밤낮으로 생각해봐도 어떻게 해야 좋을지 알지 못한다. 그 때문에 감히 선하지 못한 의도를 가지지 못한다. 그는 그저 뭇신들이 자기에게 관용을 베풀어주어 신령이 직접 자신들을 징계하지 말고 자신들이 서로 벌주도록 하기를 바란다. 그렇다면 죽임을 당하더라도 원한을 품지 않을 것이다."

천군이 대신을 파견하면서 말한다. "이 사람들은 스스로를 책망하고 후회하고 있으니 감히 다시 금기사항을 어기지 못할 것이다. 그러므로 관용을 베풀어야 마땅하다. 만약 이후로 다시 좋지 못한 짓을 하게 되면 그때 그들의 생명을 거두어도 늦지 않을 것이다." 신의 말을 살펴보면 그때 사람들은 밤낮으로 탄식하면서 오직 자신의 죄과가 완전히 없어지지나 않을까, 오랫동안 태양의 기와 상통하지 못하고 죽은 자의 대열에 끼어 있지나 않을까 하고 두려워했다. 그 때문에 더욱더 간절하게 후회하고, 온 힘을 다해보지만, 도대체 어떻게 해야 좋을지 알지 못했다. 가르침을 받은 것에 대해 통달하지 못한다면 한적하고 정결한 곳으로 물러나 스스로를 반성하고 자기의 죄과를 견책함으로써 천지와 네 계절과 오행의 각 부문의 여러 신들에게 사죄했다. 천군은 그것을 듣고 또 관심을 기울이면서 그들로 하여금 잘 반성하게 하였다.

상고시대의 사람들은 모두 대단히 지혜로웠기 때문에 깊이 생각할 수 있었고 금기사항을 침범하지 않았으며 자신을 수양하고 자신을 깨끗하게 하면서 오직 과실이 있을까 두려워하였다. 그들은 잘못이 있으면 바로 엄한 징벌을 받았고, 타고난 제 수명을 다 누릴 수 없었다. 바로 이러한 이유 때문에 그들은 감히 털끝만큼도 나태하지 못하였으며, 그리하여 과실로 인한 큰 처벌을 면할 수 있었다. 그러므로 그들은 시시각각 스스로를 반성하고 자중자애하며 금기사항을 존중하여 감히 하늘의 뜻을 거스르지 않았다. 만약 천지신령으로부터 문책을 받는다면 마음속에 두려움이 생겨 낙담스러운 표정을 지으면서 괴로워하였고 머리를 떨어뜨리고 기력을 잃었다. 하늘의 뜻을 어기거나 언행이 조금이라도 불일치하면 신령에 의해 하늘에 보고되는 횟수가 많아지고 그렇게 되면 곧바로 심문과 감찰을 받는다. 말하는 것과 믿는 것이 하늘의 뜻에 부합한다면 바로 명예를 얻을 수 있다. 그러나 오랫동안 신용이 없으면 수명을 잃는다. 그러므로 반복해서 생각하여 스스로의 마음속에서 잘못이 발생하지 않도록 하고, 몹시 근심하고 또 두려워하면서 자신을 해이하게 해서는 안 된다. 원기를 견고하게 지키면서 행동하고 항상 자발적으로 그리워하면서 오직 천지와 네 계절과 오행 등과 함께 경건하게 천통(天統)・지통(地統)・인통(人統)을 이어받아 행동한다면 감히 조그마한 잘못도 저지르지 못할 것이다. 마음속에 분노가 치밀 때는 항상 하늘의 이 지극한 뜻을 깊이 깊이 새긴다면 평정심을 잃지 않을 것이다. 천은을 추구하면서 하늘과 땅의 정성을 위반하지 않고, 삶을 추구하면서 살기를 바란다면 어떻게 작은 악행을 저질러 하늘에까지 보고하도록 하겠느냐? 자기를 억제하고 신중하게 일을 처리하면 어찌 감히 해이해질 수 있겠느냐? 오직 하늘의 위대한 뜻에 부합하지 못할까봐 걱정하지만, 어떻게 해야 좋을지 몰라서 마음은 더욱더 두려워진다. 자기 혼자만 편안하다고 느끼더라도 아무 도움이 되지 않는다. 천수를 다 누리기는 어렵고 한 번이라도 잃어버리면 다시는 회복할 수 없다. 세속을 벗어난 지 오랜 시간이 흘렀음에도 오히려 중도에 그만둔다면 하늘에서 아래를 내려다볼 때 천군을 섭섭하게 할 것이다. 그러므로 스스로 독려하고 두렵게 생각해야 한다. 일단 하늘의 뜻과 부합하지 않으면 바로 죽임을 당하거나 쫓겨난다는 것을 항상 두려워해야 한다. 근심스럽고 불안한 마음으로 스스로 자신의 죄과를 책망해야 한다. 하늘로부터 은혜를 입어 생전에 정해진 수명을 연장할 수 있게 되었더라도, 삶에 대한 간절한 감정을 감히 잊지 않아야 오래 살 수 있을 것이다.

여러 신들은 백성들을 가련한 마음으로 살펴보면서 기록하고 그것을 백성들에게 보여주면서 뭇백성들로 하여금 천주성의 정기를 받고 천기를 타고 다니는 신선이 되도록 한다. 장부에 기록하는 신은 금지하는 계율이 많지만 실수를 범하는 것이 허용되지 않는다. 세상 사람이 비록 신분은 미천하여 존경을 받을 가치는 없지만 그것 때문에 순종하지 않고 금지하는 계율을 위반할 수는 없다. 만약 진심으로 오래 사는 것을 추구한다면 오직 대신만이 그 말을 자세하게 살피고 그로 하여금 네 계절과 오행의 생성작용을 보게 하고, 또 일월의 큰 은혜에 보답하기 어렵다는 것을 알게 하여 도중에 포기하려고 하지 않게 한다. 두려워하고 불안해하며 조심하고 신중한 사람은 감히 스스로 천신의 가르침으로부터 벗어나지 않고 잠자리에서 뒤척이면서 그것을 잊지 않는다.

대신이 말한다. "이 사람들은 천사의 교화를 받아서 이미 이 정도의 지식이 있는데, 그들을 보호할 수 있는 사람이 없음을 걱정할 필요가 뭐 있겠느냐? 과거에는 이런 사람들이 있어 천신이 돌봐주고 불쌍하게 생각하여 항상 그들 곁을 따라다녔다. 지금 그대들은 세상 일을 겪은 지 오래되어 이미 풍부한 지혜를 가지고 있고 많은 것을 할 줄 알고 생각할 줄 알며, 그대들의 모든 말에 대하여 천군의 뜻이 대답하지 않음이 없다. 그러므로 천군 역시 그대들이 하는 것에 대하여 마음을 놓고 계신다."

장수를 추구하는 제자들은 땅에 엎드려 눈물을 흘리면서 말한다. "우리는 대신의 가르침을 반아 깨달았습니다. 과거에는 옛사람들의 충성을 통해 아는 것을 넓혀갔고 들은 것을 마음속에 새겨두지 않은 것이 없었습니다. 저희가 어찌 감히 옛사람들과 비교할 수 있겠습니까?"

대신이 말한다. "이와 같은 신용을 가진 사람들이 서로 말하는 것을 들어보면, 사람들은 서로 장수하는 방법을 얻기 위해 실천하지만 바람으로만 그치는 경우가 있다. 그것은 사람에게는 미치지 못하는 때가 있기 때문이다."

제자가 말한다. "대신께서 아주 분명하게 깨우쳐주시니 저희 제자들은 자질은 보통 사람들과 같지만 저희들만 특별 대우를 받아 열린 생각을 하게 되었습니다. 그 은혜는 대단히 큽니다만, 대신께서 깨우쳐주신 것에 언제쯤 보답을 할 수 있을지 모르겠습니다."

대신이 말한다. "생각은 마음에서 나오는 것이다. 분발하여 깊이 생각하는 것이 바로 보답하는 것이다."

제자가 말한다. "우리는 무엇으로 대신을 받들어야 할지 모르겠습니다. 하늘에서 좋아할 만한 진기한 것이 내려온다면 저희는 그것을 바치고자 합니다. 지금 가르침을 받고나서야 비로소 분발하여 지키고 명심하여 생각하는 것이 바로 천신께서 받아들일 수 있는 보답이고 이것이 바로 필요하다는 것을 알았습니다. 그것은 입에 발린 말로 하는 형식적인 보답이나 겉만 번지르한 것이 아닙니다. 진실로 밤낮으로 생각하면서 감히 나태하지 않는 것입니다."

대신이 말한다. "지켜야 할 규칙이 매우 많고, 알려주어야 할 것 역시 한 사람의 질문에 대한 것만 있는 것이 아니다. 이것을 오랫동안 실천한 사람들이 서로 말하는 것을 들어보면, 진실로 삶을 중시하였다. 이 점에 대해 그대들에게 설명해 주었을 뿐만 아니라 그대들이 하늘로부터 받은 은택이 몹시 크고 하늘이 그대들을 가엾게 여기는 마음 역시 몹시 깊다는 것을 설명해 주었다."

천군이 그것을 듣고서는 대신을 불러서 다음과 같이 말한다. "생명을 추구하는 이들 제자는 어떻게 이끌어갈 것이냐?"

대신이 말한다. "이들 학인들을 보니 특히 믿음이 있습니다. 그러므로 도에 대해 설명할 때 어려운 점과 쉬운 점이 있습니다."

천군이 말한다. "선을 보거든 신선이 되도록 밀어주고 내가 있는 이곳까지 미치도록 하는 것이 좋다."

대신이 말한다. "천군께서 나를 불러 너희들 믿음이 있는 제자들에 대하여 물으셨다."

제자들이 말한다. "감히 하늘의 좌측에까지 이르기를 바라지는 않습니다. 아무 직위가 없는 곳을 원하며 스스로 힘써 충성을 다할 것입니다."

대신이 말한다. "모두 맡을 부서와 담당할 임무가 있다. 그래야만 천하가 분명하게 다스려진다."

"만약 요행히도 정말로 천군의 신임을 얻는다면 그것은 엄청난 은총을 입는 것입니다. 저희는 조금이라도 하늘의 뜻에 어긋나는 행위를 하지 않을 것입니다."

대신이 말한다. "그대들도 신선으로 변화된다면 이와 같을 것이며, 당연히 하늘에 올라서 앞선 사람들과 같은 경지에 이를 수 있을 것이다.

제자들이 말한다. "저희는 감히 하늘에 올라가지는 않겠습니다. 오래 사는 것은 사람들이 탐내는 것입니다."

대신이 말한다. "하늘이 그렇게 원하시고 있다."

제자들이 말한다. "본래 대신의 보호에 따를 뿐 감히 대신의 계율을 잃지 않겠습니다."

천군은 이 두 사람이 서로 가르침을 주고 받는 것을 알고서는 더욱더 좋게 생각하였고 서로 가르침을 주고받도록 하였다.

오직 상고 시대의 성인들이 도를 수행할 때만 저절로 그러함에서 나왔다. 그들의 마음은 하늘이 이 세상을 다스리는 것을 알고 있었고, 하늘이 시행하는 것을 모두 예견할 수 있었다. 그들은 한 번 보기만 해도 마음으로 모든 것을 환하게 읽을 수 있었기 때문에 구제해 주어야 할 일이 무엇인지 알고 있었다. 길흉이 올 것을 환하게 알 수 있었고 마음은 흡족하고 기쁜 마음으로 하늘의 복을 얻을 줄 알고 있었다. 신선이 되는 일을 달성하고 싶다면 언제나 어디서나 계율을 지키고 성실함과 명석함을 유지해야 한다. 스스로 은혜를 입고 우대를 받고 싶다면 여섯 명의 사명신과 오랜 시간 동안 사귀면서 언제나 가르침과 지도를 받아 자기를 위험에 빠지지 않도록 해야 한다. 사방의 끝까지 관망하고 위아래를 꿰뚫어보면 더욱 마음이 더 간절해지고, 마음은 기쁨으로 넘쳐나는데, 수명을 늘릴 수 있고 또 이전에는 들어보지 못하던 미래의 일을 알 수 있기 때문이다. 이것들은 모두 천군과 대신이 베풀어준 것이다.

天君言, 前已有文書不絶, 部主者[1)]下收其魂, 骨肉付地主,[2)] 不須時, 惡人不可數聞, 故自損威怒, 還就儒雅, 改易其惡, 采取衆善, 著之於內以心置.[3)] 心神[4)]言, 我受天心敎敕, 使主隨人心, 其不得有小脫, 善惡輒有傍神復得.[5)] 心神言益復悲楚. 未知吉凶, 故自恐在惡伍之部. 日夜自惟, 不知當所自置, 故不敢有不善之意. 唯諸神相假借, 使得自責, 不用神誡, 被誅不恨. 天君遣大神[6)]下言, 此人有自責悔過, 不犯所禁, 假之假之. 後有不善, 取之未晩. 見神言, 日夜長息, 恐身過未悉除, 久不與太陽氣通, 而在死伍之部, 益復篤, 不知而何也. 受敕未能通達, 靜於閑處自省, 責過所負, 以謝天地四時五行諸所部神. 天君聆聽, 令自思惟. 上古之人, 皆有知慮, 不敢犯禁, 自修自正, 恐見有失, 動輒爲不承命, 失其年. 用是之故, 不敢小解. 過輒有罰首,[7] 以是自省自愛, 敬重禁忌, 不敢有違失意. 復見責問, 心常恐悸, 悵然失氣, 負天心, 言有小不稱, 是爲文煩, 輒考問實核. 所言所信可, 可以得名譽, 及其身無信, 久亡人年. 故復思念, 不失我心, 切怛恐怖, 不敢自安. 舍氣而行,[8] 常自戀慕, 貪與天地四時五行共承統而行, 不敢有小過差. 心自忿, 當前後深知至意, 不失其常, 念恩不違精實, 貪生望活, 何有小惡聞上乎. 結軀[9]行相承事, 何敢有解意, 恐不能得上至意, 不知如何也. 心益復悸切, 自安無益. 天壽難得, 一失不可復還. 遠俗日久, 而反中折, 當顧望下, 是令悵然, 故自敕惶慄而已. 常恐一旦大小不稱見退, 愁懣在心, 自責自過. 旣蒙天恩, 得展舒前命, 飢渴之情不敢忘, 得活而已. 諸大神哀省, 錄示元元, 稟氣於天廚,[10] 駕乘天氣. 而行薄所主, 防禁衆多, 不可有失亡. 身雖鄙賤, 不足榮寵, 亦不以不肖故, 能見嫌疑也. 眞以心求進索生, 唯大神原省語言, 使見四時五行生成, 復見日月難報, 想不見中棄. 正營之人,[11] 不敢自遠, 傾倒枕席. 大神言, 此人自師化迺如是, 何憂無蒙保者邪. 往昔有是人, 天右哀之,[12] 近在左右. 今見在視事久遠,[13] 多知慮, 所言所語, 無不得天君腹心者. 且爲之爲, 生伏地[14]泣出而言, 被敕覺寤, 迺以先古有心忠誠, 進在所知, 無不包懷聞之, 何敢比望先之人乎. 大神言, 持是有信之人相語者, 欲令相生爲行比望耳, 人有不及時. 生言,大神乃開導大分明，生等比衆多，獨見異，使有開思，是恩極重，何時敎大神[15]乎．大神言，思從中出，發憤念之爲報．生言，白分不知所奉上，雖白天有珍奇可好者，思復上之，見勑發憒想念，是爲可誠受，是言非口辭相報有文[16]也，誠日夜惟思，不敢有解．大神言，所誠衆多，所諫亦非一人所問，持是久遠相語者，誠重生耳，言特見厚哀尤深．天君聞之，呼大神曰，比生何從發起，自致大神異語乎．大神言，見此學人尤信，故爲道難易．天君言，見善進之，使及是，是其宜也．大神言，天君召問是信生．生言，不敢希望及天左側也，願在無職之處，自力盡忠而已．大神言，皆當有所部主，乃見信理．如是誠僥倖，甚得大分，不敢有小不稱者也．大神言，是生見化，乃如是，宜且復進，可及先古．生言，不敢進長壽也，其人所貪也．大神言，是天願．生言，是本因大神所保，不敢失大神之戒也．天君知此二人相諫勑，尤深善之，使自相敎也．

惟上古聖人之爲道也，乃出自然．心知天上之治，所施行皆豫知者．音聲徹通，還知形容，自視心昭然意解．知當救之事，吉凶之會，了然可知．心內欣然，乃知得天之福也．使見前行之事，[17] 皆戒篤達．自惟蒙恩見寵遇，得與諸六神相持日久，輒見敎戒，使不危．闚望四表，上下通洞，益復哀哀．心中歡然，復得延期，并及所不聞，是皆天君大神恩力所施化．

역주

1) 部主者(부주자) : 해당부서의 책임자. 여기서는 태음법조(太陰法曹), 즉 하늘의 사법기구의 책임자를 가리킨다. 『태평경』 제112권 「유과사적작하량계(有過死謫作河梁誡)」를 참조할 것.

2) 骨肉付地主(골육부지주) : 뼈와 살을 지음신(地陰神)과 토부(土府)에게 주다. 지주(地主)는 『한서』 「교사지」에서는 팔신의 하나라고

말했고, 『태평경』 제112권의 「유과사적작하량계」에 따르면 지음신(地陰神)과 토부(土府)를 가리킨다.

3) 著之於內以心置(저지어내이심치) : 마음속에 새겨 넣음으로써 마음을 바로잡다. 저(著)는 착(着)과 같은 의미로 사용하여 새겨 넣다는 것을 나타내고, 심치(心置)는 마음을 바로잡는다는 것을 뜻한다.

4) 心神(심신) : 심신. 오장신의 하나. 여기서 심신은 악인들을 향하여 말하고 있다.

5) 傍神復得(방신부득) : 근처에 있는 신이 다시 점검한다. 방신(傍神)은 심장 근처에 있는 신으로서 목숨을 관장하는 사명신(司命神) 등을 가리킨다.

6) 天君遣大神(천군견대신) : 천군이 대신을 파견하다. 대신(大神)은 무형위기대신인(無形委氣大神人)의 별칭으로서 초급 신선에 속하고 천군을 보좌하는 신하이며 형체는 인간의 재상과 같다. 천군은 모르는 것이 없고 심신이 하는 말을 멀리서 들을 수 있기 때문에 이렇게 파견한 것이다.

7) 過輒有罰首(과첩유벌수) : 잘못이 있으면 바로 엄격한 징벌을 받는다. 벌수(罰首)는 괴수의 의미인데, 여기서는 엄혹한 징벌을 가리킨다.

8) 舍氣而行(사기이행) : 원기를 견고하게 지키면서 행동하다. 사(舍)는 잃지 않고 지키는 것을 말한다.

9) 結軀(결구) : 자기를 억제하다. 『금주금역』에서는 이 말을 극도로 순종하고 복종하는 것이라고 풀이하였으나 문의에 맞지 않다.

10) 稟氣於天廚(품기어천주) : 천주성으로부터 기를 받다. 즉 천주성의 정기를 받는 것을 가리킨다. 천주(天廚)는 별 자리 이름으로서 자미궁 동북쪽에 있으며 모두 여섯 개로 이루어져 있고 하늘의 성찬을 담당한다.

11) 正營之人(정영지인) : 두려워하고 불안해하며 조심하고 신중한 사람. 정영(正營)은 두려워서 불안해하는 것을 뜻한다.

12) 天右哀之(천우애지) : 천신이 돌봐주고 불쌍하게 여기다. 우(右)는 돕는다는 뜻을 가진 우(佑)의 가차자로 쓰였다.

13) 見在視事久遠(견재시사구원) : 그대들은 세상 일을 겪은 지 오래 되었다. 견재(見在)는 말하는 사람 앞에 있는 사람을 가리킨다.

14) 生伏地(생복지) : 장수를 추구하는 제자들이 땅에 엎드리다. 생(生)은 오래 살기를 추구하는 사람에 대한 호칭으로 사용되었다. 여기서 그들은 대신과 사제 관계를 형성하고 있기 때문에 이런 호칭을 사용한 것이다.

15) 敎大神(교대신) : 대신의 가르침에 보답하다. 교(敎)는 깨우쳐준 것에 대해 보답하는 것을 가리킨다.

16) 口辭相報有文(구사상보유문) : 입에 발린 말로 하는 형식적인 보답이나 겉만 번지르한 것. 문(文)은 겉으로만 보기 좋게 거짓으로 꾸미는 것을 뜻한다.

17) 前行之事(전행지사) : 신선이 되는 일을 달성하다. 견(見)은 효과나 성공을 보는 것을 가리키고, 전행(前行)은 신선이 되는 공부에 매진하는 것을 가리킨다.

대신이 말한다. "이 모든 것은 여러 신들이 다 알고 있는 것이다. 신선이 된 사람은 이미 정해진 본래의 목숨을 누릴 뿐만 아니라 신선 명부에 분명한 신선의 계통이 등재된다. 그런 사람은 출생 이전에 바로 장수를 주관하는 천조(天曹)에 의해 미리 몇년 몇월 몇일 몇시에 신선이 될 것인지 기록되어 있는데, 그 시기가 도래하여 신선이 되면 곧 명단을 내려보내고 북극의 진인들이 그것을 주관한다. 뼈와 몸이 바뀌어 몸이 가벼워지고 피부가 윤택해져 빛이 나고 저녁 무렵 약을 얻으면 바로 정화(精華), 즉 기의 정수로 변화한다. 어느 곳에서든 변화가 진행되며 성공에 이르지 못하는 경우는 없다. 그러면 희미하고 어두운 틈이라도 자유자재로 드나들 수 있다. 설령 머리카락처럼 가는 틈이라 해도 통과하지 못할 것이 어디에 있겠느냐?"

상고의 성인이 말한다. "이 말은 참으로 사실이다. 세속의 일반인에서 정기를 마시는 신선이 되고, 지부(地府)의 음신(陰神)에서 완전히 벗어나는 것이 어찌 중요하지 않을 수 있겠느냐? 몸이 가볍게 바뀌면 하늘로 올라가는 것은 쉽다. 대신의 은혜는 정말로 보답할 길이 없다. 대신은 큰 공덕을 베풀어주지만, 그 큰 은덕에 보답하고 싶어도 차마 미치지 못한다. 잠시 동안이라도 그 은덕은 깊고 두터우니 결코 말로써는 보답할 수 없는 것이다."

대신이 말한다. "그것은 하늘이 사람의 목숨을 부여할 때는 생전에 미리 결정된 기록에 따르는 것이지 대신이 마음대로 결정하는 것이 아니다. 선한 사람을 만나 천군에게 추천되는 것 역시 신의 행복에 속하는데, 사례를 할 필요가 뭐 있겠느냐? 사람들이 나중에 의심을 품지나 않을까 염려하여 금지하고 지켜야 할 계율을 정하였다. 성인으로 하여금 훈계를 이해하고 통달하게 한 목적은 나중에 불로장생을 추구하는 사람들이 성인에게 비춰보아 이 모든 것을 아주 분명하게 알도록 하기 위해서이다. 성인은 나면서부터 지식을 가지고 있기 때문에 가르침 따위가 필요 없다."

성인이 말한다. "이미 대신의 통보를 얻었으니 비록 성명이 신선 명부에 등록되어 있기는 하지만 저희가가 아직 모르고 있는 일에 대하여 가르쳐 주셔야 할 것입니다."

대신이 말한다. "그대들의 말은 정말로 활달함과 겸손함의 표현이다. 그 정도면 충분하다."

"저희는 다시 한 번 대신님의 분부를 듣고 나서 곧바로 준비를 마쳤습니다. 오직 대신님만이 은의를 성취하여 제자들 가운데서 세속적인 사람과 신선이 될 사람을 구분하시니 저희는 감히 나태하지 못하고 교만한 마음을 가지지 못합니다. 저희는 다시 청정한 곳에서 계속 수련에 힘쓰고자 합니다. 대신님의 가르침은 저희 미숙한 제자를 염려한 데서 나온 것입니다."

대신이 말한다. "할 말은 이미 다했으니 앞뒤를 살펴보면 모두 알 수 있을 것이다. 그 밖에는 훈계할 것이 없다. 내가 말한 대로 조목조목 다 실천해야 하느니라."

제자들이 말한다. "가르침을 받은 그 날부터 한 순간도 감히 나태하지 않았습니다. 저희들 스스로가 끝내 실현할 수 없을까 두려웠기 때문입니다. 은혜를 입은 데서부터 보살피는 데 이르기까지 살아갈 수 있게 해주시고 또 보다 높은 희망을 갖게 해주셨기 때문에 뒤척이며 잠을 자지 못할 정도로 마음속에 깊이 새겨두었습니다. 오직 대신께서 시시각각 위로해 주시고 이끌어주셨는데, 그 은덕은 결코 작은 것이 아닙니다."

대신이 말한다. "그대들 제자들이 말한 그것은 충분히 칭찬받을 만하다."

제자들이 말한다. "아, 아닙니다. 저희가 응당해야 할 것을 한 것뿐입니다."

대신이 말한다. "명성을 이룬 사람들은 끊임없이 정진하였고 아울러 그에 따라 여러 가지 일을 겸병하여 맡은 부서나 담당하는 일은 하나만이 아니다."

천군이 대신이 성인에게 훈계하는 앞의 대화를 듣고서는 성인이 모두 매우 지혜로운 사람이지만, 경솔하거나 게을러서는 안 된다고 생각하였다. 그래야만 끝없는 수명을 누릴 수 있기 때문이었다. 여러 신들이 각자 자기가 맡은 부서로 돌아가 선한 사람이 있는가를 살펴보고 대신에게 추천해야 한다.

성인이 말한다. "우리는 모두 천군의 교시를 받았으니 스스로 있는 힘을 다하고, 조금이라도 게으름을 피우는 때가 있어서는 안 된다.”

생명이 끝없는 영원에 이를 때 각자가 자신이 다스리는 지역과 직위로 돌아가서 선한 사람을 살펴보고 그들에 대해 보고서를 올리라고 지시하였다.

오직 상고의 참된 도를 얻은 사람만이 스스로 태어나기 전부터 있는 신선의 명부인 녹적을 준칙으로 생각한다. 녹적은 장수를 관장하는 부서에 있는 문서이며, 정해진 해과 달과 날이 되면 그 사람은 신선이 될 때 중극에 그것을 보내는데, 중극은 또 곤륜산이라고도 부른다. 그러면 바로 명령을 받들어 시행하는 신령은 그 사람의 성명을 보고하고, 누락이나 착오가 발생하는 것을 결코 용납하지 않는다. 신령에게 그 사람의 사지와 골절을 여러 차례 흔들어보게 하고, 구부렸다가 폈다가 해보게 하며, 누워 있는 자리에서 이쪽저쪽으로 굴려보게 한다. 신령이 훈시와 가르침을 반복하면 그 사람은 신령이 말한 대로 그대로 행동한다. 마지막으로 선약을 가져다가 그에게 마시도록 하면 골절이 정기(精氣)로 변한다. 그 사람을 항상 볼 수 있는 것은 아니지만, 그가 뜻을 굳게 가지고 있는지를 알아보기 위해 그에게 환상을 보여주면서 그의 의지가 전혀 흔들리지 않음을 확인한다. 만약 이런 사람이 장수를 추구하고 늙어죽은 것을 싫어하면서 하늘의 일을 처리하는 신이 되기를 바란다면 하늘에서는 여러 차례 신령을 파견하여 시험하는데, 일정한 시간이 경과하면 그에게 무릎을 꿇고 엎드려 계속 노력한다는 신계(神戒)를 받게 하고, 심신(心神)이 말을 하여 그에게 해야 할 일과 방비해야 할 것, 그리고 금지해야 할 사항을 이해시키고, 배움을 추구하는 사람이 신문을 따르지 않으면 저절로 죽음을 맞는다는 것을 보여준다. 신서를 가지고 와서 보여주는 것이 끝나면 신령은 앞날을 미리 안다. 그래서 그 사람과 마주보고 이야기한다. 이러한 행동은 매우 오랜 시간 동안 계속된다. 1320일이 될 때까지 함께 동행한다. 그런 다음 신령과 함께 대신을 알현하고 원기와 하나가 되며, 저절로 그러한 자연의 이치에 따라 행동한다. 이때 천군 역시 신선부 책자의 정본을 내보이면서 오로지 그 회차에 신선이 된 사람의 모든 언행을 조사하도록 비밀리에 명령을 내린다. 명령을 받은 신령은 사심을 품거나 한쪽 말만 믿거나 때로 동정심에 의해 뜻이 바뀌거나 해서는 안 되며, 일처리에 실수나 착오가 있어서도 안 된다.

대신이 말한다. "각 부문의 신령이 임시로 보고할 문건에 대한 점검을 마치면, 일반적인 규정에 따라 8월 말일에 산과 바다와 구릉과 연못과 물이 흐르는 하천과 나루터와 회수(淮水)와 제수(濟水)와 장강(長江)과 호박(湖泊) 등 각지에서 해당 인물에 대해 조사하여 기록한 문서는 각각 그 내용이 분명하게 드러난다. 천군이 위로하고 상을 내려야 할 대상 역시 신선이 될 세상 사람들에 의해 정해진다. 천군은 이전부터 신선 명부를 여러 개 가지고 있었는데, 모두 금실(金室)에 보관하였다. 깊은 신심을 가진 신선이 된 사람에게 위임하여 그들이 천군의 심문과 관련된 일을 처리한다. 일이 있으면 바로 명령을 받들고 밤낮으로 게을러서는 안 된다. 그 밖의 사람은 금실의 문서를 관장하는 신의 수하에서 함께 일을 보는데, 각 신령이 관할하는 구역 안에서 오래 살기를 추구하는 사람들의 성명을 빠뜨리거나 잘못 기록해서는 안 되며, 그들에게 이 사실을 명심하도록 해야 한다. 깊은 신심을 가지고 신선이 되기를 갈망하는 사람을 가려 뽑고, 그들에 대한 명단을 확정해야 한다. 그리고 어떤 사람은 생육(生育)을 관장하는 신령에게 배속되어 성명을 점검하는 책임을 맡는다. 차수에 맞게 승천하거나 때로 파면되어야 할 사람에 대한 문서는 100일 전에 보고하는데, 빠뜨리거나 착오가 있어서는 안 된다. 만약 보고한 문서와 하늘에서 미리 파악하고 있는 사실이 일치하지 않으면 조사의 책임을 지니는 부서에서는 보고하지 않고, 생육을 관장하는 신령과 함께 치죄한다. 먼저 신서에서 말하고 있는 모든 내용을 위반하지 말도록 명령을 내리고, 이 글이 선포되고 나서 3년 8개월이 지나면 비로소 세속의 사람들이 알도록 한다. 만약 참된 도를 가지고 있거나 이 글의 내용을 믿는 사람이 있으면, 그에게 조금도 주저하지 말고 보여주어야 한다."

천군이 다음과 같이 교시하였다. "신선이 되어야 할 이 사람들은 앞선 때에 승부가 있어서 그것들을 없애주고 그들을 특별히 보호하도록 했다. 그런데 아직 특별 보호를 받지 못한 사람이 있다면 그들에게 특별 대우를 하도록 하여라."

대신이 말한다. "이 사람은 빈곤하여 아주 오랜 시간 동안 아무것도 가진 것이 없었습니다. 아마도 바로 생명을 보존하도록 해야 할 것입니다. 그가 천군의 마음을 얻었기 때문에 비로소 천군께서 신령에게 명령하여 특별보호를 받지 못한 그런 사람을 특별보호하라고 하셨습니다. 그러나 특별보호를 받지 못한 사람에 대하여 특별보호를 해야 할 책임을 지닌 신령은 아마도 당장 천군의 분부를 행할 수 없을 것입니다. 이전에 천군께 신선이 된 사람들에게 은혜에 감사하도록 지시할 것을 요청하였고, 비록 규정된 기한이 아직 도래하지는 않았지만, 모두 1개월 전에 그들에게 이 소식을 통지하였습니다."

천군이 그 말을 듣고서는 말한다. "각 지역의 신령에게 명령을 내려 독서인과 농부들 가운데서 신선이 될 사람을 시간에 늦지 않도록 특별히 보호하여 그들에게 성명을 작성해 주고, 토지신에게 명령하여 그들을 공손하고 신중하게 대하도록 하고 신령을 파견하여 그들과 연락하도록 하여라. 누군가 정말로 원하던 것을 실현하고 싶어하고, 자기가 추구하던 결과를 얻으려 할 때 그들이 확실히 충성심을 가지고 있다는 것을 표현한 다음에 그들을 허용하여라. 이 점에 대해서는 마땅히 신중히 처리해야 할 것이다."

대신이 말한다. "그렇게 하는 것은 반드시 세상에서 들은 다음에 도를 좋아하는 사람은 모두 서로 도와주는 것을 좋아한다는 것을 눈으로 살펴보고 그들을 모시고 아울러 그들을 존경하였습니다."

천군이 말한다. "하늘에 공을 세운 사람은 당연히 존경을 받아야 한다."

대신이 말한다. "이 사람의 나이가 아직 차지 않아서 정해진 기한이 아직 이르지 않았습니다. 정해진 날이 되는 그날 어떻게 감사를 드려야 하는지 다시 가르치고자 합니다. 그러나 현재 아직 하늘에 올라가지 않았고 그의 집에는 아무것도 없고, 심지어는 입을 옷도 없습니다. 도를 실천하는 사람에게 그가 하늘로 올라오는 그날까지 입을 것과 먹을 것을 하사해 주시기를 청합니다."

천군이 말한다. "그것은 사소한 일이다. 하늘의 녹봉을 담당하는 천관이 그의 집에 먹을 것과 입을 것을 줄 것이다. 그리고 집을 가지고 있으면서 깊은 마음으로 장생과 신선을 추구하는 사람의 집에도 먹을 것과 입을 것을 주도록 할 것이다."

대신이 말한다. "천군의 분부에 따라 집행되기를 바랍니다. 녹봉을 담당하는 천관에게 명령을 내려 그가 마땅히 녹식(祿食)을 받도록 해야 합니다. 이 사람은 빈곤하게 산 시간이 너무 오래 되었으니 그에게 녹식을 하사하여 그가 충분히 쓸 수 있도록 해야 합니다."

대신이 또 말한다. "녹봉을 담당하는 천관이 성명에 따라 녹식을 명령하여 그 사람이 가난하지 않도록 해야 합니다."

大神言, 是諸神共知, 延者有命, 錄籍有眞, 未生豫著其人歲月日時在長壽之曹,[1] 年數且升, 乃施名各通, 在北極[2]眞人主之. 變易骨體, 身輕潤澤生光, 時暮得藥, 以成精華. 所在化爲, 無不成, 出窈入冥, 絲髮之間, 何所不通. 聖人言, 實有是從俗成食, 從地陰神出,[3] 安得不重乎. 易之爲輕, 乃上是易. 大神恩不能報, 功大施, 想大恩, 忍不及. 使得蘇息之間深厚, 非辭所報. 大神言, 是天稟人命, 祿相當直,[4] 非大神意所施爲, 見善薦之, 是神福也, 何所報謝乎. 恐其後有疑, 爲施禁固者, 使聖知敎戒, 後人照知之耳, 聖人自有知, 無所敕也. 聖人言, 已得被報, 雖生錄籍, 會當有敎導不及. 大神言, 是生之語儻然謙者, 是其宜也. 生重見辭, 前後悉備. 唯大神以成就恩意, 生見人分人[5]也, 大神言, 盡辭前後可知, 餘無所戒也. 辭別各宜照所言. 生言, 受戒之日, 不敢解止須臾也, 但恐未能卒竟之耳. 唯蒙扶將, 使得視息復生望, 傾側在心, 唯大神時時相存敎敕,[6] 是恩不小. 大神言, 是生之所言宜稱之. 生言, 唯唯. 不敢以身自防. 大神言, 成名之人, 精進有益兼幷,[7] 部主非一. 天君聞之, 大神戒聖人相對辭語, 爲有知之人, 宜勿忽解. 命可至無訾之壽, 各還就所部, 見善當進之大神. 聖人言, 俱受天君敎, 盡力有效, 有效不敢倦時也. 天君言, 成人者爲自成. 唯唯.

惟上古得道之人, 亦自法度未生有錄籍, 錄籍在長壽之文, 須年月日當昇之時, 傳在中極. 中極一名崑崙, 輒部主者往錄其人姓名, 不得有脫. 數使往動搖支節, 屈申轉傾, 反覆敎戒, 敕隨神屈折, 以藥飮之, 骨節開鍊, 雖不時相見者, 知其可堅與不也, 示之志不傾也. 貪生惡死, 思行天上之神,[8] 數使往實核有歲數, 乃令拜受不足之文, 心言出辭, 使知所行防禁, 傳示學者, 不用神义言自巳. 齎書且竟,[9] 神乃知相對語言, 亦連歲月, 積千三百二十日, 乃將與俱見大神, 通元氣, 行自然. 天君簿見[10]密敕, 所案行不得有私相信, 感心易意, 行無失誤.

大神言, 已算計諸神所假稟,[11] 常以八月晦日, 錄諸山海陵池通水河梁淮濟江湖所受出入之簿各分明. 天君有所勞賜有簿署,[12] 天君前自復數通藏金室.[13] 署有心之人令主天君所問, 輒當承所敎, 宜日夜不解, 屬主室之人勿失所索部別,[14] 令可知應得有心之人, 須以定錄簿. 當有使神[15]主爲計名諸當上下, 先時百日皆文上勿有失脫. 如有文書不相應, 計曹不擧者幷坐.[16] 先敕令勿犯神書, 言此書出後, 三歲八月, 乃示俗人, 如有道信人者, 大可示之. 而不敢自解, 而有驕慢也. 請復於閑靜之處伸力, 大神所敎施, 願念不逮之生. 天君有敎言, 此人先時有承負, 敕神爲解除收藏,[17] 未藏者爲藏之. 大神言, 此人貧厄, 得天君腹心, 乃令神收 藏, 不藏者其主未藏者時, 恐不如所言也. 前乞敕拜謝受恩, 雖日月未至, 諸先時一月令知之. 天君言, 下所部神將士衆田地中, 勿失時以藏, 爲作姓名, 令地主敬愼, 使有神靈往來, 有欲從願所求, 聽之. 有信之, 後宜愼也. 大神言, 如是必海內聞知, 好道之人將相扶承, 事之敬之. 天君言, 有功之人, 亦自當見敬. 大神言, 此人年未滿, 期未至, 請至期敎其所報謝. 當時未昇, 其舍空虛, 無以自衣, 有道者給食, 至時止. 天君言, 是小事耳, 以天官給家,[18] 有家有心者. 大神言, 請如所道. 敕天官給所當得, 此人空虛日久, 與食令足. 大神言, 令敕天官神給姓名, 勿令空乏.

역주

1) 長壽之曹(장수지조) : 세상 사람들의 수명을 관장하는 기구 이름. 수조(壽曹), 때로 명조(命曹)라고도 부른다.

2) 北極(북극) : 북극. 중극(中极)이라고도 부르는데 곤륜산을 가리킨다. 곤륜산은 고대에 천하의 중심으로 불렸으며 하늘의 북극성과 대응된다. 곤륜산은 천제의 지상 도성이 있고 모든 신선이 모이는 곳이다. 그러므로 북극이라는 명칭이 생겼다.

3) 從地陰神出(종지음신출) : 지부(地府)의 음신(陰神)에서 완전히 벗어나다. 즉 죽음에서 벗어나는 것을 가리킨다.

4) 祿相當直(녹상당직) : 생전에 미리 결정된 기록에 따르다. 녹상(祿相)은 사람이 태어나기 전에 미리 결정된 수명과 복록과 골육과 모양을 가리킨다. 『논형』「명록」편과 「골상」 및 『잠부론』「상열」편 등을 참조할 것. 직(直)은 치(値)의 가차자로 사용되었고, 당치(當値)는 정해진 순서에 따르는 것을 말한다.

5) 人分人(인분인) : 세속적인 사람과 신선이 될 사람을 구분하다.

6) 相存敎敕(상존교칙) : 위로하고 계도하다. 존(存)은 동정하고 보살펴주는 것을 의미한다.

7) 精進有益兼幷(정진유익겸병) : 정진하였고 그에 따라 여러 가지 일을 겸병하다. 정진(精進)은 선악에 대한 수련 과정에서 게으르지 않고 노력한 것을 가리키고, 겸병(兼幷)은 하늘에서의 신의 지위와 맡은 일이 부단히 높아가는 것을 가리킨다.

8) 思行天上之神(사행천상지신) : 행(行)은 시키거나 부리는 것을 뜻한다. 신(神)자는 『태평경초』에서는 사(事)자로 되어 있다. 행천상지신(行天上之神)을 여기서는 하늘의 일을 처리하는 신이 되는 것으로 풀이한다.

9) 齎書且竟(재서차경) : 신서를 가지고 와서 보여주는 일이 끝나다. 재(齎)는 가지고 있는 것을 뜻한다. 이 구절은 사방에 가서 신서를 보여주는 일을 끝내는 것을 말하고 있다.

10) 天君簿見(천군부견) : 천군이 신선부 책자의 정본을 내보이다. 부(簿)는 미래에 신선이 될 사람의 명단을 기록한 책자를 가리킨다.

견(見)은 현(現)과 같은 의미로 쓰여 보여주다, 때로 제시하다의 뜻을 나타낸다.

11) 假稟(가품) : 보고할 문건에 대한 임시 점검.

12) 簿署(부서) : 부서. 신선이 되어 하늘로 올라간 신령에 대하여 일을 맡기고 자리를 안배하는 것을 가리킨다. 부(簿)는 『태평경초』에서는 부(部)로 되어 있다. 부(部)는 각각의 정해진 일을 담당하는 것 때로 그러한 부서를 가리킨다.

13) 藏金室(장금실) : 금실에 보관하다. 금실은 미래에 신선이 될 명부를 전문적으로 보관하는 장소를 가리킨다. 「구군태상친결(九君太上親訣)」에서는 "녹적은 그 자체로 찬란한 빛이 나는데 모두 금으로 간책(簡冊)을 만들고 은으로 문장을 이루고 있다"고 되어 있다.

14) 所索部別(소색부별) : 각 신령이 관할하는 구역 안에서 오래 살기를 추구하는 사람들의 이름을 찾아내다. 소색(所索)은 빠뜨림 없이 찾아내는 것이고, 부별(部別)은 각각 관할하는 지역별로 그 일을 진행한다는 것을 뜻한다.

15) 使神(사신) : 생육(生育)을 관장하는 신에게 가다. 여기서는 생육을 관장하는 신령에게 배속되는 것을 가리킨다.

16) 計曹不擧者幷坐(계조불거자병좌) : 회계기관에서는 보고하지 않고, 생육을 관장하는 신령과 함께 치죄한다. 계조(計曹)는 하늘에 설치한 회계기관을 가리킨다. 병좌(幷坐)는 함께 치죄하는 것을 뜻한다.

17) 解除收藏(해제수장) : 선조로부터 물려받은 승부의 재앙을 없애주고 그들을 특별히 보호하다. 수장(收藏)은 특별히 보호해 준다는 의미로 쓰였다. 『태평경』 을부의 「해승부결(解承負訣)」에서는 "큰 공을 수만 배로 세울 수 있으면 비로소 승부를 없애줄 수 있다(能行大功萬萬倍, 方可解除承負)"고 말한다.

18) 天官給家(천관급가) : 하늘의 녹봉을 담당하는 천관이 그의 집에 먹을 것과 입을 것을 줄 것이다. 천관(天官)은 하늘에서 녹봉을 관장하는 신, 즉 천주성(天廚星)을 가리킨다. 급가(給家)는 충분하고도 풍족하게 그 사람의 전 가족을 돌보는 것을 뜻한다.

천군이 말한다. "좋다. 오직 상고시대의 사람들만이 완전히 하늘의 호응을 얻을 수 있었다. 그들은 성취할 수 있다는 믿음을 가지고 있었기 때문에 오랜 수명을 얻을 수 있었고, 신령에 의해 보호와 보살핌을 받았다. 오로지 그들에게 몸이 훼손되는 상황이 발생할까봐 걱정하였기 때문에 신령은 밤낮으로 위에서 그들을 지켜보았다. 그들이 좋은 일을 하는 것을 보면 그들이 더욱 기쁨을 느끼도록 도와 그들에게 악행이라는 것이 아예 떠오르지 않도록 하였으며, 항상 그들의 성명을 장수를 관장하는 하늘의 부서에 등록하였다. 심신(心神)은 그들에게 좋은 일을 하도록 했고, 나쁜 일을 하려는 생각을 할 틈을 주지 않았고, 그들이 선한 쪽으로 향하도록 하면서 끝없이 효도와 충성과 순종에 대해서만 생각하도록 일깨웠다. 그들은 감히 자기 마음대로 아무거나 받들고 시행한 것이 아니라 하늘의 가르침을 받들어 행하였다. 다른 사람들은 아무것도 모른다고 말해도 나는 사실을 알고 있다. 다른 사람이 선한 행동으로 큰 은혜를 베풀면 자신을 돌아보며 슬퍼하면서 반성하고 자신도 선을 실천하는 데 힘써야 한다. 만약 누군가가 오래 불로장생에 대해 의심을 품고서 더욱더 악행을 저지르다가 일찍 죽는다면 이것을 본보기로 삼아 자신을 다잡고 단속하면서 자기도 악인으로 전락할까 두려워하고 밤낮으로 부들부들 떨면서 어떻게 해야 좋을지 알지 못한다.

하늘이 사람을 태어나게 할 때는 선과 악을 구별할 줄 알았기 때문에 선을 실천하는 데 대한 확신이 있다. 하늘은 사람들의 악행이 하늘로 보고되는 것을 원하지 않는다. 이 때문에 오래 사는 것을 진정으로 추구하고 죽는 것을 싫어한다면 하늘에서 금지하는 것을 감히 위반하지 않아야 한다. 만약 그렇지 않으면 자신에게 해로운 결과가 초래될 것이다. 사람은 하늘의 원기를 받고 태어나며, 하늘은 신서에 쓰여 있는 내용을 통해 사람들의 생각과 서로 소통한다. 하늘은 사람의 감정과 의도를 알 수 있다. 하늘은 사람이 선을 행할 수 없는 것을 보면 바로 그를 물러나 스스로의 과오를 뉘우치도록 하고, 사람 역시 자기가 천신이 기록한 악인의 명부에 들어갈까봐 걱정한다. 만약 사람들이 하늘의 뜻에 부합하고 시대적 상황에 부합할 수 있다면 하늘은 그들에게 은혜를 베풀 것이다. 만약 자기가 하늘의 은덕을 받지 못했다면 신에 대하여 원망의 말을 해서는 안 되며 마땅히 자기의 행위를 깊이 뉘우쳐야 한다. 하늘의 뜻과 사람들의 뜻을 얻지 못한 것은 바로 죄과가 너무 많아 그것을 다 속죄하지 못했기 때문이다. 그러한 사람은 시운을 바꾸어 스스로 시대적 상황과 맞아 영달을 누릴 수 있기를 바라며, 그로써 생명을 연장하고 다시 살 수 있을 것이라고 생각한다. 그러나 하늘에서 파견된 대신이 자신들을 조사하여 그 죄악을 기록한다는 것은 예상하지 못한다. 이 때문에 사람들은 무슨 일이 있더라도 스스로를 달래가면서 참을 수 있는 것은 참았고 감히 엄한 형벌을 받는 중죄는 지을 생각도 하지 못한다. 사람의 말에 위반의 기미가 거의 없으면 이미 하늘의 은총을 얻어 조금 더 수명을 연장하여 살아갈 수 있지만, 오래 살 수 있을지 없을지에 대한 전망은 하늘에 의해 결정된다. 이 때문에 그와 같이 수명이 결정되면 자기의 목숨을 갈고닦더라도 오래 살 수 없다. 이런 이유 때문에 더욱 실망하여 부끄럽고 근심스러운 생각이 들어 천신을 만나기를 갈망하면서 불쌍하게 생각해달라고 애걸하고 가르침을 요구한다. 그는 자신이 알지 못했던 일에 대해 돌이켜보고, 앞으로는 그런 잘못이 없도록 미리 대비하면서 하늘의 뜻에 부합하게 행동하는데, 그러면 점차로 자신의 뜻을 실현할 수 있다."

신선이 되어 하늘로 올라가고 싶어하는 사람들은 모두 선을 행하고 악을 물리칠 생각을 해야 하며, 악인 명단에 기록되지 않도록 해야 한다. 이 때문에 그들은 대신을 만나 간절하게 애원하면서 자신들이 오래 살기를 바란다는 희망을 설명하였다. "세상 사람들은 모두 신선이 되어 하늘로 올라가기를 희망합니다. 그 때문에 자신을 수양하고 행실을 깨끗하고 바르게 합니다. 그리고 대신께서 저희들의 부족한 점을 지적하여 바로잡아주시고, 저희들에게 신선이 되는 데 따른 계율을 알려주시어 저희들로 하여금 크게 깨달아 천군 곁으로 가게 해주시기를 바랍니다. 또 대신님께서 오래 살기를 바라는 저희 세속의 사람을 불쌍히 여기시고 조사해주시기를 희망합니다."

대신이 말한다. "어찌 계율을 말하는 데 인색하겠느냐? 보아하니 그대들은 이미 그에 대하여 깊이 이해하고 있다. 그대들의 말은 실정을 잘 묘사하여 말한 것이지만, 말한 것을 실천하지 못할까 걱정이 되는구나. 장차 그에 대하여 자세히 생각하고 계획은 내심에서 우러나오도록 해야 하며, 반복하여 깊이 생각해보도록 해야 한다."

장수를 추구하는 제자들이 말한다. "모든 것에 대하여 두렵게 생각하고 있습니다. 어차피 스스로 거기에 이르고자 결심하였는데, 내심에서 우러나오지 않은 것이 무엇이 있겠습니까?"

대신이 말한다. "정말로 내심에서 우러나왔다면 바로 청정한 곳으로 돌아가 오로지 그것에 대해서만 깊이 생각하고 그래도 부족한 점이 있다고 느껴지거든 그때 요구하도록 하여라."

장수를 추구하는 제자들이 말한다. "저희는 타고난 지식이 너무 적어서 매우 분명하고 명확한 계율조차도 아직 얻지 못하였습니다. 앞으로 기어나와 가르침을 기다립니다. 이렇게 해야만 비로소 대신을 만나뵐 수 있기 때문입니다."

대신이 말한다. "만약 진정으로 온 정성을 다하기를 원한다면 바로 목적을 이룰 수 있을 것이다. 그대들 자신이 힘써 생각하고, 태어나면서부터 선행을 시작하여 덕을 쌓고 나날이 앞으로 나아가면, 그로써 승부의 죄과가 풀어진다. 죄과가 완전히 풀리면 신선이 되어 하늘에 오를 수 있는데, 이 점에 대해 무슨 의심의 여지가 있겠느냐? 그대들은 신서에서 말하고 있는 내용을 신중하게 대하고 마음속에 그 밖의 생각이 들지 않도록 해야 한다."

장수를 추구하는 제자들이 말한다. "지금 대신님의 가르침을 받고보니 감히 선을 추구하여 앞으로 나아가는 데 온힘을 쏟지 않을 수 없습니다. 선을 버리고 악을 좇는 것은 생명을 장난처럼 보는 것입니다."

대신이 말한다. "선한 사람이 되고 싶다면 당연히 자신의 심지(心智)를 수고롭히는 것을 반복해야 한다. 당장은 마음과 정과 신이 괴롭겠지만, 밤낮으로 생각하면서 조금도 나태하지 않아야 한다. 그러면 나중에 하늘로부터 복을 받을 것이다."

"저희들은 대신님의 가르침을 받아들여 분명히 정정한 곳으로 돌아가 자신들의 과실을 반성하고 책망할 것입니다."

대신이 말한다. "마음을 기울여 생각하면 천신이 알 것이니 싫증을 내지 않도록 하여라."

"저희는 반드시 죽지 않으면 그치지 않을 것입니다."

대사가 말한다. "그렇게만 해낼 수 있다면 신선이 되지 못할 것을 걱정할 필요가 뭐 있겠느냐?"

천군이 이들의 대화를 듣고서는 대신에게 다시 명령하여 말한다. "오래 살고 신선이 되기를 추구하는 그들을 관찰하고, 규정된 기간이 경과하면 그들로 하여금 각자 소속될 부서가 있게 하고, 공을 세운 사람은 이름을 보고하여 신위 가운데 공석을 보충하도록 하여라."

상고의 유덕한 사람은 말이 마음으로부터 나와 하늘의 뜻과 사람의 실정에 맞아 번지르한 문사로 겉과 속을 치장할 필요가 없었다. 언행이 일치하면 온 세상의 모든 사람들이 진심으로 믿고 서로 속이지 않는다. 하늘은 간결한 금령을 내렸고 그 금령을 위반하면 뭇사람들로부터 수모를 당했으며 아울러 죄를 심판 받고 징벌을 받았다. 바로 이러한 이유 때문에 상고 시대의 사람들은 조심하고 근신하며 정말로 두려워하면서 낳아주고 길러준 하늘의 은혜에 감사하는 마음으로 사람 구실을 할 수 있었고, 선과 악의 의미를 깨달았다. 사람들은 모두 이런 마음으로 하늘의 큰 은혜에 감사하게 생각하면서 어떻게 보답해야 좋을지 알지 못하였다. 이 때문에 마음속으로는 선을 행하여 승진해야겠다는 생각을 더욱 품게 되었고, 언행은 더욱 진실되고 믿음이 있었으며 모든 행위에서 하늘의 뜻에 부응하여 조그만 잘못도 감히 저지르지 못하였다. 그들은 신들이 자신의 악행을 하늘에 보고함에 따라 죄가 하늘에 알려져 천수를 다 누리지 못하지나 않을까 하는 것만 걱정하였다. 이 때문에 마음이 더욱 울적하고 걱정스러워 감히 게으를 수 없었다. 그들은 하늘이 은택을 베풀어 주어 장생을 얻을 수 있기를 갈망하였다. 이 때문에 여러 신들과 함께 하늘의 뜻을 받들었다. 그들 가운데 선행자는 비로소 죄과가 풀려 천수를 다 누릴 수 있었다. 만약 큰 공덕을 쌓았다면 수명을 늘릴 수 있었고, 혼돈의 원기를 이어받고 그것과 하나가 되고 기의 정화로 변하여 모든 것을 환하게 꿰뚫어보아 모르는 것이 없었다. 이와 같은 큰 은혜를 입으면 언어로써는 보답할 수 없다. 그러나 그들은 마음속으로 항상 어떻게 보답해야 좋을까 하는 것을 생각하였다. 그들은 그저 여러 대신들이 자신들에 대하여 가엾게 여기는 마음으로 조사하고 기록하여 아직 알지 못하는 계율을 알려주어 그들에게 더 많은 것을 알게 해줌으로써 하늘에서 시행하는 것과 많은 금기를 분명히 알아 수시로 따르면서 잘못이 없기를 희망하였다. 그들은 오로지 대신이 자신들의 부족한 부분을 고려하여 가르침을 베풀어줌으로써 하늘의 커다란 은혜를 잊지 않게 해주고, 자신들에게 오래 사는 방법을 알게 해주고, 하늘이 베풀어준 은혜의 의미를 잊지 않도록 해주기를 희망하였다.

대신이 말한다. "태어나면서부터 지혜를 가진 사람에게는 계율을 가르칠 필요가 뭐 있겠느냐? 오직 하늘의 뜻에 따라 행동하면서 하늘의 뜻을 어기지 말고 가르침을 받아들이면서 각 시기의 상황에 따라 행동하되 잘못을 저지르지 않고 소홀히 하지 않는 것이 바로 하늘의 뜻을 얻는 것이다. 상벌의 경중이 분명하고 마땅히 실제와 부합하여야 하며 잘못이 있어서는 안 된다. 그 밖의 가르침은 그다지 많지 않으니 그대들이 신서에서 말하는 내용을 신중하게 대하고 말하는 데 신중하며 꼼꼼하고 깊이 생각하여야 하며 말할 때는 반드시 실천할 수 있어야 한다. 허무맹랑한 설법과 마주쳤을 때는 마음속으로 자세하게 생각하고 비교해본 다음 좋은 것을 가려 따르면 되는데, 이 역시 자그마한 가르침이다. 그 밖의 것은 내가 평소에 설명한 것들 속에 이미 하늘의 깊고깊은 가르침이 다 드러나 있으니 신의 뜻을 거스르지 말아야 한다."

"저희는 어리석고 아는 것이 없어 하늘의 뜻 가운데서 가장 중요한 부분이 무엇인지 몰라 스스로 안타깝게 생각하고 있습니다. 그래서 대신님의 반복적인 가르침이 필요합니다. 큰 안목으로 많은 것을 보고 널리 아시며 모르는 것이 없으니 저희는 그저 대신님께서 가르침을 반복해 주셔서 저희가 은덕을 입도록 해주시면 말씀하신 것을 결코 어기지 않겠습니다. 대신님께서 저희를 보살펴 주시기를 희망합니다. 저희는 여기서 무릎을 꿇고 대신님께서 다시 가르침을 베풀어 주시기를 기다리겠습니다."

대신이 말한다. "이런 말을 알 수 있을 것이다. 하늘에서 시행하는 것은 인간 세상과 땅에서 일어나는 것을 근거로 하여 시행된다. 법칙과 규율은 서로 호응되어 아무런 차이가 없다. 모든 것은 각자의 계율이 있고 각기 그 신주(神主)를 따르며 위반할 수 없다."

장수를 추구하는 제자들이 말한다. "각자에게는 각자의 계율이 있고, 법칙과 규율이 비록 서로 통한다 해도 저희들은 애써 생각해봐야 기껏 그 의미를 조금 알 뿐입니다. 하늘의 뜻은 알기 어렵지만 저희들은 이 방면의 부결(符訣)을 알고 싶습니다."

대신이 말한다. "이것은 모두 사실로서 하나도 거짓이 아니다. 천군의 뜻을 예측하여 일을 처리하는 사람은 제일등급에 속하는 사람으로서 천군의 좌측에서 직무를 담당한다. 그에게 공을 세우면 상을 하사받을 수 있지만, 그는 겸양하면서 다 받지 않고 아울러 더욱더 온힘을 다하고 심혈을 기울여 더욱더 용의주도하게 일을 처리하는 것을 위대하게 생각한다. 그러므로 천군이 여러 차례 친히 와서 가르침을 베푸는 것은 그대들에게는 행운인 것이다. 맡아서 처리해야 할 일이 많겠지만 차분한 마음으로 시행하면 저절로 될 것이다."

장수를 추구하는 제자들이 말한다. "감히 천군의 좌측에서 일하기까지 바라지는 않고 그저 오랫동안 살 수 있기를 바랄 뿐입니다. 저희는 충성과 효도를 다하고 사리에 맞고 지조를 지키면서 살 수 있기를 바랄 뿐 감히 후한 상을 받을 수 없습니다. 만약 조그마한 공을 세우는 날이 있다면 그저 저 자신이 나날이 총명해지고 오랫동안 살 수 있도록 해주기를 바랄 뿐입니다. 저희는 끝없이 생각하면서, 잠시도 자신의 과오에 대해 반성하지 않은 적이 없습니다. 지금 대신님의 따스하고 애정어린 가르침으로 인해 마음이 흡족해졌고 대신님께서 저희와 나란히 서서 저희를 직접 보면서 가르침을 베푸시니 저희는 어떤 다른 생각도 들지 않습니다. 저희는 대신님의 깊은 은혜를 입어 드나들 때나 오르내릴 때 저희에게 수시로 조금씩 계율을 말씀해 주십니다. 이는 확실히 대신님의 크신 은혜로서 보답할 길이 없습니다. 저희는 다만 정성을 다하는 마음과 사모하는 심정을 항상 마음에 품고서 감히 게으르거나 그만두지 못할 뿐입니다."

天君言, 善.惟上古之人皆得天報應, 有信可成, 乃令受命, 爲神所護視, 恐有毁缺, 日夜占之. 見爲善, 助其歡悅, 不欲聞其惡, 常置長壽之曹, 心使爲善, 無有惡時, 使有進善, 有孝忠順之意. 所承所行, 不敢以意, 承敎而行, 人謂無知, 我亦見知之. 人有善大恩, 有哀以思, 力自善. 如人久見狐疑, 尤惡先沒, 用是自損度自約, 恐犯惡人, 日夜惶懼, 不知何如也. 天生人知善惡, 行善有信, 天不欲令人有惡聞也. 用是欲貪生惡死, 亦不敢犯禁, 如所妨害於身也. 故因緣天氣, 得與通人之辭語言自往來, 知人情意, 見其不善, 而退自責, 恐有文書汙名存其中也. 如人當時意, 加施於人, 誠不敢對首理委曲, 得自責所施行. 不得人意, 過多難除. 故人來悔易勢, 當時鋒通, 以爲命可再得也. 不意天遣大神, 占之尤惡, 先入土. 用是自慰隱忍, 不敢當惡格.[1] 辭有小異意, 旣得天恩, 假其須臾, 使得蘇息, 長有活之望, 是天之部分也. 以故得有分意, 命不久存. 用是之故, 復益悵然有慚恀之心. 欲見天神, 求哀敎戒, 照未知之事, 防備未來, 當與天心合, 可得小如意. 貪上有計慮之人, 并思善惡, 得不見之敕. 迺見大神, 苦甘自道生, 求俗之人貪及上, 以故自修自正. 唯大神敕厲其不足, 使覺寤望戒左側, 唯大神哀省索生之人. 大神言, 何惜禁戒乎. 想自深知之, 辭令各自吐寫情實, 但恐不如所言. 且復諦之,[2] 計從心出, 宜復熟念. 生言, 皆感恐旣身及之, 何敢不從心出乎. 大神言, 如是爲發, 且復還靜處, 惟思之有不足乃求. 生言, 稟知希疏少, 未得大通著之戒也, 匍匐須敎, 乃敢進見. 大神言, 如欲盡精誠, 有功可得及之. 努力自念, 從生以來, 功效所進, 解先人承負, 承負除解, 過盡亦當上, 何所疑也. 且復愼所言, 宜勿外意也. 生言, 受敕見戒, 不敢餘力而不進善也. 已善復惡, 自與命戲耳. 大神言, 善人也宜復屈意, 雖心勞命之日, 當時微苦, 用心不解, 復後得福. 生受敕, 誠歸閑靜處, 思失自責. 大神言, 思從中出, 天神知之, 勿倦也. 生以年窮盡乃止. 大神言, 有行乃如是, 何憂不前乎. 天君聞之, 重敕大神, 使欲進者, 觀其所爲, 積歲月日, 各令有部, 有功當上名, 須缺補. 上古之人, 心言口語, 皆知人情無文而治, 表裏外內, 具見其信, 各不相負. 天有要令, 犯者尤醜, 輒見治問, 責其過咎. 用是之故, 益復悸動, 惻然念天恩所施行, 使得全完爲人, 知好惡之義, 人以此等念恩深厚, 不知以何報之. 但心思欲進, 而有忠誠之信, 所爲所作, 承奉不敢失小差. 恐爲衆神所白, 見過於上, 有不竟年命之壽. 以是益復感傷憂心, 不敢自解, 而望報施之意. 實貪生與諸天神共承天心, 有善者財小過除,[3] 竟其年耳. 如有大功, 增命益年, 承事元氣, 合精華照見所知, 復受大恩, 非辭所報, 但獨心不知如何也. 唯諸大神共省哀錄, 不及敎戒, 使見知慮, 知天上所施, 禁忌衆多, 當輒相承, 不得有失也. 唯大神惟其不足, 見戒不敢忘大分, 受施不忘生恩意也. 大神言, 生自有知之人, 何所敎敕, 但當順天所爲, 勿逆其心. 見敕戒, 應時奉行, 勿失脫而已, 是爲得天心意矣. 賞罰有輕重, 宜各實之, 勿有失誤. 得爲可餘少所戒, 宜詳愼所言, 出辭當諦思之, 令可行. 有小妄者, 輒以心自況之從善, 是爲小戒. 餘者當平生之言見深戒, 不有失神意也. 自惜童蒙,[4] 未見大分. 故固大神重戒, 所照衆多, 知慮廣博, 無所不包. 唯大神重戒, 欲蒙其德, 不逆所言. 唯復顧意, 伏須重戒. 大神言, 是語可知天上之施, 與中知地下傍行等[5]耳, 法律相應, 無有差也. 自有相敎者, 且隨其主, 勿逆而已. 生言, 自分當戒也, 法律雖同, 而用心少得其意也, 天心難知其訣. 大神言, 是皆實無欺而已, 乃豫知天君意所施爲者, 爲上第一之人, 可在天君左側. 有功勞賜賞, 謙遜不敢盡受, 益復竭盡筋力, 用心乙密爲大. 故天君重復自面敕敎人, 是生之福也. 所主衆多, 平心爲行, 是自可矣. 生言, 不敢, 乃望在天君左側也, 見活而已. 但思忠孝, 順理盡節, 不敢受重賜, 但恐無功耳. 如小功效之日, 令生身日明, 長見生日久矣. 但思無極, 不敢有不思過須臾也, 得見溫言, 心志飽滿, 大神與生同居, 對治無思也. 誠復受恩, 出入上下, 時小相戒, 是大神之恩, 不可中謝. 但心意戀慕, 常在心中, 不敢解止.

역주

1) 惡格(악격) : 중죄를 처벌하는 법률.

2) 諦之(체지) : 그 점에 대해 자세히 생각하다.

3) 財小過除(재소과제) : 비로소 죄과가 풀리다. 재(財)는 재(才)와 같은 글자로 쓰여 겨우, 비로소 등을 뜻을 나타낸다.

4) 以心自況之(이심자황지) : 마음속으로 자세하게 생각하고 비교하

다. 황(況)은 이리저리 비교하는 것을 뜻한다.

5) 與中知地下傍行等(여중지지하방행등) : 인간 세상과 땅에서 일어나는 것을 근거로 하여 시행된다. 지(知)자는 화(和)자로 고쳐야 한다(『역주』). 천지가 교합하여 발생한 것이 중화, 즉 인간 세상이다.

천군이 그들의 대화를 듣고 이들의 품행을 알고서는 자신이 원하는 것을 만족스럽게 하지 않음이 없음을 알았다. 이처럼 오래 살기를 추구하는 사람 역시 더욱더 자주 스스로의 과오를 뉘우치고 수도하는 도중에 그만두거나 선을 버리고 악을 행하거나 해서는 안 되기 때문에 천군은 대신에게 다시 명령을 내려 그들이 하늘에 올라 신선이 되도록 하여 도중에 싫증을 느껴 그만두는 일이 없도록 하라고 했다.

가장 선한 사람은 모두 자연스러움 속에서 살기 때문에 모두 정해진 수명이 있고 신선이 되는 시기가 정해져 있으며, 이름이 선인 명부에 수록되어 있다. 그러한 사람은 항상 선을 행하고 악을 행한 적이 없다. 그러한 사람의 모든 행위는 선의를 가지고 있고 악의가 없다. 그러므로 그런 사람을 선한 사람(善人)이라고 부른다. 그들의 행위는 모두 다른 사람에게 이롭고, 진기하고 귀한 물건을 어른에게 헌상한다. 웃어른은 그의 이러한 행위를 보고서는 그의 말을 좋아하기도 하고 때로 그의 선행을 좋아하기도 하고, 때로 그의 성실성을 좋아하기도 한다. 다른 사람들 역시 좋아해 주기를 바라면서 어떤 사람은 그의 효성스러움과 충성스러움을 좋아하고, 어떤 사람은 그가 한 말을 좋아하고, 어떤 사람은 그가 신용을 잘 지키는 것을 좋아한다. 이것이 바로 선 중의 선이다.

그래서 그것을 선이라고 부른다. 선한 사람은 기회가 있으면 바로 하늘로 추천된다. 뭇사람들 가운데서 특출나게 눈에 띄고 보기드문 그런 인물은 높은 사람에게 추천될 수 있다. 높은 사람이 그를 보고서는 어떤 이는 그의 말이 대단히 좋다고 느끼고, 어떤 이는 그의 선한 행위를 탐내기도 하고, 어떤 사람은 그의 충성스러움을 탐내기도 하고, 어떤 사람은 그의 사물에 대한 사랑을 탐내기도 하고, 어떤 사람은 그의 효성과 충정을 탐내기도 하고, 어떤 사람은 그가 오랫동안 말한 모든 것을 탐내기도 하고, 어떤 사람은 그의 사람에 대한 진실성을 탐내기도 하는데, 이것은 선한 것 중에서도 특히 더 선한 부분이다. 그래서 그를 선량하다고 부른다. 이러한 사람들은 항상 하늘의 은총을 받는다. 그들은 세상에서 오래 사는 것을 탐내고, 신선이 되는 것을 탐내며, 영원히 죽지 않는 신의 자리를 탐내고, 여러 신들을 부리기를 탐내는데, 이는 선한 사람이 탐내는 것이다.

선한 사람이 선을 행하고 선을 존중하는 것은 천지나 네 계절이나 오행 등이 신용(일정한 규칙성)을 지키는 것과 부합한다. 여러 신들은 그런 사람을 총애하고 자신들이 알고 있는 금지해야 할 계율을 그에게 가르쳐주고 귀중한 문서나 희귀한 책자의 내용을 그에게 가르쳐 주며, 하늘의 신위에 공석이 나면 그를 추천한다. 조금이라도 적절하지 않은 말이 있으면 그에게 간하여 바로잡고 진기한 보물이 있으면 그에게 준다. 그런 사람은 천신에게 함께 나아가 공손하게 가르침을 청하여 잘못을 고치려고 하며, 오로지 하늘의 대신의 뜻에 부합하지 못하는 부분이 있지나 않을까 걱정한다. 그는 밤낮으로 항상 신선이 되고자 하는 강렬한 열망을 품고서 생각을 더욱더 간절하게 다진다. 그는 선한 행위를 보면 마음속으로 사모하며, 선한 말을 듣거나 충직한 생각을 가진 사람을 보거나 몸을 잘 보전한 사람을 보면 더욱더 자신의 수명을 아깝게 여기면서 자신이 어느 날 조금이라도 선량하지 못한 생각을 하지나 않을까 항상 두려워한다. 그리고 다른 사람이 잘못을 저지르면 그 사람이 스스로 뉘우치도록 도와주고, 그 사람이 선을 알고 선을 행하여 하늘의 총애와 영광을 추구하고 오래 사는 도를 추구하도록 한다. 이것이 바로 최고로 선한 사람이다.

설령 큰 공이 있더라도 그들 역시 감히 신령의 뜻을 거스르지 못하며 항상 오래 사는 것을 사모하는 마음을 품고 있다. 그렇게 해야만 비로소 최종의 경지에 도달할 수 있다. 하늘의 대신은 그들의 생각과 말을 훤히 꿰뚫고 있으며 그들의 모든 행위를 감독하여 금령을 어기는 것을 방지하며, 작은 실수에 대해서는 관용을 베풀면서 그 의미를 깊이 생각해 보게 한다. 하늘의 은택은 광대하여 세상 사람들을 가련하게 여기며 사람에게 반성의 기회를 주는데, 잘못을 뉘우치기만 하면 역시 장생을 누릴 수 있다. 이것이 바로 하늘이 내리는 최대의 은택이다. 비록 그렇기는 하지만, 그들이 끝내 이러한 관용을 받아들이지 않고 또 여러 대신들이 그들의 부족한 부분을 추궁할까봐 걱정하면서 그들이 쉽게 접할 수 없는 계율을 받아들여 깊이 생각하고 자기의 지향이 넓어지는 것을 즐기며 오로지 다시 가르침만을 생각하기를 희망한다.

대신이 말한다. "천지에는 각기 그 도리가 있는데, 그것을 어떻게 쓰는지 알면 진보하여 신선이 되고, 그렇지 않으면 저절로 퇴보하여 수명이 짧아지고 일찍 죽는다. 이것은 자연의 이치이다. 이것은 결코 내가 계율을 아끼느라 가르쳐주지 않기 때문이 아니다. 그리고 나는 여러 선인(善人)들을 만날 때 아무런 질문도 없었다. 그러니 무슨 가르침을 베풀겠느냐? 그저 내가 말한 도에 대한 가르침을 깊이깊이 생각하여 그와 부합하게 행동하면 그만이다. 이것은 선인들이 바라는 것이고 나는 마땅히 다시 설명해야 한다."

장수를 추구하는 제자들이 말한다. "저희들은 어리석기 때문에 일을 처리하는 데도 총명하지 못합니다. 그래서 대신님의 가르침을 찾아 직접 왔습니다. 여러 번에 걸쳐 가르침의 은덕을 입어 저희들은 시시각각으로 대신님의 가르침을 생각하고 있습니다. 그러므로 다시 와서 가르침을 구합니다. 이전의 것만으로 감히 만족하지 못한 것은 하늘이 저희를 그렇게 만들었기 때문입니다."

대신이 말한다. "그대들은 천지 자연의 자질을 부여받았고, 하늘이 그대들로 하여금 나에게 가르침을 청하게 함으로써 자신들의 언행이 하늘의 뜻과 부합하는지를 알도록 하기 위함이다. 그대들은 질문이 더 있느냐? 나에게 절박하게 가르침을 청하는 사람은 모두 자신의 실제 행위에 대하여 말하여야 하며, 사실이 아니거나 화려하게 꾸민 말을 해서는 안 된다. 화려하게 꾸미고 사실에 맞지 않으면 심기가 순수하지 못한 것이다. 그런 사람에게는 공석이 된 신의 자리가 나더라도 부여해야 할지 여부를 다시 결정할 것이다. 이런 사람의 수명은 짧다. 그러므로 그대들은 삼가고 조심해야 하며, 게을러서는 안 된다."

장수를 추구하는 제자들이 말한다. "저희는 타고난 성품이 어리석어 그것을 다시는 잃지 않기만 바라고, 그저 하늘의 문서에 따라 스스로를 지키려 할 뿐입니다. 대신님께서 보시기에 불쌍하게 여기시겠지요?"

대신이 말한다. "관찰은 그대들의 지식에서 나오고 선을 알면 선을 행하고, 믿음을 알면 믿음을 행하고, 충을 알면 충을 행하고, 순종을 알면 순종을 행하고, 효를 알면 효를 행한다. 이렇게 하면 사악함이 접근할 수 없다. 아마도 그대들은 이런 것들에 대해서는 알고 있을 터이지만, 다시 한 번 강조할 따름이다.”

장수를 추구하는 제자들은 몹시 슬픈 표정을 지으면서 말한다. “이것은 저희가 들은 것이고, 이것은 최선의 가르침이었으며, 여기에 중요한 계율이 있습니다. 대신께서 이렇게 말씀하시지만, 저희가 어찌 감히 게으르고 소홀하려는 생각을 품겠습니까? 이것은 저희로 하여금 오래 살도록 하도록 하기 위한 가르침으로서 이렇게 큰 은혜를 입었는데 저희는 대신의 은혜에 어떻게 보답해야 할지 모르겠습니다.”

대신이 말한다. “이것은 내가 해야 할 일로서 가르침이라고 할 것은 없어. 깊이 생각하여 일을 처리한다면 신선의 명부에 다시 들어갈 수 있고, 신선이 되어 하늘에 오를 수 있을 것이다. 이것은 털끝만큼도 의심 없는 일이다. 이것은 그대들 자신이 수행에 힘써 얻은 결과인데 보답할 필요가 어디 있겠느냐? 신서(神書)의 글은 그 자체가 선한 것으로서 언어로써는 표현할 수 없는 것이다.”

장수를 추구하는 제자들은 말한다. “대신님의 가르침은 저희들의 수명을 늘어나게 해주었고 오래 살면서 신선이 될 수 있는 희망을 안겨 주었으니 저희들은 조용한 곳으로 가서 대신께서 하신 말씀을 깊이 새겨보겠습니다.”

대신이 말한다. “그대들은 마땅히 다음 사실을 알고 있어야 한다. 사람을 오래 살게 할 수 있게 하는 신서의 글은 내심에서 떨어져서는 안 된다. 가르침을 찾는 사람이나 나나 모두 그들에게 그렇게 말한다.”

장수를 추구하는 제자들은 말한다. “누가 이처럼 다른 사람에게 가르침을 베풀 수 있겠습니까? 저희들의 복록과 수명은 모두 대신께서 돌봐주신 덕분입니다. 저희로서는 앞뒤로 여러 차례 충분한 가르침을 받았습니다. 다만 저희들은 대신님의 크신 은혜에 보답할 길이 없어 정말로 부끄러워 얼굴을 들 수 없습니다."

천군이 그들의 대화를 듣고서는 대신에게 말한다. "이 사람은 착한 사람 중의 착한 사람이고 착한 사람 중에서 가장 착한 사람으로서 그에게 많은 분야의 신직을 맡게 할 수 있으니 빠뜨리고 쓰지 않는 일이 없도록 하여라."

대신은 장수를 추구하는 제자들에게 그 말을 전했다. "천군의 명령이 있었는데, 그대들에게 이처럼 은총을 베푸시니 계율을 어기는 어떤 것도 위반해서는 안 될 것이다."

"예. 예."

"최고의 덕을 지닌 사람은 천지 사이에 몸을 두고 있으면서 생성에 관련된 일을 담당하여 각자가 원하는 대로 해준다. 선한 일은 하늘의 선행 등기부에 기록된다. 그 기록은 꾸준함을 유지하고 적절함을 잃지 않는데, 이것이 바로 최고의 덕이다. 이루지 못하는 것이 없고, 성취하지 못하는 것이 없으며, 명철함을 잃지 않고 진정성을 잃지 않으며, 음양의 생성 작용을 잃지 않고, 네 계절이 생명의 기의 변화를 주관하는 것을 놓치지 않고, 오행이 만물을 성취하는 것을 놓치지 않고, 해와 달과 별들이 비추는 것을 놓치지 않고, 그것들의 운행궤도 및 천체 가운데서 차지하는 위치를 놓치지 않고, 길흉이 나타나는 일정한 주기를 놓치지 않고, 재난의 변동 상황을 놓치지 않고, 수재와 한발이 도래하는 핵심적인 시기를 놓치지 않고, 세상 사람들의 수명은 별로부터 부여 받고 그 후박 역시 별에 의해 조종된다는 의미를 놓치지 않는데, 이것들은 모두 최고의 덕을 가진 사람이 시행할 일에 속한다. 그러므로 덕을 쌓는 사람은 관찰하지 않는 것이 없고, 알아채지 못하는 것이 없어야 한다고 말할 수 있다. 하늘과 땅과 사람이 각기 적절함을 얻으면, 각기 자신의 덕을 이룰 수 있고, 각각 자신의 명분을 어기지 않는다. 이것이 바로 상규를 따르는 것이다.

오래 사는 것과 관련된 글은 영예로운 대접을 받지 않은 적이 없다. 만물은 싹을 틔우고 껍질을 쪼개어 태어나며, 가지를 늘어뜨리고 잎을 달고서 그것을 옷으로 삼는다. 안개와 이슬과 서리와 눈과 시령에 따라 내리는 비 등을 음식으로 삼는다. 땅에서 나고 자라난 것들 중에서 가장 보편적인 것을 물어머니(水母), 즉 물에 의해 길러진 것이라고 부르는데, 백성들은 그것들을 과(瓜)라고 통칭한다. 한여름 날이 뜨거울 때 모두 그것들을 물그릇으로 삼아 물을 마시는데, 이는 세상 사람들이 의지하고 쓰는 것이며, 사람들은 어른이든 아이든 할 것 없이 모두 그것을 먹는다. 이는 바로 덕이 있는 사람이 하늘의 전통을 이어받아 지상에서 만물의 갖가지 형상을 형성함으로써 민중에게 충분한 먹거리를 제공하는 것을 나타내는데, 은덕을 널리 베풀어 누구도 그 은덕을 받지 않는 사람이 없다. 사람들은 이로 인해 배부르게 먹는데, 이것은 결국 하늘의 은전이 아니겠는가? 하늘이 베푸는 화생(化生)의 범위는 실로 매우 커서 오히려 천명에 순종하지 않는 사람도 있는데 그런 사람은 도리어 무슨 일이든 본래부터 그렇다고 말한다. 이런 사람은 완전히 반역자에 속한다. 그러므로 덕이 있는 사람은 하늘의 뜻을 이해하고 백성들에게 법도를 가르쳐 하늘의 마음을 잃지 않도록 한다. 천지는 세상 사람들을 양육하여 자라게 하고 성인이 되도록 한다. 그리고 또 문리(文理)를 알게 하고 공덕을 이루게 하여 위로 하늘의 관리가 되도록 한다.

천상의 일은 공로에 따라 차등이 있다. 덕인은 땅의 일을 관장하여 백성들로 하여금 의지하고 우러르게 하며 은혜를 베푸는 것을 중시하게 하며, 시령에 맞추어 보답할 수 있는 방법이 없음을 알게 한다. 덕이 있는 사람은 하늘을 대신하여 상하와 중앙의 모든 것이 도달하는 곳에서 생기를 퍼뜨리지만, 어떤 사람은 오히려 하늘이 베푸는 일을 경시하는데, 이것은 바로 하늘로 하여금 끝없는 분노를 일으키게 하고, 신으로 하여금 다시는 사람을 보호하지 않게 하며, 사람의 수명과 생명을 침해하거나 심지어는 빼앗는다. 그러나 이런 종류의 사람은 도리어 원망을 품고 하늘을 탓하는데, 그것은 순전히 어리석음의 극치에 속한다. 그러므로 신서(神書)를 내려보내 유덕자로 하여금 먼저 가서 훈령을 내려 사람들에게 필요한 금지조치와 지켜야 할 사항을 알려주었다. 백성들은 규범을 어기지 않았고 한 걸음 더 나아가 어떤 사람은 장래에 벌어질 일을 예견하기도 하여 사악함으로부터 멀리 벗어나 선한 상태로 돌아갔으며, 금지한 모든 사항을 어기지 않았다. 나아가 천도가 스승이 되어 교화를 베푸는 것을 보고서는 그것을 따르지 않을 수 없었고 그 교화의 모습을 받아들이지 않을 수 없었다. 그래서 하늘은 군주로 하여금 새의 날개가 새의 머리와 꼬리를 이끌어 날도록 돕는 것처럼 백성을 사악함으로부터 막아주는 성곽이 되게 하였음은 매우 분명히 알 수 있다.

지식이 상급인 사람은 하늘의 위대한 변화를 꿰뚫어볼 수 있고 아울러 원기를 다스리며 또 인간사에 대하여 알 수 있다. 이런 사람 역시 복록이 있고 오래 살 운명이 있는 사람인데, 그들은 모두 앞으로의 일을 미리 알고 있으며, 사람의 교화의 정도에 따라 수명을 연장할 수 있는 구체적인 연수를 알 수 있다. 하늘 역시 그를 좋아하며 선하 신이 그를 수호하여 그가 사악한 구렁텅이에 빠지지 않도록 한다. 마음은 그를 선량함만을 보게 하고 사악한 놈들이 그와 동등한 세력을 형성하지 못하도록 한다. 그러므로 하늘은 선한 사람을 중시하고 그들이 바라는 것을 실현하게 해주며,

침범하지도 않고 억제하지도 않으며 말이나 저울처럼 공평하게 대한다. 특히 대단히 선한 사람에 대해서 하늘은 그의 수명을 더욱더 늘려주고 그가 영원히 위험과 멸망에 빠지지 않도록 해주는데, 이 역시 커다란 은혜가 아닌가? 그에 대해서는 의심의 여지 없이 보답을 해야 마땅하다. 이전에 매우 선한 사람이 있었는데, 모든 행위가 하늘의 뜻에 부합하여 하늘로 올라가 천군의 측근에 있을 수 있었으며, 악기가 침범할 수 없었다. 악기가 감히 그에게 접근하지 못하였기 때문에 수명을 영원히 늘릴 수 있었다. 이와 같은 큰 은혜는 보답하기 어렵고, 보답하더라도 진기한 보물을 쓰는 것이 아니다. 그러나 진심으로 천도에 귀순하고, 참되고 믿음이 있고, 자기가 말한 것을 어기지 않는다면 이것이 보답이 될 것이다. 그것이 보답이 된다는 것을 그대들은 알지 못하겠는가? 선을 알고서는 선을 실천하고 믿음을 보고서는 믿음을 실천하는 것이 바로 선한 사람이 가지고 있는 장점이다. 이처럼 일을 처리해야 하며 의심을 품어서는 안 된다. 이전에 신용을 지키는 사람은 있었는데 그는 이미 끝없이 장수하다가 신령으로 변했다. 그들이 갖춘 것이 완벽했고 그들이 이룬 공로가 가져다 준 결과였다. 그대들은 이러한 일에 대하여 이해하겠느냐? 그러므로 덕이 있고 지식이 있는 선비는 신선이 되어 위로 올라갈 수 있는 능력을 얻고, 하늘은 그런 사람을 몹시 사랑한다. 거짓으로 꾸민 글이나 말은 필요하지 않고, 운명을 알면 하늘을 원망하지 않는다. 각자 스스로 조심하고 나쁘고 사악한 짓을 꾸며서는 안 되며, 세상 사람들이 선을 행하도록 교화해야 한다. 오로지 하늘의 뜻에 부합하는 사람만이 수명이 저절로 늘어난다.

모든 일은 천군이 결정하는 것으로서 세상 사람이 계속 살고 싶다고 해서 살 수 있는 것은 아니다. 세속의 사람들은 교화시키기 어렵기 때문에 순서에 따라 점진적으로 교화시켜야지 갑작스럽게 강요해서는 안 된다. 나의 이 말에 대하여 신중하게 대해야 하며, 천신에 의해 악인의 명단에 기록되어서는 안 된다. 각자는 자신이 관할하는 분야의 문서를 잘 정리하고, 신의 계통을 적어놓은 장부의 원본은 정해진 기한과 권한이 있는데 그 기한과 권한이 서로 뒤섞이게 해서는 안 된다. 선한 사람을 보면 바로 그를 추천하고 사악한 사람을 보면 바르게 고치도록 촉구해야 하며, 이 점에 대해서는 아무것도 의심해서는 안 된다. 오래 살기를 추구하는 사람은 당연히 하늘이 시행하는 일에 대해 잊어서는 안 되기 때문에 그것을 중시한다. 하늘은 정말로 사람의 생명을 아끼기 때문이다. 선한 일에 전념하면 좋은 결과를 얻을 것이며, 오래 사는 것은 전혀 의심할 필요가 없다. 천군은 자기가 한 말을 실천하는 사람을 좋아한다. 이에 대해 분명히 알겠는가? 신문에 대해 자세하고도 신중하게 대해야 하며, 그것에 대해 스스로 시험해 보아서는 안 된다. 세상의 일 가운데서 효성, 충성, 성실, 신용이 가장 중요하다. 그러므로 절대로 방종해서는 안 된다. 멋대로 행동하면 하늘이 바로 그의 수명을 줄여버리기 때문에 오래 살 방법이 없다. 이 점에 대하여 특히 조심하고 또 조심해야 하며, 게을러서는 안 된다. 게으르면 저절로 의문이 생기고, 한 번 의심하기 시작하면 스스로 자신의 결말을 좋지 못하게 만든다. 알겠느냐? 모르겠느냐?"

이상은 천상의 문서와 육극(六極)의 대집(大集)과 천상의 팔월 교서 등에 대한 해설을 통해 하늘과 땅의 법칙을 본받아 재해를 없애는 것을 주된 내용으로 삼고 있다.

天君聞之, 知之士所行, 莫不得願也. 常能自責過負, 想不中惡, 敕大神敎戒之, 使及上勿倦也. 上善之人, 皆生於自然, 皆有曆紀,[1] 著善籍之文, 名之爲善人之籍. 常有善人之行, 未嘗有惡稱. 行止出入, 輒聞善意, 未嘗有惡, 故名善人. 動輒進之於人, 衆奇爲不見之物, 得上於尊. 尊者見之, 或善其言, 或貪其善行, 或貪其誠, 或貪其見愛, 或貪其孝忠, 或貪其久所言, 或亦貪其見信, 是善之善也. 故名之爲善. 時見寵榮, 復貪得長遊, 復貪得神仙, 復貪得不死位, 復貪使衆神, 是善人之貪也. 行仰善, 與天地四時五行合信, 諸神相愛, 有知相敎, 有奇文異策相與見, 空缺相薦相保. 有小有異言相諫正, 有珍奇相遺. 共進於天神, 欲見敬求戒思過, 恐有不稱天之大神也. 常日夜進心念篤, 見善從心, 思聞善言, 忠直之志, 完軀之人, 愛其命年, 常恐一朝有異, 小不善之意. 聞人有過, 助其自悔. 主其有知, 善所諫, 用其人言, 并見其榮, 善敎戒人求生索活之道, 是善人之極. 但當有功, 不敢違神之願, 思慕長在, 復得行見人之願所當逮及. 唯天大神, 通達辭令, 檢敕所行防禁, 得小失相假忍, 使思其意.[2] 天恩廣大, 多所愛傷, 使得自思, 悔過命長, 是大分之施也. 但恐不而卒竟恩貸, 唯諸大神原其不及. 願蒙不見之戒, 使得思樂, 其志廣見, 唯思重敕. 大神言, 上天地各有文理, 知用前,[3] 不知自却, 此自然耳, 不惜愛戒而不相敎也. 見衆善之人無有疑, 何所復戒, 但且詳念所言, 相副而已. 是善人之願也, 宜復明之. 生言, 自不肖, 行不純質, 以故自親大神所禁戒者. 數蒙厚遇, 輒見思念, 顯見以故復詣, 不知厭足, 天使其然. 大神言, 是生受自然之姿, 天使來問者, 知其同不耳, 何所嫌疑乎. 密欲來承敕者, 皆言自情實, 少雙辭語.[4] 出於華耳, 會以心自正者少, 故使有空缺轉補, 是生短也, 宜復愼之勿解也. 生言, 稟性遲鈍, 設意不先, 但以文自防也, 唯哀之不耳. 大神言, 是亦出於知, 知善行善, 知信行信, 知忠行忠, 知順行順, 知孝行孝, 惡無從得復前也. 想生自知, 是故重之耳. 生誠悵然曰, 是生所聞, 是大善. 是有重戒出其中. 大神所道乃如是, 何敢有懈慢之意乎. 是爲活生之意, 蒙寵如是, 不知何所用報大神恩也. 大神言, 是曹事視之, 而不足爲戒, 念可行宜復成名, 可及上無疑. 行自得之, 何所報謝乎. 辭令自善, 不得相聞語耳. 生言, 是戒使生長, 得有活之望, 請於無知之處, 思惟所言. 大神言, 當知生辭勿離於內也, 前後所戒來學問之人如此矣. 生言, 誰當肯相敕如此乎. 生祿命, 大神喜之, 時約敕[5]前後備足, 但無以副恩, 誠慚無以自置.[6] 天君聞之, 是善之善, 善中尤善, 可兼行諸部, 勿使有失. 大神還語生, 天君所敕, 恩榮如是, 宜勿犯之. 唯唯.

上德之人乃與天地之間, 當化成之事, 使各如願. 善者著善之文, 不失其常, 不失其宜, 是爲上德. 無所不成, 無所不就, 不失其明, 不失其實, 不失陰陽所生成, 不失四時主生之氣所出入, 不失五行之成, 不失日月星宿, 不失其度數, 不失吉凶之期, 不失有災異之變, 不失水旱之紀, 人命短長, 不失所稟繫星宿厚薄之意, 是上德所當行也. 故言有德之人, 無所不照, 無所不見, 上下中和, 各從其宜. 就其德, 各不失其名. 是爲順常. 長生之文, 莫不被榮, 萬物巖牙部甲而生,[7] 垂枝布葉, 以當衣裳. 霧露霜雪時雨, 以當飮食. 生長自成覆葉實, 令給人. 地之長, 名爲水母,[8] 民名爲瓜,[9] 盛夏熱時, 以當水漿, 天下所仰, 人無大小皆食之. 是德人承天統, 成天形, 於地以給民食, 行恩布施, 無不被德, 以自飽滿, 是天恩非也. 天所施生, 甚大不順命, 反言自然, 是爲逆耳. 故使德人上知天意, 教民作法, 無失天心, 育養長大, 使得爲人. 復知文理,[10] 行成德就, 可上及天士.[11]

天上之事, 功勞有差. 德人主知地之事,[12] 令民依仰, 重見恩施, 不能以時報之. 德人爲天行氣, 上下中央, 不得其所者, 人反輕天所施爲, 是正令天怒不止, 神靈不愛人, 侵奪年命, 反自怨非天, 是愚甚劇. 故下神書, 使住敕[13]爲施禁固既民不犯. 有豫知來事, 遠惡趣善, 不犯所禁, 復得見天道所師化, 無不從之化者. 故使人主爲作羽翼開導頭尾, 成其所爲城郭,[14] 倬然可知. 知上及大化, 幷理元氣, 復知人事. 是亦有祿有命之人, 皆先知之, 隨人化可得延之期, 天亦愛之. 善神隨護, 使不中惡. 心使見善, 惡者不得以爲比等. 故天重善, 使得從願, 不侵不剋如其平,[15] 殊能過善, 天復增其命年, 不危陷是非大恩也. 當報何疑, 前有大善, 所行合天心意, 近之左側, 惡氣不來. 不敢覩之, 延命無窮, 是恩難報, 報之不以珍奇. 但寫心歸誠, 自實有信, 不負所言, 是爲有報, 爲報爲知不乎. 知善爲善, 見信行信, 是人所長也. 且宜照之, 勿自疑. 前有信人, 已壽無極, 化爲神靈, 所兼備足, 功勞所致, 復知之乎. 故德人有知之士, 所得上進, 天甚愛之. 不其文章,[16] 知命不怨天, 行各自愼, 勿非有邪, 教人爲善, 復得天心意者, 命自長. 事皆天君出, 不得留止. 俗人難化, 化之以漸, 無有卒暴. 詳愼所言, 勿爲神所記, 各愼所部, 文書簿領自有期度, 勿相踰越. 見善進之, 見惡當改, 勿有所疑. 貪生之人, 自不忘天所施爲. 故重之者, 誠愛人之命耳. 念善得善, 壽不疑也. 天君愛信知不乎. 詳愼神文, 勿以自試.

天下之事，孝忠誠信爲大，故勿得自放恣．復奪人算，不得久長．愼之愼之，勿懈也，懈爲自疑耳．疑之自令不令,[17] 知不乎，知不乎．

右天上文解六極大集天上八月校書象天地法以除災害．

역주

1) 皆有曆紀(개유역기) : 모두 정해진 수명이 있고 신선이 되는 시기가 정해져 있다. 역기(歷紀)는 예정된 수명과 신선이 되는 시기를 가리킨다. 『태평경』 신부(辛部)에서는 사람에게 주어진 수명은 가장 많은 경우에는 130세인데 그것을 양력윤여(陽曆閏餘)라 부르고, 그 다음은 120세인데 그것을 세수제기(歲數除紀)라 부르며, 그 다음은 100세인데 그것을 화력물기(和曆物紀)라고 부른다고 설명한다.

2) 使思其意(사사기의) : 그 의미를 깊이 생각해 보게 하다. 기(其)자가 『태평경초』에는 천(天)자로 되어 있지만, 고치지 않아도 뜻이 통하므로 그대로 둔다.

3) 知用前(지용전) : 쓰는 방법을 알면 앞으로 나아간다. 즉 앞에서 말한 천지의 이법을 알고서 잘 이용하면 수도에서 성과가 있어 신선이 된다는 것을 말한 것이다. 다음에 이어지는 "부지자각(不知自却)"은 그 반대의 경우를 말한 것이다.

4) 少雙辭語(소쌍사어) : 사실이 아니거나 거짓으로 꾸민 말을 해서는 안 된다. 소(少)는 금지의 뜻으로, 쌍(雙)은 사실과 다르다는 의미로, 사(辭)는 과장되거나 겉만 번지르한 말이라는 뜻으로 쓰였다.

5) 時約敕(시약칙) : 항상 가르침을 받아 바로잡다.

6) 無以自置(무이자치) : 부끄러워서 몸 둘 바를 모르다. 부끄러움으로 얼굴을 들 수 없다.

7) 岩牙部甲而生(암아부갑이생) : 만물은 싹을 틔우고 껍질을 쪼개어 태어난다. 암아(岩牙)는 싹을 틔우는 것이다. 암(岩)은 명사로서 암석처럼 우뚝 솟아나는 것을 형용하는 말이다. 아(牙)는 싹을 의미하

는 아(芽)의 가차자로 쓰였다. 부갑(部甲)의 부(部)는 『태평경초』에서는 쪼갠다는 뜻을 나타내는 부(剖)자로 쓰고 있다. 따라서 부갑은 껍질을 쪼개고 나오는 것을 말한다.

8) 名爲水母(명위수모) : 수모(水母)라고 부른다. 수모는 물에 의해 길러진 것이라는 의미이다. 『노자』 제8장에서 "물은 만물을 이롭게 해주지만 다투지 않는다(水善利萬物而不爭)"고 말했고, 『한시외전』에서는 "물은 여러 곳을 두루 거쳐 멀리까지 갈 수 있는데, 이는 마치 유덕자와 같이 뭇사물들이 그에 의존하여 살아간다(水能曆險致遠, 似有德者, 群物賴之以生)"고 했으며, 『태평경』 제45권에서는 「기토출서결(起土出書訣)」에서는 "물은 바로 땅의 혈맥이다(水乃地之血脈)"라고 했다. 이런 의식을 바탕으로 물이 만물을 생성하는 어머니라는 '수모'라는 말이 자연스럽게 나온 것 같다.

9) 民名爲瓜(민명위과) : 백성들은 그것들을 과(瓜)라고 부른다. 과(瓜)는 여기서는 날로 먹을 수 있는 모든 야생 과일을 지칭한다.

10) 知文理(지문리) : 문리를 알다. 문리(文理)는 하늘의 문서에서 요구하는 대로 행동하는 것을 말한다.

11) 天士(천사) : 천사는 하늘의 신사(神士), 즉 하늘의 관리를 가리킨다. 자세한 것은 『태평경』 제42권 「구천소선왕재법(九天消先王災法)」의 설명을 참조할 것.

12) 主知地之事(주지지지사) : 땅의 일을 관장한다. 주지(主知)는 어떤 일을 관장하는 것을 의미한다.

13) 使住敕(사주칙) : 내려가서 칙령을 내리도록 하다. 주(住)자는 가다는 뜻을 나타내는 왕(往)자가 잘못 쓰인 것이다.

14) 城郭(성곽) : 여러 가지 사악한 것들을 막아주고 수련에 전념할 수 있도록 해 준다는 것을 비유한 말. 『태평경』 계부(癸部) 「성신각재법(盛身卻災法)」 및 제112권 「유과사적작하량계(有過死謫作河梁誡)」 등의 설명을 참조할 것.

15) 不侵不剋如其平(불침불극여기평) : 침범하지도 않고 억제하지도 않으며 말이나 저울처럼 공평하게 대한다. 극(剋)은 억제 때로 억압

하는 것을 나타내고, 평(平)은 말이나 저울 등과 같은 도량형 도구이다.

16) 不其文章(불기문장) : 거짓으로 꾸민 글이나 말은 필요하지 않다. 문장은 사실과 다르거나 사실을 부풀리고 화려하게 꾸민 것을 뜻한다.

17) 自令不令(자령불령) : 스스로 자신의 결말을 좋지 못하게 하다. 자령(自令)은 스스로 그렇게 만드는 것을 뜻하고, 불령(不令)은 결말이 좋지 못한 것을 뜻한다. 두 번째의 영(令)자는 아름답다, 좋다 등의 의미를 가진다.

太平經

제111권

『태평경 초』

경부(庚部)의 9

제180 대성상장결(大聖上章訣) : 위대한 성인이 문서를 상주하는 비결

해제 이 장에서 말하는 위대한 성인은 원기(元氣)를 지녀 자연의 우수한 빛과 서로 감응하기 때문에 하늘의 뜻과 같이 할 수 있는 인물로서 하늘을 보좌하며 하늘과 인간사를 소통시키는 역할을 한다. 또한 천군은 인간사의 모든 일을 알고 주관하며, 사람이 지닌 마음속의 의지는 하늘과 인간을 소통시키는 매개 작용을 하기 때문에 마음속 의지를 지니고 하늘의 뜻을 받들고자 노력하는 사람은 궁극적으로 장생하는 선인이 될 수 있다는 내용이다. 그러나 하늘을 두려워하지 않고서 불의한 방법으로 부귀를 누리는 사람들에게 하늘은 그 수명을 줄이고 후사를 단절시킨다는 내용이다.

오직 커다란 성스러운 덕과 더불어 하는 사람은 바로 원기를 이어받아 저절로 그러함(自然)의 우수한 빛과 서로 감동하므로 이에 위대한 성인이 된다. 모든 것이 마땅히 베풀어야 할 것을 알므로 항상 하늘의 뜻과 같고 그 원기의 본래 마음을 잃지 않는다. 항상 하는 행동은 위로 큰 신을 보좌하는 정승이 되므로 마치 나라에 있는 공(公)과 경(卿)과 같으며, 마음은 큰 신의 뜻을 알고 역서가 상통하므로 하늘에 상주(上奏)하는 문서는 각각 마땅히 그 적합한 사람을 얻도록 천거하고, 말과 일을 [하늘이] 보유할 수 있게 하여 항상 천군(天君)이 일하는 데 사용하고, 더욱이 명당(明堂)에서 문서를 얻으면 항상 아래로 전하여 시기를 잃지 않도록 하므로 항상 위의 은혜로움을 집행할 수 있게 한다.

천군(天君)의 입장에서 말하자면 조정의 뜻을 왜곡하지 않고 의뢰하는 사람이 문서를 상주하는데 모두가 스스로 공평하여 치우침이 없으므로 원망하여 소송하는 자가 없다. 각자 자신이 받은 은혜가 구분되고 상과 벌에 차이가 있는데 어찌 분쟁이 있겠는가? 위대한 성인은 천군이 시행해야 될 일을 먼저 아는데 어찌 실수가 있을 수 있겠는가? 속인은 알지 못하는데 백성과 관리와 같은 이들이 어찌 조서에서 말하여 하달하고자 하는 문서의 내용을 알 수 있겠는가? 천상의 일이란 어떠한 소리도 멀리 퍼져서 서로 들을 수 있는데 어찌 감출 수 있겠는가? 이것은 저절로 그러함에서 서로 검증되는데 어찌 벗어난 때가 있겠는가?

천군은 밤낮으로 천상과 지하와 인간 세계 사이의 크고 작고 정밀한 일들을 예지하며 전부 자신 스스로가 안다. 모든 신들은 어떻게 그리 자유자재할 수 있을까? 그래서 선과 악을 처음부터 끝까지 기록하는데, 신들로 하여금 새겨서 기록하게 한다. 천군은 친히 북두성의 자루가 되는 세 개의 별을 따라서 다스림을 전하며 변하지 않는 의지를 잃지 않는데 모든 신들이 바로잡아 고치며 감히 그것을 어기지 않는다. 그러므로 하늘의 책사라고 말한다. 마음의 신은 인간의 뱃속에 있으면서 하늘과 더불어 아득하게 서로를 보고 음성은 서로 듣는데 어찌 인민의 선과 악을 알 수 없겠는가? 천군은 말하길 착하고 믿음이 있는 사람은 승천하고 악하고 믿음이 없는 사람은 황천으로 보내라 하는데, 단지 천상의 세계만이 착하고 믿음이 있는 사람을 얻고자 하는 것이 아니라 인간 세계와 지하 세계 또한 그렇다. 사람은 곧 다가올 일을 깊이 알지 못하기 때문에 마음에 품은 뜻이 오래도록 위대한 신과 같은 길을 가도록 함으로써 하늘이 가까워지게 된다. 예컨대 나라에는 충신과 어진 관리가 있어서 군주의 왼쪽 곁에서 떨어지지 않는 것과 같다. 단지 사람 스스로가 하늘을 믿지 못하는데 하늘이 어떤 때에 두 마음을 지닌 사람을 믿을 수 있겠는가?

마음은 하늘을 섬기지 않고서 세상 사람들보다 못하겠는가? 벌레와 같은 미천한 사람이 또한 무슨 인연으로 하늘의 마음을 얻어서 자신의 수명을 소중하게 간직하겠으며, 이러한 사람은 항상 서로 신과 친할 인연이 없었기 때문이다. 과거에 백성에게서 일어나길 [생사를 결정하는 일이 있게 되어] 10분의 3의 수명을 거두어들인 이후에 역시 수명의 햇수를 지니게 되었다. 마음을 지닌 사람을 보면 세속의 일에 마음을 두질 않고 생명의 추구를 바라며 정진하므로 신령함이 그 마음을 깨우쳐 나오게 할 뿐이다. 마음속에 의지를 지닌 사람과는 더불어 일을 하고 마주 대하며 말할 수 있고 진실로 그들을 믿지만, 마음속에 의지를 지니지 않는 사람은 대다수가 입으로는 먹으려 하고 이익을 구할 것을 생각하며, 옷으로는 따뜻하게 하고 밥은 배불리 먹고자 하면서 예물의 비용은 서로 [사치함을] 좇게 되어 빈약함으로 내몰리게 되면서도 스스로 고명하다 하는데, 하늘이 품은 마음이 아니다. 행위는 순박하지 않으면서 다시 또 도를 구하여 장생을 도모하고자 하는데, 이것이 바로 찾고자 하지만 얻지 못하는 것이라 하며, 그 죄가 매우 중하여 아주 적은 경우에만 용서받을 때가 있는데 이것을 알지 못한다고 하겠는가? 대낮에 하늘을 오르는 신선에 해당하는 사람이 장생을 추구하는 것이 명부에 있는데 그 내용을 기록한 것이 북극성에 있는 천군이 지닌 내부의 명부에도 몇 가지 통하는 내용이 있다. 마음속에 의지를 지니지 않은 사람은 무슨 인연으로 성명이 기록되어 있을 수 있겠는가? 힘써 배우는 사람이 그것을 배우면 하늘이 품은 마음을 얻을 수 있게 되어 마침내 천수를 다한다. 특히 힘을 다해 공효를 있게끔 생각할 수 있는 사람은 사자(死者) 명부의 내용을 바꾸어 다시 작은 생을 얻게 되는데, 어느 때 정기를 탈 수 있게 되어 하늘을 위해 일할 수 있겠는가?

이것은 하늘의 문서를 얻어 마음에 느끼는 감동으로 알 수 있는데, 눈물을 흘리며 스스로 자책하며 말한다. "나는 다른 사람과 같이 열달 동안 잉태되어 태어난 사람인데, 실제 행위는 홀로 천상의 마음을 얻지 못하고 죽음의 대열 속에 놓여 있으며 이러한 나의 행위는 무엇 하나 천상의 뜻을 얻지 못하게 하니 이는 나의 죄과이다. 하늘과 땅과 인간은 모두 마땅히 하늘의 은혜로 생겨났는데 도리어 나는 대부분 믿지 못하였으므로 이 죄는 매우 무겁다. 무슨 가망성이 있겠는가?"

천상의 여러 신들이 들어 알게 되어 천군에게 보고한다. "이 사람이 자책하고 스스로 후회하는 것이 밤낮을 가리지 않고 많은 세월을 보냈으므로 그 사람은 용서해 줄 수 있습니다."

천군이 말한다. "사람이 자책하고 죄과를 후회한다면 생존할 수 있게 생사의 명부를 관장하는 신에게 인간의 수명을 관장하는 기구로 옮기도록 하여 120세까지 살고 후사를 있게 하며, 골상이 명을 다한 지닌 자에게는 자손이 있게 하라."

부귀를 [나쁜 방법으로] 얻은 사람에게는 수명을 줄이고 자손을 끊게 하는 이유는 부귀한 사람이 자손이 있으면 집안이 강대해져 스스로가 축적하여 천지(天地)를 두려워하지 않으며 가벼이 사람을 해침으로써 인간을 멸망시키고 재물을 자신만을 위해 쌓아둠으로써 무수한 사람을 살상하기 때문이다. 그러므로 하늘은 그의 자손과 함께 할 수 없으며, 악한 행동이 끊이질 않는데 어찌 선함과 더불어 하며 천수를 다할 수 있을 것인가? 이것을 알지 못하겠는가? 큰 신이 작은 신을 파견하며 명령을 하달하면 각기 그 명령을 받는데 [사람 수명의] 길고 짧음이 이로부터 나오는 것은 의심할 바 없다. 그것을 생각하고 거듭 생각해서 문서의 글에서 크고 작음을 알 수 있지만 생각한 이후에도 빠지거나 탈락된 내용이 있을 줄 모르니 새겨서 기록해야 하는 것이다.

〈起〉惟始大聖德之人,[1] 乃承元氣自然精光相感動, 乃爲大聖. 悉知當所施, 輒如天意, 不失其元氣之志. 常行上爲大神輔相, 如國有公卿, 心知大神之指, 歷文書相通,[2] 上章各有薦擧, 宜得其人, 使可保有言事, 輒用天君以事, 更明堂得書,[3] 輒下無失期, 輒得朝上之恩〈止〉貸.[4] 自天君曰, 不訞朝廷旨, 請寄之人, 文書所上, 皆自平均, 無有怨訟者. 各自身受恩分,[5] 賞罰有差, 何有分爭者乎. 〈起〉大聖先知, 天君所當施行之事, 安得有失乎. 俗人不知, 以爲如民長吏, 安能知詔書所當道下文乎. 天上之事, 音聲遙相聞, 安得有隱也. 此在自然之中相檢, 何有脫時乎. 天君日夜預知, 天上地下中和之間, 大小乙密事,[6] 悉自知之. 諸神何得自在乎. 故記首尾善惡, 使神疏記. 天君親隨月建斗綱傳治,[7] 不失常意, 皆修正不敢犯之. 故言天遣. 心神在人腹中, 與天遙相見, 音聲相聞, 安得不知人民善惡乎. 天君言, 善信擧之, 惡無信下之, 不但天上欲得善信人也, 中和地下亦然. 人不深知當來之事, 故使有心志之久久與大神同路, 是天之所近. 比如國有忠臣良吏, 不離左側. 但人自不信天, 天何時當信有二心之人乎. 〈止〉

中不爲天,[8] 不如民人邪. 蟲蟻之人, 亦何因緣得天心意, 所壽貪惜, 此人不時相親者.[9] 過起於民, 收攝十三於後,[10] 亦有歲數. 見有心之人, 不念俗事, 貪進求生, 故神告其心出之耳. 有心志之人可與從事對談, 誠信之, 無有心志. 念衆口當食求利, 衣溫飯飽, 禮費相隨, 驅使貧弱, 自以高明, 非天腹心也. 行不純質, 復欲求道, 索久生, 是正爲索所不得, 罪大重, 少有貰時, 此爲知不乎. 當〈起〉白日昇天之人,[11] 求生有籍, 著文北極天君內簿, 有數通. 無有心志之人, 何因緣得著錄有姓名乎. 彊學之人學之, 得天腹心者, 可竟天年. 殊能思盡力有功效者, 轉死籍之文, 復得小生, 何時當得駕乘精氣, 爲天行事乎. 〈止〉
是爲可知得書感心, 泣出自責, 言我同十月之子,[12] 施行獨不得上心意而在死伍之中, 是行何一不得上意, 是我之過也. 〈起〉天地上中和皆當從天恩生, 而反多不信, 是罪之重也, 何可望乎. 天上諸神聞知言, 此人自責自悔, 不避晝夜, 積有歲數, 其人可原,[13] 白之天君. 天君言, 人能自責悔過者, 令有生錄籍之神移在壽曹,[14] 百二十使有續世者, 相貧者令有子孫.[15] 得富貴少命子孫單所以然者, 富貴之人有子孫, 家强自畜, 不畏天地, 輕以傷人以滅世, 以財自壅,[16] 殺傷無數. 故天不與其子孫, 爲惡不息, 安得與善而壽乎. 〈止〉此爲知不乎. 大神遣小神下令, 各受其命, 長短之事從出, 無所疑也. 思之復思, 書辭可知小大, 念後有失脫之文, 當疏記.

역주

1) 惟始大聖德之人(유시대성덕지인) : 『초』에는 '시(始)'가 '여(與)'로 되어 있다(『합교』).

2) 歷文書相通(역문서상통) : 『초』에는 '역(歷)'이 '역(曆)'으로 되어 있으며(『합교』), '역문서(歷文書)'는 책력(冊曆)을 연구하는 문서, 즉 역서(曆書)를 말한다.

3) 更明堂得書(경명당득서) : 『초』에서는 '당(堂)'을 '이(而)'로 보았으나, 여기서는 '명당(明堂)'을 하늘이 다스림을 펴는 곳으로 보았다.

4) 輒得朝上之恩貸(첩득조상지은대) : '조(朝)'를 '(정사를) 펴다 내지 집행하다'는 의미의 동사로 보았으며 '상지은대(上之恩貸)'는 하늘이 인간 세상에 내리는 은혜로움을 의미한다.

5) 各自身受恩分(각자신수은분) : '은분(恩分)'은 '은혜(恩惠)'(『정독』)를 말한다.

6) 大小乙密事(대소을밀사) : '을밀(乙密)'은 '정밀함(精密)' 내지 '세미함(細微)'(『정독』)을 말한다.

7) 天君親隨月建斗綱傳治(천군친수월건두강전치) : '월건(月建)'은 북두성을 '두강(斗綱)'은 북두칠성의 자루에 해당하는 세 개의 별을 말한다.

8) 中不爲天(중불위천) : '중(中)'은 내심(內心)을 말한다.

9) 此人不時相親者(차인불시상친자) : '시(時)'는 '항상' 내지 '늘'이라는 의미로, '상친자(相親者)'는 '신들과 서로 친하게 되는 인연'으로 해석해서 앞의 '불(不)'을 "인연이 없다" 내지 "인연을 만들지 못하다"는 의미로 해석하였다.

10) 收攝十三於後(수섭십삼어후) : '십삼(十三)'은 '10분의 3'을 말하는

데, 『노자』 50장에서는 "나오면 살고 들어가면 죽는데 사는 무리가 열에 셋이 있고 죽는 무리가 열에 셋이 있으며 사람의 삶이 움직여 사지로 가는 경우 역시 열에 셋이 있다(出生入死, 生之徒十有三, 死之徒十有三, 人之生動之死地, 亦十有三)"라는 내용이 나온다.

11) 白日昇天之人(백일승천지인) : 도를 극진히 닦아 육신(肉身)을 가진 채 대낮에 하늘에 오르는 사람, 즉 선인(仙人)이 되어 하늘로 오르는 사람이란 뜻이다.

12) 言我同十月之子(언아동십월지자) : '십월지자(十月之子)'은 10개월간 잉태되어 태어난 사람을 말한다.

13) 其人可原(기인가원) : '가원(可原)'은 용서해 줄 수 있다는 의미이다.

14) 令有生錄籍之神移在壽曹(영유생록적지신이재수조) : '생록적지신(生錄籍之神)'은 인간 생사의 명부를 관장하는 신령을 말하고, '수조(壽曹)'는 인간의 생명을 관장하는 하늘의 기구를 말한다.

15) 相貧者令有子孫(상빈자영유자손) : '상(相)'은 인간의 명운을 판단하는 '골상(骨相)'을 말하며, '상빈자(相貧者)'란 태어날 때부터 골상이 명운을 빈천한 사람을 말한다.

16) 以財自壅(이재자옹) : '옹(壅)'은 자신에게만 재물을 축적하고 베풀지 않는 것을 말한다.

제181 유덕인록명결(有德人祿命訣) : 유덕한 사람이 명부에 기록되는 비결

해제 이 장은 큰 덕을 지닌 사람은 미래의 일을 통찰할 수 있고 하늘의 뜻을 받들어 행하기 때문에 사람의 수명을 기록한 명부를 지니게 하였다는 내용이다. 또한 사람의 수명을 별자리, 십이지지(十二地支), 천간(天干), 오행(五行) 등과 연관하여 설명한다. 하늘이 덕이 있는 사람에게 내린 수명의 명부와 별자리에 나타난 천문의 이치, 하늘의 관아에 있는 명부에는 사람의 수명에 대하여 일치한 기록을 담고 있다. 이 장에서는 궁극적으로 사람이 선을 행하면 타고난 수명을 다하거나 장수할 수 있고 악을 행하면 장수하지 못하고 곧 단명하게 됨을 밝히고 있다.

오직 가장 깊은 곳에서 덕을 지닌 사람은 각자가 다스리는 도를 지니고 있어서 아직 일어나지 않은 일을 깊이 알고 상하를 환하게 통달해서 깨우칠 수 없는 게 없다. 마음이 생각하는 것은 항상 그 속마음에서 떠나지 않고 생각은 아는 것을 다하므로 커다란 가르침을 받들어 실천하고, 천하를 바르게 배치하여 마땅히 받들고 좇아 행하는 것이 모두 그 마땅함을 잃지 않는다. 사방에 두터이 통달하고 뜻은 항상 두루 알리어 그 기강을 바로 하므로 모든 성좌의 별들이 배치되어 동북 · 동남 · 서남 · 서북의 사방으로 나열된다. 나열에는 각기 광채가 있고 행하려는 사항에는 그 일정함을 지녀서 (사람이) 수명을 지니길 위와 아래로 각기 짧고 긴 구분을 두었다.

생명이 태어나는 날에는 생명을 주관하는 신과 감독하는 신이 곁에서 생사의 등록부에 등기하니 잊혀질 수가 없다. 쥐(子) 해와 말(午) 해에 태어난 사람은 그 수명이 자연히 길다. 소(丑) 해와 양(未) 해에 태어난 사람은 토행(土行)의 장소를 잃지 않으며 수명이 짧고 박하다. 마땅히 악한 일을 하지 않으면서 토행(土行)의 위치에 의탁하게 해야 한다. 수명이 아직 다하지 않을 때 생사 등록부의 기록이 곁에 있으면 비록 왕성하고 강장한 기운을 만나더라도, 즉 생명을 주는 길한 날의 기운으로써도 오래갈 수 없다. 그러한 까닭은 토행(土行)의 위치에 있으므로 곤괘(坤卦)와 간괘(艮卦)의 위치에 있게 하면 그 수명은 자연히 감소하는데, 태어난 해와 태어난 날과 시간의 세 가지 토(土)가 서로 바라보기 때문이다. 그 일상은 살고자 하지만 진전되지 않고 장사를 해도 동전푼만 벌 뿐이다. 해가 시작되어 해가 마치도록 이로울 때가 매우 적다.

용(辰)과 개(戌)의 해에 태어난 사람은 천문(天門)과 지호(地戶)의 방위에 속하고, 천상의 흙(天土)과 땅위의 흙(地土)은 자연히 생장하게 하는 것에 해당한다. 천지의 흙은 천상의 초목을 생기게 하고 천지의 흙은 지상의 초목을 생기게 하며, 하늘의 흙은 성인과 지혜로운 자를 낳는 흙이며 땅의 흙은 현명함을 지니고 있다. 비록 마주보고 있으면서도 마주보는 대오가 서로 간섭하질 않지만 사람들은 그것을 알지 못하고 도리어 용의 해와 개의 해에 태어난 사람은 그 길한 기운이 서로를 파괴한다고 말하며 크게 악하다고 생각한다. 천문과 지호는 상대하고 음과 양은 서로 바라보며 태어나는 날은 대등하다. 천간의 무(戊)에 해당하는 날은 또 다시 새로운 해의 생명을 맞게 되는데 이것은 큰 덕을 지닌 사람으로 방해받을 게 없으므로 진실로 두려워하지 말아야만 한다. 땅의 흙은 현명한 사람을 내는 일을 하고 흙이 모여 있는 곳이 바로 사람 사는 곳이다. 무엇이 악한 것인가에 대해 사람들은 스스로 알지 못하지만 흙으로 사람을 삼는 것은 모두 흙의 부서(土府)에 소속한다. 수명에는 일정한 기한이 있으며, 성인이면 성인의 수명을 얻을 수 있고 현인이면 현인의 수명을 얻을 수 있는데 이것이 하늘의 고정불변한 법칙이고 행복과 수명은 스스로 담당하고 짧아지는 것이다. 어떤 경우에는 신선도 나올 것이다.

호랑이(寅)와 원숭이(申)의 해에 태어난 그 사람은 마치 호랑이와 같고 일(日)과 월(月)이 서로 부합하여 거의 서로 비견할 만한 사람이 없다. 그러한 까닭은 인(寅)은 광채가 나고 목행(木行)의 위치에 있으며 산림의 맹수이기 때문에 자연히 막아낼 수가 없다. 단지 맑고 깨끗해야 하는데, 하늘이 잡으라는 명령을 내리기 때문에 마땅히 자주 나타나지 않지만 대다수가 그를 두려워할 때 그를 호랑이답다고 말한다. 해가 인(寅)에 있으면 수명 역시 다시 길어질 수 있고 세 가지 인(寅)이 합하여 태어나면 곧 장구할 수 있다. 신(申)은 인(寅)과 마주 위치하고 전혀 서로에게 해를 주지 않으며 대개가 어두운 밤을 싫어하고 두려워하지만 나무의 위아래를 오르내릴 수 있기 때문에 두려워하는 것이 매우 많다. 그 수명은 금행(金行)하는 데 있기에 다른 사람을 해치고 상해하게 된다. 그러므로 수명을 적게 하도록 하였음을 알 수 있다. 신을 섬기길 소홀하고 경솔히 하여 나쁜 기운을 깨끗이 하고 두려움에 빠지는 것에 일정함이 없으므로 이로울 때가 매우 적다.

토끼(卯)와 닭(酉)의 해에 태어난 사람은 각기 그 월이 부합하고 그 일(日) 또한 같다. 묘(卯)는 동쪽을 주관하고 명운은 동성(東星)에 달려 있으며 대개가 생활하고 인민이 마시고 먹는 것과 연관된다. 묘(卯)는 그러므로 동쪽이라 말하고 정묘(正卯)는 동쪽의 중앙이 된다. 봄은 영화를 낳고 여름은 그 열매를 기르며 베풀지 않는 바가 없으니 은덕을 입지 않는 것이 없다. 그러므로 동쪽의 별은 어질다 말하며 중도에 다치는 것을 참지 못한다. 하늘이 사람의 수명 연수를 가엾게 여기므로 다시 장구할 수 있다. 서쪽의 정중앙은 유(酉)이며 또한 금행(金行)의 자리에 위치하고 싸우길 즐겨서 장구할 수 없다. 악행을 저지르는 것이 자연스러운데 어떻게 장구한 생명을 누릴 것이며, 비록 왕성하고 강장한 기운을 만나더라도, 즉 생명을 주는 길한 날의 기운으로써도 가까스로 자신의 처음 타고난 수명대로 누릴 뿐이다. 열 중 여섯 일곱 가지의 악행을 있으므로 사는 날이 그 과반에 이르지 못하는 것을 알 수 있다.

뱀(巳)과 돼지(亥)의 해에 태어난 사람은 각기 그 달을 배치하길, 다시 그 오행의 속성과 같은 천간(天干)을 배치하여 음을 거듭하고 양이 없으므로 수명이 자연히 길지 않다. 세 가지 음이 모이며 모이는 때가 거듭 같이하므로 사(巳)와 해(亥)가 [서로를] 구속하며 열고 감추길 주관한다. 해(亥)는 서북쪽을 주관하고 사(巳)는 동남쪽을 주관하며 지향하는 것과 하는 일은 그 마땅함을 얻는 것이 적기에 생활의 방도를 찾고자 해도 진전하기 어렵고 수명을 누리고자 해도 늘리기 어렵다.

그러므로 열 가지 신비한 글을 전하여 서로 통하도록 하며 말하길, 열 가지 천간으로 공적을 지칭하고 거듭 하늘의 계산과 마땅하게 하며 그 수명의 짧고 긴 건을 계산하며 교대로 미루어 살펴서 수명을 삼았는데, 하늘이 이와 같이 하는 일이 어찌 자의에 따른 것이라 할 수 있겠는가? 그러므로 지금 큰 덕을 지닌 사람이 또한 수명을 결정한 문서를 지니고 있고, 수명을 결정한 기록이 별자리에 달려 있고, 정해진 수명이 하늘의 관아에 있다. 하늘 안팎으로 명부가 있고 상하 팔방에 모두 천문의 이치가 있는데, 어찌 자의로 하는 것이라 할 수 있겠는가? 사람은 이와 같은 이치를 알 수 없기에 도리어 하늘에서 무슨 짐을 지웠는가라고 반문한다. 선을 행하면 타고난 수명을 다할 수 있고 악을 행하면 장수하지 못하고 단명하게 된다. 악행하고 악행하길 끊이질 않는다면 재앙이 미처 태어나지 않은 후대에 미치는데 무슨 희망이 있겠으며 자신의 행동이 스스로 초래한 것이다. 그 수명이 역시 박하여 그 예정된 수명을 다할 수 없고, 하늘에 있는 수명을 담당하는 곳에서 선인(善人)을 보내어 그 자손을 경계시켜 근신하게 한다. 바른 길로 다시 돌아가서 잘못을 참회하면 다시 천수를 다할 수 있으므로 각자 분명하게 깨달아야 한다. 각자 행동한 것을 생각하고 하늘의 신을 원망하지 말아야 한다. 노력해서 선행을 하면 자손이 수명을 연장하지만 그렇지 않고 자기 멋대로 하면 하늘을 원망할 수 없다. 다시 조금씩 고쳐 바르게 하고 다시 생각하며, 후손을 거듭 생각하면 당연히 의문이 풀릴 것이다.

〈起〉惟太上有德之人, 各自有理, 深知未然〈止〉之事, 照達上下, 莫不得開. 心之所念, 常不離於內, 思盡所知, 而奉行大化, 布置正天下, 所當奉述,[1] 皆不失其宜. 篤達四方, 意常通問, 正其綱紀, 星宿而置, 列在四維.[2] 羅列各有文章,[3] 所行目有其常, 繫命上下, 各有短長. 生命之日, 司候在房,[4] 記著錄籍, 不可有忘. 命在子午,[5] 其命自長. 丑未之年,[6] 不失土鄉,[7] 壽小薄, 不宜有惡, 使付土鄉. 壽未盡, 籍記在旁, 雖見王相,[8] 月建氣以不長.[9] 所以然者, 在土之鄉, 故令坤艮之鄉,[10] 其壽自減, 生日及時, 三土相望.[11] 其日以生不進, 價作已錢.[12] 從歲至歲, 少有利時. 辰戌之歲,[13] 天門地戶,[14] 天土地土, 自當所生. 天地土生上草木, 天地土生下草木, 天土出聖智土, 地土有賢. 雖有衡, 衡伍不相干, 人不知之, 反言年在辰戌, 月建相破, 以爲大惡. 天門地戶相對, 陰陽相望, 生日直之. 天戌日復直歲生,[15] 是爲大德之人無所妨, 固宜勿惶懼. 地土出賢爲之, 府土乃所居. 何有惡者, 人自不知, 以土爲人, 皆屬土府. 壽命有期, 直聖得聖, 直賢得賢, 是天常法, 祿命自當. 或出神仙. 寅申之歲,[16] 其人似虎, 日月相直,[17] 殊不得相比. 所以然者, 寅爲文章, 在木之鄉, 山林猛獸, 自不可當. 但宜淸潔, 天遣令狩, 不宜數見, 多畏之者, 名之爲虎. 年在寅中, 命亦復長, 三寅合生,[18] 乃可久長. 申爲其衝, 了不相亡, 多惡畏夜, 但能緣木上下, 所畏衆多. 其命在金, 行害傷人. 故令小壽, 是爲可知. 事神忽荒, 精邪猒畏無常, 少有利時. 卯酉之命,[19] 各直其月, 其月復同.[20] 卯主於東, 繫命東星,[21] 多所生活, 人民飮食. 卯故言東方, 正卯爲東之中. 春生榮華, 夏長其實, 無所不施, 莫不被德. 故名東星爲仁, 不忍中傷. 天惜人年, 復得久長. 酉正酉復在金鄕, 喜行戰鬥, 不得久長. 行惡自然, 何從久生, 雖得王相月建, 裁自如耳.[22] 其六七惡, 日亡其過半, 是爲可知. 巳亥之期年以生,[23] 各置其月, 復以其名爲之,[24] 重陰無陽,[25] 命自不長. 三陰會時會復當, 故言巳亥, 拘主開藏.[26] 亥主西北, 巳主東南, 所向所爲, 少得其宜, 治生難以進, 壽難以長.

故言十文轉相通, 十干名功,[27] 復宜天算, 計其短長, 相推爲命, 天之行何得自從. 故今大德之人幷領其文, 籍繫星宿, 命在天曹. 外內有簿, 上下八方, 皆有文理, 何得自從. 人不得其數, 反言何負於天. 行善可盡年命, 行惡失長就短. 惡惡不止, 禍及未生, 何可希望, 行自得之. 其命亦薄, 不盡其算, 閣在天上,[28] 以遺善人, 可戒子孫愼之. 反正悔過, 可復竟年, 各自分明. 計其所爲, 勿怨天神. 努力爲善, 子孫延年, 不者自在, 可無怨天. 復小正復念, 其後復疑者, 當平之矣.

역주

1) 所當奉述(소당봉술) : '봉술(奉述)'은 '준행(遵行)'(『정독』)의 뜻이다.

2) 列在四維(열재사유) : '사유(四維)'는 동북(東北) · 동남(東南) · 서남(西南) · 서북(西北)의 방위를 말하며 각기 간괘(艮卦) · 손괘(巽卦) · 곤괘(坤卦) · 건괘(乾卦)의 방위에 해당하며 음양(陰陽) 운행의 종결을 상징한다.

3) 羅列各有文章(나열각유문장) : 각기 별들이 지닌 광채와 인간의 수명을 연계시켜 파악한다는 점에서 '문장(文章)'을 별들이 지닌 '광채'로 해석하였다.

4) 司候在房(사후재방) : '사후(司候)'는 생명을 담당하는 신과 감독하는 신을 말하며(『금주금역』), '방(房)'은 '방(旁)'(『정독』)으로 해석하였다.

5) 命在子午(명재자오) : '자오(子午)'는 각각 '쥐의 해(子)'와 '말의 해(午)'를 말하고 지지(地支)의 첫 번째와 일곱 번째에 위치하며 북과 남의 방위를 가리킨다.

6) 丑未之年(축미지년) : '축미(丑未)'는 각각 '소의 해(丑)'와 '양의 해(未)'를 말하고 지지(地支)의 두 번째와 여덟 번째에 위치하며 대칭하는 동북과 서남의 방위를 가리키고 오행의 토행(土行)에 해당된다.

7) 不失土鄕(부실토향) : '향(鄕)'은 토행(土行)하는 '곳' 내지 '위치'를 말한다.

8) 雖見王相(수견왕상) : '왕상(王相)'은 왕성(旺盛)하고 강장(强壯)하다는 뜻이다(『금주금역』).

9) 月建氣以不長(월건기이불장) : '월건(月建)'은 생명을 내려주는 정월(正月)에서 유월(六月)까지의 길상의 기운을 말한다.

10) 故令坤艮之鄕(고령곤간지향) : 곤(坤)괘는 서남의 방위를 가리키고 음토(陰土)에 속하고, 간(艮)괘는 동북의 방위를 가리키고 양토(陽土)에 속한다.

11) 三土相望(삼토상망) : '삼토(三土)'는 '축년(丑年)·축일(丑日)·축시(丑時)' 또는 '미년(未年)·미일(未日)·미시(未時)'를 말한다.

12) 價作已錢(가작이전) : '가(價)'는 '고(賈)'와 통용되어 '가작(價作)'은 '상업경영'을 말한다(『정독』).

13) 辰戌之歲(진술지세) : 용의 해와 개의 해를 말한다. '진(辰)'과 '술(戌)'은 지지(地支)의 다섯 번째와 열한 번째에 해당된다.

14) 天門地戶(천문지호) : '천문(天門)'은 서북쪽을 '지호(地戶)'는 동남쪽을 말한다. 천문보다 더 위는 없고 지호보다 더 아래는 없다고

한다. 『태평경』 제65권 「단금병법(斷金兵法)」에서 "서북쪽에서는 음(陰)이 극대화되고 음이 극대화되면 양(陽)을 낳기 때문에 천문(天門)이라 하고, 동남쪽에서는 양(陽)이 극대화되고 양이 극대화되면 음(陰)을 낳기 때문에 지호(地戶)라 한다"고 말한다. 만물은 반드시 신(辰)에서 생겨나 술(戌)에서 죽는다(『금주금역』).

15) 天戊日復直歲生(천무일부직세생) : '천무일(天戊日)'은 천간의 다섯 번째 해당하는 무(戊)에 해당하는 날로 양간(陽干)과 토행(土行)에 속한다.

16) 寅申之歲(인신지세) : 호랑이의 해와 원숭이의 해를 말한다. '인(寅)'과 '신(申)'은 지지(地支)의 세 번째와 아홉 번째로 해당하고 각기 목행(木行)과 금행(金行)에 속한다.

17) 日月相直(일월상직) : '일(日)'은 '일지(日支)'를 '월(月)'은 '월지(月支)'를 말하며 '상직(相直)'은 일지와 월지가 서로 부합한다는 것을 말한다.

18) 三寅合生(삼인합생) : '삼인(三寅)'은 인년(寅年), 인월(寅月), 인일(寅日)을 말한다.

19) 卯酉之命(묘유지명) : 토끼의 해와 닭의 해를 말한다. '묘(卯)'와 '유(酉)'는 지지(地支)의 네 번째와 열 번째로 해당하고 각기 목행(木行)과 금행(金行)에 속한다.

20) 其月復同(기월부동) : '월(月)'은 문맥상 '일(日)'로 보아야 한다.

21) 繫命東星(계명동성) : '동성(東星)'은 동쪽창룡(東方蒼龍) 제7숙(宿)을 말하고, 동쪽은 음양의 두 기운이 화합하며 뒤섞이는 때를 말한다(『금주금역』).

22) 裁自如耳(재자여이) : '재(裁)'는 '가까스로', '자여(自如)'는 '스스로 그러한 것처럼 하다', 즉 처음 타고난 수명대로 누린다는 의미이다.

23) 巳亥之期年以生(사해지기년이생) : 뱀의 해와 돼지의 해를 말한다. '사(巳)'와 '해(亥)'는 지지(地支)의 여섯 번째와 열두 번째로 해당하고 각기 화행(火行)과 수행(水行)에 속한다.

24) 復以其名爲之(부이기명위지) : '명(名)'은 '오행의 속성과 서로 같

은 천간(天干)'을 말한다(『금주금역』).

25) 重陰無陽(중음무양) : '중음(重陰)'은 음간(陰干)과 음지(陰支)가 거듭함을 말한다.

26) 拘主開藏(구주개장) : '개장(開藏)'은 음기가 사(巳)에서 활동하기 시작하면 양기가 해(亥)에 응집되어 감추어지는 것을 말한다.

27) 十干名功(십간명공) : '명공(名功)'은 선인의 공덕에 근거해서 그 자손이 태어나는 양간(陽干)이나 음간(陰干)을 배정하는 것을 말한다.

28) 閣在天上(각재천상) : '각(閣)'은 장수와 미래의 신선 명부를 소장하고 있는 곳으로 『태평경』 제110권 「대공익년서출세월계(大功益年書出歲月戒)」에 나오는 '금실(金室)'을 말한다.

제182 선인인자귀년재수조결(善仁人自貴年在壽曹訣) : 선하고 어진 사람이 스스로 수명을 귀하게 여겨 수명을 관장하는 부서에 있게 되는 비결

해제 이 장에서는 최상의 선인(善人)에 대하여 말하며, 그는 하늘에 오를 수 있는 자격이 있음을 밝히고 있다. 하늘에 오를 수 있는 가장 중요한 방법은 밤낮으로 승부(承負)의 죄과를 생각하며 자신의 죄과를 뉘우치며 스스로 반성하는 것이다. 이것은 장수를 얻을 수 있는 비결이자 승천할 수 있는 비결이다. 이것은 무엇보다 하늘의 뜻을 따르고 네 계절(四時)과 오행(五行)이 만물을 생성하는 자연의 이치에 역행하지 않는 마음의 의지와 수행에 달려 있다고 한다. 즉 최상의 선인(善人)이 하는 행동은 천지가 마땅히 해야 할 일을 밝게 드러내고 각자가 충심으로 신령함을 이루도록 할 뿐만 아니라 하늘의 문서를 다른 사람에게 베풀어서 나아갈 방향을 인도하여 천지가 품은 마음을 얻도록 하는 것이다.

오직 최상의 선인(善人)이 하는 행동은 바로 천지의 겉과 속을 예지하고 음양을 들고 나며 그 기강을 따르고 내심을 밝히어 그것을 생각하며 그 이치를 잊지 않는다. 하늘에 따라서 행동하며 감히 의혹하지 않고 이를 운용하여 성공을 얻으며 하늘의 커다란 은혜를 받든다. 생각은 자신의 몸을 염두에 두고 행동은 후세에게 나쁜 짐을 지우는 일이 없으며 정미하게 자연을 품수하므로 여러 번 전후를 알 수 있도록 [하늘의] 경계를 받는다. 사람이 스스로 그것을 거스르면 또한 원망할 데가 없다. 과거 이래로 적게나마 믿을 만한 사람은 있었는데 믿을 만한 사람조차 서로를 속이고 그 후대를 생각하려 하지 않게 되었다. 그러므로 천지를 격노하게 하여 거의 그치질 않자 현명하고 성스러운 사람만이 알고서 스스로 참회할 뿐이었는데 하늘이 그것을 알고서 그를 교도하게 되었다. 다른 사람의 말을 듣지 않고 도리어 악의를 지니고서 상대방을 보거나, 충고해도 받아들이지 않고 단지 (자신이) 하고자 하는 것만이 스스로 옳다고 한다. 이러한 사람은 무지하여 심지어 재산을 축적한다. 이와 같은 까닭으로 인해서 반드시 자신의 허물을 스스로 책임져야 하는 것인데 짐지워야 하는 죄과가 어디에서 비롯하여 나오는 것이겠으며, 밤낮으로 다른 사람의 이익을 취하려고 생각하고서 자신이 행동이 초래한 짊어지는 바를 해결하고자 않는데, 어디에 원망하여 탓할 데가 있겠는가? 단지 스스로 형상할 수 없고 그 허물을 헤아리지 못하고, 제멋대로 의당 하지 말아야 할 일을 하였기 때문이다. 하늘의 큰 가르침을 받들지 않고서 도리어 제멋대로 하였기에 스스로 수명을 단축시키는 것이니, 어디에 원망하고 탓할 것인가?

항상 상고(上古) 시대의 신선의 경지에 올라서 세속을 뛰어넘은 사람을 생각하며 어디에서부터 그것이 시작되었는지 생각하는데, 책을 보니 모두가 충과 효를 말하고 부모를 공경하여 섬기며 형제가 화목하고 안팎으로 상하가 화합하여 하늘이 금하는 바를 알았다. 신(神)은 다스리는 이치를 주관하고 사람은 그 허물과 잘못을 고백하며, 쉬거나 그침이 없이 몸을 수행하고 스스로 살펴서 생명을 얻을 뿐이다. 부여받은 수명에는 일정한 기한이 있는데, 어찌 제멋대로 할 수 있으며, 그것을 생각하면 마음이 고통스럽고 눈물이 흘러 옷을 적시지만 해결할 수 없을 뿐이다. 날로 수명이 안타까워 천수를 다할 수 없을까 걱정한다. 장수한 사람을 만나 그것을 묻자, 충과 효를 지니고 천지의 마음을 잃지 않으며 네 계절이 태어남을 돕고 오행이 이루는 것을 도우며 감히 생명이 있는 사물을 훼손하지 않는다고 말한다. 선행을 하면서 다른 사람을 침해하지 않고 [상대를] 속이거나 배척하는 일이 없는데, 성실과 믿음은 감히 저버리는 바가 없다. 행동이 많은 사람들 속에서 형성되면 감히 친족에게 실수하거나 향리에 해를 입히지 않고 문밖을 나와서는 서로 소식을 묻는다. 그때에 맞게 집에 돌아오므로 일찍이 저자거리에서 크게 취해 누워 자는 법이 없다. 현명한 사람과 지혜로운 사람이 서로 교류하며 어리석은 자를 돌아보지 않고, 천지를 은혜롭게 생각하며 감히 보답을 바라지 않고 자신을 꾸짖을 뿐이다. 다시 잘못을 저지르게 되면 승부(承負)의 죄과가 일어나게 되는데 스스로가 자신의 잘못을 꾸짖길 여러 해가 지나야만 비로소 천지를 감동시킬 수 있게 된다.

세속의 사람은 많은 허물이 있음에도 전혀 해결할 방법이 없이, 이미 근심되고 해악이 되는 행동을 하며 그칠 줄 모른다. 매번 다른 사람에게 잘못이 있는 것을 보면 거듭해서 돌이켜 자신을 꾸짖으며 어찌 처리해야 할지 모르는데, 의로운 글이나 그 선한 계율을 생각하면 귀천, 요절함과 장수함(夭壽)의 문제가 뜻밖에 잘 풀릴 수 있으므로 하늘의 대신(大神)의 경계시키는 문서를 맞이하면 반복해서 생각하고 헤아리며 구것을 매우 많이 생각하며 나태하지 않는다. 머리를 조아리고 자신의 몸을 때리면서 소리 내어 통곡해도 또한 자신의 몸을 스스로가 바르게 할 수 없었으면서도 도리어 [하늘을 향해] 많은 원망을 했었다. 금서는 지극히 중요한데 자신이 그것을 위배하여 수명이 천수를 다하지 못하는 데 이르렀다고 새벽부터 밤까지 스스로 후회하게 된다. 다시 조금이나마 수명을 늘리길 바란다면 감히 악행을 하지 않고 조건 없이 덕 베풀기를 실천해야 할 것을 생각한다. 이러한 이치를 얻는다면 원망의 말을 하지 않고 단지 눈물만을 보이고 마음에 상심만을 느껴야 한다.

천신(天神)이 이러한 사실을 알게 되면 아래에 묻는다. "이러한 사람은 누구이고 무엇 때문에 이렇게 비통해 하는가?"

"큰 덕을 지닌 사람을 보니 수명을 연장하고 오래 살고 있습니다. 그 이유에 대해 물으니 대답하길, 이것은 단지 하늘의 마음에 순응하고 땅의 의지에 부합하여 행동하기 때문에 장수할 수 있게 되었다고 합니다. 다시 돌아와서 조용한 집에서 그것을 생각하니 최고의 큰 덕을 지닌 사람의 말과 같아서 스스로 반성하게 되었습니다."

하늘의 명을 받은 신령이 스스로 자책하고 후회하는 사람을 보고서 하늘에 돌아와 보고한다. "잘못을 후회하는 어떤 사람이 눈물을 흘리면서 일을 하며 일찍이 그칠 때가 없는데 자신이 살 수 없게 되는 것이 두렵기 때문에 자책하고 있습니다."

하늘의 대신(大神)이 알고서 천군에게 보고한다. "천군께서 항상 여러 신들에게 가르쳐 말하길 공이 있고 선한 사람은 충성스럽고 효도하며 순종하다고 하였는데, 제도해야 한다고 말한 사람이 오직 이러한 사람입니다."

천군은 말한다. "이러한 사람이 자책하고 잘못을 후회하길 여러 해가 지났음을 들어 안다. 이 사람은 본래 세속의 사람일 뿐이지만 과오를 자책하면서 나태하지 않았으므로 다시 최고의 선인(善人)이 되었다. 대신들이 여러 차례 가서 그를 엿보고 살펴보아 어떠한 선한 의지를 지니고 행동하는지를 아는데, 힘쓰고자 하는 자는 또한 그의 이름을 수명을 관장하는 부서에서 등록하며 그가 행하는 것을 살펴본 후에 비로소 하늘 부서의 부족한 인원을 다시 보충토록 하라."

대신이 말한다. "이 사람은 자책한 지가 오랜 시간이 흘러 승부의 죄과가 해소되었으므로 모름지기 빈자리가 있으면 불러올려 보좌하도록 하고 최상의 선인(太上善人)이라 칭할 것이며, 인간 세상에서 선의에 미치지 못한 사람에게 알릴 수 있도록 합니다."

천군은 말한다. "최상 선인의 행동은 반드시 그가 말한 것과 같아야만 한다. 대신은 여러 번 그를 가르치고 신이 되어 하늘에 오르도록 보호 감시하여 모두가 모름지기 그 수명을 다하도록 침해하지 말라."

대신은 말한다. "이러한 사람은 본래 등록부에 없었으나 천군의 명령으로 수명을 관장하는 부서에 있게 되었으므로 모름지기 천상의 부서에 결원이 생길 때를 기다려 순서대로 보충토록 하며 서로 건너뛰지 않게 합니다."

천군은 말한다. "순서대로 결원을 보충하는 날은 빨리 그 성명을 상주하여 기한을 넘기지 않게 하라."

대신들은 대답한다. "예. 예."

"오직 최상의 어진 사람이 하는 행동은 바로 하늘에 공적과 선행을 쌓는다. 하늘은 이에 소식을 듣고서 동쪽 황제를 도와 마땅히 생장하는 사물은 안배하여 꽃과 열매로써 백성에게 먹을 것을 주고 따뜻하고 배부를 수 있게 한다. 신체가 장대하게 되고 되풀이 하여 서로 길러주며, 음과 양이 접촉하여 남자와 여자가 형체를 이루고 노소가 서로 차례를 지키며 하늘의 이치로 수명을 받는다. 28개의 별자리는 되돌아가며 교대로 형성되고 해와 달은 살피며 벗어나질 않고 교대로 기울지 않으며 서로 생성하는데 어떻게 휴식이 있겠는가? 단지 사람만이 알지 못하고 각자가 주인이라고 생각하는데, 이름은 비록 주인이지만 번갈아 서로 검속하고 제한한다. 그러한 까닭은 사람의 수명에는 길고 짧음이 있고, 봄 · 여름 · 가을 · 겨울은 교대로 태어나고 죽으며 항상됨이 없다. 그러므로 서로 주인이 되도록 하여 주거니 받거니 하면서 서로 묻도록 하는데, 수명에는 증감이 있으며 교대로 서로 전수한다. 그러므로 네 계절, 오행, 해 · 달 · 별 자리는 모두 일정한 수명을 지닌다고 말하며, 선한 사람은 수명이 증가하고 악한 사람은 저절로 수명이 줄어들게 되는데 과오의 크고 작음을 계산하는 데에는 스스로 일정한 법칙이 있다. 법칙에 비추어 실천하는데, 어떻게 벗어나는 것이 있겠는가? 하늘과 땅이 서로 이어감이 겉과 속과 같고 또한 여러 신들을 함께 서로 부리게 한다. 그러므로 천군은 수명을 관장하는 부서인 명조(命曹)에 명령하여 각각 서로 옮기도록 하고, 다시 부를 평가하고 부에 바로 하니, 조금도 사사로울 수 없으니 위로부터 아래에 이르기까지 어찌 잘못이 있을 수 있겠는가?

본성을 지닌 사람에게는 스스로 악한 뜻이 없으며 비록 사소한 악행이 있더라도 곧 그 일을 돌이켜 후회하면 죄과가 제거된다. 어떤 문서도 항상 명부에 기입하여 악한 사람은 아래 부서(曹)에 넘긴다. 선한 사람은 선행을 보고하고, 악한 사람은 악행을 보고한다. 길사와 흉사를 관장하는 신(神)은 일일이 기록된 내용에 따른다. 악한 사람이 스스로 뉘우칠 수 있으면 이름을 선한 일을 관장하는 부서인 선조(善曹)로 옮긴다. 선한 사람이 악한 일을 하면 다시 악한 일을 관장하는 부서인 악조(惡曹)로 옮기는데, 어찌 쉴 수 있겠는가? 지상의 살아 있는 사람에게서 잉태되었지만, 아직 태어나지 않은 사람의 성명은 불사의 명부에 등록하지만, 연수가 다 되어서 산 사람이 되면 기록부에 모아두고 해가 차고 일이 이루어지면 보존되어 있는 자로 하여금 위로 올린다. 그 까닭은 바로 수명이란 보존하기 어렵고 중한 것이어서 보존되어 있는 자로 하여금 허물하고 책임을 주게 한다. 까닭으로 스스로가 충성하고 효도하고 순종하지 않아 공이 없는 사람은 보존되는 자가 없다. 다만 단지 선조의 업적을 생겨나게 하기 위해 제사를 받들게 할 뿐이다. 특히 악행하여 그침이 없다면, 어떻게 후손이 바치는 제사음식이 있겠는가?

음식 찌꺼기를 사용하는 사람 역시 어찌 하늘의 대신과 더불어 오래토록 함께 일을 할 수 있겠는가? 음식 찌꺼기 속에는 하늘의 책과 상응해서 신선이 되는 것이 있는데, 하늘은 신령을 파견하여 그것을 가르친다. 해(歲)와 달(月)과 날(日)이 가득 찰 때 하늘 큰 창고를 지키는 신에게 형체를 지닌 음식을 끊이도록 하여 하늘의 큰 창고의 기운을 받아 먹는 것이 없어지면, [자신의 몸을] 가볍게 하여 신령이 되어 아득하고 그윽한 경지를 출입하게 되어 그의 이름이 하늘로 보고된다. 명부에 들어 있지 않으면, 어디에서 장생을 구할 수 있으며 사람들은 어찌 알겠는가? 사람 스스로가 선하여 하늘의 마음을 잃지 않으면 대신이 그의 마음을 움직여 즐겁게 생명의 도를 수련하도록 하지만, 세속인들은 스스로가 그것을 탐낸다. 그러한 까닭은 스스로가 악행을 하고 한 번도 선할 때가 없고, 단지 좋은 옷과 수레에 타는 것을 탐내면서 서로 좇아 따르면서 스스로는 얻었다고 하면서도 어진 수명을 만족하지 못하는데, 하늘 역시 그가 원하는 바를 빼앗지 않는다. 악한 사람 역시 오래 하늘과 해와 달과 별을 볼 수 없다. 마땅히 긴 어둠으로 돌아가는데 어디서 장생을 얻을 수 있겠는가? 이러한 사람은 스스로 스승을 얻어서 선을 행할 수 없으니, 하늘이 그가 악행을 함이 오래되었음을 아니, 따라서 형체를 지닌 음식을 먹게 하였다. 그러므로 땅 아래에 매장하여 주로 지신(地神)을 위하여 다시 생명을 얻을 수 없게 하였다. 그리하여 글로써 자세히 보여주어 그것을 알게 했을 따름이다.

때로 시해(尸解)하는 자가 있어 뼈와 몸을 나누어, 시신은 하나의 몸으로 존재하지만 정과 신이 신선으로 변화된 사람의 시체가 되어 다른 사람에게 보여주면 모두 이미 죽었다고 말한다. 뒷날 지혜로운 사람이 그가 살아 있음을 보게 되는데, 이러한 사람을 시해한 사람(尸解人)이라고 한다. 오래도록 세월이 지나 수련의 정도가 상승하여 대낮에 하늘로 오르는 신선(白日昇天)이 있다. 수련의 세월에 따라 공적이 더욱 많이 이루어지고 더욱더 빛을 내며 비출 수 있게 되어 천군이 하는 일을 도와주고, 다시 돌아와 구름 속에 머물게 되는데 나누어 관리하는 구역에는 모두 시해한 선인이 있는데, 주로 사람과 귀신을 주관한다. 도가 있는 집안은 그 세상을 떠난 사람들이 하늘의 관직을 얻을 수 있고, 귀신의 존귀한 자가 되면, 그는 지령기(地靈祇)라 불리고, 또한 직급에 따른 자주색 · 쑥색 · 푸른색 · 황금색의 관대를 두르게 된다. 주관하는 일은 상 · 하의 구분이 있고 교대로 힘써 주관한다. 악행을 했다는 소문이 들리고, 그에 관한 문서가 접수되면 물러나게 하여 귀신과 함께 한패가 되게 한다. 알겠는가? 죽음과 삶은 서로 다른 길이라 말한다. 어찌 서로 비교할 수 있겠는가? 가거라. 잠시 쉬었다 말하자. 뒤에 빠지고 부족한 것이 있으면 말하겠다."

〈起〉惟太上善人之爲行也, 乃預知天地表裏, 出入陰陽, 道其綱紀, 發中念之, 不忘其理. 順天而行, 不敢有疑, 用是得成, 奉天大施. 思念在身, 行無愆負, 微稟自然, 數見戒前後可知. 人自犯之, 亦無所怨. 從古以來, 小有信人, 信欲相欺, 不念其後. 故令天地瞑怒殊不止,[1] 賢聖有知自悔耳, 天知之敎之. 〈止〉不用人言, 反惡意相視, 諫之不用, 但欲自可. 此人無知, 甚於畜産. 用是之故, 故自責過, 負安從起,[2] 日夜思人,[3] 不解行所負, 何所怨咎. 但自無狀, 不計其咎, 妄爲不當行. 不承大敎, 而反自在, 自令命短, 何所怨咎. 時念〈起〉上古得仙度世之人, 何從起念之, 見書皆言忠孝, 敬事父母, 兄弟和睦, 無有表裏, 上下合同, 知天禁. 神主爲理, 白其過失, 無有休止, 修身自省, 旣得生耳. 受命有期, 安得自在, 念之心痛, 淚下沾衣, 無有解已. 日惜年命, 恐不得壽. 見長命之人問之, 言有忠孝, 不失天地之心意, 助四時生, 助五行成, 不敢毁當生之物. 〈止〉爲善不行侵人, 無所欺抵, 誠信不敢有所負. 行成於人衆, 不敢失於親而虧閭里, 出輒相報. 其以時還, 未曾大醉臥於市里. 賢知相隨, 不顧愚子, 念恩於天地, 不敢望報, 自責而已. 復有過失, 承負所起, 自責有歲數, 乃感動耳. 生俗多過負, 了無有解. 已愁毒而行, 不知所止. 每見人有過, 復還責己, 不知安錯, 思見義文, 及其善戒, 祿命僥倖,[4] 逢天大神戒書文, 反覆思計, 念之過多, 無有解已. 叩頭自搏而啼鳴, 有身不能自正, 而反多怨. 禁書致重, 而自觸之, 致命不壽, 晨夜自悔. 冀復小久, 不敢施惡, 更念當行恩德布施, 蒙得其理, 無有惡言, 但見淚耳, 感傷於心. 天神聞知, 來下言, 此人爲誰, 何一悲楚. 竊見大德之人, 延命久長在. 問之言, 此但行應天心, 合地意, 是故得壽耳. 還歸靖舍念之, 如太上德人之言, 以故自省也. 使神見自責悔人, 還上天道言, 有悔過人啼淚而行, 未曾有止時, 恐見不活, 以故自責. 大神聞知, 言天君常敕諸神曰, 有功善之人爲忠孝順, 所言進獨其人也.[5] 因白天君. 天君言, 聞知此人自責悔過, 有歲數也. 此本俗人耳, 而自責過無解已, 更爲上善人也. 大神數往占視之, 知行何如有善意, 欲進者且著命年在壽曹, 觀其所爲, 乃得復補不足. 大神言, 此人自責大久, 承負除解, 請須有闕上補, 名爲太上善人, 可以報下不及者. 天君言, 太上善人之行, 必當如其言. 大神數敕之, 護視成神上之, 皆須其年數勿侵也. 大神言, 此人本無籍文也, 得敕在壽曹, 請須上闕, 補以年次, 不相踰越. 天君言, 得次補缺之日, 數上其姓名勿失期. 大神唯唯. 〈起〉惟太上仁人爲行也, 乃積功累行於天. 天乃聽信, 使助東皇布置當生之物, 華實以給民食, 使得溫飽. 形身長大, 展轉相養, 陰陽接會, 男女成形, 老小相次, 稟命於天數. 於星二十八宿展轉相成, 日月照察不得脫, 更直相生, 何有解息. 但人不知, 以爲各自主, 名雖有主, 更相檢持. 所以然者, 人命有短長, 春秋冬夏, 更有生死無常. 故使相主, 移轉相問, 壽算增減, 轉相付授. 故言四時五行日月星宿皆持命, 善者增加, 惡者自退去, 計過大小, 自有法常. 案法如行,[6] 有何脫者. 天上地下, 相承如表裏, 復置諸神并相使. 故言天君敕命曹, 各各相移, 更爲直符, 不得小私, 從上占下, 何得有失. 〈止〉有性之人, 自無惡意, 雖有小惡, 還悔其事, 過則除解. 有文書常入之籍, 惡者付下曹, 善者白善, 惡者白惡, 吉凶之神, 各各自隨所入, 惡能自悔, 轉名在善曹中. 善爲惡, 復移在惡曹, 何有解息. 地上之生人中, 有胎未生, 名姓在不死之錄. 年滿行成, 生者攝錄, 令有保者乃上之. 所以然者, 其壽難待重之, 故令保者過幷責. 以是故自不忠孝順無功者, 皆無保任者, 但爲生先祖績, 使有祀耳, 殊爲惡不止, 何有得後生食者乎.

食糞之人,[7] 亦安從得與天大神久共事乎. 糞中之有應天書度者, 天遣神敎之. 歲月旦滿,[8] 敕天大倉守神, 斷有形之物, 稟天大倉氣食消化, 令輕化神靈, 出竅入冥, 乃上姓名. 不在簿中, 何有求生, 人安從知之. 人自善無失天心, 大神動其心, 使樂爲生道, 俗人自貪之. 所以然者, 自行惡無一善時, 但貪好衣車乘, 相隨自得, 不滿之命, 天地亦不奪其願也. 惡人亦不得久視天日月星宿也. 當歸長夜, 何得久在. 此人不得自師爲善者, 天知爲惡可久前, 故使食有形之食. 故藏土下, 主爲地神, 使不得復生, 故以書相示, 令知之耳.

或有尸解分形,[9] 骨體以分. 尸在一身, 精神爲人尸,[10] 使人見之, 皆言已死. 後有知者, 見其在也, 此尸解人也. 久久有歲數, 次上爲白日昇天者.[11] 使有歲數功多成, 更生光照, 助天神周遍. 復還止雲中, 所部界皆有尸解仙人, 主知人鬼者. 有道之家, 其去者得封, 爲鬼之尊者名爲地靈祇, 亦得帶紫艾青黃. 所主有上下, 轉有所至, 爲惡聞得片,[12] 退與鬼爲伍, 知之乎. 故言死生異路, 安得相比. 行, 辭小復息念,[13] 其後遺脫不足者, 當說之. 〈起〉惟太上善人之爲行也, 乃表知天地當行之事, 各有所主, 各有其辭, 各修其事, 各成其神, 各立其功, 各行其忠,各理其文, 各布施於人, 各道其進, 各得天地腹心, 各不失四時五行之生成. 乃應太上善之人, 是天之信, 地所保, 皆得中和之心腹, 知人情出人內外, 承令而行, 不敢失大聖之人意, 下不敢犯諸神所禁. 常念成人, 使樂爲善人. 令得天心地意, 從表定裏, 成功於身, 使得長生, 在不死之籍, 得與大神從事對職.[14] 卻知是非, 忠誠於天, 照見日月星宿, 不失法度, 不失志意. 常生貪活, 思奉承天化, 〈止〉復知地理. 心乃歡喜, 復知吉凶之籍, 存亡之事, 欲與自然同其路. 行少惡貪, 見大神之戒, 閔傷未知, 照其不逮, 使及長生之錄, 見天君蒙其生活,[15] 久在不死之籍. 行天上之事, 下通地理, 所照見所聞, 目明耳聰, 遠知無極去來之事. 文書通辭, 復知要妙, 是太上善人之願也. 唯天上大神照知指願, 貪慕自然, 表紀合生氣而行,[16] 無有窮已. 常言〈起〉天不奪人願, 地不奪人所安, 是自然不敢有毛髮之系, 而煩苦諸神深記文墨也. 日夜思念過負, 恐有不稱太上君之意.[17] 何惜何愛, 而不盡忠誠孝順乎. 當自言被受恩施, 得榮華, 不望報, 天心重愛, 但自過責, 少所貰也. 〈止〉唯大神原之戒之, 不及戀慕之, 不敢自遠. 常獨念恩不報, 罪還著身, 恐不辭解, 但惻怛而已. 雖見原省, 使得自思念所負. 大神言, 太上善之人思過自責, 文辭逢出上聞,[18] 是其文辭延及也, 但恐不知所言耳. 天信尤善尊之, 可至無極之壽, 宜當復遙心勿忘天所生大施之分.[19] 太上之君善之, 言生自命好生,[20] 不顧財色, 見活之人, 常思與同久, 何時當妄行不道, 無心之意不報重恩乎. 但自惜年生以來, 不見大分耳. 唯蒙恩敎戒, 使知分理, 當言知命, 不怨天, 不敢自怨而妨活也. 心相加, 當有貪時邪.[21] 但自恐年命窮盡, 不見天之大施分部耶. 唯復敕戒愚矇之生, 使有知慮爲大恩, 非辭所報也. 但剋心念, 常在於內, 不忘其飢渴,[22] 求戒見活, 唯蒙原省. 大神言, 我本從諸神自進於天君, 無有小失, 助天地有功之論, 上籍在天君, 何時當相忘乎.[23] 請白生辭令自責, 有歲數貪慕天化, 其人在錄籍與不. 天君言, 自責之人皆於自然, 亦神所資善也. 使主案天文籍之人視之, 有自責, 乃白生籍神. 使敕視文,[24] 文案籍有此人. 天君言, 人有生自行善, 不犯所禁, 是人行之所致也. 大神且復詳, 須施行有缺上名. 大神言, 從太初以來, 諸神有功得天心意者見進, 頗有空闕. 有其人所行, 當備上姓名. 天君言, 所部職多煩, 計功除過, 使其更勿違所言. 大神言, 此太上人自隨正, 過負尤少. 天君言, 復念之, 有未稱擧者, 責保信上之補闕.[25] 天君言, 是曹之事, 不可不諦也. 大神言, 請如辭所言, 未能百日, 天上諸神爭保上之, 大神白意. 天君言, 如是各使可使, 使往視事, 遂復見重, 信者補眞. 大神言, 請遣使神取召上之, 先化形容. 神使往化成精光耀多. 大神言取白.[26] 天君言, 人已化成神, 上在於門外未入. 天君言, 使詣主者曹謁之. 大神言, 大神所白. 唯唯. 請屬所白如言, 宜遂觀望其行. 天君言, 當如大神所白.

역주

1) 故令天地瞑怒殊不止(고령천지명노수부지) : '명노(瞑怒)'는 눈이 멀 정도로 하늘과 땅이 격노한 상태를 말한다.

2) 負安從起(부안종기) : '부(負)'를 후대에까지 재앙을 미치는 죄과로 해석하였으며, '종기(從起)'는 자신의 악행이 시발점이 되어 승부(承負)의 죄과가 따르게 됨을 말한다.

3) 日夜思人(일야사인) : '인(人)'은 문맥상 '다른 사람의 이익'(『금주금역』, 『전역』)으로 해석한다.

4) 祿命僥倖(녹명요행) : '녹(祿)'은 귀하고 천함을 '명(命)'은 천수와 요절을 말한다(『금주금역』).

5) 所言進獨其人也(소언진독기인야) : '진(進)'은 중생을 제도(濟度)한다는 뜻이다(『금주금역』).

6) 案法如行(안법여행) : '여(如)'는 '이(而)'와 통한다(『정독』).

7) 食糞之人(식분지인) : 먹는 것으로 사술(邪術)을 부리는 사람을 말한다.

8) 歲月旦滿(세월단만) : '단(旦)'은 마땅히 '일(日)'이 되어야 한다(『정독』).

9) 或有尸解分形(혹유시해분형) : '시해(尸解)'는 도교의 신선이 되는 일종의 수련법으로 사람이 육를 남겨두고 신선의 경계에 오르는 것으로 그것은 마치 '매미가 허물을 벗는 것(蟬蛻)'과 비유된다(『전역』).

10) 精神爲人尸(정신위인시) : '정신(精神)'은 육체 속에 깃든 정과 신을 말하고, '위인시'(爲人尸)는 신선으로 변화한 사람의 시체를 말한다.

11) 次上爲白日昇天者(차상위백일승천자) : '백일승천(白日昇天)'이란 도를 극진히 닦아 육신(肉身)을 가진 채 선인(仙人)이 되어 하늘로 오르는 것을 말한다.

12) 爲惡聞得片(위악문득편) : '편(片)'은 문서를 뜻하는 '독(牘)'을 말한다.

13) 辭小復息念(사소부식념) : '부식(復息)'을 '식부(息復)'로 위치를 바꾸어 해석한다.

14) 得與大神從事對職(득여대신종사대직) : '대직(對職)'은 함께 일하는 것을 말한다.

15) 見天君蒙其生活(현천군몽기생활) : '몽기생활(蒙其生活)'은 살아서 행동하는 하늘의 은혜를 받는다는 뜻으로 해석한다.

16) 表紀合生氣而行(표기합생기이행) : '표기(表紀)'는 밝게 드러내고자 계통을 세워 적어놓은 것을 말한다.

17) 恐有不稱太上君之意(공유불칭태상군지의) : '태상군(太上君)'은 '천군(天君)'을 말하고, 이 문장의 내용은 태상선인이 천군의 뜻을

헤아리지 못할 것을 걱정한다는 의미이다.

18) 文辭逢出上聞(문사봉출상문) : '봉출(逢出)'을 매우 홍성하게 나타난다는 의미로 해석한다.

19) 宜當復遙心勿忘天所生大施之分(의당부요심물망천소생대시지분) : '대시지분(大施之分)'은 '크게 베풀어준 은혜'를 말한다.

20) 言生自命好生(언생자명호생) : 앞의 '생(生)'은 '구학자(求學者)'에 대한 범칭이며(『금주금역』), '자명호생(自命好生)'은 자신의 수명을 오래도록 잘 누리는 것으로 해석한다.

21) 當有貪時邪(당유탐시야) : '시(時)'는 자신이 살아가는 시간을 말하며, '탐시(貪時)'는 사는 시간이 더욱 오래 지속되길 바라는 것으로 해석한다.

22) 不忘其飢渴(불망기기갈) : '기갈(飢渴)'은 굶주리고 목마르게, 즉 애타게 추구하는 것을 말한다.

23) 何時當相忘乎(하시당상망호) : '상(相)'은 앞서 여러 신들이 상황을 자세히 살펴서 조언한 글을 말한다.

24) 使敕視文(사칙시문) : '칙시(敕視)'를 정돈하며 살펴본다는 의미로 해석한다.

25) 責保信上之補闕(책보신상지보궐) : '책보(責保)'는 선인(善人)에 대하여 각자 책임과 보증을 선 신령을 말한다.

26) 大神言取白(대신언취백) : '언취백(言取白)'은 변화한 상황에 대하여 진술한 면을 취하여 보고하는 것을 말한다.

제183 유지인사모여대신상견결(有知人思慕與大神相見訣) : 지식을 지닌 사람이 사모하여 대신과 서로 만나게 되는 비결

해제 이 장에서는 최상의 훌륭한 지식을 지닌 사람은 하늘의 마음과 신들의 뜻을 예지하여 장생의 명부에 올라 신선이 될 수 있음을 밝히고 있다. 최상의 훌륭한 지식을 지닌 사람이란 항상 신(神)의 말을 받아들이고, 신이 말한 바와 같이 행동하고, 신이 행하는 바를 알아서 힘써 자신의 믿음을 삼는 사람을 말한다. 천군은 항상 여러 신들에게 충성스럽고 효순하고 정성스럽고 신의를 지키며 공로를 세운 사람의 성명을 하늘에 상주하도록 하여 하늘의 직책을 맡기도록 하는데, 이들은 모두 골상과 체격 등의 용모뿐만 아니라 마음속으로도 확고하게 장생을 갈구하는 인물임을 밝히고 있다.

오직 최상의 훌륭한 지식을 지닌 사람은 바로 천상의 일을 예측하여 알므로 당연히 베푸는 대로 행동하고 받드는 대로 따른다. 일은 '저절로 그러함'에서 나오고 원기는 서로 더해져 성숙함을 얻는데, 이는 분명히 알 수 있는 것이다. 그 마음을 변화하여 저절로 그러함을 이루도록 하는 것은 그 행한 바에 달려 있다. 그러므로 지식이 있으면 곧 그 안팎을 알므로, 들고나며 행동하는 바가 이루어지지 않는 것이 없고 그 하는 것이 이루어지지 않는 것이 없고 때에 맞게 변화하지 않는 것이 없다. 위엄을 지닌 신을 공경하고 우러르면 그 공을 이룰 수 있고 그 덕을 이름 낼 수 있다. 항상 충심과 믿음을 떠나지 않으므로 일찍이 나태한 적이 없어서 밤낮으로 애통해하고 두려워하며, 마음속에서 떠나지 않으므로 몸을 뒤척이며 신이 되길 사모하여 바라므로 대신과 더불어 서로 만날 수 있게 된다. 하는 말은 글을 통달하고 그[大神]가 말한 바에 따라서 행동하여 그가 아는 것을 더하게 된다. 항상 성공을 생각하고 신에 대해 감사하게 여기면 수명을 더하여 기간을 연장한다. 그러므로 지혜를 있게 하여 내면에 따라 외부를 보는데 어찌 알지 못하는 것이 있고 어찌 보지 못하는 것이 있겠으며 마음이 명백하게 기억하게 된다. 단지 장생하며 사는 도를 바라고 타고 오르길 생각하며 대신을 위해 부림을 받는다. 그가 도달한 곳에 있으면서 감히 다시 말하지 않으며 때에 따라 이르게 되면 생각함에 마음이 열릴 수 있게 된다. 신의 말을 받아들이고, 신이 말한 것과 같이 하고, 신이 행하는 바를 힘써 자신의 믿음을 삼게 되면 비로소 감히 앞으로 나가 말하길 하늘의 은혜를 입어 살길 바라고자 할 뿐이라고 한다. 감히 하늘의 큰 직책 구하지 않고 가엾게 여겨주길 바랄 뿐이다. 비록 살고 죽는 일을 당해서 내심은 두렵고 무서울지언정, 가르침을 받게 되어 오로지 자신의 행위가 통달하게 되어 은혜를 베풀면 위의 하늘에 유익하고 사람에게 유익하게 되어 이름이 드러나 명부에 기록되어 항상 불사(不死)의 지위에 있게 된다.

마음은 이에 기쁘고 즐겁게 생각하여 천군이 있는 곳에서 공적을 완수하고, 그 공적을 쌓는 것이 일정한 해가 지나면 이에 앞으로 나가 말한다. "오직 은혜받은 대신은 부족함을 알고 가르침의 말들이 매우 크다는 것을 알았으므로 나아가길 간절하게 바랐으며, 비법을 받고서 천문(天門)과 금실(金室)을 두려워하여 감히 스스로 쉼이 없이 가르침과 경계함을 얻고자 했으나 그 미치지 못한 것에 대해 여쭙고자 합니다. 바라옵건대, 성찰하여 살펴서 말씀하신 바를 거스르지 않고 모름지기 대신의 말로 스스로 따르도록 하겠습니다."

최상의 훌륭한 지식을 지닌 사람은 말한다. "스스로 비추어 살펴보는 것이 매우 많지만 미처 하늘의 경계를 모두 알 수 없을 뿐이며 어찌 가르침을 다 알겠습니까? 천상의 신이 모두 그것을 비추면 최상의 훌륭한 지식을 지닌 사람의 말은 단지 말한 것과 가르치는 것과 행동하는 것을 알고자 하여 더불어 할 뿐인데 어찌 의심스러운 것이 있겠습니까?"

천군이 말한다. "항상 여러 신들에게 이르기를 충성스럽고 효순하고 정성스럽고 신의가 있고자 하여 공로가 있는 사람은 그의 성명을 하늘에 상주하도록 하였다. 이와 같이 최상의 훌륭한 지식을 지닌 사람은 타고난 운명이나 신체 골격의 형상이 신선이 되길 바라므로 마음으로써 스스로 밝히면 된다. 단지 기록과 보고가 두렵다고 스스로가 말할 뿐인데, 또한 천상의 가르침과 경계를 아깝게 여기겠는가? 항상 말하길 문서에 부합하는 사람이 없을까 고통스럽고 안팎이 서로 합당하지 않을 것을 걱정한다고 하였다. 만일 그 지식과 사려를 더욱 증진시켜 널리 묻고 깊고 멀리한다면 이 역시 아는 것에 해당한다. 앞으로 나와서 대신이 말한 것을 듣고 하늘에는 엄중한 경계함이 있으므로 반드시 신중히 하고 반드시 공경하고 반드시 두려워할 수 있다면 행할 수 있을 것이다. 경계하는 매우 많은 것을 정성스럽게 대한다면 마땅히 그 요체를 알 것이며 또한 다시 눈과 귀를 열고서 마음을 쓸 수 있을 것이다."

"예. 예."

"마음속으로 부터 나오게 되며, 천상의 큰 가르침으로 모두가 신선이 되고자 해서, 생명을 오래도록 구하여 살고자 하는 사람들은 마땅히 그 아는 것을 상주하기 마련이다. 알면서 말하지 않는 것은 듣기만 하는 것과 같아서 이것은 스스로가 신선으로 나아가려는 마음이 없이 행동하는 것이다. 마음에는 앎과 생각이 있고, 생각하면 마땅히 상주하여 드러내야 한다. 마음속에 의지가 있으면 마땅히 그 의지를 상주하여 드러내 보여야 한다. 정성스러운 마음이 있으면 마땅히 그 정성스러운 마음을 상주하여 드러내야 한다. 효성스러운 마음이 있으면 당연히 그 효성스러운 마음을 상주하여 드러내야 한다. 곧 하늘의 속마음을 얻을 수 있기 위해서는 모두 다 상주하지 않을 수 없다. 천군께서는 사람의 마음을 예지하기에 상주하지 않는 것이 있을 수 없지만 만일 아는 것을 숨기고 상주할 수 있는 것을 감춘다면 하늘은 이러한 사람을 싫어하여 수명의 명부에 기록하지 못하게 하는데, 이를 알지 못하겠는가? 수명의 명부에 기록되지 않을 뿐만 아니라 죽길 먼저 하고 정령을 잃게 되어 몸속에서 떠나고 그 수명의 연한을 마치므로 신중하지 않을 수 있겠는가? 최상의 훌륭한 지식을 지닌 사람이 그러한 것은 천군이 [누가] 알고 있는지 알지 못하는지를 아시며, 그 자신도 그것을 알기 때문이다. 무슨 의혹이 있겠는가? 단지 신의 말을 자세히 고려하여 말한 것을 저버리지 말고자 할 뿐이다."

최상의 훌륭한 지식을 지닌 사람이 말한다. "스스로가 매우 어리석어 힘써 미치지 못하는 것에 대해 묻고 어리석어 알지 못하는 것에 대해 깨닫고자 하는데 어찌 감히 아는 것을 숨기고 상주할 수 있는 것을 감출 수 있겠으며, 만일 천군과 여러 신들께서 들어 알게 되신다면 더욱이 수명을 마치고 수명의 연한을 잃게 하여 수명을 누리며 장수하지 못하게 할 것입니다. 이것은 재앙의 근원이며 몸을 없어지더라도 은혜에 보답할 수 없는데 어찌 감히 나아가고자 하겠습니까? 오로지 여러 대신께 그 미치지 못하는 것을 비추어 살펴주시길 바랍니다."

대신이 말한다. "살기를 구하고 죽기 싫어하는 사람 역시 자신이 지닌 마음속의 의지가 그러할 수 없는 것은 아마도 혼미한 시대에 살기 때문이다."

최상의 훌륭한 지식을 지닌 사람이 말한다. "제 자신이 분명하게 경계의 문서를 알지 못합니다. 대신께서 베풀어주신 은혜를 입고서 그것을 가르쳐주시는 것이 이와 같은데 어찌 감히 스스로

쉬면서 아는 것과 말할 것을 상주하지 않겠습니까? 오직 대신께서만이 [장생의 명부에] 오르는 것을 기록하시고 [저는] 하지 못할 뿐입니다."

대신이 말한다. "오르도록 돕는 것은 쉽지 않고 오로지 보증하는 신령에게 믿음이 있어서 천군의 마음에 부합할 수 있어야만 비로소 살길 바랄 수 있을 뿐이므로 마땅히 그것을 자세히 살펴야 한다."

"저는 참되게 살길 바라므로 충성을 다하며 감히 나태하게 쉬지 않고 잘못을 생각하며 자책하는데, 어찌 감히 밤낮으로 하지 않을 수 있겠습니까?"

천군이 이와 같은 사정을 들어 아시고 말한다. "이것이 최상의 훌륭한 지식을 지닌 사람의 말이다. 그러므로 이와 같음을 알고서 장생부의 글을 살펴서 이 사람의 성명이 있으면 비어 있는 하늘의 직책을 보충하며, 생명의 명부를 관장하는 신에게 명령하여 장생부에 이 사람이 있는지 확실히 살피게 하라. 비록 성명이 있지만 자신이 더 많은 선행을 하고 알고자 한다면 반드시 수명의 연수를 다하게 하고 그 시간을 놓치지 말게 하라."

신들이 대답하였다. "예. 예."

〈起〉惟太上有知之人, 乃預知天上之事, 當所施爲, 當所奉行. 事出自然, 元氣相加得成熟, 了然可知. 變化其心, 使成自然, 在其所爲. 故有知乃知表裏, 出入所行, 莫不得成就, 莫不成其所, 莫不變化有時. 欽仰威神, 以成其功, 以名其德. 常不離忠信, 未嘗有解, 晝夜悲惶, 不離於內, 傾側思慕貪成,[1] 得與大神相見. 談言通辭, 行其所道, 進其所知. 〈止〉常思成功, 有恩於神, 益壽增年. 故令有知, 從內視外, 何所不知, 何所不見,見心了了念. 但貪長生活之道, 思得駕乘, 爲大神奉使. 在其所至, 不敢還言, 應時如到, 思得心開. 受神之言, 如神所爲,[2] 知神所行, 務以自信, 乃敢前言, 欲求蒙得見活而已. 不敢求大職, 見哀而已. 雖見存亡之事, 內心惶恐, 被受大敎, 輒當行通, 施恩布惠, 有益於上, 有益於人, 著名錄籍, 常在不死之位. 心乃欣然嬉思, 盡功於天君所, 積之有歲, 乃前語言. 唯蒙大神通其不足, 知所辭辭大, 故以貪進, 受其乙密, 征營門閤,[3] 不敢自息, 欲得敎戒, 稟其不及. 願得省察, 不逆所言, 使須戒敕大神之言. 太上有知之人, 自多所照見, 但爲未能悉知天之部界耳, 悉何所戒. 天上之神皆照之, 太上有知之人言也, 但爲欲知所語所道所行與耳, 何所嫌疑乎. 天君言, 常敕諸神有欲忠孝誠信有功之人, 進上姓名. 是太上有知之人, 祿相所貪,[4] 故以心自明是也.[5] 但恐文辭筆墨自言耳,[6] 亦何惜愛天上之敎戒乎. 常言苦無應書者, 恐外內不相副也. 如欲進其知慮, 廣問深達, 是亦當所知也. 行, 其聽大神所言, 天有重戒, 不可不愼, 不可不敬, 不可不畏, 乃可. 誠所戒衆多, 當知其要, 且復開耳目用心. 唯唯. 然從中出, 天上大戒, 諸欲見進, 求生久活者宜當進其所知. 有知不言, 如聽, 是爲無自進之心也. 心有知思, 思當進見.[7] 其中有志, 當進見其志. 有誠, 當進見其誠. 有孝, 當進見其孝. 乃爲得天之腹心, 不可不悉進也. 天君預知人情, 不可有不進, 而不進道說之也,[8] 隱知藏能,[9] 天惡此人, 使不見壽籍, 爲知不乎. 不但不見壽籍也, 亡先失精, 去離身中, 亡其年, 可不愼乎. 太上有知之人所以然者, 天君知有知無知, 其自知之. 何有疑也. 但詳念神言, 勿負於言而已. 太上有知之人言, 自下愚彊問不及, 欲蒙得所不知, 何敢隱知藏能, 使天君諸神聞知, 更爲亡命失年, 壽不久長. 是過禍之根, 滅身未足報謝, 何敢有進而乎. 唯諸大神照原其不及逮者. 大神言, 求生惡死之人, 亦自有心志意不可也, 恐有迷時. 生言,[10] 自分不知戒文也. 而被大神恩貸, 教之乃如是, 何敢自息, 而不進所知所言乎. 唯大神錄前不耳.[11] 大神言, 相前不易, 輒有保者有信, 可天君心意, 乃可望生耳, 當諦之. 生誠貪生, 故盡其忠誠, 不敢解息, 思過自責, 何敢失日夜乎. 天君聞知, 言, 此太上有知之人言也. 乃知是案簿文, 有此人姓名, 有闕備, 敕生籍之神, 案簿籍有此人. 雖有姓名, 自善多知, 須年滿, 勿失其年月. 神, 唯唯.

역주

1) 傾側思慕貪成(경측사모탐성) : '탐성(貪成)'은 불사하는 신이 되길 탐낸다는 뜻으로 '성(成)'은 '성신(成神)'의 의미이다.
2) 如神所爲(여신소위) : '소위(所爲)'는 뒤에 나오는 신의 행동과 중첩되지 않게 앞서 접수한 '신이 말한 것'이라는 의미로 해석한다.
3) 征營門閤(정영문합) : '문(門)'은 '천문(天門)'을, '합(閤)'은 미래 신선의 명부를 수장하는 하늘의 '금실(金室)'을 말한다.
4) 祿相所貪(녹상소탐) : '녹(祿)'은 사람의 타고난 운명인 '녹명(祿命)'을 말하고 '상(相)'은 신체 골격의 형상을 말하며, '소탐(所貪)'은 신선이 되길 바란다는 의미이다.
5) 故以心自明是也(고이심자명시야) : 운명과 외면상의 풍모가 신선이 될 자격을 갖추었으므로 마음속 내면의 깨우침만 있게 되면 신선이 될 수 있다는 의미이다.
6) 但恐文辭筆墨自言耳(단공문사필묵자언이) : '문사필묵(文辭筆墨)'은 신령이 세상 사람의 선행과 악행에 대해 기록하고 보고하는 것을 말한다.
7) 思當進見(사당진현) : '진현(進見)'은 천군(天君)에게 상주하여 드러내 보이는 것을 말한다.

8) 而不進道說之也(이부진도설지야) : '이(而)'는 '여(如)'와 통한다(『정독』).

9) 隱知藏能(은지장능) : '장능(藏能)'은 상주할 수 있는 능력이 있는데도 감추는 것을 말한다.

10) 生言(생언) : '생(生)'을 최상의 훌륭한 지식을 지닌 사람으로 본다.

11) 唯大神錄前不耳(유대신록전불이) : '전불(前不)'을 '과거의 과실'(『정독』)로도 본다.

제184 유심지인적행보진결(有心之人積行補真訣) : 마음을 지닌 사람이 수행을 쌓아 진실을 보완하는 비결

해제 이 장에서는 최상의 훌륭한 마음을 지닌 사람이 하늘에 오르는 내용을 설명하고 있다. 최상의 훌륭한 마음을 지닌 사람은 예지하는 능력을 통해 세상의 모든 일을 처리하며 항상 마음의 수양에 힘쓴다. 최상의 훌륭한 마음을 지닌 사람은 일을 하는 데는 항상 하늘의 의견과 보살핌을 잊지 않고 제멋대로 하지 않으면서 장수하길 염원하여 공적을 쌓는 데 나태하지 않는다. 또한 하늘은 이러한 사람을 승천시켜 하늘에 머물게 하며 하늘의 직무를 담당하는 일에 결원이 생기면 그로 하여금 보충하게 한다는 내용을 담고 있다.

"오로지 가장 훌륭한 마음을 지닌 사람은 각기 직분을 알아서 각자가 따라야 할 것이 있고, 각자 행해야 할 바가 있고, 각자 받들어야 할 바가 있고, 각자 나아가야 할 바가 있고, 각자 알려야 할 바가 있고, 각자 말해야 할 바가 있으고, 각자 이르러야 할 바가 있으며, 각자 움직여야 할 바가 있다. 마음은 내면으로 맺어져 있어서 항상 충성과 신의와 효성을 다하길 생각한다. 참으로 하늘에 공적이 있고, 공적을 쌓아 행위가 세월을 따라 누적되어 일찍이 나태한 적이 없다. 그리고 은혜를 잊지 않고 항상 살길 바라고자 생각해서 위에 계시는 여러 신들의 도움을 받게 되면, 감히 어떤 사소한 실수도 저지르지 않는다. 항상 두려운 마음을 품고서 일찍이 스스로 안락한 적이 없었으며, 가장 위의 경계를 생각함으로써 수명을 온전하게 하는데, 어찌 감히 크게 베풀어준 은혜를 잊겠는가? 오로지 여러 대신들은 마땅히 미치지 못하는 것을 세세하게 살펴서 비추고, 마음은 항상 가장 위의 일을 품고서 마땅히 봉행해야 할 것은 조금의 오차도 없이 저절로 그러하게 신뢰하면서 동서남북 사경(四境)을 조사하고 살피고 북동·남동·북서·남서의 사우(四隅)를 통달한다. 하늘이 아는 것을 계승하여 아직 일어나지 않은 미래의 일을 밝히어 알고, 마음은 대신이 올리는 글을 생각하며 서로 막힘없이 문서를 통하게 하며, 진헌해야 하고 아뢰어야 하는 바는 감히 자신의 마음대로 그것을 평가하지 않고 항상 여러 신들과 함께 의견을 모으며, 받들어 쓸 수 있는가의 여부는 항상 신(神)의 마음을 얻을 수 없을까 걱정한다. 스스로 본래의 바탕이 어그러지지 않은 사람이라 생각하며 만일 스스로 내면을 발동하여 사모하길, 항상 해롭지 않은 운명과 완전한 신체에 존재하고 나아가 신선의 광채를 탐내고 위로는 어떤 정상도 없고 형체도 없는 음성에 미치어 하늘의 사명을 받들어 진헌하는 것에 통달하려 하기에, 감히 잊고 나태하여 하늘의 큰 교화를 방해한 적이 없다. 오직 여러 신이 살길 바라는 것을 살피므로 감히 대신

옆에서 멀리 떨어지지 않아야 한다. 경계하는 바를 보고서 마음이 열리고 눈이 밝아져서 장구한 수명의 명부에 등록되어 수명의 기한을 늘리고자 바란다면, 공적을 쌓길 생각해 나아가고 자신이 몸소 일을 처리하되 감히 자신하여 멋대로 옳고 그름을 천단하며 그 부족한 것을 다투지 말아야 한다. 위로 오르길 바라는 자는 항상 한 가지 일에만 골똘하게 정과 신을 쏟으며 오직 그를 가엾게 여기어 살피고 가르쳐 줄 것을 생각한다. 은애하는 생각에 어찌 나태할 때가 있겠으며, 마음은 밤낮으로 서로 보길 바라며 못하게 막고 금지하는 것을 하는 실수를 알고자 하여 그 마음을 발동하여 여전히 미치지 못하는 바를 보아야 한다. 이는 문서의 글과 말로 알릴 수 있는 게 아니니 오로지 보살핌을 받고서 생각이 마음속을 관통하는 데 있다."

대신이 말한다. "최상의 훌륭한 마음을 지닌 사람은 또한 마땅히 행하여야 할 것이 있다. 하늘이 엄중히 경계하여 못 하게 막고 금지하는 것을 구하여 받고자 하지만, 스스로가 지혜로운 사람은 본래 바탕 자체가 명백하게 환히 알아서 그 이치를 분별하는데 무엇 때문에 하늘의 경계를 말해야 하는가? 마음을 유지하고 마음을 헤아리면 또한 사사로움이 끼어들 틈이 없다. 위로부터 아래에 이르기까지 모두 스스로가 주관할 것을 안다. 지금 최상의 훌륭한 마음을 지닌 사람은 하늘이 친하게 여겨 가까이 두고 천신(天神)이 믿지만 마땅히 마음속 의지를 유지하며 항상 그것을 잃지 않도록 두려워하며 어찌 할 바를 모를 뿐이다. 그 외에 자신의 마음이 알고자 하는 것이 있으면 노력해서 전달하여 널리 묻고 자기가 말한 것을 잃지 말아야 한다. 지식이 있는 사람은 대부분의 일에 대해 분명하지만 일이 생겼을 때 자신이 한 말과 같지 않을지를 걱정할 뿐이지, 어찌 꺼리어 서로 보고하지 않는가 하면 그 사람은 마음속으로 스스로가 잘못해서 승부(承負)의 죄과를 짊어질 것이라 염려하기 때문이다. 평상시에는 단지 그 전 · 후를 염려하지만 수명 자체는 마음으로 부터 나오는 것이고 천군(天君)의 마음과 더불어 상응하는 것이다. 그 외의 것은 경계할 만하지 않다."

마음을 지닌 사람이 말한다. "저는 본래 보잘것없는 초야의 사람으로 오래 살면 노화하는데 다시 장정으로 되는 광경을 보면, 말이 나옴에 실수가 없었고, 실수하는 걸 본 적도 없습니다. 그것을 배우는 사람들은 매우 많지만 할 수 있는 사람은 적거나 한 사람도 없습니다. 그러한 까닭은 마음을 유지하는 데 치밀하지 않고 가벼이 말하여 수명 기록부와 수명 문서에 적합하지 않으므로 [장수의 명부에 오르는 일이] 매우 드뭅니다. 지금 저는 이와 같이 앞서 진행된 일을 보고서 더욱더 고치고 바르게 하여 항목을 쉽게 바꾸어서 마음을 열고 서로 장구하도록 할 뿐입니다. 음성으로 말하고자 하니 잘 듣고 수명을 바라며 수명의 기한을 애석해 하는데, 감히 나태하거나 쉼이 없이 하겠습니다. 오로지 대신께서는 미치지 못하는 바를 살펴 주십시오."

대신이 말한다. "마음을 가진 사람은 마땅히 장수의 명부에 오르도록 해야 하며 수명을 관장하는 부서의 명부를 살피게 하여 성명이 있는 사람은 천군께 보고해야 하므로 대신이 제멋대로 할 수 없는 것이다."

최상의 훌륭한 마음을 지닌 사람이 말한다. "오직 대신의 의견에 비추어 할 뿐이며 감히 스스로가 멀어져서 대신의 의견 밖의 일에 치우치지 않고서 반드시 몸소 밝히겠습니다."

대신이 말한다. "마음을 유지하는 사람이 [천군에게] 그것을 보고하길 바라고 장수의 명부에 이름이 보고된 사람인데 무엇 때문에 천군과 서로 응대하길 꺼려 하는가?"

최상의 훌륭한 마음을 지닌 사람이 말한다. "오직 대신께서 보고하는 것을 도와주시고 그것을 성취하는 날이면 목숨을 다해서 스스로가 밝히는데 무엇 때문에 반드시 회답을 바라야만 합니까?"

대신이 천군에게 이 일을 보고하자, 천군이 말한다. "최상의 훌륭한 마음을 지닌 사람은 모두 마음을 긴밀하게 유지하고 의지는 항상 하늘에 오르고자 하는 믿음이 있기에 그를 주관하는 신(神)에게 칙서를 내려 그를 살펴보게 하였다. 이러한 사람이 있으면 대신에게 진헌하여 보고하고 주관하는 신에게 칙서를 내려 그를 살피도록 하는데, 만약 이 사람의 성명을 통보한 글이 있으면 이 사람이 출생하기 전에 미리 성명을 명부에 싣는다."

대신이 다시 보고하여 말한다. "이 사람은 태어나기 전에 명부에 있으니 오직 높은 곳에 계신 태상(太上)의 은혜일 뿐입니다."

천군이 말한다. "수명 명부에 기록된 사람은 마땅히 승천하게 하는데, 승부(承負)의 죄과를 자책하면 대신은 구군(九君) 중의 대신을 파견하여 승부에서 생긴 죄과의 연한을 제거하고 그의 마음을 교화하여 신이 되도록 변화시키고 기한이 차면 승천하게 한다."

대신이 말한다. "이 사람의 연한의 수효가 이미 차서 기한이 백일이나 지났다고 생각되지만, 아직 확정된 것이 없으므로 또한 [인간세계에 잠시] 머물도록 하였습니다."

천군이 말한다. "대신에게 또한 그를 위로 오르도록 하여 공무가 없는 한직에 있도록 하고, 실제 직책의 결원이 생기면 그에게 그것을 보조하게 한다. 특히 정성과 마음을 다할 수 있으면 순시하고 감독하는 일을 주관하도록 임명한다."

대신이 말한다. "승천하도록 천군께서 말씀하신 것과 같이 다시 성실하고 확실하게 수명을 계산하고, 밝혀진 사람은 마땅히 신선이 되어 하늘에 오르는 사람의 등급 속에 있게 하겠습니다."

천군이 말한다. "이러한 마음을 지닌 사람이 마땅한 대우를 받고 그에게 주관한 일이 있도록 하고자 한다."

대신이 대답한다. "예, 예."

정식 직무를 맡도록 칙서를 내리도록 하는데 예로부터 내려오는 관례에 따라 본 문서를 받들게 한다.

대신이 말한다. "승천을 주관하는 부서에 알리라."

알현하는 자가 대신에게 보고하면 대신이 말한다. "주관하는 부서에 알리도록 하라."

주관하는 신이 보고한다. "공무가 없는 한직에 머물게 하고 직책에 결원이 생기면 보조하도록 하겠습니다."

끝으로 천군이 말한다. "관리하는 부서에서 말한 것과 같이 하라!"

이상은 천상에서 선한 일을 보면 마땅히 숨기고 감추는 여부에 따라 길하고 흉한 것이 이르게 된다는 것을 말한다.

〈起〉惟太上有心之人, 各知分部, 各自有所道, 自有所行, 自有所奉, 自有所進, 自有所白, 自有所言, 自有所至, 自有所動. 心不繫於內,[1] 常思盡忠信孝. 誠有功於天, 積行累歲, 未曾有解.[2] 而忘恩分, 常念貪生, 得於上衆神所佑, 不敢施有小分.[3] 常懷怖心, 未曾自安, 思得太上之戒, 以全其命, 何敢有忘大分之施. 唯諸大神宜小顧照不及, 心常戀念太上之事, 當所奉行, 規矩繩墨,[4] 見信自然, 闚望四境, 通達四隅. 承天所知, 表通未然, 心念大神之疏相通文, 所進所白, 不敢自以心意評之, 常與諸神集議, 可承用與不, 常恐不得神心腹. 〈止〉 自惟本素無舛之人也, 如自發中思慕, 常在不害之命全身, 前貪其光耀, 上及無精無形之音聲,[5] 洞達太上奉使進, 不敢忘有解而妨大化. 唯諸神省其貪生, 不敢去離大神左側. 見戒, 心開目明, 欲在久長之文, 增年壽, 思進有功, 以身躬親, 不敢自信, 而擅道曲直, 爭其不足也. 望上之人常汲汲, 唯哀照戒之. 恩愛念何有解時, 心想日夜相見, 貪知防禁之失, 以動其心, 使還見其不逮及者. 是非文辭口言所報, 唯蒙見省,[6] 念貫於心鬲.[7] 大神言, 是太上有心之人, 亦當所宜行也. 求蒙天重戒防禁, 自有知之人本素自了曉, 分別其理, 何所道戒乎. 持心射心, 亦無間私. 從上占下, 悉自知所主. 今太上有心之人, 天之親近, 天神所信, 但當持心意, 常恐惶不失耳. 餘者自有心所知, 努力傳達廣問, 勿失所言. 有知之人多所分明, 但恐當時有不如言耳, 何嫌不相白說, 其人有心自思愆負也.[8] 平但念其前後,[9] 壽自從中出, 與天君心相應也. 餘少戒. 有心之人言, 生本末草野之人, 見有久生老化, 復丁光景, 滋液出入無有失,[10] 未見其失. 學者衆多, 得者少無其人. 所以然者, 持心不致密而輕所言, 祿筴不宜,[11] 故令希少. 今生見是前行之事, 益復改正易節, 開心相留耳. 欲開音聲, 善聞貪壽惜年, 以是不敢解息, 唯大神省其不及. 大神言, 有心之人當賜錄籍, 請案曹簿, 有姓名者白天君, 大神不得自從也. 生言, 唯大神照議之耳, 不敢自遠, 傾側在外, 必身自效. 大神言, 請持有心之人白之, 有報名籍者, 何嫌相應也. 生言, 唯大神相白, 成就之日, 以死命自效, 何須望還報. 大神以事白天君言, 太上有心之人, 皆持心堅密, 志常貪上有信, 敕主者之神察之. 有其人者, 進白大神, 敕主察之, 言有此人姓名牒文者, 此人未生時, 預有姓名. 大神還白曰, 此人未生有籍, 唯太上之恩耳. 天君言, 有錄籍之人當見升, 自責承負, 大神遣大神除承負之數,12) 敎化其心, 變化成神, 年滿上進. 大神言, 此人年滿算, 計過期且白日, 前未有定, 故且止. 大君言, 敕大神且上, 令在間職,13) 有眞闕使補之.14) 殊能竭精盡志, 知除兼行.15) 大神言, 請上如天君所言, 復精實壽計算, 明者當在白日昇天中. 天君言, 是有心之人所宜也, 欲令有所主. 大神唯唯. 請敕正者, 故事承本文.16) 大神言, 以升曹白. 謁見者白大神言, 請敕主者曹. 主者旣白, 使署間職, 有眞闕使補. 天君言, 如曹所白. 右〈起〉天上見善事當藏匿與不吉凶所致.〈止〉

역주

1) 心不繫於內(심불계어내) : 『초』에는 '불(不)'자가 없는데 이에 따른다.

2) 未曾有解(미증유해) : '해(解)'는 '해(懈)'와 통한다.

3) 不敢施有小分(불감시유소분) : '소분(小分)'은 조그만 실수 내지 착오로 해석한다(『금주금역』).

4) 規矩繩墨(규구승묵) : 자나 먹줄로 재듯 한 치의 오차도 없음을 말한다.

5) 上及無精無形之音聲(상급무정무형지음성) : '무정무형지음성(無精無形之音聲)'은 어떠한 응결된 것이나 형체가 없는 하늘의 음성이라는 의미로 해석한다.

6) 唯蒙見省(유몽견성) : '몽견(蒙見)'은 '~을 받는다'는 의미이고 '성(省)'은 하늘의 경계나 보살핌을 말한다.

7) 念貫於心鬲(염관어심격) : '격(鬲)'은 '격(膈)'과 같다(『금주금역』).

8) 其人有心自思愆負也(기인유심자사건부야) : '自思愆負(자사건부)'는 스스로가 생각하길 행여 잘못하여 승부(承負)의 죄과를 짊어지지나 않을까 염려하는 것이다.

9) 平但念其前後(평단염기전후) : '전(前)'은 원인으로 잘못을 저지르는 것을 말하고 '후(後)'는 결과로 승부(承負)의 죄과를 낳는 것을

말한다.

10) 滋液出入無有失(자액출입무유실) : 여기서 '자액(滋液)'은 타액(唾液) 또는 침을 말하며 '언어(言語)'를 가리킨다(『금주금역』).

11) 祿筴不宜(녹협불의) : '록(祿)'은 수명 기록부와 '책(筴)'은 '책(冊)'과 통하여 수명 문서를 말한다(『금주금역』).

12) 大神遣大神除承負之數(대신견대신제승부지수) : 뒤의 '대신(大神)'은 신선세계에 살며 하늘의 일을 보좌하는 여러 신들인 구군(九君) 중의 한 신(神)을 말하며(『태평경』114권 참조), '수(數)'는 승부(承負)의 죄과를 받는 연수(年數)를 말한다.

13) 令在閒職(영재간직) : '간(間)'은 '한(閑)'과 통한다(『정독』).

14) 有眞闕使補之(유진궐사보지) : '진궐(眞闕)'의 '진(眞)'을 실제 사무로 '궐(闕)'을 결원이 생긴 것으로 본다.

15) 知除兼行(지제겸행) : '지제(知除)'는 주관하도록 임명하는 것을 말하고, '겸행(兼行)'은 세상의 일을 순시하고 감독하는 두 가지 일을 겸하도록 한다는 의미로 해석한다.

16) 故事承本文(고사승본문) : '고사(故事)'는 예로부터 전해 내려오는 관례를 말하고, '본문(本文)'은 앞선 문장에 나오는 하늘이 명령을 내리는 칙서로 본다.

제112권

경부(庚部)의 10

『태평경초』

제185 탐재색재급포중계(貪財色災及胞中誡) : 재물과 여색을 탐하면 그 재앙이 후세에까지 미친다는 계

해제 사람의 수명과 길흉화복에 대한 일종의 운명론과 인과론을 융합하여 이야기하고 있다. 우선 제목을 살펴보자. 재색을 탐하면 재앙을 받게 되는데, 그 재앙은 자기에게서 그치는 것이 아니라 아직 세상에 나오지 않은 후손들에게까지도 영향을 미친다고 한다.

그렇다면, 이와 같은 인간의 길흉화복은 어떻게 결정되는가? 그것은 인간의 행위에 달려 있다고 한다. 인간의 행위가 하늘의 뜻에 따라 선행을 하고, 하늘의 금계를 지켜 악행을 하지 않으면 장수할 수 있으며, 좋은 운을 만나고, 이것이 쌓이면 신선도 될 수가 있다고 한다. 반면 하늘의 경고와 금계를 무시하고 악행을 저지르면 수명이 단축되며, 그럼에도 계속 악행을 계속하면, 몸은 죽어 황천에 떨어지고 그 재앙은 후손에게까지 미친다.

그렇다면 하늘은 인간의 선행을 어떻게 알 수 있는가? 삼시(三尸) 신이 인체에 들어와 그 사람의 선행을 관찰하여 하늘에 보고하고, 그것에 따라서 수명의 장단과 길흉화복이 결정된다고 한다. 이에 대한 구체적인 방법은 뒤의 여러 편에서 자세하게 설명하고 있다.

옛날 '형체가 없는 신인'(無形之神人)들이 장생불사의 도를 추구하여 배웠다. 그래서 위로는 위탁받은 기, 곧 위기(委氣)와 소원을 함께하여 항상 오래도록 살 수 있는 수명을 흠모하여 감히 위기의 뜻을 지키지 못할까 염려하였다. 아침저녁으로 보살피고 살피며 장생의 도를 꿋꿋이 추구하여 항상 마음에 새기고 있었다.

매번 스스로를 돌아보아 모든 충심과 곧은 마음으로 위기의 바라는 바를 받들고 따라하여 위로 하늘 끝까지 확실하게 알려질 수 있도록 하여, 또록또록하게 사방의 볼 수 없는 것들을 보고 소리 없는 소리를 들어 들고 나고 오르고 내림에 모두 법도를 지키게 된다면, 여러 신들과 정기(精氣)들이 와서 받들고 얼굴빛을 살피며 의도하는 바를 잘못 이해할까 염려하여 항상 두려운 마음을 가지게 될 것이다. 가는 곳마다 교화가 이루어져서 마음먹은 대로 은혜를 베풀게 되어 위아래로 은택을 뿌리게 되니 명성이 사방과 육극(六極)과 팔표(八表)의 밖에까지 이르게 되고 아울러 선조에까지도 도달하게 된지만 [그 은택은 은택을 받는 사람들의] 선행과 악행의 정도에 따라 베풀어지게 된다.

커다란 은혜를 받은 사람들은 공경하여 그의 명을 받들게 되어 결국 하늘의 별들을 감동시키게 되는데 한없는 재물과 한없는 덕을 내려주고 곧고 훌륭한 사람을 뽑아 시위(侍衛)를 삼아준다. 소원이 이루어져서 마음이 절로 즐겁고 헤아릴 수 없는 수명을 향유할 수 있게 되며 담백하여 꾸밈이 적어 몸이 절로 온전할 것을 생각하게 되니 어찌 게으를 수 있겠는가? 다른 사람도 나를 모르고 나도 알지 못하는데, 봉록도 없고 공로도 없으면서 어찌 위로 위기(委氣)와 동렬이 될 수 있는가? 자기를 아끼고 자기를 애호하고 자기를 봉양하며 널리 베풀었으니 무엇인들 받지 않겠는가?

단지 스스로 살펴보건대, 천지중화 사이에 출입하며 일월성신을 모두 비추어서 밝음을 앞에서 가져다가 이십팔수가 돌아가며 해당하는 자리에 올 때마다 사람을 비추게 되는데 간지에 따라 길흉이 드러나게 된다. 그러나 아는 사람이 거의 없어서 스스로 영리하다고 여기고는 [제멋대로 자기의 계산에 따라] 행동거지를 하게 된다. 하늘에 도움이 되지 않을 뿐 아니라 재앙을 부르고 금기를 범하여 위로는 멸족지화에 이르게 되어 후세가 끊어지고 조상은 제사를 받아먹을 수 없게 된다. 어찌 자기의 명운만 온전하지 못하겠는가? 이런 사람은 어찌해야 할 것인가!

행동함에 고문(古文)을 받들지 않고 스스로 귀신을 범했다고 여지지 않지만 세 기가 조화를 이루지 못하니, 또한 운명에 도타움과 엷음이 있는데도 그 재앙을 깊이 있게 알지 못하기 때문에 세 기의 신을 파견하여 경고를 하게 하는데, 경고를 따르면 좋은 결과를 얻게 되고 나쁜 결과로는 자기는 황천지하로 내려가고 재앙은 후손에게로 미치게 된다. 천명이 하는 것이니 어찌 여기에서 빠져 나갈 수가 있겠는가? 따르지 않아 좋은 일은 하지 않고 나쁜 일만 한다면 어찌 오래 살 수가 있겠는가? 하늘이 보기 싫어하게 되면 급히 그 생명을 끊어버린다. 사람들은 이런 것을 알지 못하고 도리어 푸른 하늘을 원망하는데 하늘이 언제 억울하게 한 적이 있는가? 사람들이 스스로 초래한 것이다. 정말로 아무 생각이 없는 사람은 개나 양과 같은 동물의 명운인 것이니 어찌 오래 갈 수 있겠는가? 금수와 함께 망라되어 기강을 범하게 될 것이고 먹는 것을 탐하다가 생명을 해롭게 할 것이니 무리로 서로 어울리면서 자기의 살아 있는 연수(年數)를 애석하게 여기지 않는구나! 그 중에 지식이 있는 사람이 사방으로 해롭지 않은 곳에 가서 처하게 될 것이니 그 홀로 어찌 되겠는가? 또한 운명 중에 저절로 그러하게 된 것이다. 비록 사람이 없는 곳에 살더라도 그 명이 보전되어 세상의 위험성에 적게 부딪치는 것은 그때의 운명이 그런 것이니 고통스러운들 어찌하겠는가? 부질없이 "내가 하늘에 무슨 잘못을 지었는가? 자고 이래의 사람 중에 만 명 중 한 사람도 나와 같은 사람은 없을 것이다"라고 불평한다.

그는 재물과 여색을 탐하면 단지 [자신에게만] 후환이 있는 것이 아니라 재앙이 자손에게까지 미쳐서 해와 달과 별을 볼 수 없게 된 것이니 무엇을 애석해 하고 괴로워할 것인가? 온전하지 않은 결과를 만들어 생명과 황토가 붙어 있게 된 것이니 이런 사람은 어떻게 할 방법이 없다. 또한 이런 족속들이 있으니 초목과 금수도 또한 그러하다. 스스로 자기를 단정하게 하고 생각에 망령됨이 없게 되도록 노력하지 않고 험악한 말만 한다면 위로는 천신들이 [그의 행동을] 기록하고 아래로는 변호해줄 귀신들이 없어 숨길 수 없어 당사자는 [죄를] 받게 될 것이다.

각자 마땅히 노력하여 [황천의] 경고에 귀를 기울여라. 신령의 뜻과 길흉의 모임에 어찌 인과응보가 없을 수 있겠는가! 경고란 신인이 사람들에게 해서는 안 될 일을 만들어 주어 생사를 위해 피할 일을 보게 하는 것이다. 살아 있다는 것은 양기가 더해진 것이다. 신선록에 참된 신선에 대한 기록이 있는데 허물이 있다면 물러나게 한다. 음기가 더해진다면 바로 죽음의 세계로 들어가게 된다. 곰곰이 잘 생각해서 하늘의 그물에 어긋나지 말라. 아래로 황천의 처분을 당하게 된다. 미망히 인정을 잘 살펴서 출입하고 겉과 속에 그리고 나가고 물러날 적에 허물을 만들지 말아 각기 수명을 연장하고 자손에 미칠 수 있도록 노력하라.

경고를 알고 난 뒤에는 거듭 그 말을 진중하게 하라. 아래에서 나쁜 일을 하면 위에서 용서하지 않는다. 세상의 사람들은 충효와 같은 선행을 별로 하지 않고 좋아하는 것만 탐하다가 주지 않는 것을 억지로 빼앗으며 죽여 버리겠다는 마음을 품어 입에서 떠나지 않으니, 어찌 살 수 있겠는가? 끝내 재앙이 있을 것이다. 빨리 오고 좀 늦게 오는 차이가 있을 뿐이다. 하늘이 주신 글을 잘 받들어서 신이 기록할 [나쁜 행실을] 정말로 멀리해야 한다. 시험하면 안 된다. 살 일로 시험하면 살게 될 것이고 죽을 일로 시험하면 죽게 될 것이다. [나쁜 행동으로 시험하면] 분명코 죽음에 이르게 될 것은 의심의 여지가 없다. 이런 이유 때문에 거듭 자세하게 말하는 것이니 무지몽매한 사람들과 [이와] 다른 말을 하지 말라.

장생불사하는 방법은 가까이 세 신에 달려 있다. 세 기(三氣)가 화합하여 이루어지면 사람이 되고, 화합하여 이루어지지 못하면 흩어져 기와와 돌처럼 있게 되니 부서져 보이지 않는 곳에 있게 된다. 온전한 생명체들과 함께 있을 수 없다.

삼명(三命)의 신이 가까이 마음 가운데 있는데 어찌 아끼고 사랑하지 않는가? 도리어 재물을 탐하다가 몸이 불구가 되고 큰 시장에서 [잘린 머리가] 많은 사람이 보도록 [매달리게] 된다. 언제 다시 사람으로 태어나 돌아올 것인가? 부모는 불쌍하게 여기고, 부인과 아이들은 죄에 연루되어 피해를 입게 될 것이고, 먼 친척들은 잘된 일이라 여길 것이며, 이웃들은 너무 늦게 죽었다고 서운

해 할 것으로, 죽어서도 재앙을 후대에 남긴다. 스스로를 바르게 고쳐 선행을 행하면 수명이 다시 늘어나고 지성으로 행한다면 효험은 자연스럽게 이루어질 것이다. 안과 밖으로 신중하게 한다면 음양의 사이에 네 계절 동안 생성되어 훼손됨이 없을 것이다.

천상과 지하와 중화[의 만물] 사이에는 모두 각기 주관하는 신이 있으니, 지혜로운 사람이 만든 자기 스스로 자신의 관상을 만드는 법과 부합된다. 살고자 하는 사람은 천도와 소원을 함께 해야 한다. 악한 사람은 절로 수명이 줄어들어 없어지게 되니 삼가지 않을 수 있겠는가! 신인(神人)의 말은 모두 하늘의 응함을 얻게 되는 것이니 원망하여서는 안 된다. 수명의 기간을 연장하는 것은 선행을 하면 위로 그 주어진 수명을 다할 수 있을 것이고, 악행을 하면 아래로 황천(黃泉)에 들어가게 될 것이다. 숙고하고 숙고하여 함부로 전하지 말라! 악한 행실을 하는 사람은 전해서 악한 과보를 얻고 그 피해를 보게 되어 삶과 죽음이 장소를 달리할 것이니 감이 말을 하지 말라. 나쁜 행동을 하고 자신을 원망하지 말라! 어떤 사람은 [신선의 명부에] 기록되기도 한다. 다시 원망할 바가 없다. 책을 읽고 그 뜻을 알아 신서(神書)를 경계하고 삼가라. 정령과 귀신을 부리는 것은 모두 방법이 있는 것이다. 수명을 가지고 태어난 사람이 이 글을 보거든 삼가서 스스로를 버리게 하지 말라. 착한 사람을 속인다면 하늘이 그 사람의 수명을 뺄 것이다. 병을 얻어 심각하게 될 것이고, 의사와 무당을 수고롭게 하여 푸닥거리를 해도 소용이 없을 것이며, 명부록에서 마땅히 수명을 끊어 버릴 것이니, 무엇을 다시 의심하겠는가? 자세히 생각해 보라. 그 재앙에 걸리지 않도록 해야 한다. 재앙이 한번 다다르게 되면 다시 구할 수가 없다.

진인들은 이 책을 가지고 가서 어리석은 사람들에게 보여주어 스스로 개과천선하도록 하라. 이 책의 말을 오해해서는 안 된다. 앞뒤로 여러 번 반복되는 이유는 삶과 죽음 그리고 수명을 바꾸는 것에 대해서는 그 금령을 말하지 않는다면 보존할 수가 없는 것이니, 저절로 그러한 것이기 때문이다. 단지 진심으로 이 책을 좋아할 줄을 알아야 한다. 마땅히 말하는 내용을 알아 온 몸에서 이것을 준수해야 자기의 주어진 수명을 다할 수 있다. '하나를 지키고 물을 생각한다면'[守一思過] 다시 수명을 늘릴 수 있을 것이다. 천도는 억만이나 되지만 참됨을 얻은 자는 소수이고, 하도낙서(河圖洛書)가 있지만 폐지된 지가 오래 되었다. 그 글을 신뢰하지 않아서 신선이 되는 사람이 적고 대부분 속인이 되는 것이다. 지금 특별히 세 신인의 스승이 다시 그 마음을 느껴 움직이게 하는 것은 신이 사람들을 도와 지기(地氣)를 불러들이는 일을 못 하도록 하기 때문이다. 지극히 세세하게 그 뜻을 생각하라. 글이 중복되었다고 의심하지 말라. 신인의 스승이 하늘이 가르침을 받았기에 특별히 선인명부(仙人名簿)에 올라간 사람을 통해 이 글의 의미를 소상하게 밝혀주는 것이다.

〈起〉古者無形之神人[1)]也, 學求生道也. 乃上與委氣[2)]同願, 念思常慕得長活之壽, 思念不敢失委氣之意. 昏定晨省,[3)] 戀牢貪生, 常在不忘. 時自視顧望, 盡忠貞之至, 奉承隨委氣之願. 使得上行明徹, 昭然聞[4)]四方不見之物, 希聲之音, 出入上下, 皆有法度. 群神精氣, 莫不自來侍奉承顏色. 恐失其意繫所屬, 皆有懼心. 衣履轉成, 合懷施惠, 布恩上下, 流聞四方六極八表之外, 延及先生, 各加善惡厚薄之失. 大恩所覆, 敬承奉命, 乃感動星曜. 〈止〉無極之貲, 無極之德, 選取貞良, 以自障隱. 其願得達, 心自祐暢, 蒙得生無貲之壽, 恬淡少文, 軀自念全, 何有懈息. 人不得知我, 我亦不聞, 無祿無功, 何因得上與委氣同陳. 用是自惜自愛自養, 及尤稚布施周遍, 何有不蒙者乎. 但自惟〈起〉出入天地中和之間, 照達日月星辰, 取明於前, 二十八宿更直察民,[5] 用有支干, 吉凶有文. 但人少知, 自以爲賢, 動作行止, 旣無益於天, 禍罰觸禁, 上至滅門, 絶世無續, 先祖無祠, 豈祇命不久全, 奈此人何. 奉行不承古文, 自以不犯鬼神. 是乃三氣不和, 亦有命厚薄, 不能悉深念禍殃, 故遣三氣神往敕誡之. 用諫者善, 不善者自期至地之下, 殃流子孫, 天命之爲[6]〈止〉不順, 施惡廢善, 何可久存. 皇上所不欲見, 急斷其年, 人不自知, 反怨蒼天, 天何時相冤, 人自求之. 殊無知慮, 犬羊之命, 何可久遇, 與禽同羅, 觸犯其網, 貪食害軀. 群輩相隨, 不惜其年, 其中有知, 乃出於四境不害之鄕, 是獨何得, 亦中命自然. 雖處無人之間, 是命所全, 世少報者, 時世命然. 痛哉奈何. 自言何負於天. 先古之人, 萬無一人相得, 其貪財色, 不顧有患, 災及胞中, 不見日月星, 何惜痛乎. 自遺不完, 命與土連, 窮哉此人, 亦有比等, 草木禽獸亦然. 不思自正端正意無妄, 有惡言. 上有神記, 下無靈上, 無隱匿, 其主坐焉.[7] 各當努力, 求得戒敕, 神靈之旨, 吉凶之會, 何有不報者乎. 故敕神人爲民施防禁, 使得見生死之忌. 生者陽氣所加, 錄籍有眞神仙錄, 有過退焉. 陰氣所加, 輒在死部. 熟念惟思, 無失天網, 下及地理. 當知人情, 出入表裏, 可進可退, 無遣[8]人咎, 各得增年, 延及子孫.

得戒之後, 重愼其言, 爲惡在下, 上所不顧. 俗世之人, 少孝少忠, 貪慕所好, 劫奪取非, 其有殺心,[9] 不離口吻, 何望活哉. 會有殃咎, 早與晚耳. 奉承天文, 神靈所記, 致當遠之, 不可自試, 試生得生, 試死得死, 會死不疑. 故復丁寧, 反覆語之, 勿與無知, 有小異言. 長生之道, 近在三神, 三氣合成乃爲人. 不成, 離散爲土, 在瓦石同底, 破碎在不見之處, 不得與全完爲比. 三命之神,[10] 近在心間, 何惜何愛, 反貪形殘, 都市示衆, 何時生還. 父母憐念, 妻子被患, 疏親快之, 比鄰恨其晩, 死流後生. 能自正爲善, 歷得復長, 至誠所加, 物有自然. 致愼內外, 陰陽之間, 四時生成, 無得毁焉. 天上地下中和之間, 皆自有主, 爲有知之人, 作相之法[11]所抵, 思生者與天道同願, 惡者自亡年, 可不愼哉. 神人之言, 皆受天應, 不得自怨. 延命之期, 上及爲善, 竟其天年. 惡下入黃泉, 思之思之, 勿妄傳. 惡者之人傳得惡, 被其患, 死生異處,[12] 無敢有言. 行不善, 自勿怨, 他人輒有注錄之者, 無所復怨. 讀書知意, 戒愼神書, 精物鬼使, 皆有所因. 有命家得見此文, 愼無自傷, 抵欺善人. 天減人命, 得疾有病, 不須求助, 煩醫苦巫, 錄籍當斷, 何所復疑. 諦之念之, 思之惟之, 可無被患, 患禍一及, 不復救焉. 眞人持此書以示愚蒙, 自改爲善, 勿惡書言. 前後所說, 皆復重焉. 所以然者, 死生易命, 不語其禁令, 無從得存, □□[13]自然. 唯當知眞心意好文, 當知所言. 故使守一身軀, 竟其天年, 守一思過,[14] 復得延期. 天道億萬, 少得其眞, 河圖洛書, 廢者衆多. 所以然者, 不信其文, 少得仙度, 便爲俗人. 今故因三神人之師, 復感動其心者, 神靈附人, 不欲令地氣召之, 致詳念思惟其意, 勿疑此文重復, 神人之師, 被受天敎, 故因有錄籍之人, 通達書意.

역주

1) 無形之神人(무형지신인) : 『금주금역(하)』에 의하면, '무형지신인'은 '무형위기대신인(無形委氣大神人)'을 지칭한다. 이 신인은 원기(元氣)를 다스리는 직무를 담당하고 있다고 한다. 다음의 글을 보

면, 이 해설이 매우 적절한지는 알 수 없으나 일설로 참고할 가치는 있다.

2) 委氣(위기) : 위기는 『태평경』에 매우 빈번하게 등장하는 개념이다. 『전역』을 참고하여 설명하면 다음과 같다. '위기'에 대한 가장 자세한 설명은 「진도구수득실문결제일백칠(眞道九首得失文訣第一百七)」에 보인다. "그 위의 제일 원기무위는 그 몸을 생각해 보매 한 가지도 하는 것이 없다. 단지 자기 몸이 환하여 마치 기를 (다른 사물에) 부여해 주면서 (자기는) 형체가 없는 것이다(其上第一元氣無爲者, 念其身也, 無一爲也. 但思其身洞白, 若委氣而無形)." 이것을 근거로 볼 때, '위기'는 원기에 의해 인물(人物)에 부여된 것으로 원기 다음의 것이라 볼 수 있다. 이러한 사상은 그 설명방식으로 볼 때 『장자』와 『회남자』등의 영향을 받은 것으로 볼 수 있다. 『금주금역(하)』에 의하면, '지고천신천군(至高天神天君)'을 지칭한다.

3) 昏定晨省(혼정과 신성) : 본래 『예기 · 곡례상』에 나오는 이야기로 자녀가 부모에 대해 매일 아침 인사하며 살펴보고 저녁에는 잠자리를 보아준다는 의미이다. 여기에서는 '신인'이 '위기'에 대해 이처럼 효성을 다하여 위기의 뜻을 항상 살펴서 위배됨이 없음을 의미한다.

4) 使得上行明徹, 昭然聞(사득상행명철, 소연문) : 이 부분에 대해서는 여러 가지 구두 방법이 있다. "使得上行, 明徹昭然, 聞" "使得上行明徹昭然, 聞" "使得上行, 明徹昭然, 聞" "使得上行明徹, 昭然聞" 모두 가능성이 있다. 물론 이 중 하나가 정확한 구두일 것이다. 단지 의미는 크게 차이가 없다. 의미상 가장 무난해 보이는 "使得上行明徹, 昭然聞"을 따랐다.

5) 二十八宿更直察民(이십팔수경직찰민) : 이십팔수는 고대 중국의 천문학 용어이다. 해와 달이 다니는 길을 28개의 구역으로 나누어 거기에 보이는 항성 182개를 구역지은 것이다. '直'은 '値'의 의미이다. 즉 태어난 날의 간지를 보면 자기가 어디에 속하는지를 알 수 있고, 그때에 해당하게 되면 그에 해당하는 별이 그 사람을 비춘다

[察]는 의미이다.

6) 天命之爲(천명지위) : 『초』에 의하면 '천명지위(天命之爲)' 뒤에 '안가도야(安可逃也)' 네 글자가 있다. 여기에서는 이 글자를 보충하여 번역하였다.

7) 不思自正端正意無妄, 有惡言. 上有神記, 下無靈上, 無隱匿, 其主坐焉(불사자정단정의무망, 유악언. 상유신기, 하무령상, 무은닉, 기주좌언) : 이 문장은 여러 가지 구두가 가능하다. 『정독』에서는 "不思自正端正意. 無妄有惡言. 上有神記下無靈, 上無隱匿, 其主坐焉"으로 보고 있다. 그럴 경우 앞의 '正'을 연문(衍文)으로 본다. 여기에서는 연문 등 문제가 없는 문장으로 보고 번역하였다. 『정독』을 따르면 이 문장의 대략적인 의미는 "올바로 생각을 하여 함부로 나쁜 말을 하지 말라! (왜냐하면) 위에서 기록하여 잘못에 따른 벌을 받기 때문이다" 정도이다.

8) 遣(견) : '유(遺)'로 보아야 한다.

9) 其有殺心(기유살심) : 『전역』에서는 "구유살심(具有殺心)" 즉 살생하고자 하는 마음을 갖추고 있는 것으로 보고 있다.

10) 三命之神(삼명지신) : '삼명(三命)'은 '삼통지명(三統之命)'을 말한다. 도를 좋아하는 것은 천(天)에 속하고, 덕을 좋아하는 것은 지(地)에 속하고, 인(仁)을 좋아하는 것은 인(人)에 속한다. 『태평경』 각 편에 보이는 수명연수가 일치하는 것은 아니지만 도를 좋아하는 사람이 가장 장수하고 덕을 좋아하는 사람이 그 다음이고 인을 좋아하는 사람이 그 다음이다.

11) 作相之法(작상지법) : 의미가 분명하지 않지만, 여기에서는 자신이 자신의 관상을 스스로 만드는 법으로 번역하여, 도덕적 행위에 대한 자신의 책임을 강조하였다.

12) 死生異處(사생이처) : 타향에서 객사하는 것을 말한다. 본의는 태어난 곳(고향)과 죽는 곳이 다르다는 것을 말한다. 고대 중국 사람들은 집에서 죽는 것을 선호하였다.

13) □□(□□) : 『정독』에서는 '천도(天道)'가 빠진 것으로 보고 있어,

우선 이에 의거하여 번역하였다.

14) 守一思過(수일사과) : '수일(守一)'은 도교의 수련법으로 일종의 정과 신 수련방법이다. 그렇다면 '수일사과(守一思過)'는 고도로 정과 신을 집중하고 자기가 저지른 잘못을 참회하는 것을 말한다.

제186 칠십이색사시계(七十二色死尸誡) : 72가지 안색은 시신의 안색이라는 경계

해제 72색(色)이란 인간의 얼굴에 나타나난 죽음의 색깔들이다. 이 현상이 모두 나타나면 바로 죽은 시신[死尸]이 되는 것이다. 여기에서는 인간이 도교의 가르침을 무시하고 악행을 계속하면 결국 얼굴에 72가지 증상이 나타나고 그렇게 되면 죽음을 맞게 된다는 일종의 경고를 하고 있다.

그러나 이 글의 내용은 단순한 경고를 하는 데만 그치지 않고, 어떻게 인간의 선악이 하늘에 보고되고, 그 보고된 내용이 다시 어떻게 검증되며, 하늘에 보고하는 신령들은 또한 어떤 방식으로 조직되어 있고 어떤 방식으로 상호검증하여 인간의 선악이 객관적으로 보고되며 누락되지 않는지를 설명하고 있다. 인간의 일거일동에 대한 감시와 보고가 치밀하게 이루어지고 있으며, 상호검증을 통해 다시 확인하고 확인된 결과에 의해 인간의 운명이 결정된다. 어떻게 이러한 선악의 그물에서 벗어날 수 있겠는가? 오직 도교의 가르침에 따라 선행을 하는 것만이 좋은 운명을 만들 수 있다고 한다.

하늘에는 사유(四維)가 있고 땅에도 사유(四維)가 있기에, 해와 달이 돌아가며 왕래할 수 있고, 별들이 도수에 따라 돌아다니며 옳고 그름을 살필 수가 있다. 사람에게는 귀천이 있고 수명에는 장단이 있으니 각기 육갑(六甲)을 품부받아 태어나는 때에는 빠르고 느림이 있어 봉록[祿]과 서로 대응되어 좋고 나쁨이 서로 뚜렷하게 달라 조금의 오차도 없다. 세상 사람들은 알지 못하면서 도리어 사실상 없다고 한다.

신과 화합해야만 사람이라 할 수 있고, 신의 복심(腹心)을 얻어야 군주가 될 수 있다. 날과 때는 상응하는 것이니, 그 나뉨에는 각각 맡는 바가 있다. 하늘의 응함을 얻은 자는 천신이 들어올려 주고, 땅의 응함을 얻은 자는 지신이 길러 주고, 중화의 응함을 얻은 자는 인귀(人鬼)가 보호해 준다. 선행을 한 자는 선한 과보가 응하고, 악행을 한 자는 악한 과보가 응한다. 악한 과보가 절로 따라 오는 것이니, 모두 뿌리가 있어 위 아래로 모두 돌아다니는 것이다. 산과 바다가 통하게 되는 강들은 각각 영역이 있어 각기 본성이 선하여 어기지 않는 사람을 얻어 그곳의 주민을 삼고자 한다. 육지의 신도 또한 선한 사람을 얻고자 한다. 각기 금기사항을 만들어 위로 하늘과 통한다. 악행을 하여 그것을 범한다면 저절로 생존할 수 없을 것이다. 커다란 악행을 하는 집은 집이 크건 작건 귀신이 증오한다. 단지 스스로 개과천선만을 해야 할 뿐 신을 비방하면 안 된다.

천도와 지도와 인도는 모두 부질없이 입으로만 선행을 하는 것을 금한다. 신과 정과 기는 그래도 사람들에 대해 관대하지만 악한 행실을 한 사람들에 대해서는 빼놓지 않고 기록하여 위로 보고한다. 잘못된 행실이 많아지면 태음이 재판을 하여 해당되는 법의 경중과 맞추어 법령에 의거하여 형벌을 준다. 사람들은 알지 못하고 그런 것이 없다고 생각한다.

태양명당(太陽明堂)에서는 장부를 몇 번이고 조사하고 다시 해당 부서인 조(曹)의 장관격인 신이 여러 번 [수정하여] 보고를 올린다. 이 부서의 신령은 죽을 사람과 수명을 감축시킬 사람 그리고 후세를 멸족시킬 사람들을 보고하니, 조심스럽게 생각해보지 않을 수 없다. 선행에 대해서는 좋은 응보를 주고, 악행에 대해서는 저절로 그 응보가 자기에게로 돌아온다. 어떻게 인간을 다스릴 것인가에 대해서 아는 것이 매우 적다는 것을 하늘이 알고 있기 때문에 선행이나 악행의 결과에 따라 생명을 구해주는 글을 작성하여 앞뒤로 경고를 해준 것이다. 함부로 나쁘게 말하여 죄목으로 지목되지 말아야 한다. 행동거지에 [잘못이 있다면] 바로 재앙이 따르게 된다. 그래서 이 글을 내려 그대들에게 보여주어 그 뜻을 생각하게 하고 스스로 원망이 없게 하고자 한 것이다.

조정에서 정위(廷尉)가 법령을 만들었음에, 사람들이 제멋대로 범하고 [형벌을 받게 되더라도] 법령을 주관하는 사람을 원망하지 말아야 한다. 원망하게 되면 운명이 각박해져서 오래 살 수 없다. 사람을 죽인다면 문서가 증거가 되어 땅속으로 들어가게 하여 다시 고문과 심문을 당할 것이다. 문서에 모든 것이 기록되어 있으니 누군들 여기에서 벗어날 수 있겠는가? 힘써 나쁜 무리를 멀리하여 그들과 패거리 짓지 않는다면 타고난 수명을 약간 늘릴 수 있을 것이며 결국 고통에서 벗어날 수 있을 것이다. 비록 사악한 무리들의 공격을 받을 수는 있겠지만 살아갈 수 있을 것이다. 하늘의 금기와 신의 법령도 인간세계는 지하와 마찬가지여서 사방으로 작용하며 흘러다녀서 모두 법상과 같다. 무슨 의심거리가 있겠는가?

살아 있는 사람이 하늘에 공을 세우면 자손이 흉하게 되더라도 수명계산에서 빼주어 당장 죽지는 않지만 수명계산에 있는 수명이 모조리 없어진 뒤에는 삶을 바랄 수 없다. 군주는 나라이고 아들은 백성이니, 백성들을 자식처럼 가르쳐서 그 선악을 이끌고 힘써 그 실정을 알게 하여야 한다. 사람들이 주어진 수명을 다하여 요절하는 일이 없게 되고 후손이 끊어지는 일이 없게 될 것이다. 형벌은 그 형벌에 따라 하고 현명하고 지혜로운 사람을 만나 처음과 끝이 통하게 한다. 위험한 신이 왕에게 나타나더라도 그 신을 더욱 포악하게 만들어서는 안 된다. 앞의 책에서 이미 말한 바이나, 마땅히 다시 반복해야 할 것들이다. 군주는 즐겁고 한가롭게 지내면서도 후세에게 [복을] 되물려주고 영원이 윤택하게 하며 세상을 따르게 하며 살게 될 것이다. 죽이는 일을 삼가고 좋아하지 말라. 당시는 혹시 괜찮을지 몰라도 훗날 그 후환의 피해를 당할 것이다.

큰 벼슬 작은 벼슬 할 것 없이 정(正)과 부(副)가 협력하여 마땅히 이런 사실을 알게 하여야 하고 백성들이 근심걱정하지 않도록 해야 한다. 도와 덕, 그리고 인과 의를 좋아하여 하늘과 덕을 합치하게 하고 땅과 뜻을 합치하게 하고 중화(中和)에 이익되는 일을 하여 좋은 신들과 서로 살펴볼 수 있도록 노력하게 만들어야 한다. 각기 모두 진실되게 일을 하여 어리석은 사람을 속이지 말아야 한다. 장구한 삶을 구한다면 절로 심한 고통과 근심이 없을 것이다. 천상의 일을 행하고자 하면 신들이 도움을 주어 신선이 되어 '장생구시'(長生久視)할 수가 있어 오래 일월성신과 서로 비출 수 있을 것이니, 이것은 하늘이 주는 커다란 은택이다. 사소한 나쁜 짓도 하지 말아야 하는 것이니, 또다시 추방당해 내려오게 될 것이고, 계속 악행을 저지른다면 일가족을 몰살시킬 것이다. 이런 이유로 거듭 경계하는 것이니, 전에 악행을 범하지 않았더라고 범하게 되면 요절하여 일찍 죽게 될 것이다. 어떤 사람이 비행을 저지르고자 한다면 그에게 이런 것을 설명하여 어리석고 미혹됨을 풀어주어 그로 하여금 흉측한 결과를 만나지 않도록 하여라. 평상시 다른 사람 말을 귀담아듣지 않는다며 훗날 스스로 후회하게 될 것이다. [이렇게 한다면] 말해 주는 사람이 복을 짓는 행동이다. 별자리가 사람을 감시하고 있으니 악한 일을 저지르면 안 된다. 응당 하늘에 보고하게 될 것이다. 선행을 하는 사람은 장수할 것이라는 점을 다시 의심할 필요가 없다. 후세의 사람들을 가르치고 경고하여 선조들이 풍성한 제사상을 받을 수 있도록 하여야 한다. 그렇지 않으면 자기의 이름도 보전하지 못할 것이다.

하늘의 금기를 범하지 말고 땅의 형벌을 범하지 말아 네 계절에 따라 받들어 죽임[殺]이란 이름을 두지 말라. 오행에 의해 이루어지는 것을 마땅히 각기 지켜서 악행이란 이름을 두지 말라. 위아래와 같은 존귀함과 비천함을 등한히 여기지 말라. 각기 돌아가며 통솔하는 것이 있는 것이니, 돌연히 변경하지 말라. 그래야 드러난 명성이 있을 것이다. 마음속에서 깊이 생각하여 신중하게 형체를 떠나라. 정과 신이 산란하여 사악한 귀신이 사람을 놀라게 하면 스스로를 보존할 궁리를 하여 그 이름을 잊지 말라. 각기 좋은 일이 있을 적마다 도에 힘을 쓰고 선행을 하려 노력한다면 수명을 늘릴 수 있으니 장생할 수 있을 것이니. 삼가고 삼가라. 함부로 형벌을 사용하지 말라. 처음에는 정과 신이 피곤하겠지만 후일 영화로운 일을 만나게 될 것이다. 스승은 선행과 악행에 대해 근본을 생각하여 그 지말을 이루어 주고자 하는 것이니 제자가 만약 순종하지 않는다면, 그 이름을 보존하지 못하여 신선이 될 수 없을 것이다. 토형신(土刑神)을 범하게 된다면 더욱 미움을 받게 되어 삶을 이어가지 못하게 될 것이다. 삼가고 다시 또 삼가라.

한 몸 안에 신령스러운 빛이 저절로 나오고 안과 밖이 하나가 되고 언행이 순조로워 참된 믿음을 잃지 않는다. 오장신(五臟神)이 안에 있으니 그 장단을 알아서 쉽게 범하지 않으면 문채가 나게 된다. 조금이라도 잘못이 있게 되면 위로 태양명당에 보고를 하는데 심신이 구속되어 그 행위에 대해 심문을 받게 된다. 무거운 죄를 지은 자는 가차가 없고 가벼운 죄를 지은 자는 수명을 줄인다. 신이 위에 보고를 하지 않는다면 뒤에 그 신도 벌을 받게 되는데, 또한 형벌의 규정이 있다. 살아 있는 사람의 행동만 해당하는 것이 아니라 정과 신, 귀물(鬼物)도 또한 그러하다.

옛날 지혜로워서 감히 이러한 금기를 범하지 않은 선인과 신령들이 자주 내려와 하늘과 땅과 인간세계를 두루 돌아다니는 것이니. 공로가 없는 사람은 좋은 과보를 받을 희망이 없다. 성현의 마음은 마땅히 그 책에 의거해서 일을 해야 하니 그 책에는 경고와 예언이 들어 있는데 악한 사람은 이것을 어기게 된다.

삶을 구하는 자는 하늘이 도와주고 양생을 구하는 자는 땅이 도와주고 인(仁)을 구하는 자는 다른 사람들이 이 사람을 아껴주게 된다. 이 한계를 벗어나 악행을 하면 반드시 해를 당하게 된다. 하늘이 그 악을 알게 된다면 반드시 흉악한 정과 신, 귀물(鬼物)을 부려서 처리하게 하니, 그 사람의 몸에 들어갔다가 사지와 머리와 배와 등과 가슴과 겨드랑이에 있는 칠규(七竅)를 통해 밖으로 흘러나오게 되는데, 태양명당에 보고하면 [악한 일을 한 사람의 얼굴에] 72가지 색이 나타나게 되는데, 이것이 바로 죽은 시체의 색이다.

오장에 병이 생기면 일정한 기간이 지나 죽게 된다. 음식을 삼가고 바람과 추위에 노출되지 않고 덕에 따라 출입한다면 천수를 다 누릴 수 있다. 하늘은 사람이 살기를 원하고 땅은 사람이 길러지기를 원하고 사람들은 사람들이 베풀고 살기를 원한다. 악행을 하면 재앙을 받게 되고 구제받지 못한다. 그래서 천서(天書)를 내려 경고를 해 주는 것이니, 백성들로 하여금 금기를 범하지 못하도록 칙령을 내린 것이다. 천기(天氣)가 사람 때문에 말을 한 것이니, 마땅히 각기 불순한 행동을 씻어 버려라. 삼간다면, 뒷날 좋은 일을 있을 것임을 잊지 말라. 그렇지 않으면 다시 살 수 없고 삶이 줄어들 것임은 앞에서 한 말과 같다.

〈起〉天有四維, 地有四維, 故有日月相傳推. 星有度數, 照察是非, 人有貴賤, 壽命有長短, 各稟命六甲.[1] 生有早晚, 祿相當直,[2] 善惡異處, 不失銖分. 俗人不知, 反謂無眞, 和合神靈, 乃得稱人. 得神靈腹心, 乃可爲人君. 日時有應, 分在所部. 得天應者, 天神擧之. 得地應者, 地神養之. 得中和應者, 人鬼佑之. 得善應善, 善自相稱擧, 得惡應惡, 惡自相從. 皆有根本, 上下周遍. 山海諸通之水, 各有部界, 各各欲得性善不逆之人以爲戶民. 陸地之神, 亦欲得善人. 各施禁忌, 上通於天, 爲惡犯之, 自致不存. 〈止〉大惡之家, 無大小, 鬼神所憎, 但可自正, 勿非謗神. 天道地道人道, 禁不空善, 神精氣尙能假人, 惡者不失其文, 輒擧上白. 積過衆多, 太陰主狀, 當直法輕重, 皆簿領過,[3] 人不自知, 以爲無他. 太陽明堂,[4] 錄籍數通, 復得部主, 神亦數通. 天神部上死亡, 減年滅人世, 不可詳念重. 其善致善, 惡自歸其身. 及治生天知少智, 故爲施善惡救命之文, 以戒前後, 勿輕惡言, 以爲談首, 動作進退, 輒有殃咎. 故下此文以示子, 使思其意, 使無自怨. 朝廷尉設法, 人自犯之, 勿恨主者, 恨之命簿不得久生.[5] 會欲殺人, 簿領爲證驗. 乃令入土, 輒見考治,文書相關, 何有脫者. 努力遠惡, 無以爲伍, 可小活竟年之壽. 不忠疾苦, 雖爲狂邪所擊, 會有活者. 天上禁神法令, 亦如中和地下, 四流傍行, 皆同法象, 何有疑者. 生人有功於天, 子孫爲凶, 輒除算, 當時不死, 算盡之後, 亦無望其生. 君國子民, 當爲教道, 導其善惡, 務得情實. 無天人命,[6] 絶人世類, 刑從其刑, 數見賢智, 以爲首尾, 威神著君, 神勿加暴,[7] 前書已有言, 復宜重之. 君父得以遷延及後, 永生滋震,[8] 愼無貪殺. 當時自可, 後被其患.

〈起〉吏無大小, 正卒因緣, 宜明其事, 勿爲民之所患. 殊能敬好道德仁恩, 與天合德, 與地同意, 與中和有益, 思與善神靈相睹, 各有其信, 勿欺愚者. 〈止〉長生求活, 可無自苦愁毒. 思行天上之事, 神靈所擧, 可得仙度久生, 長與日月星辰相睹. 是天之大恩, 宜勿有小不善, 亦復遣下. 作惡不止, 久滅人戶, 故復申敕, 旣無犯者. 犯者各爲薄命少年, 人欲爲非, 當爲說解其愚迷, 使不逢凶. 常時不用人言, 後復自悔, 談者之福也. 星宿視人, 不可爲非, 當各有所白, 善者命長不復疑, 教戒後生, 可給先祖享, 不者自亡其名. 〈起〉無犯天禁, 無犯地刑, 四時奉順, 無有殺名. 五行所成, 宜各自守, 〈止〉無有惡名. 勿輕上下, 皆更相主, 令無卒無暴, 乃有顯名.[9] 思念在心, 愼離其形, 精神離散, 邪鬼驚人, 念以自全, 無忘其名. 各自有喜, 務道求善, 增年益壽, 亦可長生. 愼之愼之, 勿枉行刑, 初雖勞意, 後被其榮. 師有善惡, 念本成末, 弟子不順, 亦亡其名, 不得仙度. 犯土刑神, 所以增惡, 不得受生. 愼之復愼. 一身之內, 神光自生, 內外爲一, 動作言順, 無失誠信. 五神在內, 知之短長, 不可輕犯, 輒有文章. 小有過失, 上白明堂, 形神拘繫, 考問所爲, 重者不失, 輕者減年. 神不白擧, 後坐其人,[10] 亦有法刑, 非但生人所爲, 精神鬼物亦如是. 古者知不敢犯之人神數下, 歷之於天地人, 無功亦無望其報. 賢聖之心當照其書卷, 卷有戒讖, 惡人爲逆.〈起〉貪生者天之所佑, 貪養者地之所助, 貪仁者人共愛之. 過此而爲, 惡必得賊. 天知其惡, 故使凶神精鬼物待之, 入人身中, 外流四肢頭面腹背胸脅七政,[11] 上白明堂, 七十二色爲見, 是死之尸也. 五藏有病, 其去有期, 愼飮食, 無爲風寒所犯, 隨德出入, 是竟年之壽. 天貪人生, 地貪人養, 人貪人施, 爲惡其禍不救. 故以天書告,〈止〉令敕民無犯所禁. 天氣因人出辭, 宜各洗去不純之行. 愼之勿忘, 後將有喜, 不者不須復存□□[12] 如言.

역주

1) 各稟命六甲(각품명육갑) : 육갑은, 즉 갑자, 갑인, 갑진, 갑오, 갑신, 갑술이다. 이 육갑이 한 번 돌면 모든 천간지지의 조합을 포괄하게 된다. 사람은 이 육갑의 한해에 태어난다. 즉 생물이 태어날 수 있는 모든 가능성의 해[年]를 말한다.

2) 生有早晩, 祿相當直(생유조만, 녹상당직) : 고대 성명학(星命學)에 따르면, 사람의 생년월일에는 모두 거기에 해당하는 성수(星宿)가 있다. 이 성수가 바로 그때에 태어난 사람의 명운을 지배한다고 한다.

3) 簿領過(부령과) : '부령(簿領)'은 심리한 결과를 기록하는 일종의 판결문이다. 그곳에 그의 잘못을 기록한다는 의미이다.

4) 太陽明堂(태양명당) : '태양'은 양기가 극도로 성한 곳을 말한다. '명당'은 상제의 궁정을 말한다. 구체적으로는 동쪽칠수(東方七宿) 중의 심수(心宿)를 말한다.

5) 恨之命簿不得久生(한지명부부득구생) : 『금주금역(하)』에 의하면, 원망하게 되면 하늘에 있는 명부에 올라 오래 살 수 없다는 의미이다. 단지 글의 흐름상 이것은 당시의 현실 법률과 관계 속에서 설명

하는 것이 보다 원만하다. 『전역(하)』에 의하면, ‘부(簿)’는 ‘박(薄)’의 오사이다. 우선 이것을 따랐다.

6) 無天人命(무천인명) : 대부분 ‘천(天)’은 ‘요(夭)’의 오사로 보고 있다. ‘요’는 일찍 죽는 것을 말한다.

7) 威神著君, 神勿加暴(위신저군, 신물가폭) : 정확한 의미를 알기 어렵다. 『금주금역(하)』에 의하면, 위력을 가진 신이 임금에 부착되어 있는데 그 신을 더 포악하게 만들지 말라는 의미라고 한다.

8) 滋震(자진) : 정확한 의미는 알기 어렵다. 『금주금역(하)』에 의하면, 자양(滋養)과 진복(震服)의 의미라고 한다. 『전역(하)』에 의하면, ‘자애(慈愛)’를 잘못 쓴 것으로 추정한다.

9) 勿輕上下, 皆更相主, 令無卒無暴, 乃有顯名(물경상하, 개경상주, 영무졸무폭, 내유현명) : ‘졸(卒)’은 ‘갑자기 급박하게[猝]’라는 의미이다. 고대 중국인의 관념에 의하면 오행에 의거하여 네 계절이 존재하며 거기에는 각각 주관하는 것이 있다. 즉 여름 같은 경우 ‘화(火)’가 주인이 되어 주관을 하게 된다. 그리고 가을이 되면 ‘금(金)’에게 주인 자리를 물려주게 된다. 위의 글 중 ‘상하(上下)’는 ‘주빈(主賓)’을 지칭하는 듯하다. 즉 여름일 경우 ‘화’가 상이며 주이고, 그 나머지는 ‘하’이며 ‘빈’이다. ‘개경상주(皆更相主)’는 오행이 돌아가며 주관을 한다는 의미이다. 즉 오행의 원리에 순응하여야 한다는 앞의 “오행소성, 의각자수(五行所成, 宜各自守)”에 대한 부연 설명이다.

10) 後坐其人(후좌기인) : 좌(坐)는 법률 등에 의하여 처벌을 받는 것을 의미하고, ‘기인(其人)’은 보고를 제대로 올리지 않은 신령을 지칭한다.

11) 七政(칠정) : 『금주금역(하)』에서 ‘칠정’을 ‘칠규(七竅)’로 보고 있어 따랐다. 『전역(하)』에서는 ‘칠정성군(七政星君)’을 말한다. 그렇다면 구두는 “使凶神精鬼物待之, 入人身中, 外流四肢頭面腹背胸脅, 七政上白明堂”이 된다. 즉 정과 신귀물이 사람 몸에 들어가 나온 뒤 이러한 사실을 칠정성군이 하늘의 명당에 보고하는 것이다.

12) □□如言(□□여언) : 『정독』에서는 '감년(減年)'이 빠진 것으로 보고 있다.

제187 사서불용도자고계(寫書不用徒自苦誡) : 도서(道書)를 베껴 쓰기만 하고 실천하지 않으면 한날 괴롭게 된다는 계

해제 이 장 제목의 뜻은 도서(道書)를 베끼기만 하는 것은 공덕이 없으니, 베껴 쓰는 데 그치지 말고 반드시 실천해야 하며, 실천하지 않으면 엄중한 대가를 치를 것이라는 것이다. 이것은 물론 도서의 내용을 반드시 실천해야 한다는 일종의 요구문이며, 동시에 신도들에 대한 일종의 경고문이다.

그렇다면, 문제는 왜 실천하지 않으면 반드시 이처럼 엄중한 대가를 치르게 되느냐는 것이다. 이 장은 이 문제에 대해 나름의 설명을 하고 있다. 대부분의 설명은 인간이 아니라 선계(仙界)의 조직과 제도 그리고 운영방식 및 신상필벌(信賞必罰)에 대한 내용이다. 이것을 통해 두 가지를 이야기하고 있다. 첫째, 인간의 선악에 대한 감시 및 보고 체계 그리고 그에 대한 응보(應報)는 반드시 이루어진다는 것이다. 둘째, 하늘 나라에서는 인간보다 우월한 신선들에 대해서도 이처럼 엄격한 방식으로 신상필벌이 이루어지는데 하물며 보잘것없는 인간에게는 어떠하겠는가? 분명히 엄격하게 선악에 대한 응보가 있을 것이라는 점이다.

이와 같은 내용 이외에 몇 가지 주목해 보아야 할 것이 있다. 우선 인간의 선악은 단순히 자기에 대한 양심의 위배 여부와 인간관계에서의 문제뿐만이 아니라 인간과 자연과의 관계와도 밀접한 관련을 가지고 있다고 하는 점이다. 불필요하거나 혹은 절제되지 않은 자연파괴는 반드시 그에 상응하는 보응을 받는다는 주장은 당시 도교도의 인간관 및 자연관의 일부를 보여 주고 있다. 그리고 이 장에서 보여주는 선계의 조직은 당시 사회인 한대(漢代) 관료 제도와 많은 부분에서 유사하다. 도교의 여러 신 그리고 신들의 조직에 관심을 가지고 있는 사람은 주목해 볼 만한 대목이다.

옛날 신령스럽고 성스러운 분의 말씀은 원칙을 잃지 않아 절로 법도가 있다. 무지몽매한 사람들은 각기 이것을 경계로 삼아 더욱 철저하게 지켜야만 생명을 유지할 수가 있다. 허물에 대한 벌의 경중은 모두 잘못을 범한 사람에게 근거하는 것이니, 근거가 없는 공허한 것으로 그치는 것이 아니라 실제로 벌을 받게 되는 것이다. 주어진 본성이 저절로 그러하니 속일 수 없다. 이런 것을 잘 알고 마음에 새겨 방치하지 않아야 장차 하늘의 신이 될 수 있다. 변화에는 때가 있는 것이니, 그 강령을 지켜야 한다. 네 계절의 기운을 거역해서는 안 된다. 정과 신이 있어 빠짐없이 기록하여 빼먹는 것이 없기 때문이다.

만약 보고하지 않았다고 여겨지면, 하늘이 점검을 하기 위해 신을 보내니 제멋대로 된 보고가 없어야만 살아갈 수 있다. 그렇지 않으면, 벌로 귀양을 보내 시장에서 채소를 팔게 하는데 전혀 이익을 볼 수가 없고 외모가 매우 추악하여 다른 사람들이 무시하고 여러 사람들이 천시하도록 한다. 죄가 무거우면 오래도록 귀양을 보내는데 40년을 채워야만 다시 올라와 여러 신들의 조수가 된다. 중간 정도이면 30년, 가벼우면 10년을 귀양 보내고 맡고 있는 업무를 빼앗는데, 각각 해당되는 규약이 있다. 다시 마음을 바꾸어 스스로 반성을 해야만 다시 오래 업무를 맡을 수 있다. 하늘의 말을 소략하게 여겨서 스스로 허물을 남기지 말게 해야 한다. 심사숙고 하지 않을 수 있겠는가?

뒤에 신선이 된 사람은 생각함에 깊고 옅음이 있으니 잘못을 범하더라도 [책임을] 자신의 것으로 삼고 신의 말씀을 원망하지 않는다. 나가고 들어오고, 안에 있을 때나 밖에 있을 때나, 조심하여 잘못이 없도록 하며, 내려오는 [명령을] 상세하고 조심스럽게 받아서 하늘이 내린 대로 받들어 일을 해야지 제멋대로 해서는 안 된다. 마땅히 명령을 받았으면 지체해서는 안 되는 것이니, 삽시간에 문책이 따르게 된다. 잘못이 무거우면, 삭탈하고 땅의 기록부에 기록하여 두는데 이름을 기록하여 선계(仙界)에 머물지 못하게 한다. 빈 자리가 생기면 아래 세상에 있는 후보들로 그 자리를 보충한다. 이미 정과 신 자세가 갖추어진 신선들도 추방당하는데, 어리석은 사람은 말할 것도 없다. 금후로는 어겨서는 안 되느니라.

하늘이 사람의 과실을 규찰할 때 귀신에게 직책을 맡겨 하늘의 가르침대로 하지 않는 사람이 있으면 바로 재앙을 내려주게 하니 채찍이나 몽둥이가 필요한 것이 아니다. 이는 모두 자기 스스로 초래한 것이다. 그렇지 않다고 여기고 의심한다면, 천수를 다 누릴 수 없다. 그래서 다시 말을 하는 것이니 경계에 신중해야 한다. 인간세상의 일처럼 술과 고기로 교섭한다고 하여도 면할 수 없다. 신선의 도는 지극히 엄중한 것이기에 사람들에게 말을 하는 것이다. 운명은 마땅히 기록되어 있으니, 신들이 서로 업무를 분담하여 구름과 용을 타고 다니며 두루 다 돌아다닌다. 하늘에서 가르침과 명령이 내려오면, 다시 행해야 한다. 법도에 어긋나게 해서는 안 되며, 기록에 소략한 것이 있다면 증인을 불러서 확인하는 것이지 자백에 의거하는 것이 아니다. 하늘은 [심문을] 멈추고 각기 벌을 받도록 한다. 원망할 거리가 없다.

신이 하늘에 보고하는 것은 근거 없이 천하와 지상의 중화의 아들들을 왜곡하여서는 안 된다. 하늘을 원망하지도 말고 땅을 탓하지도 말고 하늘과 땅 사이를 정체시켜서도 안 되는 것으로, 마치 세상의 법률과 같다. 내용이 사실과 어긋나서 아래 세상의 원망을 얻게 된다면 또한 오래 머물 수가 없으니, 천상의 여러 신들은 서로 앞다투어 보고한다.

하물며 일반 사람들에게는 어떠하겠는가? 마땅히 하늘의 법을 받들어 행하여 하늘의 조화[天和]를 따라야 할 것이다. 헤아릴 수 없는 식량과 헤아릴 수 없는 의복이 공을 세울 때마다 다시 주어질 것이다.

여러 동료 신선들을 서로 주관할 수 있는데, 보고되어 올라오는 것은 해마다 규정이 있어 규정된 글에 따라 시행되어 갈팡질팡할 것이 없다. 각자 보고되는 것들에 쌍방에 올라오는 내용이 일치하지 않아 서로 원망할 경우 조직적으로 [잘못된 보고를] 올리는 경우 벌을 주어 더욱 비천하게 만든다. 비록 즉시 내려가서 [조사하지는] 않지만 큰 신선에 의해 부려지는 것들이 신선의 뜻에 부합하지 않으면 바로 토주(土主)에게 보내져 다시 올라올 수 없다. 이런 이유로 미비점이 생길 때 몸소 가서 직무를 담당하지 않더라도 상중하(上中下)가 마치 한 몸처럼 서로 대조할 수 있다.

행동을 함에 말을 신중하게 생각하여야 한다. 몸의 수명이 사라져서 토(土)와 연결된다. 토는 땅에 있는 흙을 말하는 것이 아니다. 본래 흉한 신[凶神]이 전문적으로 지키고 있는데 천토신(天土神)을 위하여 부리는 것으로, 만일 명령받은 말과 같지 않다면 바로 고통을 당하게 된다. 신선도 실수가 있을 수 있는데, 보통 사람이 어떻게 제멋대로 할 수가 있겠는가?

그러므로 [운명을 맡고 있는] 사명(司命) 신으로 하여금 가까이 가슴 부근에 머물게 하여 사람에게서 떠나거나 멀리 떨어져 있지 못하게 하여 정령과 신들의 집을 삼게 한다. 길흉이 정해져 있는 것이니 어찌 멀리 피할 수가 있겠는가? [피하고자 한다면] 부질없이 근심스럽게 되고 화를 초래하여 억지로 급하게 하고자 하면 생명을 부지할 수가 없다. 생명이 다하지 않았다고 해도 [명을 다] 소진한 뒤에는 멀리하고자 해도 아무 소용이 없다. 천하의 여러 신들이 주기적으로 모여 [사람들의] 생사를 주관하는데, 신들의 처리에 잘못이나 소략한 점이 있다면 도리어 재앙을 감수해야 한다. 참으로 사람의 수명을 다시 늘리지 않을 것이다. 그러므로 신인(神人)을 파견하여 [하늘의] 문장을 보여주어 경고를 알게 하고 악행을 그만두게 하는 것이다. 신이 위로 보고할 수가 없게 되어 수명을 조금은 늘릴 수 있다.

[사람은] 여러 가지 곡식을 먹고 살아야 하는데, 산을 태우거나 돌을 부숴 개간함으로써 [피해가] 초목에 이르고 꽃이 꺾이고 가지나 열매가 다치게 하거나 주택가에 건축을 지을 때 농구로 일을 하여 [식물의] 줄기와 뿌리가 모두 죽어버리게 하지를 말라. 그렇게 한다면, 그 어머니(곧, 땅)가 노여워하여 위로 아버지(곧, 하늘)에게 보고하게 될 것인데, 인명을 애석하게 여기지 않을 것이다. 사람도 또한 식물을 채집하여 생활한다 하여도 말라비틀어지거나 떨어져서 생명력이 왕성하지 않을 것만을 채집해야 항상됨을 따르는 것이다. 천지가 생장하는 것은 마치 사람이 살아가는 것과 같다. 무엇 때문에 제멋대로 후세에까지 미치게 하는가? 지혜로운 사람은 금기를 범하지 않는다. 스스로 다른 사람에게 해를 끼친다면, 다만 과거의 예로 보면 어린 것을 사람으로 하여금 잡아먹지 않도록 한다. 그렇다면 생명을 조금 더 늘릴 수 있을 것이며, 필경

하늘의 명부에 있는 수명을 누릴 수 있을 것이다.

전쟁을 일으켜 인명을 해치거나 위협하지 말라. 하늘은 이런 사람들에게 오래 살게 내버려 두시를 않는나. 사람들이 서로 적대시한다면 신을 골치 아프게 하고 정기와 귀물들이 각기 휴식을 할 수 없게 된다. 이런 현상은 사람들의 잘못에 기인하여 생긴 것이 아닌가? 과거에 한 악행은 재앙이 다음 세대로 내려가게 되는데, 그래서 자식을 낳을 때 반드시 흉한 날 출생하게 만든다. 그렇지 않으면 임신할 때쯤, 천둥 번개가 치거나, 그믐날이나 보름 혹은 혈기일(血忌日)이나 반지일(反支日)에 부부가 합방을 하게 할 것이니, 태어나는 후손이 불구가 되는 등 반드시 재앙을 받게 될 것이다. [이런 것은 모두] 지기(地氣)가 일으키는 것인데 도리어 창랑성(倉狼星)을 원망하게 될 것이나 악행을 행하여 악보를 받게 된 것이니, 다시 무엇을 바라겠는가?

개과천선할 줄도 몰라서 장차 후손이 끊어져 집안이 소멸될 것이다. 죽는 것도 일반 사람들과 같지 않아 군대 같은 곳에 끌려가게 되어 그 군대가 황량하고 풍토병이 많은 곳에 진군하여 [객사하여] 땅에 묻히게 되고 여우나 개의 먹이가 될 것이다. 해골도 거두어지지 않고 길가에 버려져서 혼백이 모두 끊임없이 고통을 당하다가 때로 초목이 그 뼈를 휘감고 온갖 짐승들이 그 골수를 먹게 될 것이니 언제 다시 태어나겠는가? 악한 사람이 벌을 받고, 선한 사람이 상을 받는 것은 사람들이 아는 바이니, 어찌 스스로 고치지 않는가? 하늘은 공로가 있는 사람에게 보답하고 덕이 없는 사람에게는 복을 주지 않는다. 생각하고 생각하라. 상벌에 대해 알 수가 있을 것이다.

제멋대로 하다가는 죽음만 있을 뿐이며 극도로 외롭고 고통스러울 것이다. 선악에 의해 발생하는 수명의 변화에 대해서는 마땅히 알 수 있을 것이다. 자세히 생각하고 신중하게 생각하여야 재앙을 당하지 않을 것이다. 그러므로 거듭 경계하여 스스로 반성하게 만든 것이다. 길흉이란 것은 서로의 차이가 만리나 되는 것이다. 그래서 이 글을 내려 서로 경계하고 조심하게 하는 것이다. 하늘을 원망하지도 땅을 탓하지도 말아야 한다. 선과 악은 마땅히 나누어지는 것임을 이 글에 기록하였다. 무엇이 악행인지를 알고 선행을 하고자 하나 혼과 신이 극도로 피곤하다. 어리석은 사람은 이런 것을 알 수가 없다. 그러므로 글을 여러 번 중복하면서 간절하게 쓴 것이니 여럿이서 돌려가며 알려 주어 후세에 재앙이 생기지 않도록 하여야 한다. 이것을 보면 소상하게 알 수 있으니 또 다시 무엇을 원망하겠는가? 다시 탓할 것도 없다. 각기 그 원리대로 이루어지는 것이다. 이 글은 마땅히 후세에 끊임없이 전해져야 한다. 지혜로운 사람은 수명이 단축될 것이고, 어리석은 사람은 죽게 될 것이다. 책을 베껴쓰기만 하고 그 말을 실천하지 않는다면 부질없이 괴롭기만 할 따름이다.

〈起〉古者神聖之言, 不失綱紀, 自有法度.[1) 〈止〉無知之人各戒此, 戒尤深徹生. 過罰輕重, 皆從人起, 非但空虛, 輒有所受. 天性自然, 不可欺矣. 熟念無置, 行成天神矣. 變化有時, 不失綱紀, 四時之氣, 不可犯矣. 輒有精神, 無復疏矣. 以爲不白. 天以占之, 神爲之使, 不妄白上, 乃得活耳. 不者罰謫賣菜都市, 不得受取, 面目爲醜, 人所輕賤, 衆人所鄙, 過重謫深, 四十年矣. 乃得復上爲諸神使, 中者三十, 下者其十. 奪其所主, 各有分理, 能復易心自責, 可復長久. 勿易天言, 自遺其咎, 可不熟念. 爲後仙士, 計慮深淺, 咎自在己, 無怨神言. 出入表裏, 愼無誤失, 詳諦所受, 被天奉使, 不可自在, 當輒承命, 不得留久, 輒有責問, 不頃時矣. 過重使退, 地記所受, 姓名如牒, 不得留止, 處有空缺, 下人補矣. 所以然者, 中心盡神仙尙退, 何況愚士. 自是之後, 可無犯矣. 天責人過, 鬼神爲使, 不如天敎, 輒見殃咎, 不須鞭笞, 行自得之耳. 以爲不然, 見爲所疑, 不得久在, 故復有言, 所戒愼矣. 不效俗人, 以酒肉相和復止, 仙道至重, 故語人矣. 有命當存, 神神相使, 乘雲駕龍, 周遍乃止. 天有敎令, 當復行矣. 無失法則, 枉疏記, 爲置證左, 不宜自服. 天亦止息, 各受其罰, 可無怨矣. 爲神所白, 無妄犯天下地上中和之子, 各不自敬.[2] 無怨天咎地, 上下相留,[3] 亦如民法, 令辭不情實, 爲下得怨, 亦不留久, 天上諸神爭道之.

〈起〉何況凡人民, 宜自奉承天法, 隨順天和, 無貲之糧, 無貲之衣, 有功復進.[4] 〈止〉可主諸同, 有所白, 歲有定,[5] 承文而行, 不得有疑. 各有所白, 不兩平相怨, 同學者有罰, 更爲賤矣. 雖不時下, 爲大神所使, 不可神意, 便付土主, 不得復上. 故有空缺, 身不處之, 是上中下相參如一矣. 行愼此言, 亡身之壽, 與土相連. 土者, 非地之土, 自亦有凶神業守之, 爲天土神使, 使不如所言, 輒見苦矣. 神仙尙有過失, 民何得自在. 故令司命, 近在胸心, 不離人遠人, 爲精神舍宅,[6] 吉凶自在, 何須遠避, 自令擾禍. 急不得活, 命未盡, 算盡之後, 遠之無益. 天下會神, 主知存亡, 神自有失脫, 反受其殃. 故令民命, 不得復久長. 故遣神人, 示其文章. 得戒止惡. 神不上白, 尙可須臾. 飮食諸穀, 愼無燒山破石, 延及草木, 折華傷枝實, 於市里, 金刃加之, 莖根俱盡. 其母則怒, 上白於父,[7] 不惜人年. 人亦須草自給, 但取枯落不滋者, 是爲順常. 天地生長, 如人欲活, 何爲自恣, 延及後生. 有知之人, 可無犯禁. 自有爲人害者, 但仰成事, 無取幼稚給人食者，命可小長．終竟錄籍，無興兵刃，賊害威劫人命．天命此人，不可久活．惡惡相及，煩苦神靈，精氣鬼物，各各不得懈息．是非人過所爲邪．先時爲惡，殃咎下及．故令生子，必不良之日．或當懷妊之時，雷電霹靂，弦望朔晦，血忌反支，[8] 以合陰陽．生子不遂，必有禍殃．地氣所召，反怨倉狼．爲惡報惡，何復所望．不知變易，自職當絶滅無戶，死不與衆等部，[9] 吏正卒，[10] 此伍特至曠野不潔之處，纔得被土，狐犬所食，形骸不收，棄捐道側，魂神俱苦，適作不息．或著草木，六畜所食，何時復生．罰惡賞善人所知，何不自改．天報有功，不與無德．思之思之，賞罰可知．自可死獨苦極，善惡之壽當消息，詳之愼之，可無見咎．故以重誡，令自悔耳．吉凶之會，相去萬里，故下此文，相敕相誡，勿怨天咎地，善惡當分．其文相錄，知惡爲善，魂神勞極．愚者不知，故文辭丁寧反覆，展轉相告，無爲後生作咎．以此自證，復何怨咎，無所復恨，各得其理．此文當傳，不得休止．知者減年，愚者自已．寫書不用其言，但自苦耳．

역주

1) 古者神聖之言，不失綱紀，自有法度(고자신성지언, 불실강기, 자유법도) : 『초』에 의하면, 이 문장을 이어 “인불가경범금기(人不可輕犯禁忌)”라는 구절이 있다. 그렇다면 “옛날 신성(神聖)의 말씀은 원칙을 잃지 않아 절로 법도가 있으니 사람들은 쉽게 그 금기를 범하면 안 된다”라는 의미가 된다.

2) 各不自敬(각불자경) : 『전역(하)』에서는 ‘각(各)’을 ‘명(名)’의 오사(誤寫)로 본다. 그에 따라 번역하였다.

3) 無怨天咎地，上下相留(무원천구지, 상하상류) : 위의 번역은 『금주금역(하)』를 따랐다. 단지 “무소원구어천하지상중화지자, 상하상류(無所怨咎於天下地上中和之子，上下相留)”로 보는 것이 보다 자연스러울 듯하다. 즉 천지만물에 불만이 없어야만 신령들도 자기의

직위를 유지할 수 있다는 의미이다. 이렇게 본다면 "영사부정실, 위하득원, 역불류구(令辭不情實, 爲下得怨, 亦不留久)"는 이에 대한 부연 설명이다.

4) 有功復進(유공부진) : 『초』에 의하면, 이 구절 뒤에 "즉득록의(卽得祿矣)"라는 네 글자가 있다. 그렇다면 뜻은 더욱 분명하다. "공을 세울 적마다 양식과 의복이 다시 제공될 것이니, 이것은 바로 하늘에서 주는 복록을 얻는 것이다"라는 의미이다.

5) 歲有定(세유정) : 보고가 올라온다고 올라오는 대로 처리하는 것이 아니라 일정한 일정에 따라 처리된다는 뜻이다. 8월 30일에 올라온 보고를 일괄 처리한다고 한다.

6) 爲精神舍宅(위정과 신사댁) : 정확한 의미가 무엇인지 알기 어렵다. 하늘의 명을 받은 정령(精靈)과 중신(衆神)들이 인간의 몸에 들어와 일거일동을 감시하고 기록하니 인간의 몸은 정령과 중신의 거주지가 된다. 이런 의미로 해석하였다. 그럴 경우 뒤의 '우리가 정과 신을 멀리 할래야 할 수 없다'는 것과 의미상 호응도 된다.

7) 其母則怒, 上白於父(기모즉노, 상백어부) : 고대 중국의 사유에 의하면, 천은 양기로 이루어져 있고 지는 음기로 이루어져 있다. 그리고 양은 남성적이니 아버지와 같고, 음은 여성적이니 어머니와 같다. 이 글에서의 '모(母)'는 지신(地神)을 의미하고 '부(父)'는 천신(天神)을 말한다.

8) 雷電霹靂, 弦望朔晦, 血忌反支(뇌전벽력, 현망삭회, 혈기반지) : 고대 중국의 관념에 의하면, 부부생활을 피해야 하는 날이 있다. 이런 날 부부생활을 하여 임신을 하면 정상적이지 않은 아이가 태어난다고 한다. 천둥번개 치고, 그믐과 보름 및 혈기일과 반지일 등은 모두 부부생활의 금기일이다.

9) 等部(등부) : 같은 곳, 즉 태어나 자란 고향을 말한다.

10) 吏正卒(이정졸) : '이(吏)'는 관에 의해 편입되는 것을 말하고, '정졸(正卒)'은 한대에 정식 병역을 지칭하는 단어이다. 즉 매우 고된 업무를 수행해야 하는 정식 군대에 편입됨을 말한다.

제188 유과사적작하량계(有過死謫作河梁誡) : 죄를 짓고 죽으면 유배 가서 강제노역을 하게 된다는 계

해제 이 장의 제목은 큰 죄를 지으면 죽음에 이르고 죽어서는 유배를 가서 강과 바다에 다리를 만드는 등의 노역에 처해진다는 것이다. 그러나 이와 같은 잘못을 범하여 엄하게 처벌받는 대상은 세상의 사람이 아니라 천상선계에 있는 신령들이다. 즉 신령이 자기의 업무를 충실하게 이행하지 않고 독직 등의 행위가 있으면 이를 엄중하게 처벌하는 천상선계의 상황을 설명해 주고 있다.

우선 전체의 글을 보면, 매우 자세하게 천상선계의 조직과 운영방법에 대해 설명을 하고 있다. 이것은 물론 천상의 인간에 대한 판단과 처리가 객관적일 수밖에 없다는 것을 말하려고 하는 것이다. 이같은 천상의 상황은 인간세계와 마찬가지이다. 결국 인간 선악에 대한 인과응보는 객관적이어서 하늘을 원망해서는 안 되는 것이며 동시에 피하려고 해도 피할 수 없다는 것을 보여 주고 있는 것이다. 즉 하늘에 의해 이루어지는 인과는 삼엄하다.

이와 같은 인과의 삼엄함을 기초로 하여 '유덕지국(有德之國)'과 '무덕지국(無德之國)'에 대해 이야기하고 있다. 여기에서 유덕지국은 나라에서는 국민을 사랑하고 보살펴주며 백성들은 서로 자선을 베푸는 나라를 의미한다. 이런 나라는 당연히 신령의 보고에 의해 하늘의 돌봄을 받게 되어 하늘과 기후 등 모든 것이 순조롭고 인간들의 삶도 무병장수하며 윤택하게 된다. 반대로 무덕지국에서는 나라와 백성들은 각박하여 서로 원망하므로, 하늘이 재앙을 내려 나라는 파탄하고 백성들은 궁핍하게 된다. 백성은 희망을 버리고 유덕지국을 찾아 떠난다.

여기에서는 『태평경』 출현의 정당성을 말하고 있다. 이런 점으로 보아 위의 '유덕지국'과 '무덕지국'은 한말 도교도들이 보는 현실과 이상을 투영하고 있다고 볼 수 있으며, 동시에 『태평경』 출현의 배경에 대한 중요한 실마리를 보여 주고 있다. 이 밖에 눈여겨볼 필요가 있는 대목이 있다. 즉 '후손에게 재산을 남겨 주는 것'이 선행이라고 주장하거나, 『태평경』이 주장하는 것과는 다른 방법으로 신선이 될 수 있다고 주장하는 사람은 반드시 비참한 결과를 초래할 것임을 말한다. 이것은 당시 이 경전과 다른 주장을 하는 종교가 있었고, 아울러 상당한 위협세력이었음을 암시하는 것이다.

상고 때에는 신성(神聖)들이 미리 장래의 일을 알고 황천(皇天)을 도와 함께 천하를 다스렸다. 사방을 구획하여 위와 아래 그리고 중앙에 각기 행정기구[部署, 곧 曹]를 두고 높은 벼슬과 낮은 벼슬 등을 등급에 따라 임명하였다. 윗사람과 아랫사람이 서로 마음이 통하여 강제적인 조치를 하지 않아도 이루어졌다. 모두 좋은 일들만 하면서도 혹시나 [황천의 마음에] 들지 않으면 어찌하나 염려하여 모두 한마음으로 단결하였다.

하늘에서 가르침과 명령이 내려오면 분주하게 시행하여 구름으로 수레를 삼아 타고다니고 날아다니는 용을 고삐 매어 운송수단으로 사용하였으며, 시종하는 신선들이 절로 열을 지어 따라다녔다. 모두 [하늘에서 내려온] 문서를 가지고 다녔으며 움직이지 않을 때에는 정렬하고서 행여나 문책이 있을까 염려하였다. 규칙에 따라 움직여서 그 행동이 모두 법도에 맞았다. 봄에는 생기(生氣)

를 움직여 주고, 여름에는 성장하게 하고, 가을에는 추수하게 하여 백성으로 하여금 제사의 제수로 쓰게 하였으며, 겨울에는 남은 양식을 저장하게 하여 그 다음 해에 계속 유지될 수 있도록 하였다. 이런 활동에 전혀 게으름이 없어서 신령이 은택을 베푸는 대로 번영하지 않는 곳이 없어 은혜는 기어 다니는 미물에까지 미쳤으며 초목 또한 윤택해졌다. 이것이 위의 은혜가 아니겠는가?

각기 자기가 필요한 식량을 얻었고, 남는 식량이 여유가 있어 새로운 식량과 묵은 식량이 쌓이게 되었으니, 어찌 하늘이 은혜를 잊을 수 있겠는가? 백성들의 협조도 얻어서 담당하는 신들 또한 보람을 느끼게 되었고, 선행을 한 사람들은 보답을 받아 자발적으로 서로 풍족하게 나누어주게 되었다. 하늘이 그렇게 하게 한 것이니, 숨겨두거나 하여 사람들을 굶주리게 해서는 안 된다. 이런 이유로 재산이 넉넉한 집안은 가난한 사람들에게 빌려주어 구제하고, 묵은 양식은 나누어 주고 새로운 양식을 받아 생활을 가능하게 함으로써 자손에까지 이어지면, 신들이 도와주게 된다. 이야말로 커다란 은혜가 행해지는 것이 아니겠는가? 어리석은 사람은 이런 것을 알지 못하고 갚거나 보답하지 않고 마음으로 도리어 불만을 품고 다른 사람의 재물을 강취하여 자신만을 윤택하게 하면서 베풀 생각은 전혀 없다. 어려움을 돌보지 않으면서도 스스로 천수를 누릴 것이라 생각한다.

이런 이유로 이 글을 내놓는 것이니, 신인과 진인들은 선한 사람을 찾아서 책의 글을 전하여 사용할 줄 알게 하면, 그 사람들은 수명을 늘릴 수 있어 더욱 천지와 화합하며 함께 변화하여 신령이 되어 구름이나 용을 타고 위아래와 가운데를 널리 돌아다니고 천지사방을 유람할 수 있을 것이니, 어찌 좋은 일이 아니겠는가? 어찌 깊이 생각하여 가슴속에 새겨 두지 않는가? 신들은 자기 자리에서 모든 움직임을 관찰한다. 스스로 자기 생각을 옳다고 여기지 말고 알 수 있는 만큼이라도 받들어 행하여 화를 버리고 복으로 나아가야 한다. 조금이라도 하늘의 마음에 흡족하지 않은 것이 있어서는 안 된다.

천지의 네 계절과 오행을 담당하고 있는 뭇 신들이 사람의 운명에 대한 기록을 돌아가며 담당하고 있으니 깊이 공경하여 그 은혜에 보답하려 하지 않아서 되겠는가? 좋을 일을 하지 않아 천신에 반대하려 한다면 천신은 비바람을 순조롭지 않게 하고 이상기후를 일으켜서 추워야 할 때 덥게 하고 더워야 할 때 춥게 만들어서 농사의 시기를 망치게 할 것이니, 농부들이 원망하는 마음을 품어 농사를 지으나 세금을 내려 하지 않고 곡식을 함부로 다루어서 개와 돼지를 먹일 것이다. 아니면 농부들은 떠나 유덕한 나라로 가버릴 것이다.

그곳에서는 농사를 지어도 수확이 적고 나무들은 말라비틀어지고 [열매는] 떨어져 버려, 백성들은 남는 식량이 없어 서로 포악하게 다툼을 일삼고 상대방을 이기려고만 탐할 따름이다. 도를 염두에 두지 않고 있다가 후일 가난해져 들어오는 세수도 없어질 것이며, 농부들은 무리로 몰려다니며 유랑민이 된다. 곡식이 흔한 지역에 도달하기도 전에 길가에 굶어 누워 있게 되어 머리는 어지럽고 눈은 현기증이 나서 미친 듯 돌아다닌다. 여러 날을 먹지 못해 굶어 죽어도 장사를 치르지 못해서 큰 집이나 작은 집이나 모두 재앙을 입게 된다. 도리어 하늘에 죄가 있다고 성토한다.

그 나라는 텅 비게 되고 창고에는 비축된 곡식도 없고 육류도 부족하며 저축된 돈도 없다. 해가 갈수록 심각해져서 조정의 운영도 유지할 수가 없게 된다. 부역을 면제받는 사람이 많아져 창고에는 세수가 없다. 사농(司農) 신은 빈 문서만 다루게 될 뿐으로

국고에 들어오는 것은 없게 된다. 양식도 없고 봉록도 없어져서 나라 안에서는 할 일이 없게 되는데, 백성들은 나라만 바라보고 베풀려고 하지 않으니 지내기 어려운 시절이 된다. 이런 현상은 하늘이 싫어하는 것이니, 땅이 이런 악한 사람들을 오래도록 살게 내버려 두지 않는다. 아는가? 모르는가?

진인들은 시급히 이 문서를 덕망 있는 나라에 보내 각기 스스로 반성하도록 하는데, 알게 된다면 다시 그 천수를 다 누릴 수 있게 될 것이다. 모른다면 금수와 같다. 수명이란 억지로 되는 것이 아니다. 자기가 행한 대로 스스로 얻는 것이니, 하늘을 원망할 것이 없다. 이 문서를 잘 살펴보아 항상 충과 효와 충과 신과 인과 시혜(施惠)하려고 노력하고 허물이 있으면 반성하라. 자손에게까지 갈 것이다. 글에 있는 내용은 거짓이 아니다.

덕이 없는 나라는 하늘이 보호해 주지 않아 북두칠성도 빨리 돌아가고 해와 달도 빨리 움직여 광명이 많지 않다. 덕이 있는 나라는 북두칠성도 느리게 지나가고 해와 달도 찬란하다. 이것은 하늘의 움직임과 북두칠성과 해와 달은 모두 선한 사람을 위해 밝은 빛을 보내 주는 것이니, 이와 반대로 적게 받는 것은 행동의 소치이니 무엇을 원망하고 탓하겠는가?

똑같은 천지일월성신(天地日月星辰)인데 천지의 과보와 신뢰를 얻은 사람만이 그 광명을 볼 수 있다. 오행성이 궤도를 이탈하고 병란이 여기 저기 발생하고 외국의 군대가 쳐들어오고 내부의 소수민족들이 반란을 일으켜서 나라에서 군대를 파견하면 살아 있는 자는 돌아올 수 있다 하더라도 전사자는 돌아오지 못한다. 이런 것은 대인(곧, 군왕)의 잘못이다. 아들이 된 사람은 불효하여 나라에는 충신이 얼마 되지 않고 행위 또한 불순하다. 그래서 그들로 하여금 서로 싸우게 하여 죽어서야 그치게 된다. 이런 이유로 '궁극을 관통하는 경전'(洞極之經)을 보내니, 그 이름은 바로 '태평[경](太平經)'이다. 행할 수 있는 사람은 복을 받을 것이다. 그럴 수 없는 사람은 끝끼지 숙고히여 몸에 두이 띠나지 잃게 하라. 항상 보응하기 때문에 사람을 억울하게 하지는 않는다. 그렇지 않을 경우 나쁜 결과가 사람에게 나타나도록 한다.

항상 '귀한 사람이나 천한 사람이나 모두 하늘이 낸 것이나 단지 하늘에 기록된 운명이 다를 뿐이다'라고들 말한다. 아끼고 삼가고 생각하여 해서는 안 될 짓을 하면서 다른 사람을 억울하게 하고 자기 것이 아닌 것을 강탈하지 말라. 하늘이 보답하지 않고 땅이 길러주지 않아 흉악한 귀신이 따라다닐 것이니, 오래도록 즐겁게 살 수 없을 것이다.

생각건대 [『태평경』을] 소홀히 여기는 자는 삶을 유지할 수 없을 것이니, 절대로 장수한다는 기록이 없게 될 것이다. 억지로 신선이나 수행하는 사람이 되고자 하여 있는 대로 신들에게 제사를 지내며 신선이 되는 은혜를 입고자 하더라도, 신선이 문건을 뒤져 보게 될 것이니, 그런 자의 이름은 올라가 있을 리가 없다. 기도하고 제사를 올리더라도 신이 그 음식을 흠향하지 않을 것이다. 사방으로 빌어먹고 돌아다니며 여러 신들에게 간구하더라도 신령의 노여움만 살 것이다. 맹수들이 먹어버려 뼈와 살은 이미 없어지고 여우와 늑대들이 씹어 먹게 되어 고향으로 돌아올 수가 없게 된다. 같은 동네에 살던 이웃들이 돌아와 신선이 되었다고 주장하나, 특별히 믿을 만한 보응이 없다. 어떻게 분명하게 알 수가 있겠는가? 옳다고 말하더라도 분별하기 어렵다. 마땅히 분명한 보응이 있고, 많은 사람들이 볼 수 있어야만 하늘로 올라간 것이 된다. 그렇지 않다면 괴롭게 형벌을 받고 있는 것이니, 말을 해 보았자 확실한 것을 거의 알 수 없다. 이런 사람은 제정신이 아니고 사악하여 내려보내야 할 사람인데, 도리어 진실이라고 우긴다면 모두 사부(死部)로 내려보내고 황천(黃泉)으로 돌려보내, 제멋대로 못하게 하여야 한다.

덕이 있어 신선이 될 사람은 태어날 때, 기록되어 있는 수명이 다하여 올라갈 때, 맞이하는 [신이] 있다. 철없는 사람들은 어떻게 해야 할지를 몰라서, 재산만을 날리고 집을 버리고 광야에 몸을 던진다. 도와 스스로 그러함(自然)을 사람들이 서로 주거나, 억지로 구한다고 되는 것이 아니다. 만약 스스로 괴롭다고 여겨 생업에 종사하여 부모를 봉양하고 처자를 서로 돌보지 않는 것을 현명한 사람이라고 여긴다면, 불효이고 불충이고 신의가 적은 사람이라도 그 수명을 다할 수 있을 것이며, 지하에 가서도 벌이나 상이 없게 될지 염려되는 일이다.

남는 재산이 있으면 마땅히 아들에게로 [또 아들에서] 손자에게로 물려주어 사용하여 고난이 없도록 해야 한다. 자손이 똑똑하든 그렇지 않든 각자 스스로 살 수 있게 하여 서로 곤궁함을 물려주지 않도록 하는 것은 좋은 일이다. 그러므로 이 글을 기록하여 지혜로운 사람에게 보여 주는 것이다. 어리석은 사람이 이것을 무시하고 제멋대로 기뻐하고 화내기 마련이다. 벌을 멀리하고 재앙을 피하는 사람이 똑똑한 사람이다. 세 번 설명해 주어도 듣지 않는다면 [그에게는] 그만두어도 좋다.

하늘은 착한 사람을 돕고 악한 놈에게는 잘해 주지 않는다. 각자 더욱 조심해서 원망할 일을 하지 말라. 각기 자기를 위해 고려하고 [어떤 일을] 하더라도 모든 사람이 알고 있어야 하늘에 허물이 없을 수 있다. 기록에 있는 것을 존중해야 하느니, 조심조심해서 억지로 구하지 말하라. 구해도 소용이 없다. 왜냐하면 사악하고 하늘을 거스르는 사람은 하늘이 돕지 않기 때문이다.

집과 성곽을 떠나지 말라. 골절은 서로 이어져 있어 도로처럼 이어져 있으며, 힘줄은 활동을 주관하니 성곽을 견고하게 만들어 주고, 혈맥은 수송을 주관하니 이이진 골격을 보호하고, 살은 피부 아래 있으니 혈맥의 옷이 된다. 신들이 그 안에서 살면서 사람의 선악을 감찰한다.

무엇 때문에 멀리까지 생각하는가? 칠정(七政, 곧 七竅)은 후신(候神)의 출입구를 담당하니, 도를 구하면 삶을 얻는다. 집을 떠나지 말라. 변화가 신과 함께 도와 덕에 합하면 다시 무엇을 찾을 것인가? 그래서 선행에 대한 글을 하늘의 문서에 기록한 것이다. 신선에 대한 기록은 세상의 기록과 다르다. 승천하여 신선이 될 때 그 문서를 담당한 신과 보증하는 자가 오면, 담당할 부서를 알게 된다. 교화를 담당하고 받들어 계승함에는 앞뒤가 있으니, 올리고 쫓아내는 것이 아무렇게나 되는 것이 아니다. 여러 신들이 함께 다스려서 하늘의 마음에 드는 사람을 고르는 것이다.

앞서 태어난 사람들은 모두 환하게 볼 수 있었고, 한계 지어진 뜻이 없어서 행하고 만드는 일은 사람들이 알 수가 없었다. 모든 일을 천지에 앞서 [조치를 취해두니] 우주 상하의 변화가 모두 그 법칙대로 이루어진다. 신이 모든 것을 관장할 수 없어서 벼리를 만들었으니 세월을 반분하여 각각 좌우에 배치하고 별들을 분별하여 구획을 나누어 각기 담당할 일을 분담하게 하였다. 충실한 자는 진급시켜 담당하게 한다.

선한 자는 승진시키고 악한 자는 내쫓는 것이니 무슨 의심할 것이 있겠는가? 직무를 수행함에 각기 자기 힘을 다하는 것이니, 신을 위해 그르치게 해서는 안 된다. 그래서 일이 이루어져야만 천군의 마음에 들 수 있다. 하늘의 일을 주관하는 사람이 [각 영역의 업무 성과를] 하늘의 문서에 기록하니 착오가 있을 수 없다. 각 영역을 맡고 있는 여러 신들 때문에 사방은 다시 맹중계(孟仲季)로 분류되고 다시 위와 아래로 나누어 해당시키니 그 이름을 태세(太歲)라 한다. 태음(太陰)이 뒤에 있으니 지리(地理)를 주로 담당한다. 다시 네 계절을 두어 모든 것의 생장발육이 이루어지게 한다. [모든 초목들을] 들에 나누어 자라게 하며 각 시기를 각각 따로 안배한다. 초목과 곡식이 인가에 가까이 있는 것은 [사람에 의해 모아져서] 장수할 수가 없으나 인가에서 멀리 떨어지면 또한 장수할 수가 있다. 사당 등의 근처에 있는 나무들도 [사람들이 감히 베지 못하기 때문에] 어느 정도 장수할 수가 있다. 세대가 바뀔 때마다 벌목되어 [재앙이] 다음 대의 수목에까지 미친다. 왜 이런 결과가 초래하는가? 자리한 위치가 불안해서 이니, 옛 곳에서 새로운 곳으로 옮기면 신이 다시 돌아와 [장수하게] 된다.

사람들에게는 '자기 운명에 해당하는 나무'(命樹)가 있어 하늘이 시간대별로 심는다. 봄 석달에 해당하는 명수는 뽕나무이고, 여름 석달에 해당하는 명수는 대추와 오얏나무이고, 가을 석달에 해당하는 사람의 명수는 가래나무와 가시나무이며, 겨울 석달에 해당하는 명수는 회나무와 잣나무이다. 이것은 세상 사람들의 [운명이] 소속된 것이다. 모두 명수를 담당하는 아전이 있는데, 생명이 다되어갈 때에는 그 나무의 생기가 반 정도 사라지며, 명이 다 되어지면 말라비틀어지고 나뭇잎 등이 떨어지게 된다. 이 나무를 담당하는 아전이 나무를 베어 버릴 것이니, [그 나무에 운명이 속한] 사람은 어찌 살 수 있겠는가? 만약 장생불사하고 싶다고 마음가짐을 고쳐서 그 나무를 천문(天門) 근처로 옮겨 심으면 되는데, '장생'(長生)이라 부른다. 신의 아전이 이 나무를 관리하게 되면, 모두 정갈하게 되어 윤택이 절로 생겨나게 되니 신들의 보호를 받기 때문이다. 신에 의해 존귀해지고 영화로워지니 다만 오래되어 훼멸

되는 경우는 없다.

하늘에는 일정한 운명이 있으니 대대로 영화를 받게 된다. 비록 [세상으로 추방되어] 내려가지 않더라고 오래도록 [받은 천명을] 수행하며 스스로 정밀해질 줄을 안다. 왜냐하면 세상을 떠난 지가 오래되고 천상의 일을 수행할 때 잘못이 없어야 되기 때문이다. 여러 신들이 서로 검증하는 것이 마치 수평줄로 대고 조사하는 것과 같으니 어찌 방종할 수가 있겠는가? 그러므로 추방되지 않을 뿐이다. 이런 점을 이상하다고 여겨서는 안 된다. 공로가 있게 되면 [하늘의 보답이] 나타나게 되는데 세상과는 다른 방식으로 이루어진다. 사람들은 집에 도움이 안 된다고 생각하지만 안으로는 영화를 입게 되는 것이니, 좋은 일 아닌가?

이런 이유로 뒤에 태어나는 자들에게 보여주어 경각심을 일깨우고 깨우치게 하려는 것이다. 책을 감추어 두지 않고 내놓는다. 감추어두면 처벌을 받는다. 망령되이 속이지 말라. 마음으로 불효하고 따르지 않는다면, 모두 이 책의 취지에 부합되지 않으니, 다시 문책과 심문을 받을 것이다. 조심하지 않을 수 있겠는가? 전할 때에는 마땅히 사람에게 전수해 주어 [후일 하늘에] 천거될 수 있도록 해야 한다. 이 신령스러운 말을 범하지 말고, 신의 말씀을 시험하지 말라. 신의 말을 신중하게 받아들여라. 모두 하늘의 보답이 있을 것이다. 가볍게 범하지 말라. 후환이 있을 것이다. 작은 것을 범하면 쫓겨나 유배되는 정도이지만, 큰 잘못을 저지른다면 구제받을 수 없다.

그러므로 여러 신들로 하여금 서로 돌아가며 살펴서 필요할 때에는 긴급하게 보고할 수 있도록 한다. 사실이 아닐 경우에는 마땅히 조치를 받게 된다. 일은 마땅히 서로 보고하게 되어 있기 때문에 제멋대로 할 수가 없다. 그래서 여러 신들로 하여금 서로 돌아가면서 단속하도록 하는 것이다. [잘못된 보고를 하였다면] 지금 회개를 하여야 한다. 후일 [처벌을 받는 것에 대해] 무슨 의심을 하겠는가? [그러면] 중간에 조치를 중지시키고 다시 조사를 할 것이다. [만일] 사실 그대로를 자수하지 않고 심문을 받은 뒤에야 자수를 한다면 바로 내려보내질 것이다. 보고를 하려다 그만두는 신도 조사를 받게 된다. 이것도 저것도 아닌 신도 같은 방식으로 조사받는다는 것은 이것을 말한 것이다.

가벼이 여겨 범해서는 안 된다. 이 점은 의심할 바가 없다. 신의 법은 매우 중대하다. 그러므로 마땅히 조심스럽게 연구하고 세세하게 살피고 마음에 새기고 생각해야 한다. 불로장생의 도가 중요하지 않은가? 그러므로 이 글을 내서 보여 주는 것이니, 이 글대로 시행하여 공석을 메우려는 것이다. 좋은 일이 무엇인지를 명목을 세워 알려주고 서로 보고하게 하여 누락된 것이 없게 할 것이다. 선행을 하여 공을 세우면 장수할 수 있다는 것은 다시 의심할 바가 없다. 스스로 그러함의 도는 끝나는 때가 없다. 단지 깨달아서 서로 다스리는 것이니 조금이라도 잘못이 있게 되면 의심을 받게 될 것이다.

하늘에도 악대가 있어 여러 신들을 즐겁게 해준다. 신도 또한 음악을 감상하며, 잘 연주하면 상을 주고, 음악이 통하지 않으면 조치를 한다. 각각 스승이 있으니 처음도 끝도 제대로 되어 있지 않아 완성도가 없는 음악은 인정받지 못한다. [악대에 소속된 신들은] 모두 천창성(天倉星)에서 음식을 공급받고 사농(司農) 신에게서 의복을 공급받아 춥고 더울 때에 따라 갈아입는다. 또는 양을 존중하고 음을 낮춘다. 거칠고 정교한 여러 장신구와 금과 은, 수놓은 비단이나 주옥과 같은 보물은 각기 균등하게 나누어주어 제멋대로 하사하는 일이 없다. 모두 공이 있는 사람에게 주어지는 것이니, 공이 없는데도 의식이 주어지는 일은 없다. 앞 글에서 이미 말한 바이지만, 지금 다시 말하여 원망할 것도 의심할 것도 없음을 일러 주는 것이다. 이것은 하늘이 신령들의 목숨을 중시하기 때문이다.

한 해 동안 올라온 기록들을 총체적으로 검토한다. 산과 바다 그리고 여러 지역들의 모든 제사 장소에서는 각기 신선으로 올려야 할 사람과 추방해야 할 사람들을 보고 하는데 오류나 누락이 있어서는 안 된다. 몸 안에서 각각의 업무를 맡아 사람들이 잘못한 것을 관찰하여 해마다, 매 달마다 기록을 올리는데, 사농과 사관(祠官)이 글과 문서에 서로 보존한다. 태음법조(太陰法曹)는 죄악인 승부(承負)를 계산하고 [본인의 선악으로] 계산하여 뺄 것을 다 제거하고서 지음신(地陰神)을 부르고 토부(土府)를 함께 불러 그 시체를 거두게 하고 그 혼백을 심문하게 한다.

모든 자료가 구체적으로 올라왔을 때 일치해야 하는 것이 일치하지 않는다면 담당한 자에게 간사함이 있는 것이다. 죄를 주고 유배 보내는 것은 심문한 결과의 경중에 따라 이루어진다. 각각의 문서는 하늘이 파견해서 만든 것이 아니지만, 귀신과 정령 등은 사람에게 해악을 끼칠 수가 없다. 왜냐하면 번번이 서로 검토를 하기 때문이다. [검토 과정에서 거짓이] 발견되면, 그 잘못에 따라 큰 것은 죽음에 이르고 죄질의 등급에 따라 산과 바다로 유배를 보내 다리 만드는 부역을 시키기도 하는데, 각각 법의 경중에 따라 그 일에 적합하게 이루어지니 잘못이나 누락이 있어서는 안 된다. 각기 부(府)나 현(縣)이나 우(郵)나 정(亭)과 같은 행정 단위가 있고 그곳을 관장하는 우두머리가 법대로 살펴보아 귀신과 정령을 무고하게 해를 입히거나 죽게 하지 않는다. 이처럼 위아래로 함께 문서가 왕래하는 것이 각각 예전에 받은 명령에 의거해서 이루어진다.

〈起〉上古之時, 神聖先知來事, 與天共治, 分布四方, 上下中央, 各有部署, 秩除高下, 上下相望, 不肅而成, 皆爲善. 恐有不稱, 皆同一心. 天有敎使, 奔走而行, 以雲氣爲車, 駕乘飛龍. 神仙從者, 自有列行, 皆持簿書, 不動自齊. 恐有所問, 動有規矩, 得其所行. 春行生氣, 夏成長, 秋收, 使民得以供祭, 冬藏餘糧, 復使相續, 旣無解時. 神靈之施, 莫不被榮, 恩及蚑行, 草木亦然, 是非上之恩邪. 各得自所〈止〉食, 輒令有餘, 新陳相因, 奈何忘之, 旣得民助, 使神不恨. 善人輒報, 自以當更相給足, 天使之然, 不可藏匿, 令人飢寒. 〈起〉故令有財之家, 假貸周貧, 與陳歸新, 使得生成, 傳乎子孫, 神靈佑助, 是非大恩布行邪. 〈止〉愚人無知, 不肯報謝, 自以職當然, 反心意不平, 彊取人物以自榮, 無報復之心, 不顧患難, 自以可竟天年. 故復共文.[1] 神人眞人求善人, 能傳書文知用, 則其人可得延命增壽, 益與天地合, 共化爲神靈. 復得駕來, 周遍上下中央, 流及六方, 豈不善哉. 何不熟思, 無忘於內, 神宅所居, 動觀人所爲, 不自是, 知有及, 當相承事, 去禍就福, 不宜有小不稱天心也. 〈起〉天地四時五行衆神吏直人命錄, 可不敬重, 念報其恩, 不欲爲善事, 反天神.[2] 天神使風雨不調, 行氣轉易, 當寒反溫, 當溫反寒. 〈止〉耕種不時, 田夫恨怨, 不肯爲人理之. 輕賤諸穀, 用食犬豬, 田夫便去. 在有德之國, 其處種者少收, 樹木枯落, 民無餘糧. 更相殘賊, 爭勝而已. 不念眞後, 更爲貧人, 收無所得, 相隨流客. 未及賤穀之鄉, 飢餓道傍, 頭眩目冥, 步行猖狂, 不食有日, 餓死不見葬. 家無大無小, 皆被災殃, 反呵罪於天. 其國空虛, 倉無儲穀, 少肉, 無儲錢, 歲歲益劇, 無以給朝廷. 復除者多, 倉庫無入, 司農被空文無以廩, 食奪祿除, 中國少所用, 人民仰國家, 而不各施, 有難生之期, 是皆天之所惡也. 地不得久養惡人, 知不. 眞人〈起〉急以此文付有德之國, 〈止〉各令自責有知, 可復竟其天年. 無知與禽獸同. 壽不可彊得, 行自得之, 無怨於天. 詳念書文, 常思孝忠信仁施, 有過自責, 復有子孫, 書不空言. 無德之國, 天不救護, 機衡[3)]急疾, 日月催促少明. 有德之國, 機衡爲遲, 日月有光. 是天之所行, 機衡日月星, 皆當爲善明. 反便少者, 是行之所致, 何所怨咎乎. 同共天地日月星辰耳, 得見天地報信者見其明. 五星失度, 兵革橫行, 夷狄內侵, 自虜反叛. 國遣軍師, 有命得還, 失命不歸, 是人人之罪也. 爲子不孝, 國少忠臣, 行不純, 故令相剋, 卒歲乃止. 故施〈起〉洞極之經, 名曰太平. 能行者得其福, 不者自令極思, 聚身無離, 常報應不枉人, 所不者施惡於人. 常言人無貴無賤, 皆天所生, 但錄籍相命不存耳. 愛之愼之念之, 愼勿加所不當爲而枉人侵剋非有. 是天所不報, 地所不養, 凶神隨之, 不得久生樂生.

念自令自忽者勿望生, 殊無長生之籍, 彊入神仙齋家. 所有祠祭神靈, 求蒙仙度. 仙神案簿籍, 子無生名, 禱祭神不享食也. 走行乞丐,[4)] 復諸神靈, 其神怒之. 〈止〉猛獸所食, 骨肉了已, 狐狸所齧, 不歸故鄕. 同縣比廬, 反言得仙, 殊無信報,[5)] 何用自明. 以是言之, 難可分明. 當有報信, 衆人見之, 乃爲已升. 不者苦其刑, 爲言得略少, 其人狂邪可下, 反以爲眞. 俱入死部, 下歸黃泉, 不得自從. 有德度者, 生時有簿, 年滿當上, 輒有迎者. 童蒙無知, 何從得往. 但費資用, 棄家捐身曠野. 道自然人相祿, 不可彊求. 倘自苦, 不治生養親, 妻子相見爲賢士. 但恐不孝不忠少信, 可得竟年耳, 地下無罰樂而已. 有餘財產, 子傳孫, 亦當給用, 無自苦. 子孫賢不肖, 各自活, 無相遺患, 是爲善行. 故記此文示智者, 愚人忽之妄怒喜, 遠罰避患爲賢者, 三諫不中且可止. 天佑善人, 不與惡子. 各自加愼, 勿相怨咎. 各爲身計, 行宜人人有知, 無有過負於天, 錄籍所宜, 愼勿彊索, 索之無益. 所以然者, 惡逆之人, 天不佑也. 無離舍宅及城郭, 骨節相連爲阡陌, 筋主欲生堅城郭, 脈主往來爲骨絡, 肉在皮內爲脈衣. 神在中守, 司人善惡. 何須遠慮, 七政司候神門戶. 求道得生, 無離舍宅, 變化與神合德道, 欲復何索. 故置善文於天籍. 神仙籍與俗異錄, 當昇之時, 主籍之神及保人者來, 乃知所部. 主奉承敎化, 各有前後, 輒當進有所去, 不得自可. 衆神共治, 務取合天心者.

先生之人, 皆心明視, 無有界意,[6] 所行所生, 人未知之. 皆先天地, 變化上下, 皆不失其道, 神不悉具. 乃置綱紀, 歲月偏傍, 各置左右, 星辰分別, 各有所主, 務進其忠, 令使分部. 〈起〉見善當進, 見惡當退, 何有所疑, 行各自力, 無爲神所誤. 〈止〉故得成, 得稱天君. 主天之人輒簿領, 亦不失度, 部主諸神, 故四方方有孟仲季,[7] 更直上下, 名爲太歲. 太陰在後, 主知地理. 復置四時, 生成所有, 分居於野, 有晩早. 穀草近人不壽, 遠人民然亦復長久, 叢社之樹小得自矣. 易世被誅, 延及孫子. 所以然者, 〈起〉所居不安, 去故就新, 神復得還. 〈止〉人有命樹生天土各過,[8] 其春生三月命樹桑, 夏生三月命樹棗李, 秋生三月命梓梗, 冬生三月命槐柏, 此俗人所屬也. 皆有主樹之吏, 命且欲盡, 其樹半生. 命盡枯落, 主吏伐樹. 其人安從得活, 欲長不死, 易改心志, 傳其樹近天門, 名曰長生. 神吏主之, 皆潔靜, 光澤自生. 天之所護. 神尊榮. 但可常無毁名. 天有常命,[9] 世世被榮, 雖不下, 護久自知精. 所以然者, 去俗久遠, 當行天上之事, 不得失脫. 諸神相檢, 如繩以墨, 何復自從, 故不下耳. 宜勿怪之. 功勞當見, 不與俗等, 人以爲無益於家, 內被其榮, 豈不善邪. 故示後生, 令心覺悟, 出書無藏, 藏之有罰. 無與佞欺, 不孝順爲心, 宜皆爲不副書言, 復見責問, 可不愼焉. 傳當傳其人, 令可保擧. 勿犯神書, 勿試神言, 愼神之辭, 皆天報焉. 勿輕犯之, 後有患, 小犯纔謫, 大過不救.

故使諸神更相司便宜上之,[10] 有不實者, 當復見治. 事當相關, 不得私. 故使諸神轉相檢持, 今悔其後何須疑,[11] 中復爲止, 亦見考之. 不首情實, 考後首便見下, 故進止亦見考之. 不者如故, 此之謂也. 不可輕犯, 無所狐疑. 神法大重, 故當愼之詳之, 念之思之, 長生久活之道, 可不重之. 故下此文以示, 當施補空者, 爲設善事, 輒相承無有逋亡. 爲善有功年益長, 無所復疑. 自然之道何極時, 但覺寤轉相治, 失如銖分輒見疑. 天有倡樂樂諸神, 神亦聽之. 善者有賞, 音曲不通亦見治. 各自有師, 不可無本末, 不成, 皆食天倉, 衣司農, 寒溫易服, 亦陽尊陰卑, 粗細靡物金銀綵帛珠玉之寶, 各令平均, 無有橫賜, 但爲有功者耳. 不得無功受天衣食. 前文已有言, 今爲復道, 令無怨恨, 無所嫌疑, 是天重神靈之命也. 歲盡拘校簿上, 山海陸地, 諸祀叢社, 各上所得, 不用, 不得失脫. 舍宅諸守, 察民所犯, 歲上月簿, 司農祠官, 當輒轉相付文辭. 大陰法曹, 計所承負, 除算減年. 算盡之後, 召地陰神,[12] 并召土府, 收取形骸, 考其魂神. 當具上簿書, 相應不應, 主者爲有姦私, 罰謫隨考者輕重, 各簿文非天所使, 鬼神精物, 不得病人. 輒有因自相檢飭, 自相發擧. 有過高至死, 上下謫作河梁山海, 各隨法輕重, 各如其事, 勿有失脫. 各有府縣郵亭主者長吏,[13] 察之如法, 勿枉夭剋鬼神精物. 如是上下, 合通行書, 各如舊令.

역주

1) 共文(공문) : 두 가지 해석 방법이 있다. 첫 번째는 자기의 잘못을 꾸미는 것을 의미한다. 이 경우 주어는 어리석은 사람이다. 두 번째는 문서를 내려서[供文]라고 해석하는 방식이다. 이 경우 주어는 하늘이다.

2) 不欲爲善事, 反天神(불욕위선사, 반천신) : 유리명(喩理明) 선생에 의마면, 구두는 "불욕위선, 사반천신(不欲爲善, 事反天神)"으로 되어야 한다. 그럴 경우 "선행을 하지 않고자 하여 사사건건 천신을 거스른다"가 된다.

3) 機衡(기형) : 북두칠성을 말한다.

4) 走行乞丐(주행걸개) : 탁발승을 지칭한다. 뒤의 내용은 불교적인 수행방법으로는 절대로 장생구시(長生久視)하는 신선이 될 수 없을 뿐 아니라 반드시 잔혹한 재앙을 받을 것이라는 내용이다.

5) 反言得仙, 殊無信報(반언득선, 수무신보) : 불교 수행으로 신선이 되었다고 하는 주장에 대한 반박이다.

6) 無有界意(무유계의) : 한계 지어진 마음이 없다는 의미이다. 혹은 '계(界)'에는 구별의 의미가 있으니 '분별하는 마음이 없음'이라고 볼 수도 있다. 『금주금역(하)』에서는 '개(介)'의 의미로 보아 '불선한 일에 개입하려는 의지가 없다'고 보고 있다.

7) 方有孟仲季(방유맹중계) : 일년 12개월을 네 계절로 나누면 3개월씩 된다. 각각의 계절의 첫째 달, 둘째 달, 셋째 달을 맹중계(孟仲季)라고 부른다. 이를테면 맹춘(孟春), 중춘(仲春), 계춘(季春)과 같은 형식이다. 사방도 이와 같은 방법으로 다시 3등분을 하여 맹중계(孟仲季)로 나눈다는 의미이다.

8) 天土各過(천토각과) : 여기에서 '과(過)'는 행정구역 같은 것을 의미하는 듯하다. 고대 천문학에서는 북두칠성의 변화에 따라 하늘의 구

역을 나누고 그것으로 시간을 지정하였다. 우선 시간대라 번역한다.

9) 天有常命(천유상명) : 이 글의 앞과 뒤의 의미상 연결이 자연스럽지 않다. 아마도 명목이 천문으로 옮겨지면 영원한 것처럼, 신선이 되어 올라가 여러 검증을 받는 시스템으로 들어가면 타락할 가능성이 희소함을 말하는 듯하다.

10) 便宜上之(편의상지) : 본래 보고는 일정한 기간에 일괄보고하게 되어 있으나, 상호감시 중 특별한 징후가 발견되면 긴급보고를 하도록 한다는 의미이다.

11) 今悔其後何須疑(금회기후하수의) : 의미가 불분명하다. 우선 『전역(하)』에 의거하여 번역하였다.

12) 地陰神(지음신) : 형벌을 시행하는 신을 말하는 듯하다.

13) 各有府縣郵亭主者長吏(각유부현우정주자장리) : '부(府)' '현(縣)' '우(郵)' '정(亭)'은 모두 일종의 행정단위이다. 여기에 각각의 우두머리가 있어 관할한다는 의미이다.

제189 의리욕호계(衣履欲好誡) : 의복 등의 사치에 대한 경계

해제

'의리욕호(衣履欲好)'의 문자적 의미는 좋은 의복을 말하지만 넓게 풍요한 의식주를 말하며, 이 장의 내용을 보면 정당하지 않은 방법으로 호화로운 삶을 유지하려는 시도를 지칭한다. 정당하지 않은 방법으로 호화로운 삶을 향유하려 하면 반드시 엄중한 하늘의 벌을 받게 된다는 것이 이 장의 요지이다. 특히 이 장에서는 가난한 운명을 타고난 사람이 자기 운명을 거부하고 생업에 종사하지 않는 데 대해 강력하게 비판하고, 설교 등으로 삶을 유지하는 것에 대해서도 신랄한 비판을 하고 있다. 그리고 '세상을 버리는 사람'은 본인도 죄과를 치르지만 그 재앙은 후세에까지 미친다고 주장한다. 이것은 아마도 당시 중국에 전래된 불교에 대한 도교도의 초기 비판이다.

자고 이래 관할구역이 있어 상하사방으로 이어져 명령을 내려 받음이 마치 곧은 자를 대고 선을 긋는 것과 같이 조금도 오차가 없다. 어찌 생사의 비결을 보지 않을 수가 있겠는가? 각기 스스로 신중하게 행해 신을 범하지 말아야 하며, 각기 자기의 직분을 지켜서 삼가 운명을 소홀히 하거나 무시해서는 안 된다. 일일이 기록되어 선한 일을 한 자는 불려 올라가고, 악한 일을 한 사람은 떨어지게 될 것이다. 길흉의 움직임에 대해서는 모든 사람이 원하는 바가 있지만, 다만 따라야만 하는 것이고, 그 뜻을 거스를 수 없다. 마음을 단정하게 먹지 않고 도리어 담당하는 신을 원망하게 되는데, 모든 것은 스스로가 지어 받는 것이니 누구를 원망하겠는가?

사람들에게는 교화하기 어려운 부분이 있으니, 아는 것이 제한적이어서 모두 재앙을 입게 된다. 제멋대로 알지도 못하는 짓을 하면서 도리어 자기가 잘났다고 떠들고 다른 사람의 일에 대해 시시비비를 논하는데 조금도 아는 것이 없으면서 단지 지금만 보고 미래는 생각하지 않는다. 보살펴줌을 이탈한 것으로 화를 입게 되기 마련인데, 선한 사람을 헐뜯으면서 위에는 하늘이 없고 땅속에는 황천이 없다고 여기니, 귀신이 일일이 기록하고 있다는 것을 모르는 것이다.

원수지간인 사람들을 화해시켜 주고 술과 포를 받아먹으며 맛있고 좋은 것을 제멋대로 맛보면서 그때는 좋다고 여긴다. 뒤에 다른 사람에 의해 이러쿵저러쿵 오르내리면 경박한 말로 욕하고 공격하며 저주를 퍼붓고 속임수를 쓰며 비방하며 다른 사람의 여자를 훔친다. 밤낮으로 틈을 엿보다가 쉽게 빼앗아 올 수 있는 것이 보이면 빼앗아서 그것을 팔아 의식을 해결한다. 의복 등을 호화롭게 하려고 다투고 논쟁함에 도리를 따르지 않는다. 살아남으려 하나 어찌 오래 살 수 있겠는가? 어리석은 사람은 '나쁜 놈[惡子]'이라 이름 할 수 있다. 우두머리가 들어서 알고 아래 아전들을 시켜 체포하게 하고 신속하게 형벌을 주는데 그 재앙은 멀고 가까운 친척들에게 이르게 하여 모두 그 죄를 뒤집어쓰게 한다.

가난하면 마땅히 자기 노력으로 살아야 하는 것이니 [가난을 받아들이지 않고] 손사래를 치면 안 된다. 이 사람의 [운명을 기록한 천상의] 명서(命書)에 의해 태어나면서 받은 것이 그런 것이어서 악귀(惡鬼)가 따라다니니 어찌 오래 견딜 수 있겠는가? 이런 사람은 매우 많아서 앞에도 뒤에도 무리로 있으나, [만약 하늘의 금기를] 지킬 수 있게 되면 인생의 도중에 요절하는 것은 피할 수 있다. 이유는 다음과 같다. 악귀가 따라다니니 조심조심하면 그나마 약간 좋아질 수 있을 것이고, 조심하지 않으면 끝장이 날 것이다. 악행을 해서는 안 되는 것이니, 다른 사람의 원망을 사게 되면 당시에는 혹 괜찮더라도 뒤의 응보를 생각하지 않은 것이다. 경고를 보고 그치면 다시 삶을 조금 더 유지하여 남은 수명은 마칠 수 있다. 이런 이유로 신령이 특별히 선행과 악행을 기록하는 것이니 수명은 여기에서 말미암는다. 수명을 늘리는 비결은 결국 선행을 하는 데 달려 있다.

성현을 보지 못하였는가? 지혜가 풍족하여 삶을 좋아하고 죽음을 싫어하기에 올라가 선사(仙士)가 되어 장생불사의 수명을 누리고 있다. 무엇 때문에 세상을 버려서 다음에 태어날 사람들에게까지 재앙을 끼치는가? 뱃속에 있는 아이들은 도리어 '나도 마찬

가지로 부모로부터 태어난 것이다'라고 할 것이니, 이것은 천지를 원망하는 것이다. 선과 악은 마땅히 구별하여 혼동하여서는 안 된다. 맑음과 탁함이 나뉘는 것은 마치 임금과 노예가 [나뉘는 것과] 같다. 그러므로 큰 도를 행하는 자는 삶을 유지할 것이고 행하지 않는 자는 지하 황천으로 갈 것이다. 예나 지금이나 비슷하니 선도 있고 악도 있어 대대로 이어져서 그치지 않을 것이다. 단지 많고 적음의 차이만 있을 뿐이다. 저 위 황천께서는 대부분 거스른다는 것을 알고 있다. 그래서 이 글을 거듭 보여주시는 것이다. 경계를 안 뒤에는 의혹하지 말라. 열 번 백 번 다 일치할 것이니 어찌 여기에서 벗어날 때가 있겠는가?

自古及今, 各有分部, 上下傍行, 有所受取. 輒如繩墨不失, 何有不睹死生之訣.[1] 各且自愼, 勿犯神靈, 各如其職, 愼勿忽忘命. 可疏記, 善者當上, 惡者當退. 吉凶之會, 各其所願. 但可順從, 不得逆意. 心意不端, 反怨神使, 行自得之, 何所怨仇. 人有難化, 知有不足, 皆被其殃. 枉行所不及,[2] 反自譽滿, 口出人事, 殊無知慮, 而見當前, 不顧其後, 合禍離愛, 謗訕善人. 以天亡上, 地不在下, 不知鬼神有疏記之者. 解人怨仇, 多施酒脯, 甘美自恣. 當時爲可, 後爲人所語, 輕口罵詈, 咒詛不道, 詐僞誹謗, 盜人婦女, 日夜司候. 邀取便者, 賣以自食, 衣履欲好, 競行鬥辯. 不從道理, 欲得生活, 何從得久. 愚人可爲名惡子, 長吏聞知, 屬吏捕取, 急刑其身, 禍及親疏, 并得其咎. 貧當自力, 無爲搖手, 此人命簿, 生所稟受. 惡鬼隨之, 安得留久. 此輩衆多, 有前後會, 當相得不中止. 所以言者, 惡鬼所取, 愼之小差, 不愼自已, 惡不可施, 人所怨咎. 當時自可, 不念其後, 見戒當止. 可復小生, 竟其餘算. 有故記善惡, 壽所起, 增年之期,要當善矣. 不見賢聖, 知慮有餘. 念生惡死, 上及仙士, 壽可長年. 何爲棄世, 殃流從生, 胞中之子反言我同從父母生耳. 是皆怨天咎地, 言惡當別, 不可雜厠, 淸濁分離, 如君與奴使. 故得行大道者生, 不行爲土, 古今相似. 亦有善, 亦有惡, 世世相傳, 未嘗止, 多與少耳. 天知多逆,[3] 故出此文重之耳. 知戒之後, 可無有疑, 十百相應, 何有脫時.

역주

1) 死生之訣(사생지결) : 결(訣)에 대해 『금주금역』(하)에서는 결(決)의 의미로 보고 있으며, '결단(決斷)'으로 해석하고 있다. 여기에서 '결(訣)'은 우리가 흔히 '비결(秘訣)'이라고 할 때의 '결(訣)'로 보아야 자연스러울 듯하다. 즉 '방술(方術)' '법도(法度)'의 의미이다. 즉 앞의 "승묵불실(繩墨不失)"에서 '승묵(繩墨)'의 의미로 보아야 글의 흐름이 자연스럽다.

2) 枉行所不及, 反自譽滿, 口出人事, 殊無知慮(왕행소불급, 반자예만, 구출인사, 수무지려) : '소불급(所不及)'은 앞의 "지유부족(知有不足"을 지칭한다. 즉 '자기가 모르는 하늘의 금계'를 말한다. 그렇다면 "왕행소불급(枉行所不及)"은 무지로 말미암아 하늘의 금계를 함부로 범한다는 의미이다. 그리고는 그것을 스스로는 매우 잘하는 행위라고 여겨 자랑하는 것이 "반자예만(反自譽滿)"이다. "구출인사(口出人事)"는 흐름상 주로 '금계에 의해 생활하는 사람에 대해 자기의 시비기준을 가지고 비판하는 것'을 의미할 것이다. "수무지려(殊無知慮)"는 이러한 자기의 행동이나 다른 사람에 대한 비판이 모두 금계에 대한 무지와 그 결과에 대한 고려가 없음에서 나온 것임을 다시 한 번 강조하는 말이다.

3) 何爲棄世, 殃流從生, … 淸濁分離, 如君與奴使. 故得行大道者生, 不行爲土(하위기세, 앙류종생, … 청탁분리, 여군여노사. 고득행대도자생, 불행위토) : 이 부분의 내용을 볼 때, 당시의 불교를 비판하는 듯하다. 즉 출가(즉 '기세(棄世)')라는 방식은 후세에 재앙을 남

기고, 자기도 복을 누리는 것이 아니라 황천에 가게 된다는 의미로 보인다. 그리고 "선악당별, 불가잡측, 청탁분리, 여군여노사(善惡當別, 不可雜廁, 淸濁分離, 如君與奴使)"도 주목해 볼 필요가 있다. 이 부분이 만약 불교를 비판한 것이라면 '선악'과 '청탁'의 의미는 명료하게 이해할 수 있다. 그리고 "임금과 노비"라는 비유도 그 지칭하는 바를 쉽게 알 수 있다.

제190 불망계장득복결(不忘誡長得福訣) : 하늘의 경계를 잘 지켜 오래도록 복을 누리는 비결

해제 『태평경』이 경계하는 바를 잘 지키면 부귀를 얻을 수 있고, 그렇지 않으면 나라건 개인이건 재앙을 받을 것이란 내용이다. '경계를 잘 지킴'과 '복을 누림' 이 두 가지의 인과관계를 설명하기 위해 이 장의 처음은 일종의 존재론 혹은 우주론으로 시작한다. 이 부분은 한대 우주론의 연구를 위한 중요한 자료 중 일부라고 생각한다. 특히 『회남자』 등과 면밀한 비교를 해볼 필요가 있을 것이다. 이 장에 의하면, 『태평경』의 가르침에는 강력한 생명애호사상이 들어 있다. 축산물을 도축하더라도 쓸모가 없는 것만 대상으로 해야지, 쓸모가 있거나 어린 것을 함부로 죽이면 반드시 화가 따른다고 한다. '쓸모가 있는 것'의 도축을 금한 것은 물론 당시의 경제 상황과 관련이 있겠지만 '어린 것'에 대한 도축 금지 등에는 강한 생명애호사상이 배어 있음을 어렵지 않게 알 수 있다.

그렇다면 왜 『태평경』의 경계를 잘 지키면 부귀를 얻을 수 있다고 주장하였을까? 이것은 당시 도교의 전도 상황 및 『태평경』의 전파에 대한 의지와 밀접한 관련이 있을 것이다. 특히 『태평경』이

출현하고 다시 180년이 지나서야 『태평경』의 내용이 시행될 수 있다는 주장 등은 도교사와 『태평경』의 역사를 연구하는 데 매우 중요한 자료들이다.

천지는 시초로 말미암아 정과 신이 이루어지고, '스스로 그러함'(自然)을 따라 움직이니, 생성에 따라 변화하는 것은 번성하지 않는 것이 없다. 이에 의거하여 각 영역이 나뉘는 것이니, 일월성신이 이루어지고 북두칠성이 세상을 감시하며 오행성(五行星)을 통솔하여 각기 자기 방위를 지키고 있도록 한다. 구름이 일고 비가 내리게 하니, 백성이 근심하므로 농사를 관장하는 사농(司農)신의 일이다. 원기가 만물에 들어가 모든 곡식과 초목, 동물, 파충류 등에 이르기까지 모두 원기를 품고 사는 것이니, 날아다니는 것과 걸어 다니는 짐승, 물속에서 사는 것에 이르기까지, 모두 그러하다. 백성들은 이것들을 잡아서 제사에 바치고 자신들도 먹는다. 사람에게 쓸모없는 것만을 잡아먹어야 한다. 소나 말, 노새, 당나귀는 지금 일을 시킬 수 없는 것들만으로 위로는 하늘과 아래로는 지기(地祇)에게 제사 지내는 공물로 사용해야 하며, 남는 것은 모아서 식용으로 사용하면 된다. 지금 부릴 수 있는 것이나 어린 것은 죽이지 말아야 한다. 이것이 하늘이 행하는 방식이며 신이 우러르는 바이다.

많은 사람들이 어리석어 제멋대로 살상을 한다. 심지어 수태 중인 것은 마땅히 태어나야 함에도 도리어 죽여 버리니, 이것은 생명을 없애서 인간의 입에 공급하는 것이다. 죽을 때를 당하여 모두 두려워하여 오래지 않아 생명을 유지할 수 없다는 것을 안다. 그러므로 하늘도 참으로 불쌍하게 여기고 가엾게 여겨서 금계(禁戒)를 만들어 둔 것이니, 이것을 어기는 사람은 벌을 받게 된다. 여섯 가축들은 떠나가면서도 [주인에 대해] 애련한 정을 남길 줄 아는 것이니, 차마 중간에 살상을 해서는 안 되는 것이다. 그러나 사람은 도리어 불쌍하게 여기지 않고 더욱 잔인하게 잡아 죽이고 있으니 얻게 되는 죄과는 하나가 아니다. 함부로 칼을 휘둘러서 사람을 죽이더라도 [곧 바로] 죄를 받는 것은 아니다. 비록 바로 죽임당하지 않더라도 하늘은 그 죄과를 차곡차곡 조사하여 기록해 놓고 있으니, 살생을 계속하다가 집안이 몰살당하고 그 재앙이 후세에까지 미치게 된다. 이런 사람은 또한 길함을 만날 수가 없고, 귀신이 증오하여 앞에서 틈을 엿보고 있느니 어찌 여기에서 벗어날 때가 있겠는가? 그러므로 선악을 기록하는 것이다. 이것을 신중하게 생각하여 범하지 말아야 한다.

신인과 진인들은 이 글을 사람들에게 보여 주어 그 의미가 감추어지지 않고 분명하게 알도록 하여 불평함이 없도록 해야 한다. 이런 이유로 세상 사람의 방식대로 글자로 표현한 것이니, 분명하게 알 수 있을 것이다. 성현들은 이것을 범하지 않을 것이나, 어리석은 사람은 여전히 염려된다. 스승들이 앞뒤로 있으니 그 근본을 잊지 못하게 하여야 한다. 근본을 생각하며, 새롭게 변모하는 것, 처음 상태를 그리워하는 것이 삶의 도이다.

공을 세움에는 크고 작음이 있으니, 받는 바도 똑같지는 않다. 마땅히 아직 깨닫지 못하고 아직 알지 못하는 사람을 일깨우는 비결이다. 아직 알지 못한다는 것은 생각할 줄 모르는 것이다. 아직 알지 못하고 하는 말과 아직 알지 못해서 마음먹는 것, 이 두 가지를 분명하게 깨우쳐 주는 것이 바로 하늘의 뜻이다. 생성의 도는 여기에서 나온다. 하늘로부터 신뢰를 얻고, 땅으로부터 믿음을 얻고, 중화(中和)로부터 믿음을 얻고, 네 계절로부터 믿음을 얻고, 오행으로부터 믿음을 얻는 것, 이 모든 것은 하늘로부터 보답을 받아 믿음을 얻는 것이니. 털끝만큼도 오차가 없으니, 아는가 모르는가?

이러한 현상은 위기(委氣)가 형체가 없으면서 스스로 그러하게 조화를 부린 것이다. 그러므로 삼태칠성(三台七星)이 하늘의 위엄을 보좌하고 일월(日月)이 옳고 그름을 감찰하여 저절로 그러함을 있게 해야만 중간에 후회하여 [바꾸는] 자가 없을 것이다. 그러므로 거듭 반복하여 모든 관할 지역의 우두머리들에게 경고를 해주는 것이니, 각기 분명하게 알게 하여 벌을 받더라도 원망함이 없도록 해야 하는 것이니, 이를 말한 것이다.

옳고 그름을 다른 사람의 책임으로 미루지 말라. 자기에게 돌려 올바르게 하여라. 큰 경계건 작은 경계건 모두 법도를 삼아야 한다. 이 말을 잊지 않으면 오래도록 복을 누릴 것이다. 마땅히 이 말을 심각하게 받아들여 행하여 법도를 잃지 말라. 이런 이유로 '[신이 준 글을] 시험하는 것은 자기를 죽이는 행위다'라고 하는 것이다.

이 책이 효험을 보이기 전까지 제왕은 믿지 않을 것이다. 간사한 사람이 제왕의 측근에 있어서는 이 책이 다스려지지 못할 것이다. 재앙과 불행이 동시에 발생할 것이니 백성은 어디에 편히 거처할 수 있겠는가? 태평의 책은 세 갑자[三甲子]가 지나서야 받아들여 질 것이니, 열 번이라도 간언을 올려 알게 하는 것만 같지 못하다.

또 장생을 하고자 하여 그 방법을 알고자 하면, 성현의 지혜로 그것을 알 수가 있다. 성인은 신선이 될 것이고 현인은 그 뒤를 따를 것이다. 장생불사하고자 하여 악행을 하지 않는 사람이 또 그 다음이 될 것이다. 신선의 명부는 북극성에 있는데, 곤륜산과 이어져 있다. 곤륜산 언덕에 진인들이 있으니, 위 아래로 등급이 있다. 진인 명부에 들어 있는 사람을 관장하는데, 고명한 사람은 위에 위치하고 중간 사람은 중간에 위치하고 낮은 등급의 사람은 아래에 그 이름이 위치하는데, 자기 빰을 때리며 걸식하며 돌아다니는 사람은 단 한 명도 없다.

앞서 태어난 사람인 선생이 스승이 되는 것이니, 그를 높여 군왕을 삼고 그를 아버지라 부른다. 그러므로 스승이며 군왕인 아버지는 분명하여야만 한다. 신하는 반드시 충성스러워야 하고. 제자는 반드시 순종하여야 한다. 공경스럽게 위를 따라야 위로 올라갈 수 있다. 그러므로 하늘은 앞서 태어난 사람의 은혜를 잊지 않고, 땅은 앞서 태어난 사람의 길러줌을 잊지 않고, 사람은 앞서 태어난 사람의 베풀어주심을 잊지 않는다.

이런 이유로 충(忠)과 효(孝)와 신(信)이 있는 것이다. 장생불사하기를 바라고 악행을 하지 않아 스스로 점점 밝음의 경지로 나아간다. 하늘의 밝음은 아래로 황천의 아래까지 비추고, 땅의 밝음은 위로 하늘까지 비추고, 중화의 밝음은 위아래로 다 같다. 그러므로 세 가지 밝음이 모여야만 화합된다. 하늘은 이 세 가지 밝음을 해와 달과 별이라 하고. 중화와 지하를 비추게 하는 데 쉬는 법이 없다.

덕이 없는 나라에서는 음기가 해를 가려 햇빛이 없게 된다. 사람들은 공포에 떨고 곡식은 거의 자라나지 않으며 홍수와 가뭄이 반복된다. 백성들은 유랑민이 되어 곡식이 있는 고장으로 흘러들어가 빌붙어 살게 된다. 하늘이 참으로 이들을 불쌍하게 여겨서 그들로 하여금 살 만한 곳에 이르게 한다. 현명한 군주가 있는 나라는 번창하는데, 유랑객이 와서 휴경지나 버려진 땅에서 다시 농사를 짓게 되면 여러 곡식을 파종하는 대로 싹이 돋고 잘 자라나 성숙하게 된다. 백성들은 다시 양식을 얻게 되고 다시 조상에 제사를 올리게 되어 귀신들도 편안해지게 된다. 성스럽고 지혜로운 사람이 나와 신선이 되기를 갈구하여 선인명부(仙人名簿)에 기록되어, 이름이 있게 된다. 장차 올라가 하늘의 관리가 되어 민간을 순찰하고 돌아다니고 비와 바람을 조절하여 좋은 다스림을 이루게 할 것이다. 이 책을 후세에 전해 줄 것이다. 그러므로 마땅히 선행을 하여 하늘에 도움을 주어야 한다. 그런 뒤에야 자손에게 경계를 알려 줄 수 있으니, 수명을 연장하려는 희망이 실현되지 않겠는가!

이 책은 비록 중복되지만 하늘이 극도로 사람을 사랑하여 각자 천수를 다 누리게 하고자 한다. 거듭 간곡하게 신들에게 분부를 내리는 것이다. 선행을 하면 자세히 기록하여 올려지고, 악행을 하면 생명을 빼앗길 것이다. 이 책을 거스르지 말라. 선행을 하겠다는 것을 가슴속 깊이 생각하여 순간순간 일념이라도 버리지 말라. 뜻은 항상 장생을 찾고 굳은 의지로 이루어질 수 있다고 생각하라. 왜냐하면 인간의 의지로 이룰 수 있는 것이기 때문이다. 노력하여 곰곰이 탐구하면 각기 그 사람의 소원에 따라주는 것이니, 하늘도 또한 원하지 않는 사람을 억지로 신선으로 만들지는 않는다. 넓고 넓은 지하도 사방도 또한 그러하다. 가없이 넓은 하늘도 가없이 넓은 땅도 가없이 넓은 경계들도 또한 그러하다. 가없는 밝음도 가없는 빛도 또한 그러하다.

이 문제는 여기까지 하고 하늘의 대강에 대해 이야기해 보자. 천상의 일에 대해 관심을 가지고, 천상은 중화에 대해 관심을 가지게 되면 중화가 편안해진다. 마음속에서 귀함을 추구하면 귀함을 담당하는 신이 와서 영화롭게 해주며, 마음속에서 부를 추구하면 부를 담당하는 신이 부유하게 해준다. 고통과 즐거움의 사이를 항상 생각하라. 참으로 말을 삼가라. 천도는 무궁무진한 것이니, 사람이 노력한다면 그 사람의 소원을 꺾지 않을 것이다. 장수보양(長壽保養)의 방법에 대해서는 자세히 살펴볼 수 있다. 죽음의 길은 귀신이 고통을 주는 것이다. 흉악한 신이 불안해[져서 인간에게 들어오면 받아들일 수밖에 없는데] 그에 대해서는 글로 말할 수가 없다.

천상에 글이 있으니 삶을 구하는 근본이다. 사람들은 이것을 갈망한다. 그래서 이 글을 선택한 것이니 잘 생각할 수 있도록 하기 위한 것이다. 허물이 있으면 반성하고 이 글을 비추어 보라. 그렇지 않으면 끝장이다. 함부로 떠들지 말라. 신령이 너의 앞에도 너의 뒤에도 있으니, 게으름을 피우지 말라.

이상은 천상은 번창하여 [덕이 있는] 나라는 흥하게 하고, 거스르는 [나라는] 멸망하게 하고, 앞선 스승들의 성현의 도를 밝히고, 천지가 기뻐하면 신이 나와 사람들의 다스림을 돕고 사람들로 장수하게 하며, 사방의 오랑캐들이 물리쳐 준다는 것을 말한 것이다.

〈起〉惟天地亦因始初, 乃成精神, 奉承自然生成,[1)]所化, 莫不得榮. 因有部署, 日月星辰, 機衡司候,[2)]幷使五星, 各執其方, 各行其事. 雲雨布施, 民憂司農事, 元氣歸留, 諸穀草木蚑行喘息蠕動, 皆含元氣, 飛鳥步獸, 水中生亦然, 使民得用奉祠及自食. 〈止〉但取作害者以自給, 牛馬騾驢不任用者, 以給天, 下至地祇. 有餘集共享食. 勿殺任用者少齒者, 是天所行, 神靈所仰也. 〈起〉萬民愚戇, 恣意殺傷, 或懷妊胞中, 當生反死, 此爲絶命, 以給人口. 當死之時, 皆恐懼, 近知不見活. 故天誠矜之憐愍, 爲施防禁, 犯者坐之. 六畜尙去明愛,[3)]不忍中傷, 人反不自惜, 更爲賊虜. 所取非一, 妄行金刃殺人不坐也. 雖不卽誅者, 天積其過, 殺敗不止, 滅尸下流未生,[4] 是者亦不得逢吉. 鬼神憎之, 司候在前, 何有脫時. 故記善惡, 重之, 卽不犯耳. 神人眞人以此文示衆民, 義不隱藏, 使知不自怨, 故隨俗作字, 分明〈止〉可知. 聖賢不犯, 恐愚不息. 師有前後, 無忘其本, 念本就新, 戀慕如初, 是生之道也. 功有小大, 所受不同. 當爲發覺未知之訣, 未知之意, 不知其念, 未知之言, 未知之志, 兩分明, 是天意也. 生成之道, 從此出矣.[5]〈起〉取信於天, 取信於地, 取信於中和, 取信於四時, 取信於五行, 是皆天所得報信也. 不失銖分, 知之不乎. 是委氣無形[6]自然之所服化也. 故三台七星,[7] 輔正天威, 日月照察是非, 使有自然, 然後無有中悔之者. 故復申敕諸所部主, 各令分明, 受罰不怨, 此之謂也.

〈止〉無得是非他人, 還自直也. 戒無小大, 可法則也. 不忘此言長得福, 宜愼用行之, 不失節也. 以故言自殺試[8]也. 書當未用, 帝王未信也. 佞者在側, 書不見理也. 〈起〉災害幷生, 民何所止. 太平之書三甲子乃復見理, 不如十諫令知耳. 且念活求知, 賢聖有知可及矣. 聖人當升, 賢隨後. 求生不惡, 復次之. 神仙之錄在北極, 相連崑崙, 崑崙之墟有眞人, 上下有常. 眞人主有錄籍之人, 姓名相次. 高明得高, 中得中, 下得下, 殊無搏頰乞丐者.[9] 先生[10]爲師, 尊之爲君, 稱之爲父. 故師君父不可不明, 臣不可不忠, 弟子不可不順. 敬從其上, 轉上及. 故天不忘先生之恩, 地不忘先生之養, 人不忘先生之施. 〈止〉故有忠孝信, 思生不惡以自近以自明, 天明下照黃泉之下, 土明照上天間, 中和之明上下合同. 故三明相得乃合和. 〈起〉天以三明名日月星, 下照中和及地下, 無有懈息. 無德之國, 陰氣蔽日,令使無光. 人民恐懼, 穀少滋息, 水旱無常, 民復流客有穀之鄕. 天實憐之, 令至活鄕處, 有明君國得昌, 流客還耕農休廢之地, 諸穀得下, 生之成熟, 民復得糧. 更奉先祖, 鬼神得安. 中有聖智, 求索神仙, 簿書錄籍, 姓名有焉. 當復上爲天之吏, 案行民間, 調和風雨, 使得安政, 以此書示後生焉.[11] 故當作善, 有益於天. 自是之後, 可戒子孫, 延年之期, 可不及焉. 書雖復重, 天大愛人, 欲使得竟其年, 丁寧反覆, 屬於神. 善輒疏上, 惡亡其名.[12] 無違此書, 思善心〈止〉鬲. 念常不廢. 意當索生, 志常念成. 所以然者, 以人志所當及也, 努力精之, 各隨其願, 天亦不彊不欲也. 地下傍行, 四方亦然. 無極之天, 無極之地, 無極之境亦然. 無極之明, 無極之光亦然. 然小竟. 是天之大分也,[13] 欲理念天上之事, 天上理念中和, 中和安之. 欲念求貴, 貴神榮之. 欲念求富, 富神富之. 苦樂之間, 常思之, 詳愼所言. 天道億萬, 在人所爲, 不奪人願也. 生養之道審可觀, 死亡之道, 鬼所患也. 凶神不安, 輒受之難爲文也. 〈起〉天上有文, 求生根也. 人所願, 故挺此文, 使可思也. 有過自悔, 案此文也. 不者亦已, 無妄言也. 神靈在汝前後, 無解時也. 〈止〉

右〈起〉天上昌, 興國降逆, 明先師賢聖道, 天地喜, 神出助人治, 令人壽, 四夷卻. 〈止〉

역주

1) 奉承自然生成(봉승자연생성) : 이 음양이 자연의 본성 혹은 규율에 따라 생성 작용을 함을 의미한다. 양은 생(生)의 작용을 하고 음은 성(成)의 작용을 한다. 즉 음양이 상호 작용하여 만물을 생성함을 말한다.

2) 機衡司候(기형사후) : 본래 북두칠성의 세 번째 별을 '기(機)'라 하고 다섯 번째 별을 '형(衡)'이라 한다. '기형'은 이 두 별을 지칭한다

기보다는 북두칠성을 지칭하는 것이다. '사후(伺候)'는 만물의 선악을 감찰하는 것을 말한다.

3) 六畜尙去明愛(육축상거명애) : 의미가 불분명하다. 『전역(하)』에서는 '거명(去明)'을 연문(衍文)으로 보고 있다. 가축도 인간에게 정이 들면 떠나갈 때, 자기의 본 주인에 대한 애정을 드러낸다. 우선 이와 같이 번역하였다. '육축'이란 소, 양, 말, 개, 돼지, 닭을 말한다.

4) 人反不自惜, 更爲賊虜. 所取非一, 妄行金刃殺人不坐也. 雖不卽誅者, 天積其過, 殺敗不止, 滅尸下流未生(인반부자석, 경위적로. 소취비일, 망행금인살인부좌야. 수부즉주자, 천적기과, 살패부지, 멸시하류미생) : 위의 구두와 본문의 해석 이외에도 여러 해석 방식이 가능하다. 우선 "人反不自惜, 更爲賊虜. 所取非一, 妄行金刃. 殺人不坐也, 雖不卽誅者, 天積其過, 殺敗不止, 滅尸下流未生"이라고도 볼 수 있다. 그렇다면 "사람은 도리어 (이런 가축을) 애석하게 여기지 않고 더욱 잔인하게 잡아 죽이고 (내장 등) 여러 가지를 추하고자 (잔인하게) 제멋대로 칼날을 휘두른다. 사람을 죽이더라도 (곧바로) 죄를 받는 것은 아니니, 비록 바로 주살(誅殺)을 당하지 않더라도 하늘은 그 죄과를 (알아) 차곡차곡 조사해 놓으니 살생을 계속하다가 집안이 몰살당하고 그 재앙이 후세에까지 미치게 될 것이다"라는 의미가 될 것이다. 그렇다면 "所取非一, 妄行金刃(소취비일, 망행금인)"는 "경위적로(更爲賊虜)"에 대한 구체적인 묘사이다. 또 "人反不自惜, 更爲賊虜. 所取非一. 妄行金刃殺人, 不坐也, 雖不卽誅者, 天積其過, 殺敗不止, 滅尸下流未生"이라고도 볼 수 있다.

5) 聖賢不犯, 恐愚不息. 師有前後, 無忘其本, 念本就新, 戀慕如初, 是生之道也. 功有小大, 所受不同. 當爲發覺未知之訣, 未知之意, 不知其念, 未知之言, 未知之志, 兩分明, 是天意也. 生成之道, 從此出矣(성현불범, 공우불식. 사유전후, 무망기본, 염본취신, 연모여초, 시생지도야. 공유소대, 소수부동. 당위발각미지지결, 미지지의, 부지기념, 미지지언, 미지지지, 양분명, 시천의야. 생성지도, 종차출의) : 이 글은 생성에 대해 설명하고 있다. 생에 대해서는 계속 "無

忘其本"을 강조하고 있으며, 성에 대해서는 "所受不同"을 강조하는 듯하다. 즉 원기의 생의(生意)를 알고 악업을 짓지 말아야 한다. 그 과보에 따라 복과 재앙이 이루어진다[成]고 말하는 것이다. 그러므로 "생성의 도가 여기로부터 나온다"라고 말하는 것이다.

6) 委氣無形(위기무형) : 『금주금역(하)』에 의하면, 지고신(至高神) 천군(天君)을 지칭한다. 이 번역에서는 만물에 들어와 있는 무형의 원기를 지칭하는 것으로 보았다.

7) 三台七星(삼태칠성) : 삼태는 태미원(太微垣)에 속하는 여섯 개의 별을 말한다. 둘씩 세 쌍으로 이루어져 있다. 과거에는 삼정승을 상징한다고 생각하였다. 칠성은 북두칠성을 말한다.

8) 自殺試(자살시) : "自殺於試(자살어시)"의 의미일 것이다. 즉 시험에 자기 생명을 망칠 수 있다는 것이다. 이를테면, 무고한 살생을 하면 재앙이 온다는 말을 시험하기 위해 함부로 살생을 하다가는 황천(黃泉)에 불려가는 것 따위를 말한다.

9) 殊無搏頰乞丐者(수무박협걸개자) : '搏頰(박협)'의 정확한 의미를 알기가 어렵다. 분명 특정함의가 있는 용어일 것이다. 어쩌면 목탁을 두드리는 것에 대한 당시 속어일 수도 있을 것이다. 내용으로 보아 '搏頰乞丐者(박협걸개자)'는 탁발승을 지칭하는 듯하다. 그렇다면 이 부분의 내용은 신선이 된 여러 계층을 보아도 불교도는 한 명도 없었다는 이야기이다. 즉 불교도는 신선이 될 수 없다는 일종의 불교 비판이다. 당시 불교에 대한 경쟁을 느낄 수 있다.

10) 先生(선생) : 여기에서 '선생'이 누구를 지칭하는지 불분명하다. 아마도 『태평경』을 받아 연구하여 도를 통한 선지자를 말하는 것 같다. 그렇지 않으면 앞의 글과 같이 상고신성(上古神聖)을 말한다고 보아야 할 것이다.

11) 當復上爲天之吏, 案行民間, 調和風雨, 使得安政, 以此書示後生焉(당부상위천지리, 안행민간, 조화풍우, 사득안정, 이차서시후생언) : 『정독』에서는 "使得安政"의 '정(政)'을 '정(正)'으로 보고 다음과 같이 읽고 있다. "당부상위천지리, 안행민간, 조화풍우, 사득안,

정이차서시후생언(當復上爲天之吏, 案行民間, 調和風雨, 使得安, 正以此書示後生焉)" 하늘의 관리가 되어 백성들이 편안하게 살 수 있게 한 다음 이 책(즉 『태평경』)을 세상에 알린다는 의미다. 그렇다면 바로 뒤의 "당작선, 유익어천(當作善, 有益於天)"에서 '선행을 하는 것'은 『태평경』의 금계를 범하지 않는 것이고 '하늘에 도움을 주는 것'은 『태평경』을 널리 알리는 것이 될 것이다.

12) 善輒疏上, 惡亡其名(선첩소상, 악망기명) : 『전역(하)』에서는 다음과 같이 주장한다. 구두는 "善輒疏, 上惡亡其名"으로 되어야 하며, 고대에 '명(名)'은 '명(命)'과 통용자이니 '생명'으로 보아야 한다. 즉 선행을 하면 일일이 기록하고 극악[上惡]한 짓을 하면 생명을 없앤다는 의미이다. 필자가 보기에, 고대 한문에서 '명(名)'과 '명(命)'은 통용해 쓰며 위의 글은 그렇게 보는 것이 보다 합리적이다. 단지 구두는 "善輒疏上, 惡亡其名(선첩소상, 악망기명)"으로 보는 것이 보다 자연스러워 보인다. 왜냐하면, 선행을 하면 단순이 기록만 하는 것이 아니라 반드시 보고[上]를 하도록 되어 있으며, "악망기명(惡亡其名)"도 악행을 저지르면 정도와 상관없이 모두 죽여버리라는 의미라기보다는 악행을 하면 그 생명을 빼앗을 수도 있다는 정도의 의미일 것이다. 그리고 글 자체도 "선첩소상, 악망기명(善輒疏上, 惡亡其名)"으로 읽는 것이 보다 부드럽다.

13) 然小竟. 是天之大分也(연소경. 시천지대분야) : 의미가 불분명하다. 여러 주석서의 설명이 모두 자연스럽지 않다. 『금주금역(하)』에서는 "연소경(然小竟)"을 글을 일단락 짓는 말로 보고 있다. '대분(大分)'에는 '대강'의 뜻이 있다. 우선 그렇게 해석을 하였다.

역주자

_책임역주 윤찬원

1954년 전라북도 남원 출생, 서울대학교 인문대학 철학과 학사, 석사, 1992년 "『太平經』에 나타난 道教思想 研究"로 동양철학박사학위 받음. 1980년 7월부터 1983년 6월까지 3년간 육군사관학교 교수부 철학과 전임강사를 역임하고, 1987년부터 인천대학교 국민윤리학과 교수를 거쳐, 1994년부터 시립인천대학교 국민윤리학과 부교수, 정교수, 그리고 2011년 1월부터 인천대학교 사범대학 윤리교육과 교수로 재직하고 있다. 중국의 도교철학과 환경문제 및 현행 중고등학교 윤리교육에 관심을 가지고 있다. 저서로 『중등 도덕 교육의 현실과 문제』, 『도교철학의 이해－태평경의 철학체계와 도교적 세계관』 등이 있고, 역서로 『老子와 道教』, 『도교의 세계－철학, 과학 그리고 종교』 등이 있다.

_김갑수

1961년생. 성균관대학교 대학원에서 유학 및 동양철학 전공. "장자철학에서의 자연과 인간에 관한 연구"로 박사학위 받음. 현재 재단법인 민족의학연구원 상임연구원. 저서로는 『장자와 문명』, 『노자의 도덕경』, 『마음이 담긴 동양예술 산책』 등이 있다.

_김예호

1964년생. 성균관대학교 동양철학과 졸업. 동 대학원에서 "한비자 법치론 연구"로 박사학위 받음. 현재 성균관대학교 수석연구원. 저서로 『한비자－법치로 세상을 바로 세운다』 등이 있다.

_유병래

1966년생. 동국대학교에서 "노자의 위도자에 관한 연구"로 박사학위 받음. 현재 한국도교학회 총무이사, 경희대학교 후마니타스 칼리지 객원교수.

_서대원

1966년생. 연세대학교 철학과 졸업. 중국 북경대학(北京大學)에서 왕필에 관한 연구로 박사학위 받음. 현재 충북대학교 기초교육원 교수.

_김형석

1971년생. 성균관대학교 동양철학과 졸업, 동 대학원 유교철학과에서 "남송 임희일의 신유학적 노장해석"으로 박사학위 받음. 현재 성신여자대학교 동양사상연구소 연구교수. 역서로는 『장자(1~4)』가 있다.

太平經譯註

Taipingjing